L'Internet pour tous

L'Internet pour tous

Édition autorisée © 2000 Serges Media Sarl, Paris
Imprimé en Allemagne
Tous droits réservés
ISBN 2-84584-003-9

Table des matières

Partie II
Le World Wide Web

Partie III

Aller plus loin avec le World Wide Web

Partie IV

Messagerie électronique

Partie V

Les groupes de news

Partie VI
Création de pages Web

Introduction

Félicitations ! Vous venez de décider de vous plonger dans l'univers passionnant et complexe de l'Internet. Le seul problème est que vous ne savez pas comment naviguer sur Internet et que vous ne connaissez aucune de ses fonctions : le World Wide Web, la messagerie électronique, les forums de discussion, le transfert de fichier FTP, les groupes de discussion en direct, etc. Il vous faut donc un guide, mais il n'est pas nécessaire de se procurer un livre pour chaque fonction d'Internet. Ce dont vous avez besoin, c'est juste quelques conseils judicieux, simples et clairs, pour apprendre le nécessaire sur l'Internet.

Bienvenue dans *Bibliomax Internet*, un ouvrage qui tient compte des exigences des utilisateurs qui possèdent peu de temps pour se former, mais qui souhaitent en savoir le plus possible sur le sujet. C'est pourquoi *Bibliomax Internet* n'essaye pas de vous apprendre tout à la fois. Dans cet ouvrage, chaque fonction de l'Internet est traitée dans un seul chapitre indépendant dont la lecture est rapide (qu'il s'agisse de navigation sur le Web, de recherche de site, de récupération de messages ou même de créer votre propre page Web).

A qui ce livre est-il destiné ?

Cet ouvrage n'est peut-être pas destiné au néophyte complet en matière d'informatique, néanmoins, si vous maîtrisez Windows (ou votre système d'exploitation), *Bibliomax Internet* est fait pour vous. Si vous savez ce qu'est un modem, mais que vous ignorez comment configurer une connexion Internet, comment naviguer sur le World Wide Web, comment utiliser les messages électroniques, comment lire et poster des messages dans les groupes de discussion, comment créer une page Web, cet ouvrage vous est destiné.

Bibliomax Internet est un livre parfait pour les personnes qui ont un emploi du temps chargé et qui disposent quotidiennement de dix minutes pour apprendre quelque chose de nouveau. Si cette description vous ressemble, *Bibliomax Internet* sera l'ouvrage idéal pour découvrir Internet.

Organisation du livre

Cet ouvrage a été structuré pour faciliter la recherche d'informations et en fonction d'une progression logique. *Bibliomax Internet* a été découpé en six parties distinctes :

■ **Partie 1 : Connexion à Internet.** Après un aperçu rapide d'Internet et du World Wide Web, vous verrez comment configurer le matériel et les logiciels requis pour vous connecter à Internet. Vous verrez comment accéder au réseau en utilisant America Online ou un fournisseur d'accès. Vous découvrirez également ce qu'est l'étiquette Internet, comment vous protéger contre les virus et comment restreindre l'accès à certains sites dont le contenu est douteux.

■ **Partie 2 : Le World Wide Web.** Dans cette partie, vous verrez comment utiliser des navigateurs comme Internet Explorer, Netscape Navigator ou AOL pour explorer le Web. Vous verrez comment télécharger et installer les navigateurs les plus populaires. Vous découvrirez aussi comment passer de pages en pages et vous apprendrez quelques techniques qui vous permettront de revenir rapidement aux pages que vous préférez.

■ **Partie 3 : Aller plus loin avec le World Wide Web.** Dans cette partie, vous verrez comment installer des contrôles ActiveX et des modules externes pour lire des fichiers audio et vidéo, vous verrez aussi comment vous abonner à vos sites favoris et comment configurer votre navigateur en fonction de vos préférences.

■ **Partie 4 : Messagerie électronique.** Dans cette partie, vous apprendrez à échanger des messages électroniques avec vos amis et vos collègues. Vous apprendrez à configurer un compte de messagerie pour AOL, Outlook Express et Netscape Mail. Une fois votre compte configuré, vous verrez comment utiliser ces programmes pour recevoir des messages, y répondre et en envoyer. Lorsque vous aurez lu cette partie, vous saurez maîtriser complètement ce formidable outil de communication qu'est la messagerie électronique.

■ **Partie 5 : Les groupes de news.** Les groupes de news sont des communautés en ligne où les gens peuvent lire des messages, y répondre et en envoyer. Dans cette partie, vous apprendrez comment accéder aux groupes de news à partir de AOL ou en utilisant Outlook Express ou Netscape Collabra. Vous verrez comment vous connecter à un serveur de news, comment vous abonner aux groupes de discussion qui vous intéressent et comment lire et envoyer des messages.

■ **Partie 6 : Création de pages Web.** En suivant les conseils prodigués dans cette partie et un éditeur de texte basique, comme le Bloc-notes Windows, vous pourrez créer vos propres pages Web. Vous verrez comment utiliser le langage HTML pour insérer du texte, des images, des tableaux, des formulaires dans vos pages pour les agrémenter. Enfin, vous verrez comment publier vos pages sur le Web et comment faire savoir que votre site est désormais disponible.

Astuce

Terminologie
Si vous ne connaissez pas du tout Internet et le World Wide Web, lisez attentivement le Chapitre 1 de la Partie 1 pour assimiler les notions de bases dont vous aurez besoin pour comprendre ce qui est dit dans ce livre.

Chaque partie est divisée en chapitres. L'étude d'un chapitre demande une dizaine de minutes, en très peu de temps vous serez donc à même de mener à bien les tâches qui vous intéressent. De plus, avec la subdivision des paragraphes en instructions et en listes numérotées, laissez-vous guider pour apprendre à utiliser les fonctions les plus populaires d'Internet.

Conventions utilisées dans ce livre

Les icônes qui suivent sont insérées dans le texte pour vous aider à identifier rapidement différents types d'informations.

Astuce

Les astuces proposent des trucs et des raccourcis pour gagner du temps et pour utiliser l'Internet de façon plus efficace.

Le mot juste

Dans ces paragraphes, vous trouverez des définitions simples qui se rapportent à des termes que vous devrez assimiler pour comprendre les bases d'Internet et le fonctionnement de certains logiciels.

Attention

Ces paragraphes sont destinés à attirer votre attention sur un point précis pour vous éviter de commettre des erreurs.

A la découverte de l'Internet

Si vous n'avez aucune notion sur Internet, consultez attentivement la première partie. Si vous ne possédez pas de connexion et des connaissances de bases sur Internet, vous serez perdu si vous ne lisez pas cette première partie. Si vous avez déjà navigué sur le Web et que vous cherchez des informations sur les nouvelles fonctions disponibles, vous pouvez passer directement à la Partie 2.

L'internet est un média en évolution constante. Certains programmes décrits ici sont encore en version bêta. Ne vous étonnez donc pas si certaines captures d'écran sont différentes de ce qui apparaît sur votre moniteur.

Partie I

Se connecter

Chapitre 1

Découverte de l'Internet et du World Wide Web

Dans ce chapitre, vous allez découvrir ce qu'est l'Internet, comment le World Wide Web s'y intègre et pourquoi de plus en plus de personnes souhaitent y avoir accès.

Définition de l'Internet

Le réseau Internet a été créé à la fin des années 60 (sous une forme différente certes : ARPAnet, à l'origine). L'Internet suscite aujourd'hui un engouement formidable, et les évolutions que l'on y apporte presque quotidiennement, ainsi que les polémiques qu'il soulève, permettent de penser que le phénomène n'en est qu'à ses débuts.

Le mot juste

ARPAnet
ARPAnet est le nom de la première forme de l'Internet. ARPA (Advanced Research Projects Agency) a construit son premier gros réseau aux Etats-Unis en utilisant les ordinateurs des universités les plus importantes et de certaines agences gouvernementales.

La popularité de l'Internet a fait exploser la demande en ouvrages de référence permettant d'affronter ce qui, à première vue, peut s'apparenter à une sorte de monstre électronique. Heureusement, ce n'est pas si compliqué. Lorsque vous aurez lu ce livre, vous vous considérerez expert en la matière. Vous saurez ce qu'est un navigateur Web, un protocole TCP/IP ou un groupe de news et vous pourrez rapidement expliquer à quelqu'un comment accéder aux moteurs de recherche et aux serveurs FTP.

L'accès à l'Internet permet d'obtenir une quantité considérable d'informations, qu'il s'agisse d'astronomie ou de patin en ligne (voir Figure 1.1).

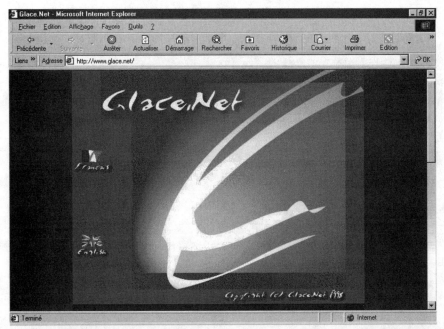

Figure 1.1 : *Consultez les informations dont vous avez besoin sur le patinage de vitesse par le biais du Web.*

Pour vous détendre, vous pouvez aussi organiser votre prochain voyage au Japon (voir Figure 1.2).

Conçu à l'origine comme un moyen très académique d'échanger des informations, l'Internet est devenu la cible favorite de petits entrepreneurs. On vend un peu tout et n'importe quoi sur le réseau, du compact disque à la bouteille de vin.

Le développement de l'Internet a aussi attiré l'attention des gros fabricants en informatique, que ce soit au niveau logiciel ou matériel. Ils se sont vite rendu compte que l'Internet, le «Net», était le moyen idéal pour atteindre une clientèle potentielle. Ainsi, tous les grands acteurs de l'informatique d'aujourd'hui figurent sur le Web : Intel, IBM, Novell, Apple et, bien sûr, Microsoft.

En définitive, on peut dire que l'Internet est un univers passionnant à explorer. Il sait être à la fois instructif et divertissant.

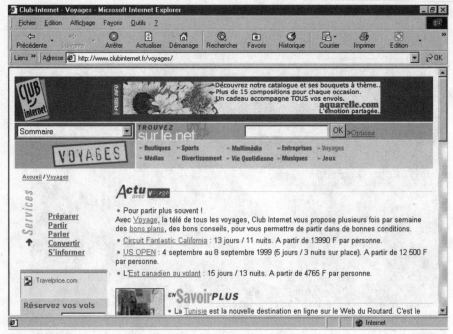

Figure 1.2 : *Venez vous distraire en consultant la page Web The : virtual baguette.*

Agencement des différents éléments de l'Internet

L'Internet est un réseau mondial réunissant des systèmes informatiques inter-connectés et accueillant plusieurs types de services. Le service dont vous avez certainement le plus entendu parler est le World Wide Web, mais il en existe d'autres. Il y a la messagerie électronique Internet, les groupes de news, les sites FTP, des services de discussion en temps réel, etc. Dans les sections qui suivent, vous allez découvrir les services les plus populaires du réseau.

Le World Wide Web

Le World Wide Web est l'élément le plus populaire de l'Internet. Il s'agit d'un jeu de pages interconnectées qui constituent différents sites Web. Les pages Web utilisent des liens spéciaux qui prennent la forme de texte en surbrillance ou de graphismes. Il suffit de cliquer sur un lien pour être transporté vers une nouvelle page qui peut se trouver à l'autre bout de la planète. Sans efforts, le Web vous fait passer de pages en pages et de sites en sites quel que soit leur emplacement.

Le mot juste

Le World Wide Web (WWW)

Le Web a fait son apparition en 1992. C'est une création de Tim Berners du CERN, le laboratoire européen d'étude des particules physiques de Genève. En octobre 1993, il y avait plus de 200 sites Web sur le réseau. En juin 1995, le nombre total de serveurs sur l'Internet dépassait les 6,5 millions.

Figure 1.3 : Le Web propose des nombreuses informations présentées sous différentes formes ; certains sites, comme celui de Macromedia, proposent un contenu multimédia.

Pour vous déplacer sur le Web, vous devez utiliser un navigateur. Les plus populaires à l'heure actuelle sont Netscape Navigator et Internet Explorer de Microsoft. Ces deux navigateurs proposent des fonctions simples et puissantes qui permettent de tirer avantageusement parti du contenu du Web. En plus des capacités texte et graphiques, vous pouvez avoir accès à des éléments multimédias qui mélangent le son et la vidéo, et à des pages Web interactives (voir Figure 1.3).

Messagerie électronique

La messagerie électronique (e-mail) est le plus vieux service de l'Internet, il date du milieu des années 70. Le concept de base est simple : vous composez un message sur votre ordinateur et vous l'adressez à un correspondant sur un autre système. Le message est alors routé à travers le labyrinthe des ordinateurs interconnectés jusqu'à son destinataire (voir Figure 1.4).

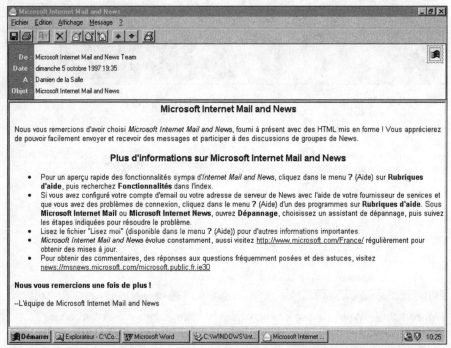

Figure 1.4 : *Outlook Express de Microsoft est un programme de messagerie typique.*

Même si le concept est resté identique, les messages électroniques d'aujourd'hui n'ont pas grand-chose à voir avec ceux des années 70.

34

Vous pouvez toujours envoyer du texte, mais vous pouvez aussi attacher d'autres types de fichiers aux messages, comme des feuilles de calcul, des sons ou des images. Dans la quatrième partie de ce livre, vous verrez plus en détail comment utiliser la messagerie électronique sur l'Internet.

UseNet

Le terme UseNet se réfère à un service qui s'apparente beaucoup à un tableau d'affichage public. Il permet de placer des messages dans un espace public appelé groupe de news, où les autres participants pourront les lire. Des réponses peuvent être envoyées dans le groupe de news qui contient le message d'origine.

UseNet s'est développé en 1979 en tant que service reliant les universités de Duke et de Caroline du Nord. Aujourd'hui très populaire, il réunit plus de 4 000 sujets à propos desquels les utilisateurs peuvent s'exprimer. Ces sujets peuvent traiter de littérature, de cinéma, de religion, de physique nucléaire ou de cuisine.

Les groupes de news peuvent aussi être une bonne source d'informations ; c'est l'endroit idéal pour faire part de vos expériences et tirer parti de celles des autres. Si vous pensez qu'il peut être intéressant pour vous de rejoindre un groupe de news (ou plusieurs) et d'y participer, reportez-vous à la cinquième partie de ce livre. Elle explique comment trouver les groupes de news et comment participer à la conversation.

Astuce

Fonctions des navigateurs
Les navigateurs, tels que Netscape Navigator ou Internet Explorer proposent des fonctions permettant d'envoyer et de recevoir des messages, de parcourir les groupes de news et de télécharger des fichiers depuis des sites FTP. Cette intégration totale de plusieurs fonctions fait que les navigateurs sont les outils les plus simples pour accéder à tous les services de l'Internet.

FTP

Le FTP (*File Transfer Protocol*) est la technique utilisée pour télécharger des fichiers depuis l'Internet. Il permet d'exploiter des serveurs de fichiers qui archivent et distribuent des fichiers. De nombreux sites FTP sont gérés par des fabricants de matériel et de logiciels informatiques ; ils les utilisent souvent pour diffuser des mises à jour. Netscape, un des fabricants de navigateurs les plus réputés, utilise son site FTP pour diffuser son navigateur Web, Netscape Navigator.

S'il existe des programmes adaptés au téléchargement FTP, vous verrez cependant que certains navigateurs Web, comme Internet Explorer ou Netscape Navigator, intègrent cette fonction. Il devient alors simple d'exploiter le FTP au cours d'une promenade sur le Web. D'autres sites FTP sont gérés par des écoles et des universités, qui les utilisent pour diffuser des logiciels gratuits ou en shareware auprès d'un large public.

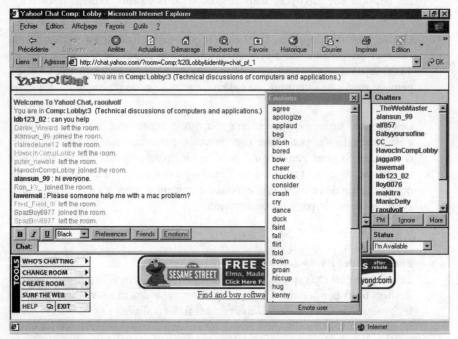

Figure 1.5 : *Transformez votre navigateur en logiciel de discussion* **avec** *iChat.*

Conversation

La possibilité de discuter en temps réel a aussi contribué à la popularité de l'Internet. L'IRC (*Internet Relay Chat*) a été le premier système de discussion. Il utilisait des serveurs IRC pour réunir des utilisateurs, qui pouvaient alors dialoguer par le biais de leur clavier.

On trouve aujourd'hui des clients beaucoup plus sophistiqués pour les conversations. Certains d'entre eux permettent même de discuter directement sur le Web. Un de ces nouveaux clients est iChat (voir Figure 1.5) Il transforme votre navigateur en programme de conversation permettant de communiquer en temps réel.

Chapitre 2

Matériel et logiciels nécessaires pour accéder à l'Internet

Dans ce chapitre, vous allez voir de quel matériel vous devez disposer pour vous connecter et accéder au Web.

Matériel requis

Il est possible d'accéder à l'Internet avec n'importe quel ordinateur exécutant Windows 3.1 (ce qui inclut tous les ordinateurs de la gamme 386 avec un minimum de 2 à 4 Mo de mémoire). Cependant, il faut un système assez puissant pour exploiter toutes les possibilités du Web. La configuration de base souhaitable, pour utiliser Windows 3.1 ou Windows 95, est un 486/66 avec 8 Mo de RAM. Cette configuration n'est donnée qu' à titre indicatif car les ordinateurs vendus aujourd'hui sont beaucoup plus puissants. A moins que vous envisagiez de télécharger une grosse quantité de fichiers, votre disque dur n'a pas besoin d'être d'une taille considérable ; un disque de 300 Mo est largement suffisant.

Vous devrez pouvoir recevoir des graphismes VGA, et si une carte vidéo affichant 16 couleurs suffit (à condition d'aimer les images délavées ou de n'utiliser un navigateur Web que pour le texte), la plupart des images que vous recevrez seront plus agréables à regarder si vous disposez d'une carte pouvant afficher au moins 256 couleurs.

Enfin, il vous faudra un modem. Sa vitesse minimum ne devra pas descendre en dessous de 14 400 bps. Même à cette vitesse, les temps de transfert sont très longs. Il est donc préférable d'utiliser un modem 28.8 (28 800 bps), 36.6 (36 600 bps) ou supérieur 56.6 (56 600 bps).

Le mot juste

bps

bps signifie bits par seconde. Plus la quantité de bps est importante, plus le transfert d'informations par le biais du modem sera rapide, à condition que le serveur de votre fournisseur d'accès propose des débits élevés.

Maintenant que nous avons vu quelle était la configuration minimale, examinons une configuration plus réaliste. Elle s'organisera autour d'un processeur de type Pentium avec 16 Mo de mémoire (32 Mo serait préférable), d'un disque dur d'un Giga-octet, d'une carte SVGA avec 1 Mo de RAM vidéo (ce qui permettra d'afficher 256 couleurs et plus sans problèmes) et d'un modem 28.8 ou 36.6.

Astuce

Modem

Il existe actuellement des modems dont la vitesse de transfert est de 56 600 bps. La plupart des fournisseurs d'accès ne proposent encore que des connexions à 28.8 ou 36.6 bps, mais ils travaillent régulièrement à améliorer la rapidité de leurs lignes. Plus votre modem sera rapide, plus vous gagnerez de temps dans votre exploration du Web.

Vous souhaiterez peut-être avoir aussi une carte son. Certaines pages Web contiennent des documents multimédias et elles sont très nombreuses à proposer des sons. Pour profiter des ces pages, il vous faudra une carte son ainsi que des enceintes ou un casque. Si vous envisagez d'essayer les nouveaux produits de téléphonie destinés au Web, il vous faudra aussi un micro.

Il peut aussi être intéressant de posséder un lecteur de CD-ROM. Bien entendu, ce n'est pas un élément indispensable pour se connecter à l'Internet, mais de très nombreux logiciels de navigation sont proposés sur ce support.

Attention

Fournisseur d'accès

Pour accéder à l'Internet, il vous faudra ouvrir un compte chez un fournisseur d'accès ou auprès d'un service en ligne. Nous avons vu tout ce dont vous avez besoin pour vous connecter. Bien sûr, il existe d'autres périphériques : caméra numérique, carte de capture vidéo, micro, etc. Ils permettront peut-être de parfaire votre expérience du Web, mais, pour l'heure, ils ne sont pas indispensables. La configuration dont il a été question précédemment suffit pour commencer à explorer l'Internet.

Création d'une connexion Internet

Une fois que vous avez réuni tout le matériel requis, vous êtes prêt à mettre une connexion en place. Ce livre est destiné à vous aider à établir une connexion par le biais d'un fournisseur d'accès et non par celui d'un réseau local (LAN) équipé d'une passerelle Internet. Pour configurer une connexion Internet sur un LAN, consultez votre administrateur réseau. Pour apprendre à vous connecter par le biais d'un service en ligne comme America OnLine, reportez-vous au Chapitre 7 de la première partie de cet ouvrage.

Le mot juste

Passerelle
Il s'agit d'un moyen de «passer vers» ou de «se connecter à» un système différent de celui que vous utilisez. Une passerelle Internet pour un réseau local est simplement un moyen d'accès à l'Internet pour les utilisateurs de ce réseau.

Maintenant, il vous faut un compte chez un fournisseur d'accès. Si vous n'avez pas encore de compte Internet, reportez-vous au Chapitre 3 de la première partie de ce livre.

Vous aurez aussi besoin d'un moyen de communication pour contacter votre fournisseur d'accès. Dans ce livre, on suppose que la connexion est établie par le biais d'une ligne téléphonique standard et d'un modem. Les modems 28.8 sont bien adaptés aux lignes téléphoniques standards.

Une autre technique de communication qui a un gros impact sur l'Internet est l'ISDN. L'ISDN (*Integrated Services Digital Network*) est littéralement un «système de téléphonie numérique». Au lieu de convertir le signal numérique de l'ordinateur en signal analogique (ondes sonores) pour le transmettre sur une ligne téléphonique standard comme avec un modem, l'ISDN transmet un signal numérique sur des lignes numériques. L'intérêt est que la communication est beaucoup plus rapide ; on peut atteindre des vitesses de transfert de l'ordre de 128 000 bps. Malheureusement, ces lignes sont encore rares et donc chères.

Enfin, il existe un dernier type de connexion qui passe par le réseau câblé de télévision. En France, cette technique n'en est qu'à ses débuts.

Astuce

Connexion rapide
Pour l'instant, la solution la plus simple reste l'utilisation d'un modem. Pour augmenter la rapidité du transfert des données, vous avez toujours la possibilité d'acheter un modem très rapide (un 56 600, par exemple), mais souvenez-vous que vous êtes tributaire des fournisseurs d'accès. La plupart d'entre eux font des efforts pour améliorer la qualité et la rapidité des connexions. Par conséquent, pour deux ou trois ans encore, l'utilisation d'une ligne téléphonique standard et d'un modem reste donc le meilleur compromis.

Les logiciels requis

Bien entendu, vous devez posséder un système d'exploitation avec une interface utilisateur graphique comme Windows 95 ou 98, Windows NT, Mac System 7.5x ou supérieur, etc. pour profiter pleinement de ce livre et de l'Internet. Vous pouvez vous connecter en utilisant Windows 3.1, mais de plus en plus de personnes utilisent des programmes 32 bits, du fait de l'amélioration des performances. Il est donc préférable de travailler avec Windows 95/98 ou NT.

Une interface graphique n'est pas nécessaire, mais explorer le Web en n'ayant accès qu'aux textes est plutôt frustrant.

Vous aurez aussi besoin de certains logiciels. Windows 95/98 et NT fournissent tous les logiciels nécessaires, tout comme UNIX avec X\Windows. Si vous utilisez un ordinateur Apple, vous trouverez de bons packages d'accès pour des sommes très raisonnables. Si vous utilisez le nouveau système Mac OS 8, les logiciels de connexion sont intégrés.

Pour accéder aux informations du Web, vous utiliserez un navigateur. Les Chapitres 1 et 2 de la seconde partie vous montreront comment télécharger et configurer deux navigateurs parmi les plus célèbres : Microsoft Internet Explorer et Netscape Navigator.

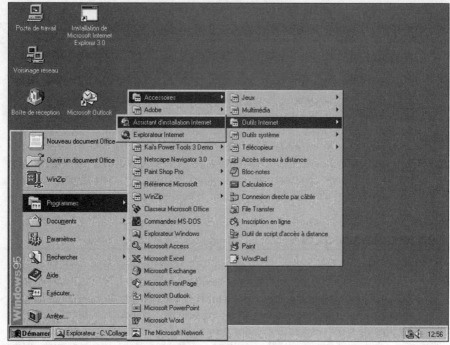

Figure 2.1 : L'assistant de connexion à l'Internet est installé.

Logiciels Internet pour Windows 95

Si vous utilisez Windows 95, plusieurs logiciels préinstallés peuvent vous aider à vous connecter à l'Internet. Les premières versions de Windows 95 ne vous offriront peut-être pas tous les éléments possibles, mais tant que vous avez un navigateur, il ne devrait pas y avoir de problèmes. Dans le Chapitre 5, vous verrez comment configurer Windows 95 pour accéder à l'Internet. Si vous n'êtes pas sûr d'avoir installé tous les éléments de Microsoft Plus!, suivez ces étapes :

1. Cliquez sur le bouton **Démarrer** de la barre de tâches et choisissez **Programmes**, **Explorateur** Windows.

2. Sur votre disque C :\, localisez le dossier **Plus!** qui se trouve probablement dans le dossier Program Files. Si vous ne voyez pas ce dossier, il est vraisemblable qu'aucun élément de Microsoft Plus! n'a été installé.

3. Cliquez sur le bouton **Démarrer** et choisissez **Programmes, Accessoires.** Si votre menu Accessoires contient une option Outils Internet, cliquez dessus pour voir si l'Assistant installation Internet a été installé (voir Figure 2.1).

Le mot juste

Kit de connexion
La plupart des fournisseurs d'accès vous donneront une disquette qui vous aidera à configurer Windows 95 pour effectuer une connexion distante par le biais de votre modem.

Logiciels Internet pour Windows 98

Tous les logiciels nécessaires à l'utilisation d'Internet sont fournis avec Windows 98 et s'installent automatiquement au moment de la mise à jour. En installant Windows 98, vous installerez également Internet Explorer, Outlook Express, Microsoft NetMeeting, le Carnet d'adresses, différents assistants, etc. Si certains programmes (comme Microsoft Chat) n'apparaissent pas, installez-les séparément en utilisant l'onglet Installation de Windows de la boîte de dialogue Propriétés de Ajout/Suppression de programmes (Démarrer, Paramètres, icône Ajout/Suppression de programmes). Vous trouverez les différents composants Internet dans les rubriques Outils Internet et Communication.

Logiciels Internet pour Windows 3.1

Une bonne partie des packages d'accès à l'Internet sont conçus pour Windows 95, mais il en existe quand même plusieurs pour les plates-formes Windows. Vous pourrez peut-être économiser de l'argent en vous adressant à votre fournisseur d'accès. En général, il vous proposera gratuitement son propre package qui contiendra les logiciels et les instructions nécessaires à la configuration de votre système.

Logiciels Internet pour Unix et Macintosh

Si votre machine fonctionne sous UNIX, la plupart des logiciels que vous utiliserez pour vous connecter au fournisseur d'accès seront compris dans le système d'exploitation. Si vous n'êtes pas certain d'avoir tous les éléments nécessaires, consultez votre fournisseur d'accès pour savoir quel logiciel utiliser. En effet, il y a beaucoup trop de packages de ce genre pour UNIX. On peut donner le même conseil aux utilisateurs de Macintosh. Le fournisseur vous indiquera quels logiciels utiliser et comment les configurer.

Chapitre 3

Choisir un fournisseur d'accès Internet

Dans ce chapitre, nous allons voir comment choisir un fournisseur d'accès Internet.

Définition d'un fournisseur d'accès

Un fournisseur d'accès est une société qui propose des connexions à l'Internet et différents composants, comme une messagerie électronique et l'accès au Web ou aux groupes de news UseNet. Il existe différents types de connexions et de comptes, votre choix dépendra de vos attentes et du matériel que vous utilisez pour vous connecter. Dans ce chapitre, nous verrons les options disponibles pour les utilisateurs d'ordinateurs autonomes, plutôt que les options qui concernent les machines connectées à l'Internet par le biais d'un LAN.

Le mot juste

Ordinateur autonome
Un ordinateur autonome est une machine qui n'est pas directement reliée à d'autres machines ou à un système informatique comme un réseau local (LAN). Pour accéder à d'autres ordinateurs, les machines autonomes utilisent généralement un modem pour établir un lien par le biais d'une ligne téléphonique.

Accès par le biais d'un service en ligne

La plupart des services commerciaux en ligne, comme CompuServe, America Online, Prodigy et Microsoft Network, offrent un accès Internet. L'accès par le biais de ces services est généralement rapide et simple à configurer, car il s'agit simplement d'une extension du service en ligne lui-même. L'inconvénient de cette technique est son coût, même si la plupart des services en ligne ont fait de gros efforts pour devenir compétitifs vis à vis des fournisseurs d'accès classiques.

Autre inconvénient, l'accès peut parfois être difficile. De nombreux services ont reçu des plaintes d'utilisateurs déclarant qu'il était pratiquement impossible de se connecter, car les serveurs surchargés de travail ne décrochaient que rarement.

Les services en ligne comptent sur la vaste gamme de services bien organisés et simples à utiliser qu'ils proposent (forums, bibliothèques de téléchargement, conférences, informations, etc.) pour faire la différence.

Astuce

Période d'essai gratuite
La plupart des services en ligne proposent des périodes d'essai gratuites. Vous pouvez donc vous faire une idée des différents services en effectuant des tests comparatifs. Si un service en ligne vous plaît, conservez-le ; sinon, annulez l'abonnement avant la fin de la période d'essai et cherchez un fournisseur d'accès ailleurs.

Sachez toutefois qu'en vous familiarisant avec l'Internet, vous vous rendrez compte que la plupart des services proposés sont accessibles pour moins cher. Il suffit de savoir où chercher.

Les questions que vous devez vous poser avant d'effectuer un choix sont les suivantes :

- Quels sont les accès disponibles près de chez vous ?

- Combien de temps pensez-vous passer par mois sur l'Internet ?

- Avez-vous réellement besoin que les services proposés soient présentés avec des interfaces conviviales ?

Comptes basiques de fournisseurs d'accès

La plupart des fournisseurs d'accès ont abandonné les comptes basiques, mais il est encore possible d'en trouver pour des prix dérisoires. Ces comptes sont bon marché parce qu'ils ne donnent accès qu'à du texte. Dans un univers où les interfaces graphiques et le multimédia dominent, peu d'utilisateurs se satisfont uniquement du texte.

D'un autre côté, ces comptes ont un avantage : ils sont rapides. Lorsque vous éliminez les images et les polices élaborées, vous pouvez parcourir l'Internet très rapidement. Dans un chapitre à venir, vous verrez comment désactiver le mode graphique lorsque vous souhaiterez naviguer plus vite.

Comptes SLIP/PPP de fournisseurs d'accès

Les protocoles SLIP et PPP sont les plus couramment utilisés pour accéder à l'Internet. Le protocole SLIP est le plus ancien des deux. Il permet de se connecter à un fournisseur d'accès par le biais d'une ligne de communication en série (comme une ligne téléphonique). Le protocole PPP utilise aussi ce type de ligne, mais il possède un degré supérieur de détection des erreurs et de compression. Si vous avez le choix, optez pour le protocole PPP.

Relativement bon marché dans la plupart des cas (surtout en comparaison des services en ligne), ces comptes permettent d'accéder à l'Internet avec une interface graphique et de profiter pleinement de tous les services Internet.

Le mot juste

Détection d'erreurs
Cette fonction détecte les erreurs entre la source et le destinataire et demande à la source d'envoyer à nouveau le signal de communication. La détection des erreurs est intégrée aux connexions PPP. En revanche, les connexions SLIP utilisent une source externe pour la détection d'erreurs ; il s'agit souvent de matériel supplémentaire. Aujourd'hui, les modems les plus rapides proposent aussi des fonctions de détection d'erreurs supplémentaires.

Le mot juste

Compression
Grâce au codage du signal de communication, les informations prennent moins de place et mettent donc moins de temps pour arriver à destination.

Choix d'un fournisseur d'accès

Maintenant que nous avons vu les différents types de comptes disponibles, nous allons voir comment choisir un fournisseur d'accès. Le choix ne doit pas être fait exclusivement sur la base du prix. Lisez les questions ci-après, essayez de voir quelles sont les options importantes pour vous et discutez-en avec vos fournisseurs d'accès éventuels.

■ Y a-t-il un fournisseur d'accès près de chez vous ? Plus le fournisseur sera proche, moins les communications coûteront cher.

■ Quel est le mode de tarification, forfaitaire ou horaire ? Il existe différentes offres, c'est à vous de trouver les plus intéressantes en fonction du temps que vous pensez passer quotidiennement sur l'Internet.

■ Le compte proposé est-il SLIP ou PPP ? Comme nous l'avons vu, si vous avez le choix, utilisez une connexion PPP.

■ Quelle est la vitesse de communication proposée ? Quelle que soit sa vitesse, votre modem devra ajuster sa cadence de travail à la vitesse de débit des lignes des fournisseurs d'accès. Il est rare que ces derniers proposent des lignes dont la vitesse est inférieure à 14 400 bps. Essayez de trouver un fournisseur possédant des lignes dont le débit est égal ou supérieur à celui de votre modem. Aujourd'hui, la vitesse moyenne se situe entre 14 400 et 36 600 bps. Si, par la suite, vous envisagez d'utiliser des connexions ISDN, assurez-vous que votre fournisseur propose ce service.

■ Quels sont les services offerts par le fournisseur ? Propose-t-il d'héberger vos pages Web ? Quelle assistance offre-t-il ? Voici autant de questions qui, en cas d'indécision, peuvent vous aider à trancher.

Le mot juste

ISDN

Un modem standard convertit le signal numérique de votre ordinateur en signal analogique. En d'autres termes, il convertit des séries de données en sons qui seront transmis sur les lignes téléphoniques. Avec une connexion ISDN, ce sont des données numériques qui transitent sur les lignes. On n'utilise donc pas de modem standard, et la communication est plus rapide puisque le signal n'a pas à être converti.

Un fournisseur d'accès doit vous proposer tous les services de base. Il peut aussi mettre à votre disposition des logiciels shareware et des assistances techniques.

Pour trouver un fournisseur d'accès, consultez les magazines, renseignez-vous dans votre ville et posez des questions aux personnes déjà connectées.

Quelques fournisseurs d'accès

Il y a désormais de plus en plus de fournisseurs d'accès en France. Certains représentent de grosses sociétés et d'autres appartiennent à des structures plus petites. Pour une fois, les plus grands ne sont pas forcément les meilleurs ; prenez donc bien le temps de vous renseigner et de tester toutes les offres. A titre indicatif, voici quelques noms de fournisseurs et des informations sur les services qu'ils proposent.

Les tarifs et les services indiqués sont susceptibles de changer. Vérifiez donc ces informations. Pour accéder à une liste très complète des fournisseurs d'accès en France, allez à l'adresse

http://www.cur-archamps.fr/ungi/fourniss.htm.

Chapitre 4

Configuration pour les utilisateurs de Windows 3.1

Dans ce chapitre, vous allez apprendre à configurer Windows 3.1 pour vous connecter à l'Internet.

Eléments requis

Il existe plus d'une douzaine de kits de connexion Internet pour Windows 3.1. Vous économiserez un peu d'argent en récupérant quelques utilitaires et en configurant Windows 3.1 comme votre client Internet.

Les trois utilitaires dont vous aurez besoin sont :

- un programme Winsock ;

- un numéroteur ;

- un utilitaire FTP.

Les programmes de type Winsock sont conçus pour assurer la compatibilité entre plusieurs produits TCP/IP. Les Winsock pour Windows 3.1, 95 et NT sont complétés par un fichier winsock.dll. Dans ce chapitre, nous allons voir comment configurer Trumpet Winsock.

Un numéroteur est simplement un programme compatible Winsock utilisé pour composer le numéro d'appel de votre fournisseur d'accès. Le numéroteur utilisé est aussi Trumpet Winsock.

Un logiciel de téléchargement FTP n'est pas indispensable pour se connecter à l'Internet, mais il vous permettra de charger d'autres programmes Internet une fois que vous aurez correctement configuré Windows 3.1.

Configuration de Trumpet Winsock

La plupart des fournisseurs d'accès vous offriront Trumpet Winsock et un programme de téléchargement FTP avec leur kit de connexion. Suivez ces étapes pour installer Trumpet Winsock :

1. Créez un répertoire pour le programme en utilisant le nom de répertoire **\TRUMPET**.

2. Copiez tous les fichiers dans le répertoire **\TRUMPET**.

3. Ouvrez le fichier **AUTOEXEC.BAT** et tapez **\TRUMPET** au début de l'instruction PATH. Relancez votre PC pour que les nouveaux paramètres prennent effet.

4. Démarrez Windows et démarrez **Trumpet Winsock** en double-cliquant sur le programme **TCPMAIN.EXE** dans le répertoire \TRUMPET. La Figure 4.1 montre l'écran principal de Trumpet Winsock et tous les champs dans lesquels vous allez saisir des informations.

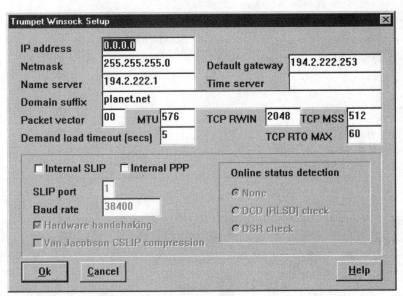

Figure 4.1 : L'écran principal de Trumpet Winsock.

5. Sélectionnez **Internal SLIP** ou **Internal PPP** en fonction du type de connexion proposé par le fournisseur.

6. Saisissez l'adresse IP de votre PC, le masque de réseau (*netmask*), le nom du serveur, la passerelle par défaut (*default gateway*) et le suffixe du domaine. Vous trouverez toutes ces informations en vous adressant à votre fournisseur d'accès. Vous devez savoir si l'adresse qui vous a été assignée est une adresse IP statique (qui ne change jamais) ou dynamique (qui peut varier à chaque connexion).

7. Indiquez sur quel port de communication (COM1, COM2, etc.) votre modem est installé et sa vitesse.

8. Cliquez sur **OK** pour sauvegarder les paramètres. Winsock les affichera, comme sur la Figure 4.2.

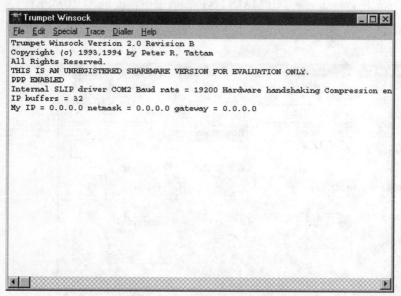

Figure 4.2 : *Trumpet Winsock affiche les paramètres de connexion.*

9. Ouvrez le menu **Dialer** et choisissez **Edit Script** pour composer un script de connexion. Les instructions nécessaires à la création d'un script se trouvent dans un fichier readme du répertoire \TRUMPET.

Une fois que vous avez fini le script, vous êtes prêt à tester votre configuration. Revenez au menu Dialer pour tester votre connexion. Suivez les instructions données par votre fournisseur d'accès pour vous connecter sur son système. Si la connexion échoue, revenez en arrière et vérifiez tous les paramètres que vous avez saisis.

Une fois que vous vous êtes connecté avec succès, vous pouvez utiliser l'utilitaire FTP pour télécharger les logiciels Internet qui vous intéressent (comme un navigateur, une messagerie, un programme Gopher, etc.). Avec Windows 3.1, vous n'utiliserez que des programmes 16 bits. Avec Windows 95, vous travaillerez uniquement avec des programmes 32 bits.

Chapitre 5

Configuration pour les utilisateurs de Windows 95/89

Dans ce chapitre, vous allez apprendre à configurer une connexion Internet avec Windows 95 en utilisant l'Assistant Internet de Microsoft Plus!.

Installation de Microsoft Plus!

Microsoft Plus! est un complément pour Windows 95 qui offre des outils de maintenance disque et système, des produits pour améliorer le bureau, un support Internet et un magnifique flipper. Avant de pouvoir utiliser l'Assistant d'installation Internet, vous devez installer Microsoft Plus!.

Astuce

Connexions PPP uniquement
L'Assistant d'installation Internet fonctionne uniquement pour des connexions qui utilisent le protocole PPP. Si la copie de Windows 95 que vous possédez est sur CD-ROM, regardez dans le dossier /Admin/Apptools/Dscript pour avoir des informations sur la configuration de connexions SLIP.

Si vous n'avez pas installé Microsoft Plus!, insérez le CD ou les disquettes d'installation dans le lecteur approprié et suivez les instructions. Une fois l'installation terminée, jetez un œil sur le Tableau 5.1 qui contient la liste des informations dont l'assistant aura besoin. Vous pourrez vous les procurer auprès de votre fournisseur d'accès.

Utilisation de l'Assistant d'installation Internet

L'Assistant d'installation Internet se trouve dans le menu Outils Internet sous le menu Accessoires. Dans ce chapitre, vous verrez étape par étape comment entrer les informations dont l'assistant a besoin pour créer votre connexion

Internet. Souvenez-vous que l'utilisation de l'Assistant d'installation Internet varie en fonction du fournisseur d'accès choisi et de la ville où vous vous connectez.

Tableau 5.1 : *Les informations que votre fournisseur d'accès doit vous fournir*

Information	Définition
Serveur de domaine ou adresse IP	Adresse à 12 chiffres ayant la forme *nnn.nnn.nnn.nnn*. Chaque segment de valeur doit être compris entre 0 et 255.
Masque de sous-réseau	Autre adresse à 12 chiffres ayant la forme *nnn.nnn.nnn .nnn*.
Nom de domaine	Le nom de domaine de votre fournisseur, sous la forme *fournisseur.com* ou *fournisseur.net*.
Nom d'hôte	Si votre fournisseur en utilise un (ce qui n'est pas le cas de tous), il vous en fournira un.
Nom du serveur de courrier	Nom de domaine de votre serveur de messagerie.
Nom du serveur de news	Nom de domaine de votre serveur de news.
Adresse de messagerie	Votre adresse aura la forme *Nom d'utilisateur@Nom du serveur de courrier*.
Commandes utilisées	Commandes telles que «Entrez votre nom d'utilisateur et votre mot de passe» et autres commandes utilisées pour vous connecter au fournisseur.
Type d'adresse IP	Votre fournisseur vous donne une adresse IP qui peut être statique ou dynamique ; il doit le préciser.
Numéro de téléphone	Numéro de téléphone utilisé pour vous connecter à votre fournisseur d'accès.

Pour lancer l'Assistant d'installation Internet, suivez ces étapes :

1. Cliquez sur le bouton Démarrer de la barre de tâches et choisissez Programmes, Accessoires, Outils Internet et Assistant d'installation Internet (voir Figure 5.1).

2. Dans le premier écran, cliquez sur **Suivant**. Si votre modem n'est pas encore configuré, Windows 95 vous demandera de le faire.

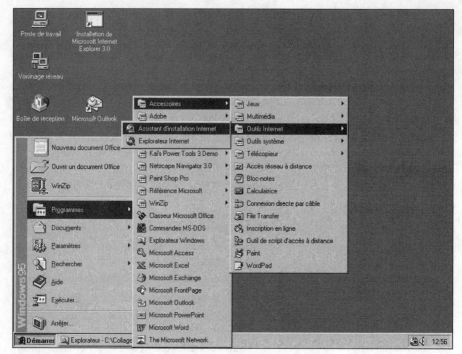

Figure 5.1 : *Voici comment accéder à l'Assistant d'installation Internet dans le menu.*

Figure 5.2 : *Installation d'un support Internet pour votre fournisseur d'accès.*

3. Dans la boîte de dialogue Mode de connexion, cliquez sur le bouton d'option **J'ai déjà un compte chez un autre fournisseur de services** (voir Figure 5.2). Cliquez ensuite sur **Suivant**.

4. Dans la boîte de dialogue Information sur le fournisseur d'accès, entrez le nom de votre fournisseur d'accès Internet. Il s'agit d'identifier l'icône de raccourci que vous utiliserez pour vous connecter au fournisseur d'accès. Le nom n'est donc pas important, vous pouvez taper ce que vous voulez. Cliquez ensuite sur **Suivant**.

5. Dans la boîte de dialogue Numéro de téléphone, entrez le numéro de téléphone de votre fournisseur d'accès. N'oubliez ni l'indicatif, ni le code du pays (sélectionnez le bon code dans la liste déroulante Code pays). Ensuite, cliquez dans la case **Afficher la fenêtre du terminal après la numérotation** (voir Figure 5.3). Vous utiliserez cette fenêtre pour vous connecter à votre fournisseur d'accès. Cliquez sur **Suivant**.

6. Dans la boîte de dialogue Nom d'utilisateur et mot de passe, entrez le nom d'utilisateur et le mot de passe définis par le fournisseur d'accès. (Même si vous entrez ces éléments ici, certains systèmes de connexion ne les accepteront pas à moins qu'ils soient aussi saisis dans la fenêtre de terminal). Cliquez sur **Suivant** pour continuer.

Figure 5.3 : Saisissez le numéro de téléphone de votre fournisseur d'accès.

7. Dans la boîte de dialogue Adresse IP, sélectionnez la façon dont l'adresse IP est attribuée. Votre fournisseur d'accès vous donnera cette information (voir Figure 5.4). Cliquez sur **Suivant** pour continuer.

8. Dans la boîte de dialogue Adresse du serveur DNS, entrez l'adresse IP de votre serveur DNS. Votre fournisseur d'accès vous donnera cette information. S'il vous donne aussi une autre adresse DNS, entrez-la dans le second champ. Cliquez sur **Suivant** pour continuer.

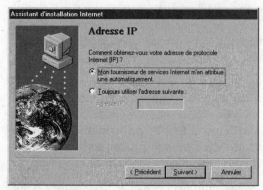

Figure 5.4 : Saisissez les informations relatives aux adresses IP.

9. Dans la boîte de dialogue Messagerie Internet, cliquez dans la case **Utiliser la messagerie Internet** et entrez votre adresse e-mail et le nom de votre serveur de messagerie. Cliquez sur **Suivant** pour continuer.

Le mot juste

DNS (Domain Name Service)
Il s'agit du moyen par lequel l'adresse IP à 12 chiffres est transformée en nom reconnaissable. Par exemple, l'adresse IP 199.234.118.2 correspond au nom de domaine city-net.com.

10. Dans la boîte de dialogue Profil pour Exchange, entrez le nom du profil Microsoft Exchange à utiliser pour Internet Mail, ou sélectionnez-le dans la liste (Figure 5.5). Cliquez sur **Suivant** pour continuer.

11. Enfin, cliquez sur le bouton **Terminer**. Lorsque la configuration est terminée, l'assistant crée une icône Internet sur le bureau. Vous pouvez double-cliquer dessus pour vous connecter à l'Internet via votre fournisseur d'accès.

***Figure 5.5** : Saisissez le nom de profil pour Internet Mail.*

Configuration avec Windows 98

Le processus de configuration d'une connexion Internet dans Windows 98 est pratiquement le même. Il nécessite aussi un assistant de connexion Internet. Pour lancer cet assistant, sélectionnez Démarrer, Programmes, Internet Explorer et Assistant de connexion Internet. La boîte de dialogue qui s'affiche est pratiquement identique à celle qui apparaît dans Windows 95. Les informations requises sont les mêmes, il n'y a qu'à suivre les instructions à l'écran.

Connexion à l'Internet

Souvenez-vous que ce que vous devrez taper pour vous connecter peut être différent de ce que vous voyez dans ce chapitre. Normalement, vous ne devriez pas avoir de problème : votre fournisseur d'accès est censé vous avoir communiqué toutes les informations nécessaires.

Astuce

Vérifiez les informations de votre fournisseur d'accès
Pour vérifier les informations données par votre fournisseur d'accès, comparez-les à la liste du Tableau 5.1. Il se peut que vous ayez plus d'informations, mais vous ne devez pas en avoir moins.

Voici les derniers éléments qui vous permettront de vous connecter :

1. Si vous avez acheté et installé Microsoft Plus!, double-cliquez sur l'icône Internet qui se trouve sur votre bureau. Si vous avez installé Windows 98, cliquez sur le bouton **Démarrer Internet Explorer** dans la barre de lancement rapide. Cela lance le navigateur Internet Explorer. La boîte de dialogue Connexion à apparaît (voir Figure 5.6).

Figure 5.6 : Connexion à votre fournisseur d'accès avec Microsoft Internet Explorer.

Si vous n'avez pas acheté Microsoft Plus!, double-cliquez sur l'icône Poste de travail, puis sur l'icône Accès réseau à distance. Dans la boîte de dialogue Accès réseau à distance, double-cliquez sur la connexion que vous avez créée. Avec ou sans Microsoft Plus!, vous devriez voir la connexion que vous avez créée et les informations que vous avez entrées.

2. Dans la boîte de dialogue Connexion à, cliquez sur le bouton **Se connecter**. Vous verrez apparaître une boîte de dialogue semblable à celle de la Figure 5.7.

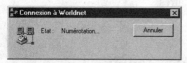

Figure 5.7 : Cette boîte de message vous informe que l'appel au fournisseur d'accès est en cours.

Attention

Ma connexion n'effectue pas d'appel

Si la connexion ne tente pas d'appeler, c'est peut-être que votre modem est mal installé. Consultez le manuel fourni par le fabricant et vérifiez la configuration du modem en double-cliquant sur l'icône Modems du Panneau de configuration.

3. Si vous êtes connecté à votre fournisseur, la fenêtre Ecran terminal de post-numérotation s'affiche et vous demande de saisir les informations données par votre fournisseur (voir Figure 5.8). Entrez le nom d'utilisateur, le mot de passe et les autres éléments nécessaires. Lorsque vous avez fini, cliquez sur **Continuer** ou appuyez sur **F7**.

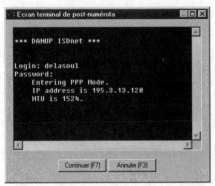

Figure 5.8 : La fenêtre Ecran terminal de post-numérotation.

4. Si les paramètres de votre connexion sont corrects et si vous entrez les informations requises par votre fournisseur d'accès, rapidement, un message vous signale que vous êtes connecté (voir Figure 5.9). Vous remarquerez qu'un compteur indique depuis combien de temps vous êtes connecté. Si vous le souhaitez, vous pouvez fermer les fenêtres Poste de travail et Accès réseau à distance, mais ne fermez pas la fenêtre Connexion à ; réduisez sa taille. Si vous la fermez, vous interrompez la connexion.

Figure 5.9 : Votre connexion est en état de marche.

Test de la connexion

Avant de partir à l'assaut du Web, testez votre connexion avec WinIPCfg, un utilitaire fourni avec Windows 95.

1. Pendant que vous êtes connecté, cliquez sur le bouton Démarrer de la barre de tâches et choisissez **Programmes**, **Commandes MS-DOS** pour ouvrir la fenêtre DOS.

2. Tapez **Winipcfg** et appuyez sur **Entrée**. Au bout de quelques secondes, les informations IP que vous voyez sur la Figure 5.10 apparaissent.

Figure 5.10 : WinIPCfg affiche les informations IP.

3. Cliquez sur le bouton **Plus d'infos >>** pour afficher la Figure 5.11.

La plupart des informations affichées dans WinIPCfg ne vous diront sans doute pas grand-chose, mais elles vous permettront de savoir si vous êtes connecté à votre fournisseur (en affichant son adresse IP, par exemple). Les informations du champ Adresse IP peuvent représenter, soit votre adresse IP statique (si vous en avez défini une), soit l'adresse IP dynamique qui vous a été attribuée par le fournisseur d'accès. Au cas où vous ne l'auriez pas remarqué, cette information n'était pas affichée dans la fenêtre Ecran terminal de post-numérotation.

Figure 5.11 : WinIPCfg peut donner davantage d'informations.

Attention

Je ne suis pas connecté !

Si vous n'êtes pas connecté, reprenez le chapitre depuis le début et vérifiez toutes les informations que vous avez entrées.

Chapitre 6

Configuration pour les utilisateurs Macintosh

Dans ce chapitre, vous verrez de quels logiciels vous avez besoin pour/vous connecter à Internet avec un Macintosh. Vous apprendrez aussi où les trouver et comment les configurer.

Eléments nécessaires pour accéder à Internet

En plus d'un ordinateur, d'un modem, d'une ligne téléphonique et d'un compte chez un fournisseur d'accès, vous aurez besoin de certains logiciels. Voici lesquels :

■ **MacTCP.** Tableau de bord qui permet au Mac d'utiliser le protocole TCP/IP, le moyen standard pour faire circuler des informations sur Internet.

■ **Mac PPP.** Composé de l'Extension (PPP) et du Tableau de bord (Config PPP) qui permettent à la machine de se connecter sur un compte PPP.

■ **InterSlip.** Composé de l'Extension (InterSLIP), et du Tableau de bord (InterSLIP Control) et de l'application (PSInet HOST-DCS) qui permettent à la machine de se connecter à un compte SLIP.

Tout utilisateur Mac a besoin de MacTCP pour se connecter à Internet. En outre, vous aurez besoin de MacPPP ou de InterSLIP, en fonction du type de compte ouvert par votre fournisseur d'accès. Si vous avez un compte PPP, utilisez MacPPP et s'il s'agit d'une connexion SLIP, utilisez l'autre programme.

Ces trois logiciels ne servent qu'à la connexion. Pour explorer Internet, vous aurez besoin de quelques logiciels supplémentaires :

■ Un navigateur Web, comme Netscape Navigator (Communicator) ou Microsoft Internet Explorer. Ces navigateurs sont les plus classiques, mais il en existe d'autres.

▪ Un utilitaire FTP pour transmettre des fichiers sur Internet. Anarchie et Fetch sont deux utilitaires FTP de qualité.

▪ Un utilitaire de messagerie. Eudora est un logiciel de messagerie puissant.

▪ Un utilitaire de compression pour réduire la taille des fichiers que vous allez télécharger et transmettre (ce qui vous fera gagner du temps et de l'argent). Aladin System's DropStuff fait figure de standard sur Mac. Cet utilitaire est inclus dans Netscape Navigator ou Communicator.

Où trouver les logiciels Mac

Vous trouverez tous ces logiciels et bien d'autres à plusieurs endroits. Nous indiquons ici les différents moyen de se les procurer.

Fournisseur d'accès

Lorsque vous ouvrez un compte, votre fournisseur vous donne souvent un kit de connexion avec les instructions nécessaires pour configurer les programmes qu'il contient.

Il se peut que le kit ne contienne pas exactement les mêmes logiciels que ceux de ce chapitre, cependant il remplira des fonctions équivalentes. Une fois que vous serez connecté, vous pourrez télécharger ces logiciels et les tester. Reportez-vous à la section suivante pour savoir où vous les procurer sur Internet.

Téléchargement

De nombreux logiciels se trouvent sur les services en ligne comme America Online et CompuServe. Si vous avez un compte sur un de ces services, vous pouvez trouver et télécharger tous ces logiciels, sauf Netscape et Microsoft Internet Explorer. En revanche, le navigateur MacWeb est une excellente solution de rechange et il est disponible sur les services en ligne.

Sur America Online, utilisez le mot clé : Net Software pour accéder à une bibliothèque de logiciels de connexion Internet. Là, vous pouvez télécharger tous les logiciels dont vous avez besoin.

Astuce

AOL : mot clé
Cliquez sur Mot clé pour faire apparaître la boîte de dialogue du même nom.
Tapez le mot clé (Net Software, dans le cas présent) dont vous avez besoin et
appuyez sur Entrée.

Avec CompuServe, faites GO : FILEFINDER. Dans la liste des bibliothèques
de fichiers, double-cliquez sur l'entrée Macintosh. Ensuite, utilisez Filefinder
pour rechercher et télécharger les logiciels qui vous intéressent.

Astuce

CompuServe : GO
Appuyer sur Cmd-G pour faire apparaître la boîte de dialogue GO. Tapez le
mot clé (FILEFINDER, dans le cas présent) qui vous intéresse et appuyer sur
Entrée.

Les deux services proposent un accès Internet. Si votre compte est configuré
pour accéder à Internet, vous pouvez aussi visiter les sites suivants pour trouver les logiciels requis :

- MacPPP et MacTCP : **http://www.apple.com** ;

- Netscape Navigator : **http://www.netscape.com** ;

- Microsoft Internet Explorer : **http://www.msn.com** ;

- Pour d'autres logiciels Macintosh : **ftp://ftp.tidbits.com** ;

- Pour connaître tous les explorateurs disponibles sur Internet :
  http://www .browsers.com ;

- Pour tout autre logiciel : **http://www.shareware.com**.

Installation du logiciel de connexion

Une fois en possession des différents éléments (Mac TCP, Mac PPP et Inter-
SLIP), vous devez les installer et les configurer.

Astuce

Connexion Internet

Ces instructions ne concernent que les personnes qui ont récupéré ces logiciels sur un service en ligne ou sur Internet. Si vous avez acheté un kit ou s'il vous a été donné par votre fournisseur d'accès, suivez les instructions fournies avec le produit.

InterSLIP est fourni avec un logiciel d'installation qui place automatiquement tous les éléments. Double-cliquez sur l'icône d'installation d'InterSLIP et suivez les instructions qui apparaissent à l'écran. Le programme redémarre l'ordinateur en cas de besoin.

Pour chaque composant de MacTCP ou de MacSLIP, suivez ces étapes :

1. Ouvrez l'icône de votre disque dur. Assurez vous que le Dossier Système est visible.

2. Ouvrez le dossier qui contient le(s) élément(s) que vous voulez installer. Placez la fenêtre de manière que le Dossier Système reste visible.

3. Faites glisser le logiciel Internet de sa fenêtre vers le dossier Système (MacTCP est un Tableau de bord. MacPPP utilise une Extension et un Tableau de bord. InterSLIP utilise une Extension et une petite application).

4. Votre Mac vous demande si les fichiers doivent être placés dans leurs dossiers respectifs. Cliquez sur **OK**.

5. Redémarrez votre ordinateur (ouvrez le menu **Spécial** et choisissez **Redémarrer**) pour qu'il utilise le logiciel que vous venez d'installer.

Si vous utilisez MacPPP, l'extension PPP figurera dans votre dossier Extensions et Config PPP apparaîtra dans le dossier Tableau de bord. Si vous utilisez InterSLIP, l'extension InterSLIP figurera dans votre dossier Extensions et InterSLIP Control apparaîtra dans le dossier Tableau de bord. L'application InterSLIP Setup (qui s'appelle PSInet HOST-DCS, pour on ne sait quelle raison) et un manuel InterSLIP apparaîtront sur votre bureau.

Tous les autres logiciels que vous avez acquis (Netscape, Eudora, etc.) seront prêts à être utilisés ou livrés avec un programme d'installation. S'il y a un programme d'installation, il suffit de double-cliquer sur son icône et de suivre les instructions à l'écran.

Configuration des logiciels

Maintenant, il faut fournir quelques informations sur votre fournisseur d'accès au logiciel que vous venez d'installer. N'essayez pas de configurer quoi que ce soit si vous n'êtes pas sûr de vos informations. En cas de doute, consultez votre fournisseur.

MacTCP

Pour configurer MacTCP, suivez ces étapes :

1. Sélectionnez le dossier Tableau de bord et double-cliquez sur l'icône MacTCP. Le Tableau de bord MacTCP apparaît (voir Figure 6.1).

Figure 6.1 : *Le Tableau de bord de MacTCP.*

2. Sélectionnez l'icône PPP et cliquez sur **Options**. La boîte de dialogue illustrée Figure 6.2 apparaît.

3. Entrez les informations que votre fournisseur d'accès vous a communiquées. Généralement, vous aurez à sélectionner une seule option dans zone Obtenir l'adresse (dans le coin supérieur gauche, voir Figure 6.2). Ensuite, remplissez les champs Domaine et Adresse IP dans la zone Info Serveur de domaines.

4. Lorsque vous avez fini d'entrer ces informations, cliquez sur **OK** pour les enregistrer. Ensuite, fermez le Tableau de bord de MacTCP.

5. Il se peut que l'ordinateur vous demande de redémarrer pour que les changements prennent effet. Ouvrez alors le menu **Spécial** et choisissez **Redémarrer**.

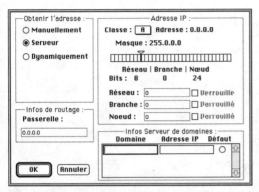

Figure 6.2 : *Les options de configuration de MacTCP.*

MacPPP

Suivez ces étapes pour configurer MacPPP :

1. Sélectionnez le dossier Tableau de bord et double-cliquez sur l'icône Config PPP. Une boîte de dialogue s'ouvre (Voir Figure 6.3).

Figure 6.3 : *Le Tableau de bord Config PPP.*

2. Dans la liste déroulante Port, en haut du panneau, sélectionnez le port sur lequel votre modem est connecté.

3. Cliquez sur le bouton **Config...**, dans le coin inférieur gauche du panneau. La boîte de dialogue de la Figure 6.4 apparaît.

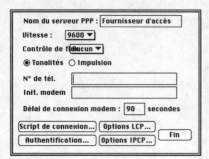

Figure 6.4 : *Le Tableau de bord Config PPP.*

4. Tapez le nom de votre fournisseur dans la zone Nom du Serveur PPP.

5. Ensuite, sélectionnez la vitesse maximale de connexion de votre modem dans la liste déroulante Vitesse.

6. Ensuite, à l'aide du bouton d'option, indiquez le type de ligne que vous utilisez : Tonalité (fréquence vocale) ou Impulsion.

7. Enfin, tapez le numéro de téléphone de votre fournisseur dans le champ N° de tél.

8. Entrez les autres informations que votre fournisseur vous a données si elles correspondent aux intitulés des champs suivants.

9. Vous n'aurez peut-être pas besoin des options Script de Connexion, Authentification, Options LCP... et options IPCP..., tout dépend des consignes de votre fournisseur.

10. Lorsque vous avez terminé, cliquez sur **Fin** et fermez le Tableau de bord Config PPP.

InterSLIP

Pour configurer InterSLIP, suivez ces étapes :

1. Double-cliquez sur l'icône PSInet HOST-DCS sur votre bureau pour lancer l'application InterSLIP Setup (voir Figure 6.5).

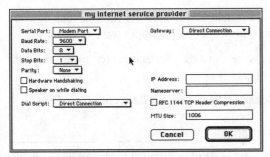

Figure 6.5 *: Configuration de InternetSLIP*

2. Ouvrez le menu **File** et sélectionnez **New**. InterSLIP vous demande alors le nom du nouveau fichier de configuration.

3. Tapez le nom de votre fournisseur d'accès dans la zone de texte et cliquez sur **OK**. Ce nom apparaîtra dans la fenêtre InterSLIP.

4. Double-cliquez sur le nom de votre fournisseur d'accès, l'écran de configuration de la Figure 6.6 s'ouvre.

5. Ouvrez la liste déroulante Serial Port et choisissez le port sur lequel votre modem sera connecté.

Figure 6.6 *: Configuration d'InterSLIP pour votre fournisseur d'accès.*

6. Dans la liste déroulante Baud Rate, choisissez la vitesse maximale de votre modem.

7. Remplissez les champs qui restent en fonction des informations de votre fournisseur. Il se peut que vous n'ayez pas à remplir tous les champs.

8. Lorsque vous avez fini, cliquez sur **OK** pour enregistrer les informations et fermer la boîte de dialogue.

9. Pour quitter InterSLIP Setup, ouvrez le menu **File** et choisissez **Quit**.

Les autres applications Internet

Votre navigateur Web, votre logiciel de messagerie et la plupart de vos applications ont aussi besoin d'informations de configuration (comme le nom de votre serveur de messagerie, de votre serveur de news, etc.). Tous ces paramètres vous sont communiqués par votre fournisseur. Les fichiers d'aide de chaque application indiquent les informations nécessaires et l'endroit où les saisir.

Connexion au fournisseur d'accès

Une fois que vous avez configuré votre logiciel, testez la configuration en vous connectant à votre fournisseur. Suivez ces étapes :

1. Ouvrez ConfigPPP ou InterSLIP (en fonction du programme que vous utilisez) comme nous l'avons expliqué précédemment.

2. Cliquez sur **Open** (avec ConfigPPP) ou **Connect** (avec InterSLIP). Une fenêtre d'état apparaît pour vous informer du déroulement du processus de connexion.

3. Si vous réussissez à vous connecter, vous pouvez sans problème lancer votre navigateur et commencer à explorer le Web.

4. Lorsque vous avez fini, quittez l'application Internet.

5. Cliquez sur **Close** (dans ConfigPPP) ou sur **Disconnect** (dans InterSLIP) pour vous déconnecter.

Si vous ne parvenez pas à vous connecter, reprenez le processus de configuration depuis le début et assurez-vous que toutes les informations entrées sont correctes. Une fois que vous avez effectué cette vérification, essayez de nouveau. Si vous ne réussissez toujours pas, contactez l'assistance technique de votre fournisseur d'accès et exposez votre problème.

Chapitre 7

Accès au Web par le biais de services en ligne

Dans ce chapitre, vous allez voir comment accéder au Web en utilisant deux des grands services en ligne : America Online (AOL) et The Microsoft Network (MSN).

Si vous avez installé Windows 98, vous remarquerez la présence d'un nouveau dossier sur le bureau. Il s'agit du dossier Services en ligne. Il contient des icônes qui permettent de configurer une connexion et un abonnement à différents services en ligne. Pour vous inscrire à un des services en ligne proposés, double-cliquez sur l'icône de votre choix et suivez les instructions à l'écran. Ces dernières sont en général suffisamment explicites. Les personnes qui n'utilisent pas Windows 98 suivront les instructions des deux exemples qui suivent. La procédure à suivre ne diffère pas beaucoup d'un service à un autre et même si vous choisissez un service autre que AOL ou MSN, vous ne devriez pas avoir trop de mal à configurer votre connexion.

America Online

AOL est aujourd'hui le service en ligne le plus important ; selon la société, il compte quatre millions d'utilisateurs. Si vous avez acheté un magazine informatique ces six derniers mois, il y a de fortes chances que vous soyez déjà en possession du logiciel AOL. Si ce n'est pas le cas, vous pouvez contacter le service client de la société pour qu'il vous l'envoie (01.69.19.94.50). Les grands services en ligne ont pris l'habitude de distribuer largement leur kit de connexion dans la presse ou dans les ouvrages sur Internet. Ces disques et ces CD-ROM sont généralement livrés avec une proposition d'accès gratuit pour une période d'essai. C'est un bon moyen de tester les différents services proposés et de vous faire une idée de leur qualité. Depuis quelque temps déjà, tous les grands services en ligne ont inclus un accès à Internet dans la liste de leurs services.

Installation et configuration de AOL

AOL est disponible uniquement pour les plates-formes Windows et Macintosh. Dans ce chapitre, nous utiliserons AOL sur une plate-forme Windows 95. Il n'y a pas de différences majeures dans le fonctionnement d'AOL avec Windows 95, Windows 3.1 ou Windows NT et aucune de ces trois versions n'est particulièrement adaptée à ce service en ligne.

Pour installer AOL, suivez ces étapes :

1. Placez la disquette (ou le CD-ROM) AOL dans le lecteur approprié. Cliquez sur **Démarrer** et choisissez **Exécuter**.

2. Dans la ligne de commande Exécuter, tapez x:\setup (x représente la lettre du lecteur dans lequel se trouve le disque).

3. Suivez les instructions d'installation.

4. Double-cliquez sur l'icône AOL pour démarrer le programme. Lorsque vous le lancez pour la première fois, vous devez vous inscrire auprès du service. Suivez les instructions à l'écran. La configuration totale prend de 3 à 5 minutes en moyenne.

Figure 7.1 : Le menu principal d'America Online.

Dans le menu principal, cliquez sur Internet pour activer la passerelle AOL vers Internet (voir Figure 7.2).

Dans la fenêtre Internet, cliquez sur l'icône World Wide Web pour lancer le navigateur d'AOL. (voir Figure 7.3).

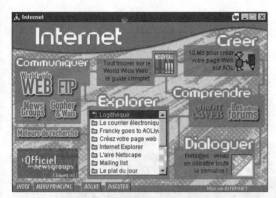

Figure 7.2 : *La fenêtre Internet d'AOL.*

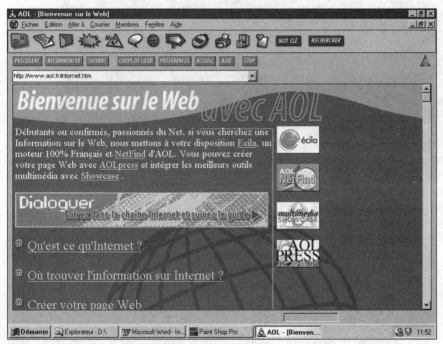

Figure 7.3 : *Le navigateur Web d'AOL.*

Le navigateur AOL fonctionne pratiquement comme MS Internet Explorer.
En fait, la version 3.0 du navigateur AOL est un navigateur Internet Explorer.

Entrez l'URL de la page Web à laquelle vous voulez accéder et, en quelques secondes, la page apparaîtra à l'écran. Par exemple, pour visiter le site français de Campus Press, tapez **http://www.campuspress.fr** (voir Figure 7.4).

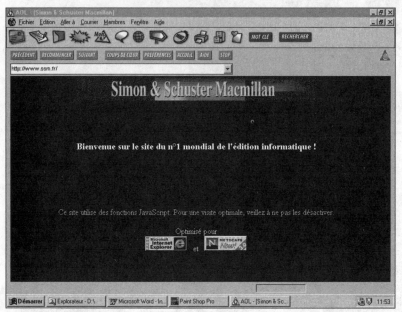

Figure 7.4 : Venez visiter le site des éditions Campus Press pour vous tenir au courant des parutions.

The Microsoft Network

L'insertion du programme de connexion à MSN dans Windows 95 a provoqué une bataille juridique entre Microsoft et les autres services en ligne. Microsoft a gagné et a donc décidé d'intégrer MSN dans Windows 95. Cette situation explique partiellement pourquoi les grands services en ligne vous inondent de kits de connexion et d'offres d'essai. Profitez-en, faites jouer la concurrence.

L'avantage de MSN est que le logiciel de connexion est intégré au système d'exploitation, vous n'avez donc pas besoin d'autres disquettes ou d'un kit quelconque. Du coup, ce service en ligne n'est accessible qu'aux utilisateurs de Windows 95, c'est le revers de la médaille. Si vous n'avez pas Windows 95 et si vous n'avez pas l'intention d'utiliser prochainement ce système d'exploitation, vous n'avez pas besoin de lire ce qui suit.

Si vous n'avez pas installé MSN au moment de l'installation de Windows 95, suivez ces étapes :

1. Ouvrez le Panneau de configuration de Windows 95 et double-cliquez sur l'icône Ajout/Suppression de programmes.

Astuce

MSN ne figure pas dans la liste !
Si, dans la liste Installation de Windows, vous ne voyez pas le composant MSN, vous pourrez tout de même installer ce service en utilisant l'Assistant de connexion Internet et en choisissant MSN comme fournisseur d'accès.

2. Cliquez sur l'onglet **Installation de Windows** dans la boîte de dialogue Propriétés de Ajout/Suppression de programmes, sélectionnez The Microsoft Network et cliquez sur **OK**.

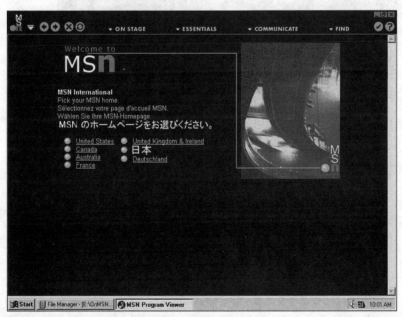

Figure 7.5 : Le menu principal de MSN.

Figure 7.6 : *Accédez à tout l'Internet à partir de la page de l'Explorateur de MSN*

3. Suivez les instructions d'installation. Vérifiez si vous avez le CD-ROM de Windows 95 à portée de main. Le programme vous demandera de l'insérer pour pouvoir copier les fichiers appropriés.

4. Lorsque l'installation est terminée, une nouvelle icône apparaît sur votre bureau. Par un double-clic, lancez le programme.

5. Suivez les instructions d'enregistrement jusqu'à ce que vous voyiez la fenêtre de la Figure 7.5.

6. Vous pouvez explorer MSN ou accéder à l'Internet. Pour accéder à l'Internet :

   - Afficher la barre d'adresses en cliquant sur la flèche située dans l'angle supérieur gauche de l'Explorateur MSN. Saisissez-y l'adresse de votre choix et tapez sur la touche Entrée.

   - Vous pouvez également choisir d'effectuer une recherche sur Internet en ouvrant le menu Explorer et en choisissant l'un des moteurs de recherche qui y sont recensés.

Avantages et inconvénients

Comme vous vous en doutez, ce mode de connexion à Internet présente des avantages et des inconvénients. Commençons par les aspects positifs. L'installation de la connexion est généralement simple. Les deux services dont il a été question dans ce chapitre utilisent un programme d'installation très convivial et rapide (15 mn en moyenne). Par ailleurs, en plus de l'accès Internet, tous les services en ligne proposent de nombreux services destinés aux adultes comme aux enfants, au travail comme aux loisirs. Ils sont faciles à employer et évitent de longues recherches.

La plupart des services en ligne ont ajusté leurs tarifs sur ceux des fournisseurs d'accès. L'aspect financier ne rentre donc pas directement en compte lorsque l'on doit choisir entre un service en ligne et un fournisseur d'accès.

Si la simplicité d'utilisation et le coût étaient les seuls critères pour effectuer une comparaison entre les services et les fournisseurs d'accès, vous pourriez prendre tout de suite un abonnement à un service.

Cependant, les services en ligne ont leurs inconvénients. La plupart d'entre eux connaissent des problèmes de croissance, ils ont plus d'abonnés qu'ils ne peuvent en accueillir. Et il arrive que les connexions ne soient pas toujours disponibles ou qu'elles soient lentes.

Par ailleurs, vous ne pourrez pas toujours utiliser les programmes que vous souhaitez et vous devrez vous contenter de ceux qui vous seront fournis. Cet inconvénient est de plus en plus rare en ce qui concerne le choix des navigateurs ; il est désormais possible d'utiliser Netscape Navigator ou MS Internet Explorer. En revanche, le logiciel de messagerie vous sera souvent imposé.

Chapitre 8

Installation d'America Online 3.0

Dans ce chapitre, vous apprendrez à installer le logiciel America Online 3.0 sur votre ordinateur.

Installation pour Windows

Si vous avez reçu la version 3.0 sur disquette ou sur CD, insérez le support dans le lecteur approprié. Si vous avez téléchargé la dernière version du logiciel directement à partir de AOL, localisez le dossier dans lequel vous l'avez placé (probablement dans le dossier de téléchargement par défaut). Vous êtes prêt à commencer l'installation.

Installation pour Windows NT 3.51 et Windows 3.1

1. Ouvrez le Gestionnaire de programmes.

2. Faites **Fichier**, **Exécuter**.

3. Si vous installez à partir d'une disquette, tapez a:\setup dans le champ Ligne de commande de la boîte de dialogue Exécution (si votre lecteur utilise une lettre différente, substituez-la à a:). Si vous effectuez l'installation à partir d'une version téléchargée d'AOL 3.0, cliquez sur **Parcourir** et localisez le fichier setup.exe. Double-cliquez.

4. Cliquez sur **OK**.

Le programme d'installation d'AOL 3.0 démarre. Vous pouvez passer à la section «Configuration étape par étape».

Installation pour Windows 95/98 et Windows NT 4.0

1. Cliquez sur le bouton **Démarrer**.

2. Choisissez **Exécuter**.

3. Si vous installez à partir d'une disquette, tapez a:\setup dans le champ Ouvrir de la boîte de dialogue Exécuter (si votre lecteur utilise une lettre

différente, substituez-la à a:). Si vous effectuez l'installation à partir d'une version téléchargée d'AOL 3.0, cliquez sur **Parcourir** et localisez le fichier setup.exe. Double-cliquez.

4. Cliquez sur **OK**.

Le programme d'installation d'AOL 3.0 démarre.

Configuration étape par étape

Lorsque le programme d'installation démarre, il recherche d'abord sur le disque dur si une version antérieure d'AOL a été installée. S'il en trouve une, il exploitera automatiquement ses paramètres (nom, mot de passe, etc.). Vous pouvez donc travailler directement avec AOL 3.0.

Une fois que le disque dur a été examiné, le programme recherche votre modem (pensez à le brancher). Il affiche ensuite un écran d'accueil. Il propose trois options : continuer l'installation en cliquant sur **Installer** ; afficher ou modifier le répertoire d'installation en cliquant sur **Afficher** ; annuler l'installation en cliquant sur **Quitter**.

Pour laisser le programme prendre toutes les décisions, cliquez sur Installer. Il placera une nouvelle copie du programme AOL sur votre machine. S'il trouve une ancienne version d'AOL, il ajoute les anciens paramètres à la nouvelle version.

Vous pouvez empêcher le programme de copier par-dessus une ancienne version en cliquant sur Afficher. On vous demandera alors si vous souhaitez que les anciens paramètres soient réutilisés (voir Figure 8.1).

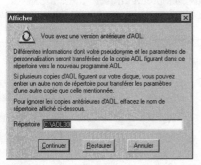

Figure 8.1 *: Affichage des options d'installation.*

La zone de texte Répertoire montre l'emplacement où se trouve l'ancienne version d'AOL. Pour finir l'installation en utilisant les paramètres de l'ancienne version, cliquez sur Continuer.

Si vous avez deux copies (ou plus) d'une ancienne version d'AOL et que vous vouliez copier les paramètres d'une version différente de celle affichée, entrez le chemin complet des paramètres à employer. Ensuite, cliquez sur **Continuer**.

Le mot juste

Chemin

C'est le terme qui permet de désigner un fichier ou un répertoire placé sur un disque quelconque. Le chemin de votre dossier AOL peut, par exemple, ressembler à C:\AOL30.

Pour ignorer totalement les anciennes versions d'AOL, effacez le chemin dans la zone de texte Répertoire et cliquez sur **Continuer**. Ensuite, le programme vous indique où il a l'intention de copier les fichiers (C:\AOL30). Si cet emplacement vous convient, cliquez sur **Installer**.

Le programme sera installé, un raccourci AOL 3.0 sera placé dans la section Programmes du menu Démarrer (Windows 95/NT 4.0) et la fenêtre de groupe de programmes America Online 3.0 sera ouverte (toutes les versions de Windows), comme dans la Figure 8.2.

Si c'est la première fois que vous utilisez AOL, passez au Chapitre 9 pour savoir comment configurer votre compte. Si vous avez effectué une mise à jour en réutilisant les anciens paramètres, vous êtes prêt à utiliser AOL.

Figure 8.2 : Le groupe de programmes AOL.

Configuration pour Macintosh

Attention

Version Macintosh !
La version 3.0 d'AOL n'était pas disponible au moment de l'écriture de ce livre. Les informations données ici sont donc fondées sur les versions antérieures d'AOL. Si ce que vous voyez à l'écran diffère de ce que vous lisez ici, suivez les conseils donnés á l' écran-.

Si vous avez reçu la version 3.0 sur disquette ou sur CD, insérez le support dans le lecteur approprié. Si vous avez téléchargé la dernière version du logiciel directement depuis AOL, localisez le dossier dans lequel vous l'avez placée (probablement dans le dossier de téléchargement par défaut). Vous êtes prêt à commencer l'installation.

Si vous effectuez une installation à partir d'une version téléchargée, sautez les étapes qui suivent :

1. Double-cliquez sur l'icône Installation Disk sur le bureau.

2. Double-cliquez sur l'icône Install AOL 3.0 dans la fenêtre du disque.

Pour commencer, le programme d'installation recherche sur le disque dur si une version antérieure d'AOL a été installée. S'il en trouve une, il exploitera automatiquement ses paramètres (nom, mot de passe, etc.). Lorsqu'il a fini d'examiner le disque, le programme affiche une boîte de dialogue qui ressemble à celle de la Figure 8.3.

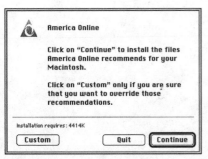

Figure 8.3 : *Installation d'AOL pour Macintosh.*

Il affiche ensuite un écran d'accueil. Il propose trois options : continuer l'installation en cliquant sur **Continuer** ; choisir les éléments à installer en cliquant sur **Personnaliser** ; annuler l'installation en cliquant sur **Quitter**. A moins d'être un utilisateur expérimenté et de souhaiter personnaliser l'installation, cliquez sur Continuer.

Ensuite, le programme vous demandera de choisir le disque dur sur lequel vous souhaitez effectuer l'installation. Si vous n'en possédez qu'un, vous n'aurez pas cette possibilité. Cliquez alors sur **Installer**. Si vous avez plus d'un disque dur ou si vous avez un disque divisé en partitions, cliquez sur Switch disk jusqu'à ce que le lecteur soit sélectionné. Ensuite, cliquez sur Installer.

Tous les fichiers nécessaires seront placés sur votre disque dans un dossier America Online 3.0. Lorsque l'installation est terminée, la fenêtre du dossier America Online s'ouvre. Vous êtes prêt à démarrer AOL et à configurer votre compte. Passez au Chapitre 9.

Si le programme a copié les informations relatives à votre compte à partir d'une version antérieure d'AOL, vous pouvez démarrer tout de suite. Vous pouvez passer au Chapitre 10.

Chapitre 9

Configuration d'un compte AOL

Dans ce chapitre, vous allez voir comment configurer un compte AOL, vous abonner et annuler un abonnement.

Démarrage d'AOL dans Windows 95

Pour configurer le compte, il faut utiliser le programme AOL.

Si la fenêtre du groupe de programmes AOL (voir Figure 8.2 dans le chapitre précédent) est encore ouverte sur votre bureau, double-cliquez sur l'icône **Double-cliquez pour lancer AOL 3.0I**. Vous pouvez aussi utiliser le menu **Démarrer** pour lancer AOL, voici comment :

1. Cliquez sur le bouton **Démarrer**.

2. Sélectionnez **Programmes**.

3. Sélectionnez le sous-menu **AOL**.

4. Cliquez sur **Double-cliquez pour lancer AOL 3.0I**.

Astuce

Lancement Macintosh
Double-cliquez sur l'icône **Double-cliquez** pour lancer AOL 3.0I dans le dossier America Online 3.0I.

Astuce

Lancement Windows 3.1 et NT 3.51
Double-cliquez sur l'icône **Double-cliquez** pour lancer AOL 3.0I dans le groupe de programmes America Online 3.0I dans le Gestionnaire de programmes.

Saisie des informations système

Au démarrage d'AOL, vous verrez un écran d'accueil semblable à celui de la Figure 9.1.

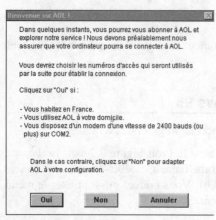

Figure 9.1 : *Bienvenue sur AOL.*

La routine de configuration du compte récupère des informations sur votre machine et les affiche. Lisez la fiche technique et cliquez sur **Oui**. Si certaines informations ne sont pas correctes, cliquez sur **Non**. Le programme affichera les informations une par une. Corrigez les données incorrectes.

Astuce

Rupture de connexion
Lorsque vous serez en ligne, il vous arrivera de télécharger des fichiers. Certains seront longs à récupérer. Pour vous assurer que la connexion ne risque pas d'être interrompue, désactivez votre signal d'appel. Cela évitera qu'un correspondant interrompe accidentellement votre connexion en tentant de vous joindre.

Si vous ne savez pas si les informations présentées sont correctes, cliquez sur **Annuler** et redémarrez la configuration après avoir recherché les données sur votre système et votre ligne téléphonique.

Si vous avez cliqué sur Oui, le programme vous rappelle que vous devez posséder certains éléments.

Les nouveaux membres doivent avoir :

■ une carte de crédit ou un numéro de compte bancaire ;

■ un mot de passe pour le pseudonyme.

Les personnes qui ont déjà un compte AOL doivent avoir :

■ un pseudonyme ;

■ un mot de passe pour le pseudonyme.

Lorsque vous avez réuni ces informations, cliquez sur **OK**. La routine de configuration continuera.

Principales étapes de la configuration du compte

Le processus de configuration est composé d'une suite d'écrans et de différentes questions auxquelles vous devez répondre. Toutes les instructions sont claires et simples, nous ne rentrerons donc pas dans les détails.

Sélectionner un point d'accès

La première étape consiste à choisir un numéro de téléphone local qui sera utilisé pour vous connecter au service. Dans la liste qui apparaît, choisissez le numéro d'accès le plus proche de chez vous.

Saisir le numéro d'inscription et le mot de passe

Dans l'écran qui suit, vous devez entrer votre numéro d'inscription (ou pseudonyme) et votre mot de passe.

■ **Nouveau membre.** Tapez votre numéro d'inscription et votre mot de passe dans les champs appropriés. Vous trouverez ces informations dans la plaquette livrée avec le programme AOL. Ensuite, cliquez sur **Continuer**.

■ **Membre AOL.** Tapez votre numéro d'inscription et votre mot de passe dans les champs appropriés. Ensuite, cliquez sur Continuer.

Saisir les informations personnelles

Le programme vous demande de saisir des informations personnelles : nom, adresse, numéro de téléphone, etc. Ces données seront utilisées pour créer votre adresse de facturation. Elles sont confidentielles et ne seront consultées que par le personnel d'America Online. Faites attention de ne pas faire d'erreurs lors de la saisie. Pour passer d'un champ à l'autre, appuyez sur la touche **Tabulation**. Lorsque vous avez rempli tous les champs, cliquez sur **Continuer**.

Choisir un mode de paiement

Le programme va vous demander quel mode de paiement vous préférez employer. Vous pouvez payer par carte bancaire ou par prélèvement automatique. Une fois que vous avez fait votre choix, cliquez sur **Continuer**. Des informations complémentaires vous seront demandées ; elles varient en fonction du mode de règlement sélectionné. Entrez les informations requises et cliquez sur **Continuer**.

Attention

Sécurité
Cette étape est le seul moment où l'on vous demandera des informations bancaires confidentielles. Plus tard, ne transmettez jamais d'informations confidentielles à moins d'utiliser une connexion sécurisée. Les connexions sécurisées permettent d'effectuer des transactions sans risque.

Choisir un pseudonyme

Maintenant, vous allez devoir choisir un pseudonyme. Le pseudonyme est important ; il servira dans votre adresse de messagerie (voir Chapitres 5 et 6 dans la partie sur la messagerie) et à vous faire reconnaître dans les forums (voir Chapitre 1, partie V sur les groupes de news). Ce pseudonyme ne pourra être changé et supprimé.

Un pseudonyme :

■ Doit contenir au moins trois caractères.

■ Ne doit pas dépasser dix caractères.

■ Doit commencer par une lettre.

■ Ne doit pas être offensant ou obscène.

Le pseudonyme peut être ce que vous voulez ; il peut contenir des chiffres, des lettres et des espaces. Si vous envisagez d'utiliser AOL professionnellement, choisissez un pseudonyme simple et facile à mémoriser.

Tapez le pseudonyme dans le champ approprié et cliquez sur **Continuer**.

Si le nom que vous entrez a déjà été utilisé, le programme vous l'indique. Vous pouvez alors accepter les variantes qu'il propose ou essayer quelque chose de complètement différent. Lorsque AOL et vous êtes tous deux satisfaits du pseudonyme, cliquez sur **Continuer**.

Choisir un mot de passe

Pour finir, le programme vous demande de choisir un mot de passe. Il peut s'agir d'un mot, de mots, de chiffres ou d'une combinaison de mots et de chiffres que vous serez seul à connaître.

Comme avec les pseudonymes, il y a quelques règles à respecter :

- Votre mot de passe devra avoir de 4 à 8 caractères.

- Il devra être facile à mémoriser pour que vous n'ayez pas à le marquer quelque part.

- Il devra être difficile à deviner (n'utilisez pas le prénom de votre femme).

Vous devez taper le mot de passe deux fois pour garantir une saisie correcte. A cet effet, il y a deux zones de texte dans la fenêtre. Par mesure de sécurité, lorsque vous entrez le mot, des astérisques s'affichent à la place des lettres. La seconde saisie est destinée à vérifier que le mot de passe est bien celui qui est tapé dans le premier champ.

Lorsque vous avez tapé deux fois le mot de passe, cliquez sur le bouton qui permet de sélectionner le mot de passe. AOL vérifie que vous avez bien tapé deux fois le même mot. Si c'est le cas, le programme passe à l'étape suivante. Si ce n'est pas le cas, vous devez à nouveau entrer deux fois le mot de passe.

Lire les conditions générales d'utilisation

Pendant l'installation, vous verrez apparaître une fenêtre contenant les conditions générales d'utilisation. Il s'agit des règles à respecter lorsque vous utilisez AOL. Ce document est important, lisez-le donc attentivement. Si vous acceptez les termes de ce document, appuyez sur Entrée.

La configuration est terminée. Vous pouvez maintenant tester les services proposés par AOL.

Connexion et déconnexion

Avant de commencer le chapitre qui suit, vous souhaiterez peut-être vous connecter à AOL pour faire vos premiers pas tout seul. Pour cela, suivez ces étapes :

1. Lancez le programme AOL, comme vous avez appris à le faire dans les chapitres précédents. L'écran de connexion de la Figure 9.2 apparaît.

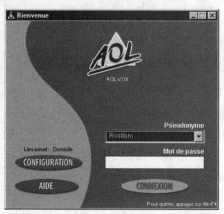

Figure 9.2 : L'écran de connexion d'AOL.

2. Entrez votre mot de passe dans le champ **Mot de passe**. Vous remarquerez que votre pseudonyme a été sélectionné automatiquement.

3. Cliquez sur **Connexion**.

Votre ordinateur appellera votre numéro local et vous connectera à AOL. Profitez-en pour faire une première exploration.

Lorsque vous êtes prêt à vous déconnecter, sélectionnez **Fichier**, **Quitter ou Aller à**, **Déconnexion**. La boîte de dialogue de la Figure 9.3 apparaît et vous propose trois options :

■ **Déconnexion.** vous déconnecte d'AOL, mais le logiciel reste actif sur votre ordinateur.

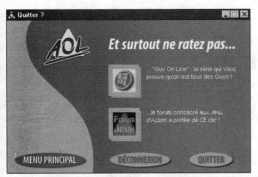

Figure 9.3 : L'écran Quitter ? d'AOL.

■ **Quitter.** vous déconnecte d'AOL et ferme l'application.

■ **Chaîne.** vous resterez connecté et irez à la chaîne sur laquelle vous avez cliqué.

Chapitre 10

La barre d'outils AOL

Dans ce chapitre, vous allez découvrir la fonction de chacun des boutons de la barre d'outils AOL.

Travailler plus vite

Ce chapitre est très court, mais il est important. Il vous permettra de travailler plus rapidement avec AOL et donc d'économiser de l'argent.

Vous allez apprendre à utiliser la barre d'outils du programme AOL (voir Figure 10.1). Elle contient 18 boutons qui permettent d'accéder rapidement à toutes les fonctions courantes que vous serez amené à utiliser régulièrement pendant les connexions.

Figure 10.1 : La barre d'outils d'AOL.

Sur la Figure 10.1, tous les boutons sont actifs, ils sont prêts à être utilisés. Parfois (lorsque vous ne serez pas connecté à AOL, par exemple), certains boutons auront un aspect estompé. C'est un moyen graphique de vous informer qu'un outil particulier n'est pas disponible.

Astuce

Il n'est pas nécessaire de mémoriser la fonction des boutons
Si vous oubliez la fonction d'un bouton, il suffit de placer la souris dessus pendant un instant. Une petite note s'affichera pour vous indiquer à quoi il sert.

Voici les boutons de la barre d'outils cités dans leur ordre d'apparition de gauche à droite.

Lire le courrier arrivé. Ce bouton s'active lorsque vous avez reçu du courrier sur AOL. Pour voir la liste des messages reçus, cliquez dessus. Vous pourrez alors ouvrir, lire les messages et y répondre.

 Rédiger un courrier. Ce bouton est toujours disponible, car il peut vous arriver de souhaiter rédiger un courrier à n'importe quel moment. Lorsque vous cliquez dessus, AOL fait apparaître une page vierge dans laquelle vous pourrez rédiger votre message. La création d'un message est abordée dans le Chapitre 6 de la Partie 4.

 Menu principal. Autrefois, les différentes catégories de sujets étaient qualifiées de départements dans AOL. Aujourd'hui, on parle de chaînes thématiques. Cliquez sur ce bouton pour faire apparaître le menu principal avec les différentes chaînes disponibles.

 A chaud. Ce bouton permet de rester à jour pour toutes les nouvelles fonctions et pour les forums. Il permet de connaître ce qui est nouveau, mais aussi de trouver les endroits les plus populaires.

 Mon AOL. C'est la zone qui est dédiée à la configuration de vos préférences. Vous allez pouvoir contrôler l'aspect et le comportement d'AOL et personnaliser certaines fonctions. Vous verrez comment procéder dans le chapitre qui suit.

 Discuter. Ce bouton permet d'accéder à une chaîne où plusieurs discussions sont en cours. Lorsque vous cliquez sur ce bouton, vous êtes transporté dans un salon de discussion générale. Vous pouvez alors commencer à dialoguer ou choisir un autre espace de discussion qui correspondra plus à ce que vous cherchez.

 World Wide Web. C'est en cliquant sur ce bouton que vous allez pouvoir accéder au Web. C'est un lieu où l'on peut réellement trouver toutes les informations que l'on cherche, qu'il s'agisse de la une du jour du quotidien *Libération* ou de renseignements sur la série télévisée «Star Treck».

 Service clientèle. Ce bouton vous amène directement à une vaste bibliothèque en ligne. Vous pouvez y vérifier votre facture, changer de mot de passe, consulter des documents sur la sécurité en ligne et trouver de nombreuses astuces et ressources.

Temps de connexion. Il est facile de perdre toute notion de temps lorsque l'on parcourt les chaînes ou que l'on discute en ligne. Heureusement, ce bouton permet de savoir depuis combien de temps vous êtes connecté et l'heure qu'il est. C'est un outil pratique et simple, il suffit de cliquer dessus.

 Imprimer. Ce bouton envoie le document affiché à l'écran vers l'imprimante.

 Dossiers d'archivage personnel-. En cliquant sur ce bouton, vous ouvrez l'endroit où AOL stocke tous les messages qu'il a envoyés et reçus pendant des Sessions Express. Cet endroit permet d'organiser votre correspondance et les autres communications en ligne.

 Vos coups de cœur. Il s'agit d'un outil d'organisation qui permet de stocker tous les endroits que vous visitez régulièrement, que ce soit sur AOL ou sur l'Internet.

 Mot clé. Cette touche représente le moyen le plus rapide d'accéder à une zone donnée sur AOL. Chaque chaîne, chaque forum et chaque service sur AOL possèdent un mot clé. Cliquez sur ce bouton, entrez le mot clé du lieu où vous voulez aller et cliquez sur OK. En un clin d'œil, vous serez dans la zone désirée.

 Rechercher. Ce bouton permet de faire une recherche sur tous les éléments en ligne. Vous voulez savoir si une célébrité doit faire une apparition en ligne ce soir ? Cliquez sur Rechercher ; cette fonction vous aidera à localiser les endroits, les choses, les personnes et les événements en ligne.

Chapitre 11

Configuration des préférences AOL

Dans ce chapitre, vous allez voir comment personnaliser le fonctionnement du programme AOL.

Définition des préférences

Vous pouvez définir des préférences pour indiquer à AOL quel doit être son aspect et comment il doit se comporter. Vous pouvez configurer presque toutes les fonctions de façon très précise. Cela peut aller du choix de la police utilisée dans les messages à la décision de ne pas afficher les fichiers d'images pendant que vous les chargez.

En fonction de votre ordinateur et de la rapidité de votre modem, certains paramètres peuvent améliorer les performances d'AOL et d'autres risquent de les ralentir. Prenez un peu de temps pour explorer AOL et découvrir ses fonctions avant de modifier les paramètres de configuration.

Souvenez-vous qu'aucun changement n'est définitif. Si vous effectuez des changements et qu'ils nuisent aux performances, vous pourrez toujours revenir en arrière.

Il y a deux façons de modifier les préférences : en ligne (lorsque vous êtes connecté à AOL), en utilisant le bouton Mon AOL dans la barre d'outils, ou hors ligne (lorsque vous n'êtes pas connecté), par le biais de la commande Personnalisation du menu Membres. Il existe des points communs entre les deux modes de configuration : si toutes les préférences hors ligne sont accessibles par le bouton Mon AOL, ce dernier contient aussi certains paramètres qui ne sont pas disponibles ailleurs.

Mon AOL

Pour utiliser Mon AOL, vous devez vous connecter à AOL. Une fois connecté, cliquez sur le bouton **Mon AOL** de la barre d'outils ou choisissez **Mon AOL** dans le menu **Membres**. Les deux méthodes font apparaître l'écran de la Figure 11.1.

Figure 11.1 : *Bienvenue dans Mon AOL.*

Mon AOL permet de configurer de nombreuses fonctions, les Sessions Express, les newsgroups, les contacts AOL et bien d'autres choses encore. Une fois que vous aurez défini les préférences de base, vous souhaiterez sans doute prendre un peu de temps pour examiner quelques autres fonctions personnalisables plus complexes.

Pour commencer à définir vos préférences, cliquez sur le bouton **Mon AOL**. Une nouvelle fenêtre apparaît (voir Figure 11.1). Elle contient de nombreuses options.

Choisissez un élément à configurer. Dans le cas présent, nous avons cliqué sur **Mes préférences générales.** La fenêtre qui apparaît est composée de deux parties (voir Figure 11.2). Dans la partie gauche, il y a un aperçu du panneau de configuration qui s'affichera si vous cliquez sur Définir maintenant. Dans la partie droite, il y a une zone déroulante ; elle explique ce que le panneau de configuration dont il est question permet de gérer. Si vous souhaitez modifier les options proposées pour cet élément, cliquez sur **Définir maintenant.**

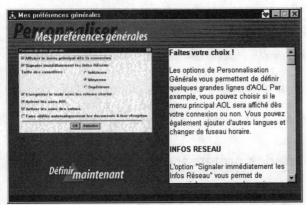

Figure 11.2 : Lisez les informations de la partie droite de la fenêtre pour découvrir ce qu'elle permet de configurer.

Sélection des options

On définit la plupart des préférences en cliquant sur les éléments que l'on veut activer ou désactiver. Après avoir lu les explications de la fenêtre Mon AOL, si vous cliquez sur Définir maintenant, les préférences apparaissent dans une fenêtre semblable à celle de la Figure 11.3.

Les options sont actives lorsqu'elles sont marquées d'une coche (comme pour le champ Afficher le menu principal dès la connexion dans la Figure 11.3). Pour activer une option, cliquez dans la case correspondante pour y placer une coche.

Pour désactiver une option, cliquez de nouveau dans la case. La coche disparaît et l'option est désactivée.

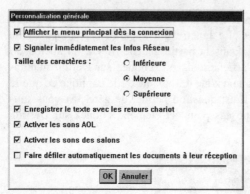

Figure 11.3 : Les options de la fenêtre Personnalisation générale.

Lorsque vous avez fini de sélectionner les options, cliquez sur OK. Vous revenez à Mon AOL à l'endroit où vous l'aviez quitté. Vous pouvez choisir un autre groupe de préférence et continuer le processus de personnalisation.

Modification ultérieure des préférences

Par la suite, vous vous rendrez peut-être compte qu'une des préférences ne vous convient plus. Cela arrive souvent : à mesure que vous apprendrez à utiliser AOL, vos exigences évolueront. Il est simple de modifier les préférences en cliquant sur Mon AOL et en répétant le processus décrit ci-avant.

Vous pouvez aussi modifier vos préférences hors ligne (ce qui vous fera économiser de l'argent). Voici comment faire :

1. Lancez le logiciel AOL, mais ne vous connectez pas. Sélectionnez **Membres** dans le menu, puis **Personnalisation** pour faire apparaître la fenêtre du même nom (voir Figure 11.4).

Figure 11.4 : Voici les préférences que vous pouvez configurer hors ligne.

Dans cette fenêtre, vous pouvez cliquer sur les boutons affichés pour accéder aux préférences correspondantes.

2. Cliquez sur le bouton qui correspond à la préférence que vous voulez changer et ajustez les paramètres. Chaque bouton donne accès à différentes options (voir Figure 11.3).

Les préférences qui ne sont pas accessibles par ce moyen devront être configurées par le biais de Mon AOL. Vous pouvez aussi les modifier en utilisant le bouton Service clientèle, qui vous envoie dans une zone gratuite où rien ne vous sera facturé pendant que vous effectuerez vos modifications.

Chapitre 12

L'étiquette sur l'Internet

Dans ce chapitre, vous allez découvrir ce qu'est l'étiquette sur l'Internet (ou Netiquette) : un ensemble de règles à suivre lorsque vous êtes en contact avec d'autres utilisateurs sur l'Internet.

L'étiquette

Lorsque vous êtes assis face à votre machine pour explorer le Web, il ne vous vient peut-être pas à l'esprit qu'il existe aussi un protocole Internet qui régit les interactions entre les utilisateurs. L'étiquette Internet, ou Netiquette, est un jeu de règles écrites ou non qu'il est conseillé de respecter pour que le réseau ne devienne pas un champ de bataille. Les trois zones principales de l'Internet où la netiquette doit être respectée sont :

▨ la messagerie ;

▨ les groupes de news ;

▨ les groupes de discussion.

Chacune de ces zones possède ses propres règles et le fait de les respecter ou non donne lieu, tantôt à une discussion amicale, tantôt à des échanges franchement hostiles. Souvenez-vous que les informations données dans ce chapitre sont essentiellement des conseils ; vous êtes libre de les suivre ou non. Mais, si vous choisissez de les ignorer, ne vous étonnez pas de recevoir des messages peu agréables à lire.

La messagerie et son code de conduite

Vous pensez peut-être qu'aucun message ne peut offenser qui que ce soit. Certes, il ne s'agit que d'un message, cependant voici une petite liste des choses à faire et à ne pas faire :

■ Pensez aux autres. Faites en sorte que vos messages soient courts et précis. Les e-mail sont destinés à envoyer des messages, pas des dissertations.

■ Utilisez des smileys (ou émoticons) comme :-) ou :-(pour exprimer votre état d'esprit, mais n'en abusez pas. Ces symboles amusants décrivent le ton de votre message et évitent que des personnes se méprennent sur son sens. Pour plus d'informations sur les émoticons, consultez la page Web suivante :

http://www.jsp.umontreal.ca/~chantane/ES/internet/emoticon.txt

■ Evitez de surcharger vos messages, n'y insérez pas de fichiers de façon inconsidérée et faites en sorte que les fichiers de signature soient courts.

■ N'utilisez jamais DES PHRASES ENTIERES EN MAJUSCULES. Comme on ne peut pas utiliser les nuances de la voix dans les messages, une formulation en majuscules signifie que vous êtes en train de CRIER.

■ N'envoyez pas de messages idiots ou inutiles. Dans la vie courante, il est pénible de passer quotidiennement cinq minutes à faire le tri dans son courrier entre les lettres, les prospectus, les annonces publicitaires, etc. C'est exactement la même chose avec le courrier virtuel.

■ Restez correct et n'envoyez pas de messages que vous n'aimeriez pas recevoir. Evitez aussi de faire circuler des informations confidentielles qui ne vous concernent pas.

Les groupes de news et leur code de conduite

Il existe des documents qui définissent les règles à respecter dans les groupes de news. Consultez-les, surtout, si vous envisagez de répondre à des messages ou d'en poster. Ces règles figurent en général dans le groupe de news **news.announce .newusers**.

Ce groupe contient les règles à suivre et de nombreux conseils, en voici un aperçu :

■ Les insultes, les messages à caractère dégradant ou raciste sont interdits.

■ Faites court, surtout si vous répondez à un message.

■ Ne postez pas de messages personnels. Si vous devez envoyer des messages personnels, utilisez la messagerie électronique.

■ N'essayez pas de faire des propositions commerciales ou de solliciter des clients dans les groupes de news, à moins que vous ne soyez dans un groupe prévu à cet effet.

Les abréviations

Pour que les messages restent courts et clairs, il est d'usage d'employer des abréviations dans les groupes de news, les messages et les discussions. L'utilisation des majuscules est, pour une fois, acceptée pour les abréviations. Voici quelques abréviations anglaises que vous rencontrerez peut-être :

Abréviation	Signification
BTW	A propos
IMHO	A mon humble avis
OTOH	D'un autre côté
TTYL	Je te parlerai plus tard
ROTFL	J'éclate de rire
FYI	Pour votre information

Flame

Tôt ou tard, vous rencontrerez le terme *flame* (et le néologisme flamer), surtout si vous passez du temps sur les groupes de news. Un flame est un message particulièrement virulent adressé en réponse à un message ou à un commentaire que les utilisateurs jugent particulièrement stupides. Cela peut vous arriver si vous commettez une infraction majeure à la netiquette. En tant que nouvel utilisateur, vous serez peut-être épargné au début, mais les vétérans ne sont pas tous patients.

Les discussions

Les forums de discussions abritent des conversations en temps réel. Les règles précédentes s'appliquent aux discussions ; on peut dire qu'il faut y respecter les mêmes règles que celles observées dans une petite société, dans une soirée, par exemple.

Certains forums, du fait de leur nature (les forums pour adultes, par exemple), peuvent posséder leurs propres règles, notamment en ce qui concerne le vocabulaire employé.

Voici les règles de base à suivre :

■ Dites bonjour lorsque vous entrez dans une discussion. Il est malvenu d'assister à une discussion sans se présenter.

■ Utilisez un surnom. Les forums de discussions ne sont pas des endroits formels, vous pouvez donc utiliser un surnom. Cependant, si vous envisagez de participer souvent à des discussions, utilisez tout le temps le même surnom pour que les autres utilisateurs puissent se familiariser avec vous.

■ N'utilisez pas de mots en majuscules, n'oubliez pas que cela signifie que VOUS ETES EN TRAIN DE CRIER.

■ Ne répétez pas dix fois la même question si elle semble avoir été ignorée. Ce que vous pensez être un apport majeur à la conversation peut être considéré par d'autres comme inintéressant.

■ Si vous utilisez des abréviations, ne déviez pas de la norme utilisée. Il est frustrant de voir s'afficher des lettres sans savoir ce qu'elles signifient.

Astuce

Ironie
L'ironie ajoute du piment aux discussions en face à face, mais sur l'Internet, personne ne peut voir vos réactions. Utilisez donc modérément l'ironie et utilisez des émoticons pour indiquer qu'il s'agit d'humour.

Si vous vous posez encore des questions sur la conduite à adopter dans vos contacts avec d'autres internautes, fiez-vous à votre bon sens et aux règles de courtoisie.

Chapitre 13

Protection contre les virus

Dans ce chapitre, vous allez apprendre à télécharger un antivirus pour protéger votre ordinateur.

Les virus

Il existe plus de 10 000 virus informatiques recensés. Chaque jour, au moins six nouveaux virus sont créés, soit intégralement, soit sur la base d'anciens virus.

Qu'est-ce qu'un virus ? Il s'agit de petits programmes qui s'introduisent dans votre machine sans votre autorisation et sans que vous le sachiez. Certains virus sont conçus pour activer des programmes bénins qui affichent un message ou jouent un son. Mais d'autres sont beaucoup plus virulents et peuvent détruire des programmes ou effacer votre disque dur.

Les virus peuvent pénétrer votre machine en utilisant un segment de code logiciel qui s'implante dans un fichier exécutable ou dans un document Microsoft Word, et qui s'étend de fichier en fichier. Vous ne pouvez pas être infecté simplement en naviguant sur le Web. Les virus seront contenus dans des fichiers attachés à des messages ou dans des programmes que vous téléchargerez. La plupart des services en ligne contrôlent régulièrement leurs bibliothèques de fichiers et la plupart des sites Internet sont assez sains, mais on ne se méfie jamais assez des virus.

Attention

Attention virus !
L'Internet n'est pas la seule source potentielle de virus. Si vous utilisez un ordinateur dans une université ou à votre bureau, en ramenant des fichiers chez vous sur disquette, il y a aussi un risque pour que celle-ci contienne un virus et pour que vous infectiez votre machine. Il existe de nombreux antivirus qui parcourront automatiquement vos disques à la recherche de virus et qui les détruiront.

Selon la National Computer Security Association (**http:// www.ncsa.com**), seuls 40 % des utilisateurs d'ordinateurs emploient un antivirus. La NCSA indique aussi que de nombreuses personnes installent un logiciel de protection seulement lorsqu'elles constatent qu'elles sont infectées.

Vous pouvez éviter des problèmes à votre machine en vous tenant au courant de l'évolution des virus et en téléchargeant un antivirus sur l'Internet.

Trouver des informations sur les virus

Voici quelques adresses de sites qui donnent des informations sur les virus et proposent des antivirus :

■ AntiVirus Ressources :
(**fttp:www.hitchhickers.net/av.shtml**) offre de nombreuses informations sur les virus et propose certains logiciels. Vous pouvez laisser votre adresse de messagerie sur ce site pour être informé automatiquement des mises à jour des logiciels.

■ Virus Informatique :
(**http://www.mygale.org/09/mga/virus.htm**) site en français expliquant le mode de fonctionnement des virus, la manière de diagnostiquer leur présence et comment éviter de prendre des risques. Il propose quelques liens vers les grands fabricants d'antivirus.

■ Symantec Antivirus Ressource Center :
(**http://www.symantec.com/avcenter/index.html/**) prévient de l'arrivée de nouveaux virus et propose une base de données sur le sujet (une partie de la page d'accueil du site est visible sur la Figure 13.1). Vous pouvez aussi y acheter et y télécharger des copies des programmes Norton Anti-Virus et Symantec AntiVirus pour Macintosh (mais cela vous reviendra peut-être moins cher de les acheter chez un revendeur).

■ IBM AntiVirus :
(**http:www.av.ibm.com/current/FrontPage/**) contient des listes de virus et de fausses alertes, ainsi que des conseils pour les personnes qui pensent que leur machine est infectée. Vous y trouverez aussi de nombreuses informations techniques détaillées.

Astuce

Fausses alertes et canulars

Parfois, sur l'Internet, de petits farceurs s'amusent à répandre des rumeurs sur l'arrivée de vagues de nouveaux virus. Ces fausses alertes ne présentent pas de dangers pour votre ordinateur, mais elles peuvent vous faire perdre votre temps. Certains sites, comme celui d'IBM dont il a été question, vous aident à démasquer ces plaisanteries de mauvais goût. Il existe un autre site consacré au même sujet : **http:www//kumite.com/myths**.

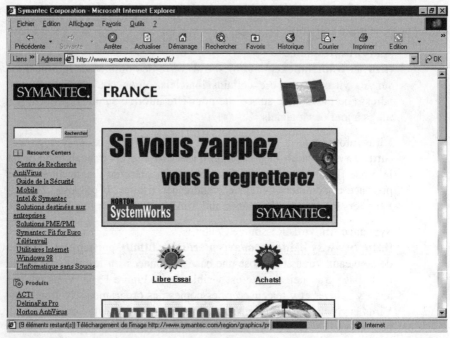

Figure 13.1 : *Symantec propose plusieurs ressources qui vous aideront à protéger votre ordinateur des virus.*

- The Computer Virus Help Desk :
(**http://indyweb.net/~cvhb**) offre des informations de base sur les virus et une grande quantité de liens.

■ Stiller Research : (**http://www.stiller.com**) propose des informations complètes et simples à comprendre sur les virus, et permet de télécharger une version shareware du programme Integrity Master.

Le mot juste

Shareware
Il s'agit de programmes que vous pouvez utiliser gratuitement pour les tester. Si vous décidez de continuer à les utiliser, vous devrez rétribuer leur auteur. Les modalités de paiement et l'offre sont indiquées dans un document joint au logiciel.

■ MacAfee : (**http://www.mcafee.com**) contient une bibliothèque d'informations sur les virus des logiciels téléchargeables et une fonction unique appelée SecureCast. McAfee vous enverra régulièrement des mises à jour de ses programmes. SecureCast est gratuit pour les clients de McAfee.

■ Dr.Solomon's : (**http://www.drsolomon.com**) propose des alertes sur les virus, une encyclopédie, un didacticiel, des aides pour les cas d'infection, des détails sur les canulars et des informations sur plusieurs logiciels antivirus.

Vous pourrez aussi trouver des liens vers d'autres sites en consultant la page de la NCSA : **http://www.ncsa.com/hotlinks/virus.html**.

Téléchargement d'un logiciel antivirus

Le site Dr Solomon's dont il a été question précédemment propose des informations sur les logiciels antivirus pour DOS, Windows 3.x, Windows 95, Windows NT, NetWare, OS/2, Macintosh et SCO UNIX. Vous pourrez trouver où télécharger les programmes qui vous intéressent à partir de ce site. Vous pourrez aussi télécharger une version d'évaluation de FindVirus. Voici comment procéder :

1. Tapez l'URL **http://www.drsolomon.com** dans la zone d'adresse de votre navigateur et appuyez sur **Entrée**.

2. Il se peut que la page d'accueil vous demande d'indiquer de quel pays vous appelez. Dans ce cas, cliquez sur la liste déroulante et choisissez le pays où vous vous trouvez. Ensuite, faites défiler la page et cliquez sur l'icône **Download** (voir Figure 13.2).

Figure 13.2 : *Vous pouvez télécharger une version d'évaluation d'un antivirus sur le site Dr Solomon's.*

3. Dans la page suivante, cliquez sur FindVirus. Ensuite, sélectionnez le lien qui correspond à votre plate-forme. Vous avez le choix entre DOS, Windows 3.1 et Windows 95.

4. Remplissez le formulaire d'enregistrement en ligne, puis cliquez sur le bouton **Submit** situé en bas de la page.

5. La page suivante permet de choisir entre un site de téléchargement. Sélectionnez-en un en cliquant dessus.

6. Votre navigateur Web affichera sans doute une boîte de dialogue vous demandant d'indiquer si vous souhaitez ouvrir le fichier ou l'enregistrer sur un disque. Choisissez de l'enregistrer.

7. Le navigateur affichera alors une boîte de dialogue pour vous demander où vous voulez stocker le fichier. Sélectionnez un dossier existant ou créez-en un nouveau et cliquez sur Enregistrer.

8. Le logiciel est chargé sous forme compressée. Vous devrez l'ouvrir avec un programme de décompression (voir la note suivante).

9. Une fois FindVirus décompressé, lisez les fichiers texte. Ils vous aideront à installer, à configurer et à utiliser le programme.

Le mot juste

Fichier compressé

Il s'agit d'un fichier dont la taille a été réduite pour augmenter la vitesse de son chargement. Certains services en ligne (comme AOL) proposent des programmes intégrés qui décompressent automatiquement les fichiers téléchargés. Si le logiciel Internet que vous utilisez ne propose pas cette fonction, vous pouvez utiliser un programme de décompression comme WinZip pour les PC ou Stuffit pour les Macintosh. WinZip peut être chargé à l'adresse **http://www.winzip.com**
et Stuffit à l'adresse :
http: //aladdinsys.com.

Surveillance des informations relatives aux virus avec les services en ligne

La plupart des services en ligne possèdent une équipe qui peut vous aider à rechercher des informations sur les virus et à télécharger des logiciels. AOL, par exemple, propose un site d'information sur les virus pour PC et pour Macintosh (mots clés : pc virus / mac virus). Ces deux sites proposent des informations sur les virus, des forums de discussion et des bibliothèques de logiciels antivirus (voir Figure 13.3).

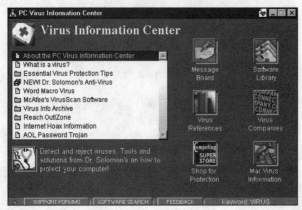

Figure 13.3 : *La plupart des services en ligne proposent des informations sur les virus à leurs membres.*

Chapitre 14

Protection des enfants

Dans ce chapitre, vous allez apprendre à protéger vos enfants du contenu de certains sites Internet.

L'Internet et les enfants

Si l'Internet est une formidable source d'informations, il possède aussi ses ruelles sombres. Son contenu n'est pas toujours à laisser à portée de tous les yeux. De nombreux sites Web, certains forums de discussion et de nombreux groupes de news sont destinés aux adultes.

En tant que parent (ou enseignant), vous souhaiterez peut-être contrôler les zones auxquelles les enfants peuvent avoir accès. Bien entendu, vous pouvez interdire complètement l'accès à l'Internet à vos enfants, mais ils passeraient à côté de nombreux sites culturels ou de divertissement.

Heureusement, il existe des logiciels qui permettent d'interdire l'accès à certaines zones. Ces programmes, comme SurfWatch ou Cyber Patrol, sont personnalisables et vous donnent ainsi un contrôle total sur les différentes zones auxquelles on peut accéder.

Utilisation du système de contrôle d'accès d'Internet Explorer

Pour bloquer l'accès à des sites, suivez ces étapes :

1. Affichez la boîte de dialogue Options Internet.

2. Cliquez sur l'onglet **Contenu**, puis sur **Activer**. Une boîte de dialogue apparaît et vous demande de saisir un mot de passe.

3. Entrez le mot de passe que vous voulez employer pour modifier les paramètres de contenu, tapez-le à nouveau pour le confirmer. Cliquez sur **OK**.

4. Changez les paramètres souhaités :

Sur l'onglet **Contrôle d'accès**, vous pouvez indiquer le niveau de langage, de nudité, de sexe et de violence que vous tolérez en faisant glisser le curseur.

Sur l'onglet **Général**, vous pouvez empêcher l'accès aux sites non conformes au contrôle d'accès. Vous pouvez également changer le mot de passe entré dans l'étape 3, si vous le souhaitez.

Sur l'onglet **Avancé**, vous pouvez ajouter de nouveaux contrôles d'accès à Internet Explorer. Vous pouvez également choisir un bureau de contrôle d'accès.

5. Cliquez sur **OK**.

Si quelqu'un tente d'accéder au site qui contient des éléments prohibés, Internet Explorer bloque l'accès au site et affiche une boîte de dialogue qui permet d'entrer un mot de passe pour passer outre la censure. Si l'utilisateur ne connaît pas le mot de passe, il ne peut afficher la page.

Si vous souhaitez un contrôle plus approfondi, vous pouvez recourir à des logiciels spécialisés. Pour en savoir plus, consultez les sections qui suivent.

Utilisation des logiciels de contrôle d'accès

Ces logiciels permettent de bloquer un contenu donné dans des groupes de news, des forums de discussion et sur le World Wide Web. Cyber Patrol est un programme de ce type. C'est un shareware qui a été conçu par les créateurs de Cyber Sentry, un autre logiciel destiné à éviter que des employés accèdent à certains sites durant leurs heures de travail.

Le kit complet de Cyber Patrol peut être testé gratuitement pendant une semaine. Si, par la suite, vous souhaitez continuer à l'utiliser, vous devrez vous inscrire et payer 29,95 $ (environ 160 F).

Il existe d'autres programmes similaires : SurfWatch et Net Nanny, par exemple.

Vous trouverez plus d'informations sur ces logiciels en visitant leurs sites respectifs sur le Web. Cyber Patrol et Net Nanny proposent des versions d'évaluation de leurs logiciels.

Cyber Patrol **http://www.cyberpatrol.com**

SurfWatch **http://www.spyglass.com/products/surfwatch**

NetNanny **http://www.netnanny/etnanny/**

Tous ces logiciels fonctionnent plus ou moins de la même façon. Vous définissez une liste de mots clés ou de types de contenu, et si l'on tente d'accéder à un site Internet qui contient un mot clé ou qui viole les règles définies, le site est bloqué.

Installation et utilisation de Cyber Patrol

Cyber Patrol est livré avec une liste de sites Web choquants et une liste de mots clé prédéfinis qui sont utilisés pour bloquer l'accès aux sites dont le nom ou l'URL indiquent qu'ils sont équivoques. Par exemple, le site PlayBoy figure dans la liste des sites jugés hors normes et Cyber Patrol bloque l'accès à tous les groupes de news, tous les forums et toutes les URL qui contiennent le mot «bondage». Vous pouvez personnaliser Cyber Patrol pour ajouter les sites ou les mots que vous souhaitez.

1. Téléchargez Cyber Patrol à l'adresse **http://www.cyberpatrol.com** (pour voir comment télécharger des fichiers sur le Web, reportez-vous aux Chapitres 1 et 2 de la Partie 2).

2. Pour lancer le fichier d'installation que vous avez téléchargé (cp-setup .exe), sélectionnez **Démarrer**, **Exécuter**, ou utilisez l'Explorateur Windows pour lancer l'installation du logiciel.

Une fois le logiciel installé, vous êtes prêt à configurer les paramètres de filtrage de Cyber Patrol. Au démarrage de Windows 95, Cyber Patrol se chargera automatiquement.

Configurer le mot de passe de Cyber Patrol

1. Cliquez sur le bouton Cyber Patrol de la barre de tâches de Windows. La fenêtre Cyber Patrol Contrôle de l'accès apparaît (voir Figure 14.1). Choisissez votre mot de passe et configurez les contraintes d'accès.

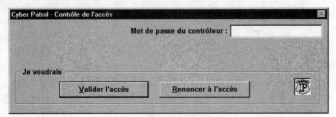

Figure 14.1 : *La première fois que vous ouvrez Cyber Patrol, vous devez définir un mot de passe.*

2. Tapez un mot de passe dans le champ **Mot de passe du contrôleur** et cliquez sur **Valider l'accès**. Choisissez un mot de passe dont vous vous souviendrez facilement, mais que vos enfants ne pourront pas trouver.

Attention

Désinstallation de Cyber Patrol

Si vous décidez de supprimer ce programme de votre système, activez-le en cliquant sur son bouton dans la barre de tâches, et choisissez **Fichier**, **Désinstaller Cyber Patrol**. Vous devrez connaître le mot de passe pour désinstaller le logiciel. N'essayez jamais de désinstaller le logiciel manuellement, vous risqueriez de créer des problèmes dans votre système.

Limiter les heures d'utilisation avec Cyber Patrol

Cyber Patrol permet de limiter les heures auxquelles l'accès Internet est possible.

Pour empêcher quelqu'un d'utiliser l'Internet durant certaines heures :

1. Cliquez sur le bouton **Définir les plages horaires autorisées**. Les blocs rouges marquent les heures durant lesquelles l'accès Internet est interdit. Les blocs verts montrent les heures où l'accès est autorisé. Le fait de cliquer sur un bloc rouge le transforme en bloc vert et inversement. Vous pouvez faire glisser le curseur la souris sur des blocs pour les sélectionner.

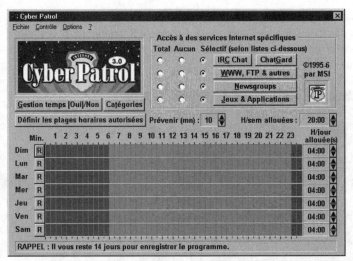

Figure 14.2 : *Le logiciel Cyber Patrol permet de limiter les heures auxquelles l'Internet est accessible.*

2. Pour indiquer le nombre d'heures quotidiennes ou hebdomadaires durant lesquelles l'Internet est accessible, utilisez les zones déroulantes **H/Sem Allouées** et **H/Jour allouées**.

Astuce

Accès complet
Pour permettre l'accès à toutes les heures, cliquez sur le bouton **R** d'un jour donné.

Interdire l'accès à des services Internet spécifiques

Cyber Patrol permet aussi d'interdire l'accès à certaines zones en fonction de mots clés. Par ailleurs, le programme contient déjà une liste de sites interdits.

Pour empêcher l'accès à d'autres services ou pour accéder aux fonctions de la liste Cyber Patrol :

1. Cliquez sur un bouton dans la zone **Accès à des services Internet spécifiques**.

115

2. Si vous cliquez sur le bouton IRC Chat, une liste de mots clés apparaît. Cyber Patrol empêchera l'accès aux forums qui contiennent ces mots. Pour ajouter un mot, tapez-le dans le champ **Chaîne de blocage** et appuyez sur **Entrée** (voir Figure 14.3).

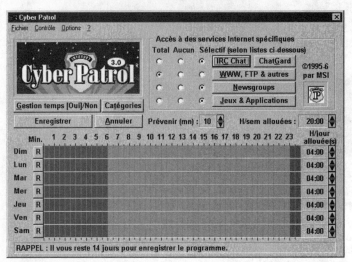

Figure 14.3 : *Pour bloquer les forums qui pourraient être choquants, créez une liste de mots clés que Cyber Patrol consultera lorsque quelqu'un cherchera à accéder à une discussion.*

3. Pour approuver un forum auquel Cyber Patrol devra donner accès, tapez son nom dans la liste **Groupes acceptés par les parents** et appuyez sur **Entrée**. Lorsque vous avez fini, cliquez sur **Enregistrer**.

Astuce

Surveillance des discussions
Pour supprimer un mot de la liste Chaîne de blocage, sélectionnez-le et cliquez sur **Supprimer la sélection**.

Limiter l'accès au Web et au FTP

Vous pouvez contrôler l'accès au Web et au FTP. Le bouton WWW, FTP & autres permet de limiter l'accès à certains sites en fonction de leur URL.

1. Pour empêcher l'accès à un site donné, tapez son URL dans la zone de texte **Supplément parental Services non acceptés** et appuyez sur **Entrée**.

2. Pour passer outre les interdictions définies par le programme, tapez l'URL du site qui vous intéresse dans la zone de texte **Supplément parental Services acceptés** et appuyez sur **Entrée** (voir Figure 14.4).

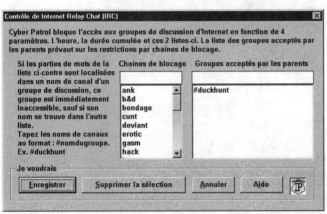

Figure 14.4 : *Utilisez le champ Supplément parental Services acceptés pour faire vos choix.*

3. Pour interdire ou autoriser l'accès à certains sujets, ouvrez le menu **Contrôle** et choisissez **Restrictions par catégories**. La boîte de dialogue qui apparaît vous permet de bloquer les zones qui ne vous conviennent pas. A l'origine, tous les sujets sont bloqués (ils ont tous une coche). Pour supprimer la coche et autoriser l'accès au sujet, cliquez sur le nom de ce dernier. Cliquez sur **Enregistrer** lorsque vous avez fini.

Astuce

Mise à jour des restrictions
Les concepteurs de Cyber Patrol mettent constamment à jour la liste des sites prohibés à mesure qu'ils apparaissent sur l'Internet. Pour mettre votre liste à jour, ouvrez le menu **Fichier** et sélectionnez **Mettre à jour la liste Cyber-Not** (voir Figure 14.5).

Lorsque Cyber Patrol est actif, il empêche l'accès aux sites et aux contenus
que vous avez choisis lors de la configuration du programme. Si quelqu'un
essaye d'accéder à un site prohibé, Cyber Patrol bloque le chargement (voir
Figure 14.6).

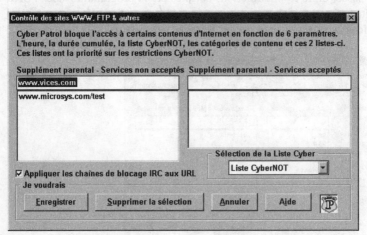

Figure 14.5 : Sites interdits avec la fonction Restrictions par catégories.

*Figure 14.6 : Lorsque le programme est correctement configuré, il bloque l'accès
aux sites et aux contenus que vous ne voulez pas voir s'afficher.*

Le mot juste

Désactivation de Cyber Patrol

Lorsque vous naviguerez sur l'Internet, vous souhaiterez peut-être désactiver Cyber Patrol. Pour passer outre le filtrage et accéder à tous les sites, ouvrez le menu **Fichier** et sélectionnez **Mot de passe**. Vous avez cette possibilité puisque vous possédez le mot de passe nécessaire pour modifier la configuration du programme. En revanche, vos enfants ne pourront pas désactiver Cyber Patrol.

Partie II

Le World Wide Web

Chapitre 1

Téléchargement et installation d'Internet Explorer

Dans ce chapitre, vous allez découvrir où trouver une copie gratuite d'Internet Explorer 5.0 et comment l'installer.

Définition d'Internet Explorer

Internet Explorer 5.0 est une suite de programmes qui contient Internet Explorer (le navigateur Web), Outlook express (pour les messages électroniques et les groupes de news), NetMeeting (un programme de téléphonie Internet), FrontPage Express (pour créer et publier vos propres pages Web) et quelques outils supplémentaires. Vous pouvez installer tous ces composants ou seulement quelques-uns comme ce chapitre vous le montrera.

Les chapitres de cette partie traitent exclusivement d'Internet Explorer. Vous apprendrez à utiliser ce navigateur pour ouvrir et afficher des pages Web qui contiennent des images, des vidéos, des applets interactives (petites applications), des mondes virtuels en 3D et même des zones où vous pourrez discuter avec d'autres utilisateurs (voir Figure 1.1).

Localisation d'une copie d'Internet Explorer 5

Microsoft distribue Internet Explorer gratuitement. Si vous avez un ordinateur récent ou n'importe quel logiciel Microsoft, vous avez sans doute déjà Internet Explorer 3 ou 4. Examinez votre bureau à la recherche d'une icône appelée Internet ou Installation d'Internet Explorer. Si vous avez une icône de ce genre, double-cliquez dessus pour lancer l'installation et la configuration. Si ce n'est pas le cas, examinez les CD de logiciels Microsoft que vous possédez pour déterminer si l'un d'eux contient le programme d'installation d'Internet Explorer. Internet Explorer figure sur le CD Microsoft Office 2000.

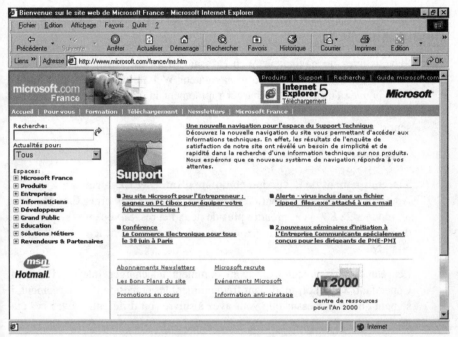

Figure 1.1 : Internet Explorer affiche des pages Web et vous aide à naviguer.

Si vous avez une ancienne version d'Internet Explorer (version 3 ou antérieure) ou un navigateur Web différent, vous pouvez télécharger la dernière version de ce logiciel sur l'Internet (voir la section suivante).

Avant de télécharger Internet Explorer 5, gardez en mémoire qu'il requiert plus de mémoire et d'espace disque que la version précédente. Si vous avez un vieux système sur lequel vous manquez de place ou de mémoire, vous souhaiterez sans doute garder la version 3 ou 4. Mais assurez-vous au moins que vous avez la dernière mise à jour de cette version.

Astuce

Numéro de version d'Internet Explorer
Si vous avez une copie d'Internet Explorer, vous pouvez vérifier son numéro de version. Ouvrez le menu «?» et choisissez **A propos d'Internet Explorer**.

Téléchargement d'Internet Explorer en utilisant un navigateur Web

Si vous avez un navigateur Web (Mosaic, Netscape Navigator, une vieille version d'Internet Explorer ou le navigateur Web de votre service en ligne), vous pouvez l'utiliser pour charger rapidement la dernière version d'Internet Explorer. Si vous n'avez pas de navigateur, demandez-en un à votre fournisseur d'accès.

Attention

Téléchargement de la version complète d'Internet Explorer
Attention, le téléchargement de la version complète d'Internet Explorer avec un modem 28 800 peut prendre plus de deux heures. Si vous n'avez pas envie de passer deux heures en ligne, commandez gratuitement le CD-ROM (voir ci-après).

Les étapes qui suivent expliquent comment télécharger Internet Explorer. Cependant, Microsoft modifiant fréquemment les étapes de téléchargement, il se peut que le processus que vous ayez à suivre soit différent. Suivez ces étapes :

1. Etablissez une connexion à l'Internet, comme expliqué dans la Partie 1.

2. Lancez votre navigateur Web.

3. Cherchez une zone de texte ou une commandeURL, Adresse ou Emplacement. La plupart des navigateurs affichent cette zone de texte au sommet de la fenêtre. Il se peut cependant qu'il faille activer une commande du genre URL ou Ouvrir (généralement placée dans le menu Fichier).

4. Si la zone de texte de la fenêtre ou de la commande contient déjà une adresse, sélectionnez-la en faisant glisser la souris et tapez **http://www .microsoft.com/france**. Appuyez sur **Entrée**.

5. Dans la page qui apparaît, cliquez sur le logo Internet Explorer 5.0. La page suivante vous donne deux possibilités : vous pouvez télécharger le programme en cliquant sur Téléchargement ou le commander en cliquant sur Commander le CD-ROM. Si vous choisissez de commander le CD-ROM, on vous demandera de saisir vos coordonnées, puis de les envoyer. Vous recevrez le programme au bout d'une dizaine de jours. Cette solution est la plus économique puisque vous recevrez le CD gratuitement et

que vous n'aurez pas à payer le temps passé en ligne. En revanche, si vous êtes réellement pressé, choisissez le téléchargement.

6. Cliquez sur **Téléchargez Internet Explorer 5.0**. Dans la fenêtre suivante, cliquez sur Microsoft Internet Explorer 5 dans la catégorie qui correspond à votre système d'exploitation. Dans l'écran suivant, choisissez la langue du programme et cliquez sur Suivant.

7. Ensuite, à l'aide de la liste, sélectionnez un site de téléchargement près de chez vous (voir Figure 1.2). Cliquez sur **Suivant**.

8. Dans la boîte de dialogue qui apparaît, choisissez d'ouvrir le programme depuis son emplacement.

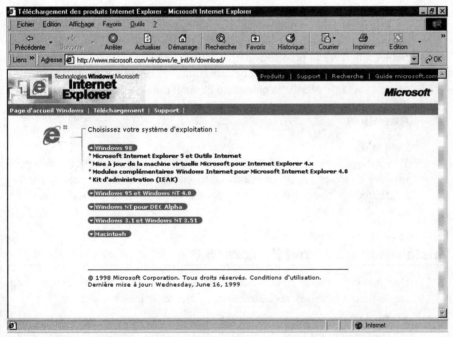

Figure 1.2 : Téléchargez Internet Explorer à partir d'un site proche de chez vous.

Le mot juste

Lien

Un lien est un mot, une icône ou un graphisme en surbrillance ou dont l'aspect diffère par rapport aux autres éléments de la page. Il pointe vers une autre page ou un fichier. Il suffit de cliquer sur un lien pour accéder à la page qu'il désigne.

9. Une boîte de dialogue affichant la progression du transfert apparaît. Il ne reste plus qu'à attendre la fin du chargement. L'installation se déroulera automatiquement

10. Fermez votre navigateur Web.

Si vous avez choisi d'enregistrer le fichier sur votre disque dur plutôt que de l'ouvrir depuis son emplacement d'origine, vous devez avoir récupéré un fichier appelé ie5setup.exe (ou quelque chose de similaire). Le fait de lancer ce fichier amorcera le processus d'installation. Celui-ci vous fera télécharger un certain nombre de composants qui constitueront la suite Internet Explorer. La section suivante détaille la procédure d'installation.

Attention

Disque dur

Vérifiez que vous disposez de place sur votre disque dur avant de télécharger. Internet Explorer requiert environ 20 Mo d'espace, et les fichiers qui seront téléchargés et placés sur votre système par le programme d'installation feront entre 40 et 60 Mo.

Installation d'Internet Explorer 5.0

Une fois que vous avez le fichier ie5setup.exe, l'installation est simple. Lancez le fichier et suivez les instructions. Voici les étapes à suivre :

1. Double-cliquez sur le fichier **ie5setup.exe** que vous avez téléchargé dans la section précédente. La boîte de dialogue d'installation d'Internet Explorer 5.0 s'affiche.

2. Cliquez sur **Suivant**. Le contrat de licence s'affiche.

3. Lisez le contrat. Cliquez sur le bouton d'option **J'accepte**, puis sur **Suivant**. Si vous cliquez sur Je **n'accepte pas**, l'installation s'arrêtera. Vous avez maintenant deux possibilités : Installer ou Télécharger uniquement.

4. Choisissez **Installer** pour télécharger les fichiers d'installation et installer automatiquement Internet Explorer. (Dans les étapes suivantes, on suppose que vous ayez choisi l'option Installer.). Cliquez sur **Suivant**. Dans la boîte de dialogue suivante, on vous demande de choisir entre trois options d'installation :

   – Installation par défaut contient Internet Explorer (le navigateur Web), Outlook Express (pour la messagerie et les groupes de news) et ActiveMovie (pour afficher des séquences vidéos sur le Web).

   – **Installation minimale** installe uniquement Internet Explorer 5 et ses composants multimédias.

   – **Installation complète** contient Internet Explorer, l'intégration au bureau, Outlook Express, ActiveMovie, FrontPage Express, NetMeeting (pour les conférences virtuelles), NetShow (pour la diffusion de vidéos en direct), Microsoft Chat, Web Publishing Wizard et Microsoft Wallet. Si vous souhaitez suivre tous les exemples de ce livre, vous aurez besoin de tous ces éléments.

5. Cliquez sur **Suivant**. Le programme vous demande si vous souhaitez mettre à jour votre bureau pour y intégrer les fonctions Web. Il s'agit d'une question de goût personnel. Si vous aimez la nouveauté, vous pouvez essayer ; il est toujours possible de supprimer cette intégration.

6. Ensuite, on vous demande de choisir un site de téléchargement. Dans la liste, choisissez votre pays et cliquez sur **Suivant**.

7. Le programme va vous demander de sélectionner un répertoire d'installation. Pour utiliser le répertoire par défaut, cliquez sur **Suivant**. Sinon, indiquez un chemin différent et cliquez sur **Suivant** (vous pouvez utiliser le bouton Parcourir pour sélectionner un dossier si vous ne connaissez pas son chemin par cœur).

8. Le programme procède ensuite au téléchargement et installe les fichiers sur votre système.

127

9. Suivez les instructions à l'écran pour terminer l'opération. Avec un modem standard, si vous avez sélectionné Installation complète, le processus peut prendre deux heures ou plus.

Lorsque l'installation est terminée, une nouvelle icône doit s'afficher sur votre bureau. Elle est baptisée Internet.

Attention

Aspect du bureau

Si vous avez installé Internet Explorer 5.0 avec l'intégration au bureau, votre bureau a changé d'aspect et certaines de ses fonctions ont été modifiées. Par exemple, pour utiliser les raccourcis, il suffit maintenant d'un simple clic. Pour voir de façon détaillée comment fonctionne le nouveau bureau, reportez-vous au Chapitre 2 de la Partie 3.

Ajout de composants après coup

Comme c'était le cas avec les versions précédentes d'Internet Explorer, Microsoft placera régulièrement de nouvelles mises à jour sur son site. Il vous suffira de vous y rendre et de suivre les instructions à l'écran pour récupérer les dernières fonctions du navigateur.

Par ailleurs, si vous avez besoin d'une fonction qui n'a pas été installée lors de la première installation, vous avez la possibilité de passer par la fonction Ajout/Suppression de programmes du panneau de configuration. Il y a deux façons de procéder lorsque vous avez ouvert la boîte de dialogue Propriétés de Ajout/Suppression de programmes :

1. Cliquez sur l'onglet Installation de Windows. Dans la liste composants, cliquez sur Outils Internet, puis sur le bouton Détails. Dans la nouvelle fenêtre, placez une coche en face des éléments que vous souhaitez installer. Cliquez deux fois sur OK et suivez les instructions d'installation.

2. Vous pouvez aussi cliquer sur l'onglet Installation/Désinstallation, choisir Internet Explorer 5 et outils Internet, puis cliquer sur Ajouter/Supprimer. Une boîte de dialogue apparaîtra et vous demandera si vous souhaitez réparer IE 5 ou lui ajouter un composant. Choisissez cette dernière option et suivez les instructions.

Exécution des applications Internet Explorer 5.0

Comme cela a été indiqué, Internet Explorer 5 est une suite d'applications. Vous pouvez exécuter Internet Explorer ou n'importe quelle autre application en suivant ces étapes :

■ Cliquez sur l'icône Internet de votre bureau ou dans votre groupe de programmes. Cela lance le navigateur Web (voir Figure 1.3).

■ Ouvrez le menu Démarrer de Windows 95/98, sélectionnez Programmes puis Internet Explorer, et cliquez sur le nom de l'application que vous voulez lancer.

Figure 1.3 : Le programme d'installation ajoute une icône Internet à votre bureau.

■ Si vous avez installé Windows 98 ou la mise à jour Internet Explorer 4, vous avez aussi la possibilité de cliquer sur le bouton **Démarrer Internet Explorer** dans la barre de lancement rapide.

Chapitre 2

Téléchargement et installation de Netscape Communicator

Dans ce chapitre, vous allez apprendre à télécharger Netscape Communicator depuis Internet et à l'installer sur votre machine.

Définition de Netscape Communicator

Il s'agit d'une suite de logiciels destinés à Internet qui fonctionnent ensemble. Ce kit est composé de six programmes :

- **Netscape Navigator.** Il s'agit du navigateur Web de Netscape, le cœur de la suite. Il permet d'explorer le Web, de copier des fichiers, de rechercher des informations, d'afficher du texte et des images, etc. Les chapitres de cette partie vous expliqueront comment utiliser Navigator pour ouvrir des pages Web.

- **Netscape Netcaster.** Permet de s'abonner à ses sites Web favoris et de recevoir directement et automatiquement sur sa machine des informations mises à jour, au lieu de devoir les récupérer avec un navigateur Web.

Le mot juste

Nouvelle technique
Netcaster repose sur une nouvelle technique qui fait que les sites Web envoient des pages mises à jour sur votre ordinateur. Ce n'est plus à vous de rechercher les nouvelles informations, elles vous sont envoyées automatiquement. Cela permet d'optimiser les temps de consultation puisque les sites peuvent vous envoyer des documents pendant que vous travaillez ou la nuit (la période d'envoi peut être configurée).

- **Netscape Messenger.** Permet d'envoyer et de recevoir des messages électroniques. Reportez-vous à la Partie 4 sur la messagerie électronique.

■ **Netscape Collabra.** Permet d'utiliser les groupes de news, de lire des messages et d'y répondre. Reportez-vous à la Partie 5 sur les groupes de news.

■ **Netscape Conference.** Permet d'effectuer des appels téléphoniques sur Internet ou par le biais d'un intranet. Ce programme permet également de tenir des réunions durant lesquelles des textes, des images et des notes peuvent être échangés.

■ **Netscape Composer.** Permet de créer des pages Web et de les publier sur le Web. Reportez-vous à la Partie 6 sur la création de pages Web.

Figure 2.1 : *Netscape Navigator permet de charger des pages et de naviguer sur le Web.*

Téléchargement de Netscape Communicator avec votre navigateur Web

Si vous avez un navigateur Web (la plupart des navigateurs de services en ligne feront l'affaire), vous pouvez télécharger Netscape Communicator à partir du site Web Netscape. Les étapes qui suivent montre la procédure à employer. Il s'agit d'un schéma général, car le site est susceptible de changer, et il se peut que vous soyez envoyé sur un site miroir légèrement différent.

1. Connectez-vous à Internet et lancez votre navigateur Web.

2. Dans le champ Adresse ou URL (généralement situé en haut de la page), tapez **http://www.netscape.com/fr/** et appuyez sur **Entrée**.

3. Le navigateur chargera la page d'accueil de Netscape. En tête de page figure une petite animation proposant de télécharger la dernière version de Netscape Communicator, cliquez dessus.

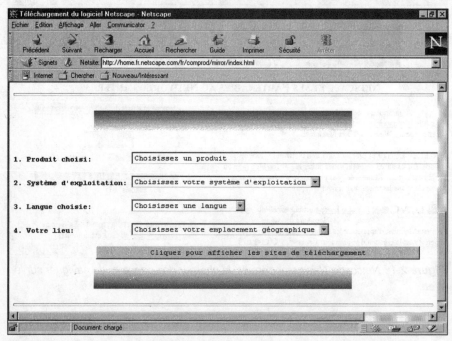

Figure 2.2 : *Entrez les informations demandées.*

4. Dans la page suivante, un petit formulaire apparaît. Indiquez-y quelle version de Communicator vous désirez (Netscape Communicator Standard), pour quelle plate-forme, en quelle langue et votre emplacement géographique (voir Figure 2.2). Ensuite, cliquez sur le bouton **Go** (ou sur un bouton équivalent).

5. Dans la liste qui apparaît, choisissez un site de téléchargement en cliquant sur son nom. Dans la boîte de dialogue qui apparaît, vous devez indiquer où le programme doit stocker le fichier. Choisissez un dossier et cliquez sur **Enregistrer**.

6. Attendez la fin du transfert (ce qui peut être assez long), fermez votre navigateur et déconnectez-vous.

Installation de Communicator

L'installation de ce programme est simple. Double-cliquez sur le fichier que vous venez de télécharger et suivez les instructions à l'écran. Si vous avez déjà installé des programmes, vous devriez pouvoir vous en tirer seul. Dans le cas contraire, suivez ces instructions :

1. Ouvrez le **Gestionnaire de fichiers** ou **l'Explorateur Windows**, recherchez le dossier dans lequel vous avez placé le fichier téléchargé, ouvrez-le et double-cliquez sur le fichier (par exemple, c32e40.exe). Le programme d'installation démarre.

Attention

Fichier d'installation pour Windows 3.1
Avec Windows 3.1, le lancement du fichier d'installation décompresse les fichiers. C'est seulement après cette phase que vous verrez apparaître un fichier Setup.exe. Double-cliquez dessus pour démarrer l'installation.

2. Une boîte de dialogue apparaît ; elle vous demande si vous souhaitez continuer l'installation. Cliquez sur **Oui**. La boîte de dialogue de l'Assistant d'installation apparaît et affiche la progression de son travail.

3. Lorsqu'un avertissement apparaît et vous demande de fermer toutes les autres applications Windows, exécutez-vous et cliquez sur **Suivant**. Une boîte de dialogue d'accueil s'affiche.

4. Lisez le message d'accueil et cliquez sur **Suivant**. Les termes de la licence utilisateur s'affichent. Lisez-les et cliquez sur **Oui** (si vous cliquez sur Non, l'installation sera annulée).

5. Dans la fenêtre suivante (voir Figure 2.3), vous devez choisir le type d'installation souhaité. Cliquez sur **Standard**.

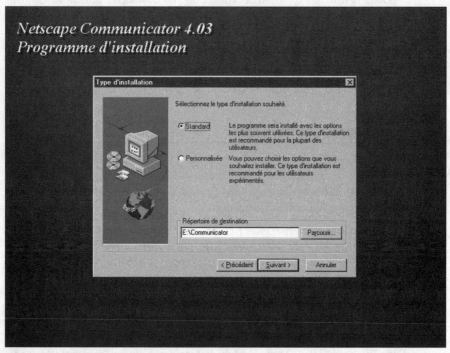

Figure 2.3 : Choisissez l'installation Standard pour installer tous les composants et leurs compléments.

6. Dans la même fenêtre, le programme suggère un répertoire d'installation. S'il vous convient, cliquez sur **OK**. Autrement, cliquez sur **Parcourir** et choisissez un autre dossier. Cliquez ensuite sur **Suivant**.

7. Dans la boîte de dialogue suivante, le programme indique où il va placer les icônes qui permettront de lancer Communicator. A moins que vous ne souhaitiez les placer ailleurs, cliquez sur **Suivant**.

Attention

Répertoire inexistant
Si vous souhaitez installer dans un nouveau répertoire qui n'existe pas encore, tapez son chemin dans le champ et cliquez sur **Suivant**. Le programme vous indiquera que ce répertoire n'existe pas et vous proposera de le créer. Cliquez sur **Oui**.

8. Une boîte de dialogue apparaît ; elle résume les choix d'installation que vous avez faits. Cliquez sur **Installer**.

9. Plusieurs boîtes de dialogue se succèdent ; elles indiquent la progression de la copie des fichiers. Pour finir, une boîte de dialogue vous demande si vous voulez lire tout de suite les fichiers qui contiennent des instructions sur le fonctionnement des programmes de Communicator. Si vous ne souhaitez pas les lire tout de suite, vous pourrez toujours le faire plus tard en utilisant un éditeur de texte (WordPad, par exemple).

10. Une boîte de dialogue apparaît pour vous expliquer comment lancer Communicator. Cliquez sur **OK**.

11. Enfin, une dernière boîte de dialogue s'affiche ; elle vous demande de redémarrer votre système. Fermez toutes les applications ouvertes et cliquez sur **OK**.

Après l'installation, une icône Netscape Communicator est placée sur votre bureau. Vous pouvez l'utiliser pour lancer Netscape Communicator. Un sous-menu pour les applications Communicator est également placé dans le menu Programmes du menu Démarrer.

Première utilisation de Netscape Communicator

Avant de pouvoir utiliser Netscape Communicator, il reste quelques détails à régler. Lorsque vous démarrerez pour la première fois, vous devrez répondre à quelques questions et lire le contrat de licence. Voici ce que vous allez devoir faire.

1. Double-cliquez sur l'icône de Netscape Communicator du bureau ou dans le groupe de programmes Netscape Communicator (Windows 3.1).

2. La première fois que vous lancez Communicator, l'Assistant de configuration d'un nouveau profil apparaît (voir Figure 2.4). Vous pouvez utiliser les profils pour entrer différents paramètres pour différents utilisateurs en

supposant que vous partagiez votre ordinateur avec plusieurs personnes ou que vous partagiez Netscape Communicator sur un réseau. Si l'assistant n'apparaît pas, vous pouvez le lancer en faisant **Démarrer, Programmes, Netscape Communicator, Utilitaires, Gestionnaire de profils d'utilisateurs.** Cliquez sur **Suivant.**

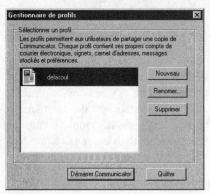

Figure 2.4 : Les profils sont utiles si vous partagez votre ordinateur ou si vous travaillez en réseau.

3. Dans la boîte de dialogue qui s'affiche, on vous demande de taper votre nom et votre adresse de messagerie (si vous en avez une). Une fois que c'est fait, cliquez sur **Suivant.**

4. Dans la boîte de dialogue suivante, on vous demande d'entrer un nom pour votre profil. Tapez un nom unique (deux profils ne peuvent avoir le même nom). Vous pouvez également choisir le dossier dans lequel sera conservé votre profil. Cliquez sur **Suivant.**

5. La boîte de dialogue Configuration de courrier et des forums vous demande des informations sur la façon dont vous vous connectez aux serveurs de messagerie et de groupes de news de votre fournisseur d'accès. Dans le champ **Serveur du courrier sortant**, indiquez l'adresse de votre serveur pour le courrier sortant. Cliquez sur **Suivant.**

6. Dans la boîte qui suit, tapez votre nom d'utilisateur et saisissez tout autre paramètre nécessaire à la vérification du courrier entrant. Cliquez sur **Suivant.**

7. Dans la fenêtre suivante, vous devez entrer l'adresse de votre serveur de groupes de news. Tapez l'adresse que votre fournisseur d'accès vous aura donnée (voir le Chapitre 3 de la Partie 5 sur la configuration d'un serveur de news).

8. Cliquez sur **Terminer**. Il se peut qu'une licence utilisateur s'affiche. Si vous êtes d'accord avec ses termes, indiquez-le.

Chapitre 3

Utilisation du navigateur Web d'America Online

Dans ce chapitre, vous allez voir comment accéder à Internet (et plus particulièrement au Web) en utilisant AOL.

Accès à Internet par AOL

America Online a été un des premiers services en ligne à offrir un accès Internet à ses membres. Vous trouverez toutes les fonctions relatives à Internet d'AOL dans le panneau Internet (voir Figure 3.1). Vous pouvez y accéder en cliquant sur Internet dans le menu principal.

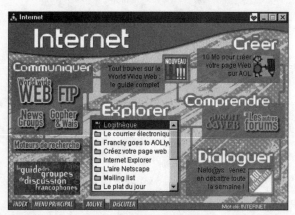

Figure 3.1 : *La fenêtre Internet d'AOL.*

Astuce

Le bouton Accès Internet de l'écran d'accueil
Le bouton Accès Internet de l'écran d'accueil vous mènera aussi à la fenêtre Internet, mais vous devrez passer par un écran d'accueil intermédiaire.

La fenêtre Internet propose plusieurs options :

▓ Cliquer sur des boutons pour accéder au Web.

▓ Transférer des fichiers avec FTP.

▓ Lire et poster des messages dans les groupes de news (voir le Chapitre 4 de la Partie 5 pour plus de détails).

▓ Rechercher des informations (Gopher et WAIS).

▓ Consulter les FAQ (questions souvent posées) et lire leurs réponses.

Le mot juste

Gopher
C'est un utilitaire de recherche Internet qui tire son nom de l'université du Minnesota où il a été conçu. Il permet de naviguer dans Internet en utilisant un système de menu.

Le mot juste

WAIS
Il s'agit d'un autre utilitaire de recherche Internet.

Ce chapitre traitera surtout de la navigation sur le Web avec le navigateur AOL pour Windows. Ce navigateur est une version modifiée d'Internet Explorer 3.0. Si vous avez l'habitude de ce navigateur, la transition sera assez simple. Si vous préférez Netscape Navigator ou un autre navigateur, le chapitre qui suit vous expliquera comment l'utiliser dans AOL.

Etant donné que le Web permet de faire les mêmes choses (et plus) que des services comme FTP, Gopher ou WAIS, nous ne parlerons pas de ces éléments. Si vous souhaitez les utiliser, vous trouverez de l'aide en ligne, mais les progrès du Web les ont rendus obsolètes.

Quelques bases sur le World Wide Web

Avant de s'immerger dans le Web, il est préférable d'en connaître le vocabulaire et d'avoir assimilé quelques concepts.

■ Vous naviguerez sur le Web en utilisant un navigateur Web, un logiciel destiné à gérer les informations graphiques que l'on trouve sur cette partie d'Internet. AOL 3.0 en contient un.

■ L'unité de base du WWW est la page Web. Une page Web est semblable à une page de papier : c'est un document qui contient un mélange de textes, d'images et d'autres éléments.

■ L'emplacement où plusieurs pages Web sont stockées est appelé site Web.

■ La plupart des pages Web contiennent des liens. Il peut s'agir de texte, d'icônes ou de graphiques qui se distinguent du reste de la page par leur apparence. Les liens relient les pages entre elles et facilitent la navigation sur le Web.

■ On peut facilement savoir si un élément est un lien : lorsque vous placez le pointeur standard sur un lien, il se transforme en doigt. Lorsque vous êtes sur un lien, vous pouvez cliquer dessus pour passer à une autre page.

■ Chaque page Web a une adresse. Elle est appelée URL et fonctionne exactement comme l'adresse d'une rue. Cela permet à votre navigateur de trouver la page que vous recherchez.

Astuce

AOL 4.0
L'équipe d'AOL est en train de travailler sur la prochaine version du programme qui devrait parfaire l'intégration du navigateur avec les services de base. Par ailleurs, elle proposera une fonction de mise à jour intelligente qui mettra automatiquement à jour votre navigateur lorsque ce sera nécessaire.

Accès au Web

Pour accéder au Web, rendez-vous à la fenêtre Internet en utilisant une des méthodes citées précédemment. Lorsque vous y êtes, cliquez sur le bouton World Wide Web. Le navigateur AOL sera lancé et affichera la page d'accueil d'America Online (voir Figure 3.2).

Figure 3.2 : Le navigateur d'AOL affiche une page Web.

Comme vous pouvez le voir sur la Figure 3.2, la barre d'outils située juste au-dessus de la zone d'affichage du navigateur contient plusieurs contrôles qui permettent de se déplacer sur le Web. Les liens varieront de pages en pages, mais les boutons resteront les mêmes. Les voici par ordre d'apparition :

■ **Précédent.** Vous amène à la précédente page visitée.

■ **Recommencer.** Recharge la page courante. Ce bouton est utile si le transfert de la page a été interrompu.

■ **Suivant.** Fonctionne uniquement après utilisation du bouton Précédent. Ce bouton vous mène à la page affichée suivante.

■ **Coup de cœur.** Affiche une fenêtre dans laquelle vous pouvez organiser vos sites préférés en dossiers pour y retourner rapidement.

■ **Préférences.** Ouvre une boîte de dialogue qui permet de configurer le navigateur Web.

■ **Accueil.** Vous amène à la page d'accueil d'AOL. Vous pouvez choisir une autre page d'accueil dans les préférences.

■ **Aide.**

■ **Stop.** Interrompt l'opération que le navigateur est en train d'effectuer. Ce bouton est utile si, par exemple, une page met un temps anormal à se charger. Dans ce cas, cliquez sur **Stop**, puis sur **Recommencer**.

Astuce

Ajouter une page aux dossiers Coup de cœur
Bien qu'AOL utilise Internet Explorer comme base, vous ne trouverez pas la liste des éléments Favoris dans la barre d'outils. A la place, AOL utilise le bouton Coup de cœur. Reportez-vous au Chapitre 10 pour utiliser les dossiers Favoris.

Navigation sur le Web

Il existe plusieurs façons de se déplacer sur le Web. La plupart des débutants commenceront leur exploration en cliquant sur un lien à partir de la page d'accueil d'AOL. C'est une bonne façon de commencer, mais, si vous avez une idée précise de ce que vous voulez faire, vous pouvez utiliser des méthodes plus efficaces.

A mesure que vous vous déplacerez, vous verrez de nombreuses URL. Eventuellement, vous pouvez noter celles qui vous intéressent pour y revenir plus tard en tapant les adresses dans le champ prévu à cet effet et en appuyant sur Entrée.

Atteindre la page suivante et la page précédente

Lorsque vous vous déplacez sur le Web, les navigateurs dressent une liste des endroits que vous visitez. Si vous voulez revenir à une page visitée récemment, cliquez sur la flèche Précédent pour revenir à la page d'avant. Répétez le processus jusqu'à ce que vous parveniez à la page qui vous intéresse. Une fois que vous avez cliqué sur la flèche Précédent, vous pouvez aussi utiliser la flèche Suivant pour passer à la page suivante dans la liste de celles que vous avez visitées.

Utiliser les URL comme des mots clés

Dans AOL, vous pouvez utiliser les URL pour atteindre une page comme vous le faites avec un mot clé pour atteindre un service. Suivez ces étapes :

1. Ouvrez le menu **Aller** à et sélectionnez **Mot clé**. La boîte de dialogue Mot clé apparaît et vous demande de saisir un mot clé (voir Figure 3.3).

2. Au lieu de taper un mot clé, tapez une URL.

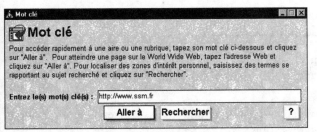

Figure 3.3 : *Vous pouvez entrer une URL à la place d'un mot clé.*

3. Cliquez sur **Aller** à ou appuyez sur **Entrée**. AOL lance le navigateur et vous mène à l'adresse indiquée. Si votre navigateur est déjà actif, une nouvelle fenêtre de navigateur s'ouvrira et la nouvelle page s'affichera dedans.

Naviguer avec des liens placés dans des messages électroniques

Lorsque vous recevez des messages, il se peut qu'ils contiennent des URL. La version 3.0 d'AOL transforme une URL tapée dans un texte en lien. Il suffit donc de cliquer sur l'URL pour accéder au site correspondant.

Pour trouver des informations spécifiques sur le Web, utilisez les moteurs de recherche proposés par AOL. Cliquez sur le bouton représentant un moteur de recherche (Ecila, par exemple) dans la partie droite de la page d'accueil d'AOL. Dans l'écran suivant, entrez un terme à rechercher et appuyez sur **Entrée**.

Astuce

Outils de recherche Internet
Le Web abrite plusieurs moteurs de recherche qui vous aideront à trouver les pages qui vous intéressent, ainsi que l'adresse, l'adresse de messagerie ou le numéro de téléphone d'une personne. Vous pouvez accéder à trois moteurs de recherche en utilisant AOL. Pour en savoir plus, reportez-vous au Chapitre 7 de cette partie.

Retour à AOL et déconnexion

Il est facile de se perdre sur le Web. Si cela vous arrive, vous pouvez cliquer sur le bouton Accueil pour revenir à la page d'accueil d'AOL (voir Figure 3.2).

Une fois votre exploration du Web terminée, vous pouvez faire deux choses pour mettre fin à votre session :

■ Cliquez sur le bouton de fermeture de la fenêtre du navigateur. Il fonctionne comme tous les boutons de fermeture que vous avez utilisés. Vous serez ramené à AOL.

■ Si vous avez complètement terminé votre session en ligne, quittez simplement AOL. Ouvrez le menu **Fichier** et choisissez **Quitter**. Confirmez ensuite le fait que vous souhaitez vous déconnecter.

Chapitre 4

Utilisation de votre navigateur préféré avec AOL

Dans ce chapitre, vous allez voir comment utiliser le navigateur Web de votre choix avec AOL.

Pourquoi utiliser un navigateur différent ?

Bien que le navigateur Web d'AOL soit performant, il se peut que vous préfériez travailler avec un autre programme, comme Netscape Navigator, par exemple. Ce navigateur est plus adapté à la gestion des applets Java et des applications complémentaires, il se peut même qu'il soit un peu plus rapide que Internet Explorer. Mais votre choix peut aussi n'être dû qu'à une question de goûts personnels.

AOL ne vous oblige pas à utiliser son navigateur Web. L'installation d'America Online 3.0 place un fichier appelé Winsock.dll sur votre disque dur ; c'est lui qui permet à votre système d'utiliser n'importe quel navigateur ou toute autre application Internet. Dans ce chapitre, vous allez voir comment télécharger, installer et utiliser un navigateur Web différent.

Attention

Winsock.dll
N'utilisez que le Winsock.dll d'AOL. Tout autre fichier du même genre ne fonctionnera pas avec AOL. De même, n'utilisez pas le winsock.dll d'AOL pour vous connecter à un autre fournisseur d'accès.

Recherche et téléchargement d'un navigateur Web

Vous pouvez utiliser le navigateur d'AOL pour en télécharger un autre. Cependant, sachez qu'au moment de l'écriture de ce livre, le fichier Winsock.dll d'AOL n'acceptait que les applications 16 bits avec Windows 3.1 et uniquement les applications 32 bits avec Windows 95. Lorsque vous chargerez votre navigateur, assurez-vous qu'il s'agit bien de la bonne version (la version 16 bits sera peut-être désignée sous le nom de version Windows 3.1).

Astuce

Winsock (bis)

Pour plus d'informations sur le fichier Winsock, ouvrez la fenêtre Mot clé et tapez le mot clé **Winsock**. Cliquez sur l'icône **Software Library** pour voir la liste de toutes les applications Internet disponibles fonctionnant avec AOL. Vous pourrez même télécharger un nouveau navigateur à partir de cet endroit.

La liste qui suit indique l'adresse de sites où vous pourrez télécharger différents navigateurs :

- **Netscape.** Vous pouvez télécharger Netscape Communicator sur le site français de Netscape à l'adresse **http://netscape.com/fr/.** Suivez les instructions du Chapitre 2 de la Partie 2 pour plus d'informations.

- **Opera.** C'est un nouveau venu sur le marché des navigateurs, mais sa vitesse et sa souplesse en ont fait rapidement un logiciel populaire (voir Figure 4.1). Opera possède des fonctions de navigation par le clavier, peut afficher plusieurs fenêtres et permet d'effectuer des zooms rapides pour afficher uniquement le contenu de la page Web **http://www.bugss.org/opera/**

- **Clnet's Browser Page.** Ce site (en anglais) est consacré aux dernières techniques développées sur Internet. Vous y trouverez toutes les informations voulues sur les derniers navigateurs et des liens pour les télécharger (**http: //www.browser .com**).

- **Internet Explorer.** Vous pouvez télécharger ce navigateur à l'adresse **http://www.microsoft.com/France**. Suivez les instructions du Chapitre 1 de la Partie 2 pour plus d'informations.

- **La boîte à outils de l'internaute.** Sur **http://www.uquebec.ca/Serveurs/RES/outils.html** vous trouverez de très nombreux outils pour toutes les fonctions d'Internet, et des liens vers des sites de téléchargement de navigateurs.

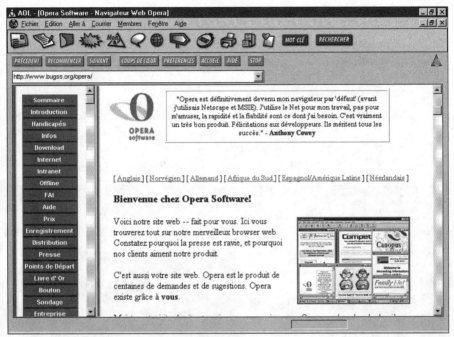

Figure 4.1 : *Opera, le nouveau navigateur qui fait trembler ses concurrents.*

Lorsque vous trouvez un lien vers un navigateur Web que vous voulez essayer, suivez ces étapes pour le télécharger :

1. Cliquez sur le lien de téléchargement du programme. Internet Explorer ouvre une fenêtre pour vous demander si vous voulez ouvrir le fichier ou l'enregistrer.

2. Choisissez de l'enregistrer et cliquez sur **OK**. La boîte de dialogue Enregistrer sous apparaît. Sélectionnez un disque et un répertoire pour y enregistrer votre fichier.

3. Cliquez sur le bouton **Enregistrer**. Internet Explorer commence à télécharger le fichier et à l'enregistrer sur votre disque. En fonction de la taille du fichier et de la vitesse de votre connexion, cette tâche peut prendre de quelques minutes à quelques heures.

Installation de votre nouveau navigateur

Le processus d'installation dépend du navigateur choisi. Dans la plupart des cas, il suffit de double-cliquer sur le fichier téléchargé ; il se décompresse et lance la routine d'installation. Après, il suffit, en général, de suivre les instructions qui apparaissent à l'écran.

Dans certains cas, le fait de double-cliquer sur le fichier ne fera que le décompresser. De nouveaux fichiers apparaîtront alors dans le répertoire. Cherchez un fichier ayant pour nom setup.exe, install.exe ou quelque chose de similaire. Double-cliquez dessus et suivez les instructions à l'écran.

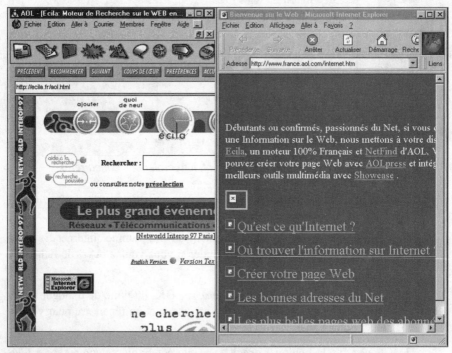

Figure 4.2 : Vous pouvez utiliser AOL et un navigateur différent en même temps.

Utilisation de votre navigateur avec AOL

L'utilisation d'un autre navigateur avec AOL est assez simple. Connectez-vous à AOL, puis lancez votre navigateur Web. Pour le démarrer, faites comme pour n'importe quelle application : double-cliquez sur son icône ou utilisez le menu Démarrer.

Le navigateur s'exécutera dans sa propre fenêtre. Vous pouvez passer du navigateur à la fenêtre America Online quand bon vous semble (voir Figure 4.2).

Chapitre 5

Accès à votre premier site Web

Dans ce chapitre, vous allez voir comment utiliser votre navigateur Web pour ouvrir une page, puis en découvrir d'autres.

Démarrage du navigateur Web

Pour lancer votre navigateur Web, procédez exactement comme pour n'importe quelle application. Cliquez ou double-cliquez sur l'icône du programme, ou sélectionnez-le dans les menus. Si vous avez installé Windows 98 ou la mise à jour Internet Explorer 4, vous avez aussi la possibilité de cliquer sur le bouton **Démarrer Internet Explorer** dans la barre de lancement rapide. Si vous n'avez pas encore établi votre connexion Internet, le navigateur affichera généralement une boîte de dialogue pour vous demander de le faire. Cliquez sur le bouton **Connexion** (ou sur un bouton équivalent).

Si votre navigateur ne vous demande pas de vous connecter, vous devez établir la connexion en double-cliquant sur l'icône de votre connexion Internet. Dans Windows 95, il s'agit de l'icône Accès réseau à distance. Dans Windows 3.1, il faut lancer votre application Winsock. Si vous utilisez un service en ligne, la connexion Internet est établie au moment où vous vous connectez au service en ligne.

Lorsque vous lancez votre navigateur Web, il charge automatiquement la page d'accueil. Il s'agit en général de la page d'accueil du fabricant de votre navigateur. Lorsque vous utilisez Internet Explorer, la page affichée est celle du site Microsoft. Vous pouvez passer à une autre page en faisant une des choses suivantes :

▓ Utilisez la commande **Fichier**, **Ouvrir** pour afficher une boîte de dialogue qui vous permettra de saisir l'adresse de la page que vous voulez ouvrir.

▓ Tapez l'adresse de la page qui vous intéresse dans la zone de texte Adresse ou URL située dans le haut de la fenêtre du navigateur.

■ Cliquez sur les liens qui se trouvent sur la page chargée.

Lorsque vous utilisez la commande Fichier, Ouvrir, ou la zone de texte URL ou Adresse, vous devez connaître l'adresse du site Web que vous voulez visiter. Chaque page Web possède une adresse (URL). Une adresse typique a la forme

http://www.internaute.com

Vous en apprendrez plus sur les URL au Chapitre 6 de cette partie.

Le mot juste

URL
L'URL (Uniform Ressource Locator) est l'adresse standard qui indique l'emplacement d'une page ou d'une ressource sur le Web. L'URL est aussi appelée adresse de page.

Astuce

Où peut-on trouver des adresses Web ?
Les magazines informatiques et les groupes de news sont de bonnes sources pour trouver des adresses intéressantes à visiter. Vous pouvez aussi utiliser des moteurs de recherche pour accéder à des pages sur un sujet donné (voir Partie II, Chapitre 7).

Utiliser la commande Fichier, Ouvrir

Une technique classique pour ouvrir une page Web consiste à utiliser la commande Fichier, Ouvrir. Suivez ces étapes pour la mettre en œuvre :

1. Ouvrez le menu **Fichier** et choisissez **Ouvrir** (ou Consulter une page). Une boîte de dialogue Ouverture ou Consulter une page apparaît. La Figure 5.1 montre la fenêtre Consulter une page de Netscape Navigator.

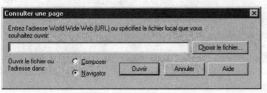

Figure 5.1 : La boîte de dialogue Consulter une page.

2. Tapez l'adresse que vous voulez visiter dans la zone de texte. Par exemple, tapez l'adresse suivante pour accéder au site Web de *Libération* : **http://www.liberation.fr**

Astuce

Faites sauter le préfixe

Il n'est pas nécessaire de taper le préfixe **http://** chaque fois que vous utilisez une URL. La plupart des nouveaux navigateurs examinent le texte tapé et déterminent seuls s'il s'agit d'une adresse Web.

3. Certains navigateurs, comme Netscape Navigator, vous donnent la possibilité d'ouvrir la page dans le navigateur ou dans un éditeur de pages Web (dans Netscape Composer, par exemple). Assurez-vous que la page va s'ouvrir dans le navigateur.

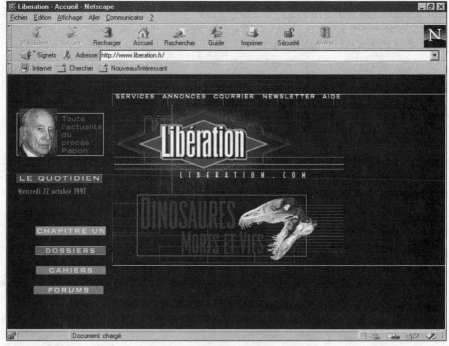

Figure 5.2 : La page d'accueil du quotidien Libération.

4. Cliquez sur le bouton **Ouvrir** ou **OK**. Au bout de quelques instants, le site du quotidien *Libération* s'affiche (voir Figure 5.2).

Utiliser le champ Adresse ou URL pour atteindre une page Web

Si vous ne souhaitez pas employer la commande Ouvrir ou Consulter une page, vous pouvez taper l'adresse directement dans le champ Adresse ou URL situé en haut de la fenêtre du navigateur. Pour taper l'adresse directement dans ce champ, suivez ces étapes :

1. Cliquez dans le champ **Adresse** ou **URL** et sélectionnez le texte qui s'y trouve (voir Figure 5.3).

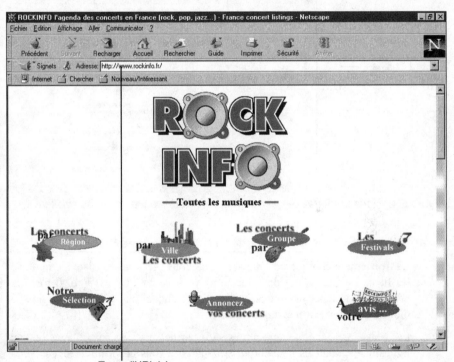

Tapez l'URL ici

Figure 5.3 : *Vous pouvez aussi entrer l'adresse directement dans le champ Adresse ou URL.*

2. Tapez la nouvelle adresse et appuyez sur **Entrée**. Lorsque vous commencez à taper, l'URL que vous avez mise en surbrillance dans l'étape 1 est effacée. Par exemple, tapez l'URL suivante pour accéder au site de *Fluide Glacial* :

http://www.fluideglacial.tm.fr/default.html

3. Au bout d'un moment, la nouvelle page sera chargée.

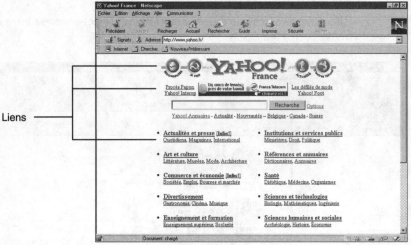

Figure 5.4 : *Vous trouverez des liens sur la plupart des pages que vous visiterez.*

Utiliser les liens pour accéder à d'autres pages Web

La troisième technique pour passer à une nouvelle page consiste à cliquer sur les liens. Les liens sont des raccourcis vers d'autres pages Web. Il n'est pas nécessaire de taper une adresse, il suffit de cliquer sur le lien. La Figure 5.4 montre des liens sur une page Web.

Les liens sont généralement représentés par des mots en surbrillance ou soulignés. Cependant ils peuvent aussi apparaître sous la forme d'icônes, d'images et de dessins. Pour savoir où un lien va vous emmener, il suffit de placer le curseur de la souris dessus et de regarder l'adresse qui s'affiche dans la barre d'état du navigateur. Vous en apprendrez plus sur la navigation avec les liens au Chapitre 6 de cette partie.

Navigation dans une page Web

Les pages Web sont des fichiers de documents situés sur des serveurs du réseau Internet. Vous pouvez faire défiler une page Web en utilisant les barres de défilement, afficher des images et du texte et sélectionner d'autres liens. La Figure 5.5 montre une page Web classique.

Si la page est grande, vous aurez peut-être besoin des barres de défilement pour la visualiser entièrement. Cliquez sur la barre de défilement appropriée.

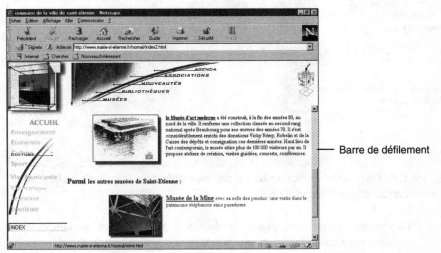

— Barre de défilement

Figure 5.5 : *Vous pouvez voir le reste de la page en la faisant défiler grâce aux barres de défilement.*

Travailler avec les cadres

Vous rencontrerez sans doute des pages Web utilisant des *cadres* pour diviser les informations en petites sections dans la fenêtre de votre navigateur Web. La Figure 5.6 montre un exemple de page Web qui utilise des cadres (ou *frames*). Utilisez les barres de défilement des cadres pour afficher les différentes parties d'un document.

Le mot juste

Cadre
Section qui affiche un autre document dans la fenêtre d'un navigateur.

L'utilisation des cadres est assez intuitive. Dans la plupart des cas, le cadre gauche affiche un plan du site. Lorsque vous cliquez sur un objet ou sur un sujet dans le cadre gauche, son contenu s'affiche dans le cadre droit.

Ce cadre affiche le contenu du lien sélectionné

Cliquez sur un lien dans ce cadre

Figure 5.6 : *Lorsque vous cliquez sur un des éléments dans le cadre gauche, son contenu apparaît dans le cadre droit.*

Il peut arriver que les cadres compliquent la navigation et l'impression. Lorsque vous travaillez avec des cadres, gardez ceci à l'esprit :

■ Certains vieux navigateurs ne peuvent gérer les cadres. Si vous utilisez une vieille version d'un navigateur, lorsque vous trouvez un site qui utilise des cadres, cherchez un lien vers une version sans cadre du site.

■ Lorsque vous utilisez les boutons Précédent et Suivant pour revenir aux pages que vous avez visitées, le navigateur vous fait revenir en arrière par le biais des cadres, ce qui peut compliquer un peu le retour vers un site Web.

■ Chaque cadre affiche une page Web séparée. Pour activer un cadre, cliquez dedans.

■ Pour imprimer le contenu d'un cadre, sélectionnez-le avant de cliquer sur le bouton Imprimer.

■ La plupart des navigateurs possèdent une commande Fichier, Enregistrer sous destinée à l'enregistrement des cadres. Utilisez la commande Enregistrer le cadre sous au lieu de la commande standard Enregistrer sous.

■ Dans certains cas, vous pouvez redimensionner les cadres en faisant glisser les lignes qui les séparent. Cependant, certains navigateurs et certains sites ne supportent pas cette fonction.

Travailler avec des formulaires

Certaines pages contiennent des *formulaires*. Un formulaire est une boîte de dialogue intégrée à une page Web. Les formulaires sont destinés à recueillir des informations auprès des utilisateurs.

Un formulaire peut être utilisé pour récupérer des informations, pour effectuer une recherche en ligne, pour effectuer des sondages, etc. La Figure 5.7 montre une page Web qui contient un formulaire.

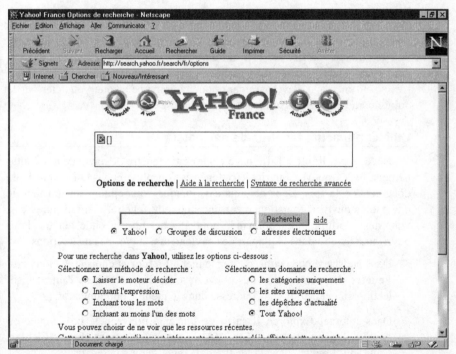

Figure 5.7 : *Les formulaires ressemblent souvent à de grosses boîtes de dialogue.*

La plupart des formulaires utilisent des zones de texte standards pour la saisie des données. Cliquez dans la zone et tapez les informations requises. Dans certains formulaires, vous trouverez des listes déroulantes. Vous devrez cliquer sur des flèches pour faire apparaître la liste. Vous trouverez peut-être également des boutons de commandes qui déclencheront une action lorsque vous cliquerez dessus. Par exemple, lorsque vous effectuez une recherche avec un moteur, saisissez le terme à rechercher dans la zone de texte et cliquez sur le bouton Rechercher pour lancer l'action.

Astuce

Déplacement dans les formulaires
Dans la plupart des formulaires, pour passer d'un champ a l'autre, il suffit d'appuyer sur la touche Tabulation.

Attention

Sécurité
Certains formulaires peuvent demander des informations confidentielles. Avant de les remplir, vous devez vous assurer que le site est sûr. Si l'adresse du site utilise le préfixe HTTPS, il s'agit d'une page sécurisée. Certains navigateurs affichent également une icône Sécurité pour indiquer que le site est sûr, ou un message d'avertissement pour vous rappeler que vous êtes sur le point de transmettre des informations sur le réseau.

Utiliser plusieurs fenêtres de navigateur

Vous n'êtes pas limité à l'affichage d'une seule fenêtre de navigateur simultanément. Vous pouvez ouvrir deux fenêtres (ou plus) et visualiser plusieurs documents à la fois. Dans certains cas, lorsque vous cliquez sur un lien, le navigateur ouvre automatiquement une nouvelle fenêtre. Dans d'autres cas, vous devez utiliser une commande pour afficher une seconde fenêtre. Pour ouvrir une fenêtre dans la plupart des navigateurs, suivez ces instructions :

- Dans Netscape Navigator, ouvrez le menu **Fichier** et choisissez **Nouveau, Fenêtre de Navigator**. Vous pouvez passer d'une fenêtre à l'autre en sélectionnant celle qui vous intéresse dans le menu Communicator.

- Dans Internet Explorer, il suffit de lancer à nouveau le programme en double-cliquant sur son icône. Vous pouvez également choisir **Fichier, Nouveau, Fenêtre** dans la fenêtre déjà ouverte du navigateur.

■ Faites un clic droit sur le lien de la page que vous voulez ouvrir et choisissez la commande qui permet d'ouvrir la page dans une nouvelle fenêtre. Dans Internet Explorer, faites un clic droit sur le lien et sélectionnez **Ouvrir dans une nouvelle fenêtre**.

Astuce

Ouverture rapide
Dans Netscape Navigator, vous pouvez ouvrir rapidement une nouvelle fenêtre en appuyant sur **Ctrl-N**.

Chapitre 6

Navigation avec les liens et les adresses de pages

Dans ce chapitre, vous apprendrez à vous déplacer d'une page Web vers une autre en cliquant sur les liens et en entrant l'adresse des pages.

Les bases de la navigation Web

Votre navigateur Web vous permet de vous déplacer de page en page. Lorsque vous le démarrez, il charge automatiquement une page d'accueil (voir Chapitre 5). Pour voir d'autres pages, vous pouvez utiliser les outils suivants :

■ **Les liens** apparaissent sur les pages sous forme de texte en surbrillance, d'images ou d'icônes, et pointent vers d'autres pages ou vers d'autres sections du même document (voir Figure 6.1). Lorsque vous cliquez sur un lien, le navigateur charge la page qu'il désigne. Les liens offrent la façon la plus simple de se déplacer sur le Web.

■ **Les adresses** désignent des pages Web spécifiques. Par exemple, **http://www.ibm.com** est l'adresse du site américain d'IBM. Tous les navigateurs possèdent une zone de texte dans laquelle vous pouvez taper l'adresse d'un site. La Figure 6.1 montre la page d'accueil de Fluide Glacial (**http://www .fluideglacial.tm.fr**)

Déplacement avec les liens

Un lien apparaît souvent sous forme de texte en surbrillance, souligné ou d'une couleur différente. Il peut aussi être représenté par une icône ou une image. Pour utiliser un lien, il suffit de cliquer dessus. Votre navigateur ouvrira alors la page qu'il désigne.

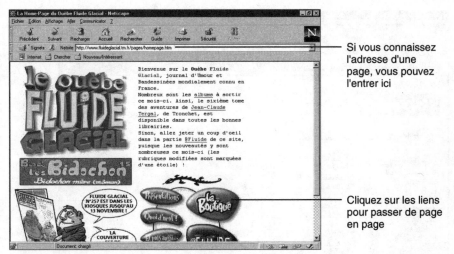

Si vous connaissez l'adresse d'une page, vous pouvez l'entrer ici

Cliquez sur les liens pour passer de page en page

Figure 6.1 : Vous pouvez utiliser les liens et les adresses de pages pour naviguer sur le Web.

Avant de cliquer sur un lien, vous souhaiterez peut-être savoir où il va vous emmener. Pour cela, placez le curseur de votre souris dessus et regardez l'adresse qui s'affiche dans la barre d'état (voir Figure 6.2).

Une fois que vous avez cliqué sur un lien, il change de couleur, ce qui vous permet de savoir sur quels liens vous avez déjà cliqué. Cela évite de revenir accidentellement vers des endroits déjà visités.

Attention

Couleur des liens

La plupart des navigateurs affichent les liens qui n'ont pas été visités sous forme de texte en bleu et souligné. Cependant, certaines pages Web utilisent des codes spécifiant une couleur différente. Si vous n'êtes pas sûr qu'un élément quelconque est un lien, placez le pointeur de la souris dessus. Si ce dernier change de forme (s'il se transforme en main, par exemple), et si la barre d'état affiche une URL, il s'agit bien d'un lien.

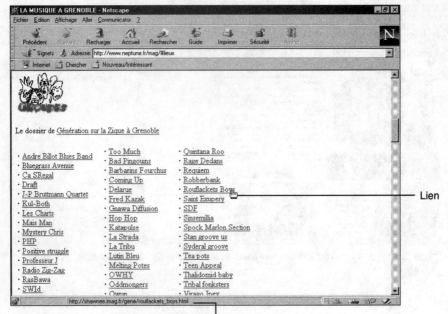

L'adresse du lien apparaît dans la barre d'état

Figure 6.2 : *Cliquez sur un lien pour charger la page qu'il désigne.*

Utiliser les images réactives

De nombreux sites Web emploient des *images réactives* pour vous aider à naviguer (voir Figure 6.3). Une image réactive est une grosse image qui a été divisée en différentes zones correspondant chacune à une adresse de la page.

Souvent, en laissant le pointeur de la souris sur une zone donnée de l'image réactive, vous saurez vers quel élément elle pointe. Dans la plupart des navigateurs, l'adresse sera affichée dans la barre d'état. Les explorateurs les plus récents afficheront même parfois une info-bulle décrivant plus précisément le lien.

Vous pouvez cliquer sur les différentes zones de l'image réactive comme s'il s'agissait de liens indépendants.

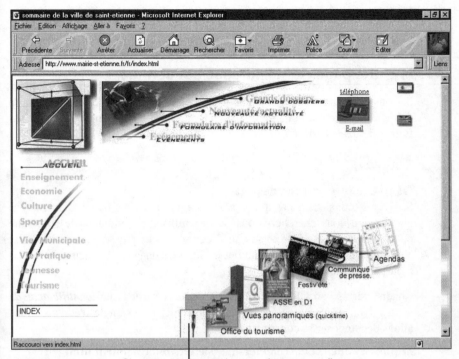

Chaque zone de cette image agit comme un lien

Figure 6.3 : *De nombreux sites proposent des images réactives qui fonctionnent comme des outils de navigation.*

Exécuter et enregistrer des fichiers

Bien que la plupart des liens désignent des pages, certains d'entre eux pointent vers des fichiers, des clips vidéo, des enregistrements audio, des programmes et d'autres objets stockés sur un site. La plupart des navigateurs permettent d'afficher des images et de jouer des séquences vidéo ou des sons.

Cependant, si vous cliquez sur un lien menant vers un type de fichier que votre navigateur ne peut pas exécuter, vous verrez peut-être apparaître une boîte de dialogue qui vous demandera si vous souhaitez enregistrer le fichier sur un disque ou si vous voulez sélectionner un programme pour exécuter ce type de fichier. Dans des cas semblables, cliquez sur **Annuler** ou stockez le fichier sur disque. Dans les Chapitres 4 à 10 de la Partie 3, vous verrez comment

163

configurer des applications pour les types de fichiers que le navigateur ne peut gérer seul.

Accès à une page dont l'adresse est connue

Si vous connaissez l'adresse d'une page, vous pouvez la taper dans le champ Adresse (ou dans un champ équivalent) de votre navigateur et appuyer sur Entrée. La page choisie sera directement affichée.

Astuce

Où trouver des adresses de pages ?
Si vous ne connaissez pas d'adresses de pages et si vous ne savez même pas quelle page vous cherchez, vous pouvez utiliser des moteurs de recherche pour en trouver. Reportez-vous au Chapitre 7 pour plus d'informations. Par ailleurs, vous trouverez de nombreuses adresses dans les magazines informatiques et dans les publicités.

Chaque adresse ou URL est composée de deux parties : un *identificateur de contenu* (ou *préfixe*) et un *emplacement*. Voici un exemple d'adresse, nous allons décomposer sa construction :

http://www.mcp.com/frommers/newsletters/today/content.html

La première partie, **http://**, est l'identificateur de contenu. Il indique à votre navigateur quel protocole ou langage a été utilisé pour créer la page. Le préfixe **http://** indique que la page a été créée à l'aide du protocole HyperText Transfer Protocol (http). La plupart des navigateurs supportent d'autres protocoles, comme **ftp://** (pour transférer des fichiers), **gopher://** ou **telnet://**. Cette souplesse vous permet de vous connecter à d'autres ressources par le biais du Web. Par exemple, vous pouvez accéder à un répertoire FTP ou à un groupe de news Usenet simplement en cliquant sur un lien.

Astuce

Comme savoir quel type de ressource un lien désigne ?
Placez le pointeur de la souris sur le lien et regardez son adresse dans la barre d'état. En observant le suffixe, vous saurez de quelle ressource il s'agit.

La seconde partie de cette adresse indique l'emplacement d'une page Web donnée. Pour mieux comprendre la signification de l'emplacement, il faut découper l'adresse en petits segments :

■ La première partie (**www.mcp.com**) est le *nom de domaine* ou *nom d'hôte*. Chaque ordinateur connecté à Internet a un nom unique qui permet de l'identifier. Votre PC n'a pas de nom de domaine. En revanche, votre fournisseur d'accès en possède un, car il est directement connecté sur Internet et fait office de serveur. (Vous vous connectez à Internet par le biais du domaine de votre fournisseur d'accès).

■ La seconde partie (**frommers/newsletters/today/content.html**) est le nom d'une ressource Web particulière. Ce nom ressemble beaucoup à un chemin de répertoire puisque c'est sa fonction. Chaque page Web n'est qu'un document stocké sur une machine. Ces chemins de répertoires suivent le format UNIX, ce qui signifie qu'ils utilisent des slashs (/) à la place d'antislashs (\) comme dans le DOS ou Windows. Cette adresse correspond donc au document *content.html* qui se trouve dans le répertoire */frommers/newsletters/today/* de l'ordinateur *mcp*.

Attention

Pas de nom de document

Certaines adresses n'indiquent pas de nom de document. Par exemple, vous pouvez utiliser l'adresse **http://www.afp.com** pour vous connecter au site de l'Agence France Presse. Lorsque vous vous connecterez le navigateur affichera la page d'accueil de l'AFP. Vous tomberez sur de nombreuses adresses de ce type. Ne vous inquiétez donc pas s'il n'y a pas de nom de document, vous arriverez vraisemblablement sur une page d'accueil.

Utilisation d'une adresse pour accéder à une page

Une fois que vous avez l'adresse d'une page que vous souhaitez visiter, il est simple de s'y rendre. Suivez ces étapes :

1. Cliquez dans la zone de texte **Adresse** ou **URL**. L'adresse de la page courante est sélectionnée de manière que vous puissiez la remplacer. Si l'adresse courante n'est pas en surbrillance, double-cliquez dans la zone de texte ou faites glisser le pointer de la souris dessus en appuyant sur le bouton gauche.

2. Tapez l'adresse à laquelle vous voulez vous rendre, comme sur la Figure 6.4. Faites attention d'utiliser les bons symboles (/) et de bien respecter la casse.

Entrez l'URL ici ——

Figure 6.4 : *Entrez une URL dans la zone de texte Adresse.*

Attention

La casse est importante

Il faut impérativement respecter la casse, surtout lorsque vous vous connectez à un serveur UNIX et que vous tapez le chemin d'un répertoire. Avant d'appuyer sur Entrée, assurez-vous que l'adresse a été entrée correctement.

3. Appuyez sur **Entrée** pour charger la page.

Si la zone de texte contient une URL similaire à celle qui vous intéresse, vous pouvez la modifier au lieu de la taper intégralement. Cliquez dans le champ deux fois pour y faire apparaître le point d'insertion. Avec les touches Retour arrière et Suppr, modifiez l'adresse pour qu'elle corresponde à celle qui vous intéresse.

Astuce

Economisez vos forces
Si vous entrez une URL pour une page Web, vous pouvez souvent omettre le préfixe (**http://**). Par exemple, vous pouvez entrer **www.yahoo.com** dans le champ Adresse. Mieux, si l'URL commence par **www** et se termine par **com**, vous pouvez juste taper la partie intermédiaire (à savoir **yahoo**). Enfin les navigateurs de dernière génération proposent une fonction qui complète automatiquement une adresse si vous l'avez visitée précédemment. A mesure que vous tapez l'URL, le navigateur la complète. Si elle est correcte, vous n'avez qu'à appuyer sur Entrée.

Erreurs d'adresse

Ne soyez pas surpris si vous rencontrez plusieurs messages d'erreur en surfant sur le Web. Par nature, le Web change tout le temps et les développeurs déplacent souvent leurs sites et leurs pages. Ce qui suit est une liste des messages d'erreur que l'on rencontre fréquemment :

- **File not found.** Si le lien sur lequel vous avez cliqué ou l'adresse que vous avez entrée désigne une page Web qui a bougé, vous verrez ce message. Si cela se produit, vous pouvez essayer d'effacer la dernière partie de l'adresse et appuyer sur Entrée à nouveau. Par exemple, si vous avez tapé
  http://www.movies .com/actors/gibson.html
  essayez d'effacer **gibson.html**. Si cela ne suffit pas, essayez de supprimer également **/actors**. Si vous parvenez à vous connecter à
  http://www.movies.com
  vous parviendrez sans doute à reconstituer le chemin menant à l'élément qui vous intéresse.

- **Document contains no data.** Si vous obtenez ce message, c'est en général parce que l'adresse indiquée est incomplète ou parce qu'il y a un problème de typographie. Une adresse classique aura la forme
  http://www.news.com /current/headlines/clinton.html
  Si l'adresse que vous utilisez est
  http: //www.news.com/current/headlines/

votre navigateur ne pourra pas afficher de document puisqu'il n'y en a pas dans le chemin. Essayez de vous connecter en tapant juste
http://www.news.com
Ensuite, vous parviendrez sans doute à reconstruire le chemin menant au document qui vous intéresse.

Attention

Problème de chargement
Une façon de savoir si votre navigateur est bloqué consiste à regarder la barre d'état : la plupart des navigateurs y affichent la progression du chargement des pages. Si rien ne se passe ou si le chargement est anormalement long, vous souhaiterez sans doute essayer de recharger la page. Pour cela, cliquez sur le bouton **Arrêter** (ou **Stop**), puis sur le bouton **Actualiser**, **Recharger** ou **Recommencer**.

■ **Unable to locate server.** Il vous arrivera peut-être de cliquer sur un lien et de recevoir le message **Browser is unable to locate the server : xxx. The server does not have a DNS entry**. Si c'est le cas, cliquez de nouveau sur le lien. Si cela ne fonctionne toujours pas, il se peut que le serveur soit momentanément désactivé, qu'il n'existe plus ou que votre connexion ait été interrompue. Cela peut aussi signifier que le serveur DNS que vous utilisez est en panne. Reconnectez-vous et réessayez le lien.

Astuce

Signal occupé
Si la page est populaire, il se peut que de nombreuses personnes essayent de se connecter en même temps. Dans ce cas, vous obtiendrez sans doute un message du genre **Connexion refusée par l'hôte** ou **Trop d'utilisateurs, essayez plus tard**. Essayez d'accéder à cette page à une heure plus calme.

Chapitre 7

Recherche de pages et de personnes avec les moteurs de recherche

Dans ce chapitre, vous allez apprendre à utiliser les moteurs de recherche les plus populaires pour trouver des informations et des contacts.

Les moteurs de recherche : mode d'emploi

Jusqu'à présent, vous avez dû vous déplacer essentiellement en sautant de lien en lien ou en entrant des URL que vous connaissiez. Il ne s'agit pas de la méthode de navigation la plus efficace.

Une technique plus performante consiste à utiliser des *moteurs de recherche Internet*. Avec un outil de recherche, il suffit de remplir un formulaire en indiquant ce que l'on cherche et de cliquer sur un bouton **Rechercher**. Le moteur affichera quelques secondes plus tard une liste de sites Web répondant aux critères de recherche. Il indiquera souvent un pourcentage d'adéquation au critère de recherche pour chaque page.

Le mot juste

Adéquation
Chaque moteur utilise un terme qui lui est propre pour exprimer le coefficient d'adéquation au critère de recherche. Plus le moteur trouve de termes qui dans la page correspondent aux critères de recherche, plus sa note sera élevée, et plus cette page est susceptible de contenir les informations que vous recherchez.

Lorsque la recherche est terminée, le moteur affiche une liste des sites trouvés. Cette liste est composée de liens qui pointent vers les pages susceptibles de vous intéresser. La page qui a obtenu la meilleure note (le meilleur coefficient d'adéquation aux critères de recherche) figure en premier dans la liste.

Vous pouvez faire défiler cette liste et cliquer sur les liens qui vous intéressent. Le système de classement des pages peut varier, le moteur pouvant afficher en premier les pages les plus récentes, par exemple.

Astuce

Recherche sur le Web uniquement
Les outils dont il sera question dans ce chapitre travailleront principalement avec les informations disponibles sur le Web et les adresses de messagerie électronique. Certains moteurs sont entièrement dédiés à la recherche de groupes de news ou d'autres ressources.

Dans ce chapitre, vous allez voir comment utiliser Lycos et Yahoo!. Le Tableau 7.1 présente d'autres moteurs et leur URL.

Tableau 7.1 : *Les moteurs de recherche*

Moteur de recherche	Adresse
AltaVista	http://www.altavista.digital.com
Lycos France	http://www.lycos.fr
Ecila France	http://www.ecila.fr
InfoSeek	http://www.infoseek.com
Nomade France	http://www.nomade.fr
Yahoo! France	http://www.yahoo.fr
Magellan	http://www.mckinley.com
Excite	http://www.excite.com

Astuce

Plus de moteurs de recherche
Pour trouver d'autres moteurs de recherche, tapez «Moteur de recherche» dans un moteur dont vous avez déjà l'adresse.

Astuce

Recherche rapide
Vous pouvez accéder à des moteurs de recherche en cliquant sur le bouton **Rechercher** (ou sur un bouton équivalent) de votre navigateur.

Utilisation de Lycos

Lycos est populaire car c'est un des meilleurs moteurs de recherche. Si cela ne suffit pas, vous pouvez utiliser les fonctions de programmes tels que Top 5 % qui donne accès aux pages les plus populaires du Web, ou Images qui permet de rechercher exclusivement des images.

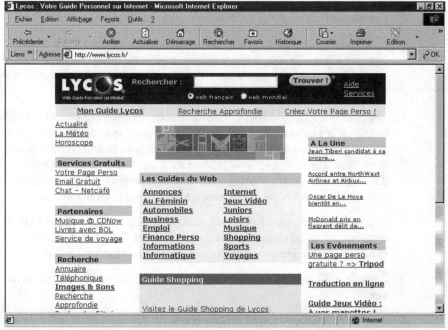

Figure 7.1 : Vous pouvez effectuer des recherches sur le Web en utilisant Lycos.

Comme la plupart des moteurs, Lycos affiche un formulaire simple dans lequel vous pouvez entrer l'élément à rechercher. Il vous propose également

171

certaines options pour réduire le champ de vos recherches. Pour utiliser Lycos, suivez ces étapes :

1. Tapez **www.lycos.fr** dans le champ **Adresse** de votre navigateur et appuyez sur **Entrée**. Vous verrez s'afficher l'écran principal de Lycos (voir Figure 7.1).

2. Si l'élément que vous recherchez est relativement simple, saisissez un mot clé dans le champ de haut de page, choisissez où doit se faire la recherche (France ou monde) et cliquez sur Trouver.

3. Si votre checcherche est plus spécifique, faites défiler la page pour afficher la liste Recherche. Cette catégorie proposent des liens qui permettent de faire des recherches approfondies ou des recherches portant sur les images ou des sons. En utilisant ces options, vous obtiendrez des résultats plus sélectifs et susceptibles de mieux correspondre à vos attentes.

4. En cliquant sur une de ces options, vous ferez apparaître une nouvelle page dans laquelle vous pourrez affiner les critères de recherche. Entrez le critère de recherche et suivez les instructions pour compléter le formulaire (voir Figure 7.2).

5. Normalement, Lycos affiche la liste de tous les sites qui contiennent au moins un des mots de la recherche. Si vous voulez que le moteur n'affiche que les pages qui contiennent *tous* les mots de la recherche, ouvrez la liste déroulante qui se trouve sous la zone de texte **Rechercher** et choisissez **Tous les mots**. Vous pouvez également définir le degré de coïncidence utilisé dans la recherche en utilisant les différentes listes déroulantes.

6. Lycos affiche en principe dix résultats à la fois. Pour afficher plus de résultats par page, cliquez sur la liste déroulante **Afficher X résultats** et choisissez le nombre de résultats que vous voulez afficher.

7. Lorsque vous êtes prêt à lancer la recherche, cliquez sur le bouton **Trouver**.

Comme précédemment, Lycos affiche une liste des résultats. Il suffit de cliquer sur les liens proposés pour accéder aux pages qu'ils désignent. Si les résultats ne tiennent pas sur une seule page, faites défiler la page vers le bas et cliquez sur le lien qui fera apparaître les résultats suivants. Si nécessaire, vous pouvez revenir à la page de résultats précédente en cliquant sur le bouton **Précédent**.

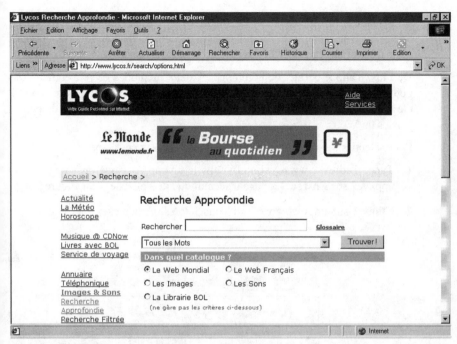

Figure 7.2 : Vous pouvez définir des options de recherche supplémentaires dans le formulaire Recherche approfondie.

Utilisation de Yahoo!

Yahoo!, comme Lycos, permet d'effectuer des recherches de pages Web à partir de mots clés. Cependant, l'approche peut être un peu différente puisqu'il est possible d'effectuer une première recherche large par catégories. Sur la page principale, vous pouvez cliquer sur une catégorie qui vous intéresse, dans la page suivante, vous pouvez choisir une sous-catégorie, et ainsi de

173

suite jusqu'à ce que vous voyiez s'afficher des liens vers des pages sur le thème qui vous intéresse. En utilisant les catégories de Yahoo!, vous pouvez donc trouver des pages Web sans même entrer de mots clés.

De plus, Yahoo! permet de combiner les deux méthodes de recherche. Vous pouvez sélectionner quelques catégories pour commencer, puis entrer un mot clé et lancer une recherche. Cela permet de limiter les recherches à de petites parties du Web.

Pour sélectionner une catégorie dans Yahoo!, suivez ces étapes :

1. Tapez l'adresse **www.yahoo.fr** dans le champ **Adresse** du navigateur et appuyez sur **Entrée**. La page d'accueil du site s'affiche (voir Figure 7.3).

2. Cliquez sur une catégorie qui vous intéresse ; par exemple, cliquez sur Art.

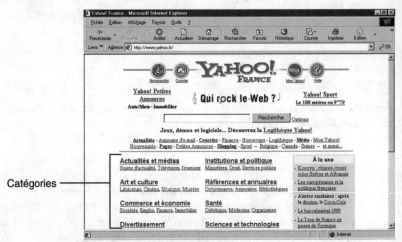

Figure 7.3 : *Avec Yahoo!, vous pouvez parcourir des catégories pour rechercher des pages Web.*

3. Yahoo! présente une liste de sous-catégories. Continuez à cliquer sur les liens jusqu'à ce que vous tombiez sur la catégorie qui vous intéresse.

4. Cliquez sur un lien pour accéder à une page.

Autrement, vous pouvez effectuer une recherche avec un mot clé au sein d'une catégorie. Il suffit d'en entrer un ou deux dans la zone de texte et de cliquer sur le bouton **Rechercher**. Yahoo! affichera une liste des pages qui contiennent le critère de recherche dans la catégorie sélectionnée. Il suffit alors de cliquer sur un lien pour accéder à la page voulue.

Astuce

Double recherche

Si le résultat de votre recherche n'est pas probant, Yahoo! vous permet d'effectuer la même recherche (avec les mêmes critères) avec un autre moteur. Cliquez sur le nom d'un des moteurs proposés en bas de page et le programme affichera automatiquement le résultat de la recherche avec ce moteur.

Recherche de personnes en utilisant les moteurs de recherche

Plusieurs sociétés (pour la plupart des compagnies téléphoniques) ont placé leurs annuaires sur Internet. Ainsi, France Télécom propose plusieurs services sur le Web par le biais des pages Zoom.

Le site se trouve à l'adresse suivante :

> **http://www.pageszoom.com/files/template/francais/commun/sommaire.html**

A partir de ce site, vous pourrez accéder aux pages jaunes, aux pages blanches, etc.

Il existe des sites équivalents à l'étranger :

> **http://www.four11.com**

> **http://bigfoot.com**

> **http:www.whowhere.com**

> **http://www.tolfree.att.net/**

Pour utiliser un de ces outils de recherche :

1. Lancez votre navigateur. Dans le champ **Adresse**, tapez

> **http://www.pagesjaunes.fr/wjpm_pages_jaunes.cgi?** et appuyez sur **Entrée**.

2. Dans la page qui apparaît, choisissez le type d'annuaire que vous souhaitez consulter (pages jaunes, blanches, marques, etc.).

3. Dans la page qui apparaît, entrez les informations que vous possédez dans les champs appropriés (il n'est pas nécessaire de tous les remplir) et lancez la recherche à l'aide du bouton **Rechercher** (voir Figure 7.4).

4. Une liste de personnes qui répondent aux critères définis s'affichera.

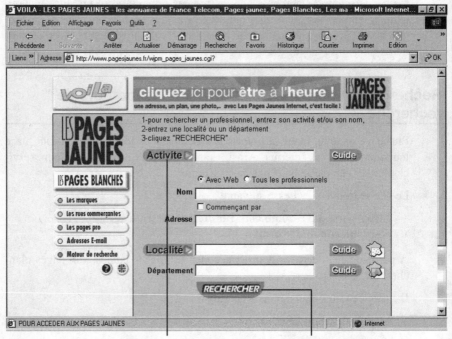

Entrez les informations requises   Cliquez sur Rechercher

Figure 7.4 : Vous pouvez rechercher des adresses dans un annuaire électronique.

Astuce

Autre site de recherche

Souvent les moteurs de recherche proposent une option qui permet de rechercher un contact au lieu d'une page ou d'une ressource Web. Par exemple, il existe un lien Yahoo! Annuaire. Lorsque vous cliquez dessus, un formulaire standard s'affiche. Il suffit de le remplir et de cliquer sur Rechercher. Il existe également un lien qui permet d'effectuer une recherche avancée ; cliquez dessus pour faire apparaître un formulaire beaucoup plus complet.

Chapitre 8

Retour à des pages déjà visitées

Dans ce chapitre, vous allez apprendre comment utiliser différentes techniques pour retourner aux pages visitées récemment.

Déplacement en avant et en arrière

Lorsque vous passez d'une page à l'autre, votre navigateur ajoute le nom et l'adresse des sites visités à un *historique*. Vous pouvez utiliser les différents outils que votre navigateur met à votre disposition pour retourner à une page.

Le mot juste

Historique
Il s'agit de la liste des pages (avec leur adresse) que vous avez visitées récemment. La plupart des navigateurs conservent la liste des pages que vous avez visitées dans les cinq à dix derniers jours (vous pouvez choisir le nombre de jours). Pour choisir le nombre de jours pendant lesquels une adresse doit être conservée, faites **Affichage**, **Option** dans Internet Explorer 4 et Outils, Options Internet dans la version 5. Ensuite, cliquez sur l'onglet Exploration (ou sur l'onglet Général) et choisissez le nombre de jours dans la zone Historique. Avec Netscape Navigator, faites **Edition**, **Préférences**. Dans la fenêtre qui apparaît, cliquez sur Navigateur et choisissez un nombre de jours dans la zone Historique.

La façon la plus simple de revenir à une page déjà visitée consiste à utiliser le bouton Précédent ou Suivant. Vous pouvez revenir en arrière d'autant de pages que vous le souhaitez en utilisant le bouton **Précédent**, comme le montre la Figure 8.1. Une fois que vous avez vu ce que vous vouliez voir, vous pouvez revenir à la page où vous étiez en utilisant le bouton **Suivant**. Si vous voulez revenir à la première page chargée au cours de la session courante, appuyez autant de fois que nécessaire sur le bouton Précédent ou cliquez sur le bouton Accueil (Démarrage). Les deux techniques sont valables, mais la seconde est plus rapide.

Ces deux boutons ont une utilisation limitée car ils ne permettent de naviguer que dans les pages de la session courante. Si vous quittez le navigateur, tout est à recommencer.

Astuce

Menus Précédent et Suivant
Dans les dernières versions de Netscape Navigator et d'Internet Explorer, il existe des menus Précédent et Suivant. Pour y accéder, faites un clic droit sur les boutons du même nom. Un menu contextuel présente les derniers sites visités. Sélectionnez la page qui vous intéresse en cliquant dessus.

Si vous avez déjà effectué un retour à la page antérieure, vous pouvez utiliser le bouton Suivant pour revenir à celle où vous étiez

Cliquez sur le bouton Précédent pour revenir à la page précédente

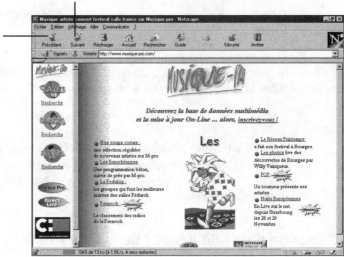

Figure 8.1 : *Les boutons Précédent et Suivant permettent de revisiter rapidement des pages chargées au cours de la session courante.*

Attention

Il ne se passe rien lorsque je clique sur le bouton
Si le bouton Suivant (ou Précédent) est estompé, c'est que vous êtes arrivé à la fin (au début) de l'historique. Vous ne pouvez pas utiliser le bouton parce que vous êtes allé aussi loin qu'il était possible d'aller par rapport au contenu de l'historique.

Utilisation du menu pour revenir à une page

Bien que l'utilisation des boutons Suivant et Précédent soit très intuitive, ce n'est pas la plus efficace. Pour aller plus vite, il est possible d'utiliser les menus.

- Dans Netscape Navigator, ouvrez le menu **Aller** et choisissez un site dans la liste.

- Dans Internet Explorer, ouvrez le menu **Aller à** et choisissez un site dans la liste (voir Figure 8.2). Dans la version 5.0, il faut choisir **Affichage**, **Aller à**, puis le site que l'on souhaite revisiter.

Astuce

Si, dans la liste, vous trouvez un site auquel vous pensez accédez souvent, vous pouvez l'ajouter à un menu spécial. Reportez-vous aux Chapitres 9 et 10 pour apprendre à organiser les signets (Netscape Navigator) et les sites Favoris (Internet Explorer).

Sélection d'un site à partir de la liste Adresse

Dans la plupart des navigateurs, la zone de texte est également une liste abrégée de l'historique. Elle garde la trace des adresses que vous avez tapées, mais pas celle des liens sur lesquels vous avez cliqué. Pour revenir à une page en sélectionnant son adresse dans le champ Adresse, suivez ces étapes :

1. Cliquez sur la flèche située à droite de la zone de texte **Adresse**. La liste des adresses tapées récemment apparaît (voir Figure 8.3).

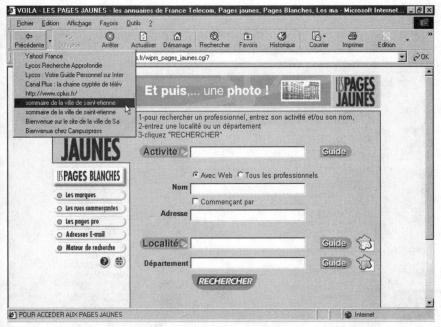

Figure 8.2 : *Internet Explorer affiche la liste des sites visités récemment.*

2. Cliquez sur l'adresse souhaitée. Votre navigateur ouvre la page correspondante.

Si l'adresse qui vous intéresse a été visitée il y a longtemps, vous serez peut-être obligé d'aller la rechercher directement dans l'historique.

Affichage de l'historique

Lorsque vous quittez votre navigateur, la liste des pages visitées au cours de la session disparaît des menus et de la zone Adresse. Lorsque vous redémarrerez le programme, les boutons Précédent et Suivant seront estompés ; vous ne pourrez pas les utiliser pour revenir à une page de la session précédente. Pour retrouver un site dans ce genre de situation, vous devrez afficher l'historique.

Pour cela, suivez ces indications :

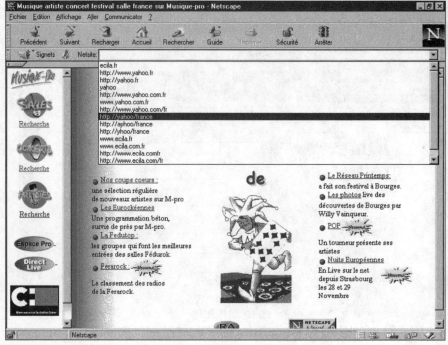

Figure 8.3 *: La liste des adresses du navigateur.*

■ Dans Netscape Navigator, ouvrez le menu **Communicator** et sélectionnez **Historique**, ou appuyez sur **Ctrl-H**. La fenêtre Historique apparaît (voir Figure 8.4). Double-cliquez sur le nom du site qui vous intéresse : il s'affichera dans une fenêtre de navigateur séparée.

■ Dans Internet Explorer 3, ouvrez le menu **Affichage**, sélectionnez **Options** et cliquez sur l'onglet **Exploration**. Cliquez sur le bouton **Afficher l'historique**. Cliquez sur le nom ou l'adresse du site que vous voulez ouvrir de nouveau.

■ Internet Explorer 4 et 5 proposent un bouton Historique qui permet d'afficher une liste des sites. La barre Historique apparaît dans la partie gauche de la fenêtre. Cliquez sur le jour ou la semaine de votre dernière visite de ce site pour voir apparaître la liste des adresses visitées au cours de ce jour ou de cette semaine. Cliquez sur un site pour voir la liste des pages que vous avez visitées pour ce site. Cliquez sur le nom de la page pour la charger dans la partie droite de la fenêtre. Pour fermer la barre Historique, cliquez de nouveau sur le bouton Historique.

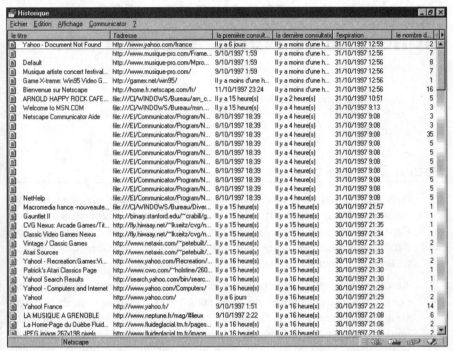

Figure 8.4 : Vous pouvez revenir à une page en la sélectionnant dans la liste Historique.

Chapitre 9

Création et organisation des signets avec Netscape Navigator

Dans ce chapitre, vous allez découvrir différentes techniques permettant de marquer les pages Web que vous préférez, de manière à pouvoir y revenir rapidement.

Retour à un site déjà visité

Netscape Navigator propose deux façons de se déplacer de page en page. Vous pouvez taper une URL dans le champ Adresse ou cliquer sur un lien. Cependant, comme il y a énormément de pages Web et que les URL sont durs à mémoriser, ce navigateur propose plusieurs fonctions qui vous permettront de retourner rapidement à un site déjà visité.

Au Chapitre 8, vous avez appris comment utiliser quelques-unes de ces fonctions. Vous pouvez cliquer sur le menu Aller et choisir le nom d'une page ; vous pouvez cliquer sur la flèche du champ Adresse et sélectionner un URL ; vous pouvez afficher l'Historique ou vous pouvez utiliser les boutons Suivant et Précédent. Dans ce chapitre, vous allez voir comment utiliser des outils plus sophistiqués pour marquer les pages que vous voudrez revoir.

■ **Les signets** permettent de créer un menu contenant des pages classées en groupes et sous-groupes. Par exemple, vous pouvez créer un groupe appelé Sport et y placer toutes les pages relatives à ce sujet. Bien entendu, il est possible de créer autant de groupes que vous voulez (Informatique, Divertissement, Photographie, etc.). Pour retourner à une page, allez dans le groupe qui la contient et cliquez dessus.

■ **La barre d'outils personnelle** permet de créer des boutons pour les pages que vous visitez souvent. Il suffit alors de cliquer sur un bouton pour accéder à la page qui y a été associée.

▪ **Les Raccourcis** permettent de créer des icônes pour des pages ou des liens et de les placer sur le bureau Windows ou dans un dossier. Pour charger une page, double-cliquez sur son icône de raccourci.

Placement d'un signet sur une page

La meilleure technique pour marquer une page consiste à y placer un signet. Lorsque vous créez un onglet dans Netscape Navigator, le programme ajoute le nom de la page à la liste Signets ou à un de ses sous-menus. Netscape Navigator propose plusieurs techniques pour créer des signets. Certaines d'entre elles étant plus faciles à utiliser que d'autres, essayez-les et adoptez celles qui vous semblent les plus simples à utiliser.

▪ Appuyez sur **Ctrl-D** pour placer un signet sur la page courante. Le nom de la page est placé en bas de la liste Signets.

▪ Ouvrez la page que vous voulez marquer et faites glisser l'icône Adresse sur l'icône Signets comme sur la Figure 9.1 (l'icône Adresse est située juste à droite de l'icône Signets). Lorsque le pointeur de la souris atteint l'icône Signets, un sous-menu apparaît. Relâchez le bouton de la souris sans mettre aucun dossier en surbrillance.

▪ Pour créer un signet pour un lien, faites glisser le lien de la page courante vers l'icône Signets et relâchez le bouton de la souris.

▪ Pour créer un signet à partir de la page Web courante, faites un clic droit sur une zone vierge de la page et sélectionnez **Ajouter un signet**.

▪ Pour créer un signet à partir d'un lien, faites un clic droit dessus et sélectionnez **Ajouter un signet** dans le menu contextuel.

Une fois que vous avez créé un signet pour une page, vous pouvez y revenir quand bon vous semble en suivant une des deux méthodes suivantes :

▪ Ouvrez le menu **Signets** et sélectionnez une page dans la liste du sous-menu, comme dans la Figure 9.2 (les nouveaux signets apparaissent en bas de la liste).

▪ Appuyez sur **Ctrl-B** pour afficher la fenêtre Signets et double-cliquez sur le signet qui vous intéresse.

Astuce

Faire des échanges

Vous pouvez échanger des signets. Pour cela, il faut que quelqu'un copie ses signets sur une disquette. Insérez-la dans le lecteur, ouvrez le menu **Signets** et choisissez **Modifier les signets**. Dans la fenêtre qui apparaît, ouvrez le menu **Fichier** et sélectionnez **Importer**. Sélectionnez le fichier qui vous intéresse et cliquez sur **Ouvrir**. Les signets seront ajoutés en bas de votre liste.

Faites glisser l'icône Adresse
sur l'icône Signets

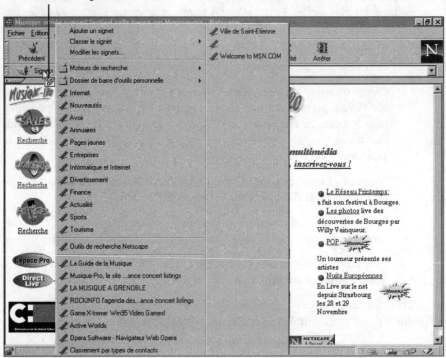

Figure 9.1 : La façon la plus simple de créer des signets consiste à utiliser la technique du glisser-déplacer.

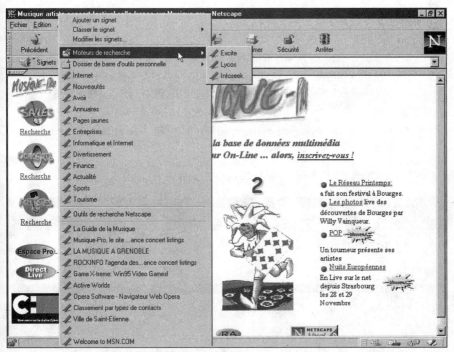

Figure 9.2 : *Pour revenir à une page marquée par un signet, sélectionnez-la dans le menu Signets ou dans un de ses sous-menus.*

Organisation des signets

Netscape Navigator permet de classer les signets, de les organiser en dossiers (pour créer des sous-menus) et d'ajouter des commentaires. Si vous enregistrez beaucoup de signets, vous apprécierez beaucoup ces possibilités.

Il est possible de créer un dossier et d'y placer tous les signets qui se rapportent à un même sujet. Pour créer un dossier, suivez ces étapes :

1. Ouvrez le menu **Signets** et sélectionnez **Modifier les signets** (ou appuyez sur **Ctrl-B**). La fenêtre Signets s'affiche.

2. Dans la liste des signets, cliquez sur l'emplacement où vous voulez placer le dossier. Il apparaîtra juste en dessous de l'emplacement sélectionné.

3. Ouvrez le menu **Fichier** et sélectionnez **Nouveau dossier**. La boîte de dialogue Propriétés des signets apparaît.

4. Dans le champ **Nom**, saisissez le nom du dossier. Vous pouvez ajouter une description dans le champ du même nom si vous le souhaitez. La description apparaîtra uniquement si vous utilisez la liste des signets comme une page Web. Cliquez sur **OK**.

5. Pour ajouter un signet existant au dossier, faites-le glisser dans le dossier, comme sur la Figure 9.3.

6. Cliquez sur le bouton de fermeture (**X**) pour fermer la fenêtre Signets.

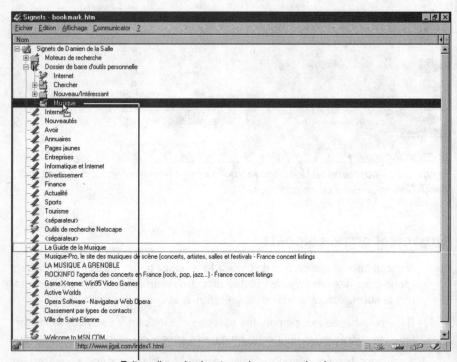

Faites glisser le signet vers le nouveau dossier

Figure 9.3 : *Vous pouvez organiser vos signets en dossiers.*

Ajouter des signets à votre nouveau dossier (sous-menu)

Netscape Navigator 4.0 propose une fonction qui permet d'ajouter des signets instantanément. Affichez la page pour laquelle vous voulez ajouter un signet. Ouvrez le menu **Signets**, pointez sur **Classer le signet** et sélectionnez le dossier dans lequel vous voulez ajouter la page. Une autre technique consiste à faire glisser un lien ou l'icône Adresse sur l'icône Signets, puis sur le sous-dossier qui vous intéresse et à relâcher le bouton de la souris.

Vous pouvez aussi ajouter un signet à un sous-menu en utilisant un paramètre qui fait d'un sous-menu le dossier par défaut pour tous les nouveaux signets que vous créerez. Pour cela, suivez ces étapes :

1. Ouvrez le menu **Signets** et cliquez sur **Modifier les signets**.

2. Faites un clic droit sur le nom du dossier que vous voulez utiliser comme dossier par défaut et sélectionnez **Ajouter les nouveaux signets dans ce dossier**.

La prochaine fois que vous ajouterez un signet, il sera automatiquement placé dans ce dossier. Pour revenir à la configuration d'origine et faire du dossier principal le dossier par défaut pour le stockage des signets, faites un clic droit sur le dossier **Signets** et choisissez **Ajouter les nouveaux signets dans ce dossier**.

Astuce

Séparer les signets
Il existe un moyen d'organiser les signets sans utiliser les sous-menus. Il suffit d'employer des séparateurs. Pour placer un séparateur entre deux signets, ouvrez la fenêtre Signets (**Signets**, **Modifier les signets**). Cliquez sur le signet en dessous duquel vous souhaitez placer un séparateur, ouvrez le menu Fichier et choisissez Ajouter un séparateur. La prochaine fois que vous ouvrirez la fenêtre Signets, une ligne séparatrice apparaîtra en dessous du signet que vous avez sélectionné.

La suppression d'un signet est aussi simple que celle d'un fichier. Il suffit de cliquer sur un signet et d'appuyer sur la touche **Suppr**. Bien entendu, lorsque vous supprimez un dossier, tous les signets qu'il contient sont supprimés.

Dans la fenêtre Signets, l'affichage fonctionne comme celui de l'Explorateur Windows, cliquez sur les signes plus (+) pour étendre l'affichage et sur les signes moins (–) pour le réduire.

Mise à jour des signets

Internet change constamment. Parfois, même avec des signets bien organisés, il est difficile de s'y retrouver.

Pour éviter ce genre de problème, vous pouvez demander à Netscape Navigator de vérifier vos signets et de vous indiquer ceux qui ont été modifiés. Il suffit alors de visiter les pages qui ont changé pour effectuer une mise à jour rapide de vos sujets favoris. Suivez ces étapes pour que Netscape Navigator vérifie vos signets :

1. Ouvrez le menu **Signets** et sélectionnez **Modifier les signets**.

2. Si vous voulez vérifier uniquement certains signets, sélectionnez-les en cliquant sur le premier qui vous intéresse puis en appuyant sur **Ctrl** et en cliquant sur les autres signets que vous souhaitez mettre à jour. (Si vous voulez que le programme examine tous les signets, sautez cette étape.)

3. Ouvrez le menu **Affichage** et choisissez **Mettre à jour les dossiers**.

4. Dans la fenêtre qui apparaît, indiquez si vous voulez examiner tous les signets ou uniquement ceux qui ont été sélectionnés.

5. Cliquez sur **Commencer la vérification**. Netscape Navigator vérifiera tous les signets en tentant de se connecter aux pages qu'ils désignent. La durée de l'opération dépendra du nombre de signets et de la vitesse du réseau.

6. Lorsque le programme a terminé la vérification, il affiche un message pour vous l'indiquer (voir Figure 9.4). Cliquez sur **OK**.

Si vous revenez à la fenêtre Signets, vous verrez peut-être que les icônes de certains signets ont changé :

■ Les signets qui désignent des pages dont les informations ont changé sont représentés par des icônes en surbrillance.

■ Les signets qui n'ont pu être vérifiés sont marqués d'un point d'interrogation.

Les icônes en surbrillance désignent les signets qui ont changé

Signet inchangé

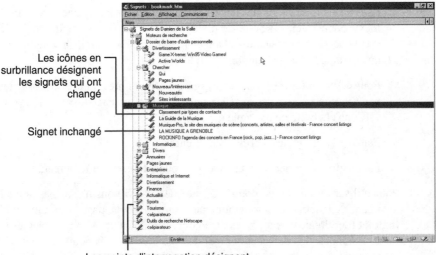

Les points d'interrogation désignent les signets qui n'ont pu être vérifiés

Figure 9.4 : *Netscape Navigator met à jour vos signets et indique ceux qui ont changé.*

Création d'un raccourci pour une page Web

Si vous visitez fréquemment une page Web lorsque vous démarrez votre navigateur, sans pour cela vouloir l'utiliser comme page de démarrage, vous pouvez créer un raccourci pour y accéder rapidement. Lorsque vous créez un raccourci, une icône pour la page Web apparaît sur le bureau. Il ne vous reste qu'à double-cliquer sur cette icône pour lancer votre navigateur et ouvrir la page.

Astuce

Pour Windows 95 seulement
Seuls les utilisateurs de Windows 95 peuvent créer et utiliser des raccourcis pour des pages Web.

Le navigateur permet de créer des raccourcis de plusieurs façons. Essayez les techniques suivantes et adoptez celles qui vous conviennent le mieux :

■ Faites un clic droit sur un lien et sélectionnez **Créer un raccourci** dans le menu contextuel. La boîte de dialogue Créer un raccourci Internet vous demande si vous souhaitez changer le nom du raccourci. Si vous le souhaitez, tapez un nouveau nom. Cliquez sur **OK**.

■ Pour créer un raccourci pour la page courante, faites un clic droit sur une zone vierge de la page et sélectionnez **Créer un raccourci**. Cliquez sur **OK** dans la boîte de dialogue qui s'affiche.

■ Faites glisser l'icône **Adresse** sur le bureau.

■ Faites glisser un lien vers la page qui vous intéresse sur le bureau.

Pour utiliser un raccourci, double-cliquez dessus. Si vous n'avez pas lancé le navigateur, il démarre automatiquement et affiche la page. Les raccourcis Internet fonctionnent comme les raccourcis Windows 95. Vous pouvez les effacer, les copier, les déplacer et créer des dossiers séparés pour les stocker. Il est également possible de faire glisser un raccourci depuis le bureau vers la zone d'affichage du navigateur.

Ajout de boutons à la barre d'outils personnelle

Il est également possible d'attribuer des signets à des boutons de la barre d'outils personnalisée. Pour afficher cette barre (si elle ne l'est pas déjà), cliquez sur son onglet. Si, précédemment, vous avez masqué cette boîte de dialogue, ouvrez le menu **Affichage** et sélectionner **Afficher la barre d'outils personnelle**. Pour ajouter un signet à la barre d'outils personnelle, utilisez une de ces techniques :

■ Faites glisser le lien vers la barre d'outils (voir Figure 9.5).

■ Faites glisser l'icône **Adresse** sur la barre d'outils pour créer un bouton qui active le signet.

■ Affichez la page que vous voulez ajouter à la barre d'outils personnelle. Ouvrez le menu **Signets**, pointez la commande **Classer les signets** et choisissez **Dossier de barre d'outils personnelle**.

■ Dans la fenêtre Signets, cliquez sur le signet que vous voulez ajouter à la barre d'outils personnelle. Ouvrez le menu **Fichier** et choisissez **Ajouter la sélection à la barre d'outils**.

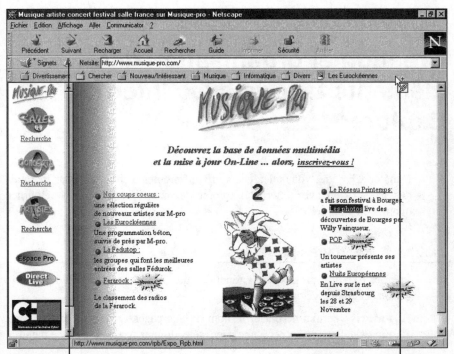

Faites glisser l'icône Adresse
sur la barre d'outils personnelle

Faites glisser un lien sur la
barre d'outils personnelle

Figure 9.5 : *Vous pouvez créer des boutons pour vos sites favoris dans la barre d'outils personnelle.*

Chapitre 10

Création et organisation des éléments favoris avec Internet Explorer

Dans ce Chapitre, vous allez découvrir différentes techniques pour marquer des pages Web avec Internet Explorer de manière à pouvoir y retourner quand bon vous semble.

Retour à vos pages préférées

Internet Explorer propose trois fonctions qui permettent de faciliter la navigation et l'archivage des pages :

- **Favoris** : permet de placer le nom de vos pages favorites dans le menu **Favoris**. Pour retourner à une page, sélectionnez son nom dans ce menu.

- **Barre d'outils Liens** : permet de créer des boutons pour les pages que vous visitez fréquemment. Il suffit de cliquer sur un bouton pour afficher la page qui y est associée.

- **Raccourci** : permet de créer des icônes pour des pages ou des liens et de les placer sur le bureau Windows ou dans un dossier. Pour charger une page, il suffit de double-cliquer sur l'icône de raccourci.

Création de raccourcis

Si vous travaillez avec Windows 95 ou 98, vous savez que vous pouvez créer des raccourcis pour des documents ou des applications et les placer sur le bureau. Ces icônes permettent de passer outre le système de menus. Internet Explorer permet de créer de tels raccourcis et de les placer sur le bureau. Pour cela, suivez ces étapes :

1. Ouvrez la page pour laquelle vous voulez créer un raccourci dans Internet Explorer.

2. Faites un clic droit sur une zone vierge de la page et choisissez **Créer un raccourci** dans le menu contextuel. Un raccourci sera automatiquement placé sur votre bureau.

Vous pouvez aussi créer des raccourcis pour les liens dans les pages. Faites un clic droit sur le lien et sélectionnez **Copier le raccourci** (voir Figure 10.1). Ensuite, faites un clic droit sur une zone vierge de votre bureau et sélectionnez **Coller le raccourci**.

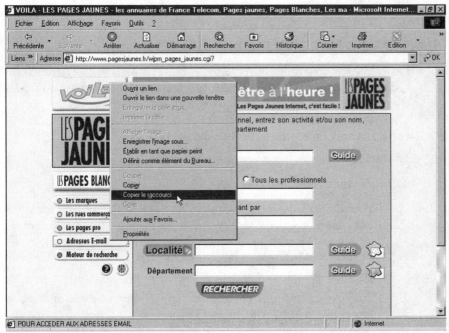

Figure 10.1 : Faites un clic droit sur un lien et sélectionnez Copier le raccourci.

Une fois que vous avez créé un raccourci sur le bureau, il suffit de cliquer dessus pour afficher la page. Si le navigateur n'est pas lancé, il sera démarré automatiquement et la page sera chargée.

> **Attention**
>
> **Un seul navigateur Web**
> Si vous avez deux navigateurs Web, l'un d'entre eux seulement peut utiliser les raccourcis. Vous devrez choisir quel navigateur utiliser par défaut (seul le navigateur par défaut pourra utiliser les raccourcis). Si vous démarrez un navigateur qui n'est pas votre navigateur par défaut, une boîte de dialogue s'affiche pour vous demander si vous souhaitez en faire votre programme par défaut. Cliquez sur **Oui**.

Ajout de raccourcis au menu Favoris

Les raccourcis sont utiles, mais lorsque vous êtes dans le navigateur, il est fastidieux de réduire sa fenêtre pour afficher le bureau et pouvoir double-cliquer sur l'icône de raccourci. Heureusement, cela n'est pas nécessaire. Vous pouvez créer des raccourcis et les placer directement dans le menu **Favoris** d'Internet Explorer. Pour cela, suivez ces étapes :

1. Ouvrez la page Web que vous voulez marquer.

2. Effectuez une des choses suivantes :

   – Pour ajouter la page courante au menu **Favoris**, faites un clic droit sur une zone vierge de la page ou sur du texte normal (pas un lien) et sélectionnez **Ajouter aux Favoris**. Vous pouvez aussi ouvrir le menu **Favoris** et sélectionner **Ajouter aux Favoris**. La boîte de dialogue du même nom apparaît.

   – Pour ajouter une page désignée par un lien, faites un clic droit sur le lien et sélectionnez **Ajouter aux Favoris**.

3. Une boîte de dialogue s'affiche. Vous pouvez changer le nom de la page en tapant un nouveau dans le champ **Nom**.

4. Eventuellement, cliquez sur **Oui, mais simplement me notifier lorsque cette page est mise à jour** ou sur **Rendre disponible hors connexion** (dans la version 5) pour souscrire à cette page et recevoir automatiquement les mises à jour.

5. Eventuellement, pour ajouter la page à un sous-menu, cliquez sur le bouton **Créer** et sélectionnez le sous-menu désiré (vous verrez comment créer des sous-menus un peu plus loin).

6. Cliquez sur le bouton **Personnaliser**. L'Assistant abonnement démarre (voir Figure 10.2) qui vous aidera à choisir les options d'abonnement.

7. Suivez les instructions de l'assistant.

8. Cliquez sur **OK** pour enregistrer les changements.

Figure 10.2 : *Si vous vous abonnez à un site Web, l'Assistant abonnement vous demande de définir vos préférences.*

Si vous avez choisi de vous abonner à un site Web, Internet Explorer établie automatiquement une connexion à l'heure fixée, télécharge les mises à jour et se déconnecte. Vous pouvez alors consulter les pages hors ligne.

Astuce

Trois menus Favoris
Dans Internet Explorer 3, il y a deux menus Favoris, un dans la barre de menu et un dans la barre d'outils. Avec Internet Explorer 4 et 5, le bouton Favoris de la barre d'outils ouvre une barre Favoris sur le côté gauche de l'écran. Elle contient une liste des sites Favoris. Internet Explorer place également un menu Favoris dans le menu Démarrer de Windows 95/98.

Qu'y a-t-il de nouveau dans la page Favoris

Dans la version 4.0, une nouvelle fonction du menu **Favoris** vérifie la mise à jour des pages. Si une page a changé, Internet Explorer place un astérisque rouge à côté du nom de la page dans le menu **Favoris** pour indiquer que la page contient des éléments nouveaux. Cela évite d'ouvrir toutes les pages du menu Favoris pour vérifier les mises à jour.

Organisation du menu Favoris

Le menu **Favoris** permet d'arranger et de réorganiser tous les liens. Vous pouvez supprimer une page, créer de nouveaux sous-menus, déplacer des pages vers un nouveau dossier, etc. Pour effectuer une de ces tâches de gestion des pages, vous devez d'abord ouvrir le fenêtre Organiser les favoris. Suivez ces étapes :

1. Ouvrez le menu **Favoris**.

2. Cliquez sur **Organiser les favoris** (voir Figure 10.3). La fenêtre affichée dans la figure provient d'Internet Explorer 5, il se peut qu'elle soit un peu différente dans les versions 3 et 4. Si vous avez l'habitude de copier, de déplacer et de supprimer des fichiers dans la fenêtre Poste de travail, vous n'aurez aucun problème pour gérer vos pages favorites.

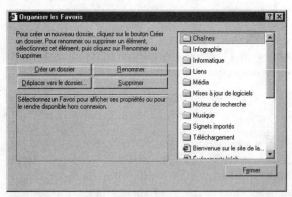

Figure 10.3 : *La fenêtre Organiser les favoris permet de copier, de déplacer et de supprimer vos pages favorites.*

Astuce

Glisser déplacer

Internet Explorer permet d'organiser les éléments dans le dossier Favoris simplement en les faisant glisser. Ouvrez le menu **Favoris** et faites glisser les éléments qu'il contient pour les réorganiser comme bon vous semble. Une ligne noire horizontale apparaîtra pour vous montrer où la page sera placée. Relâchez le bouton de la souris.

Renommer et supprimer les éléments du menu Favoris

Les éléments qui apparaissent dans le menu **Favoris** ne sont rien d'autre que des raccourcis, vous pouvez donc les renommer ou les supprimer facilement. Pour commencer, affichez la boîte de dialogue Organiser les favoris. Ensuite, suivez ces étapes pour renommer ou supprimer une page :

■ Pour renommer un raccourci, sélectionnez-le et cliquez sur Renommer. Tapez le nouveau nom et appuyez **Entrée**. (Vous pouvez éviter d'utiliser le bouton Renommer en sélectionnant le raccourci et en cliquant sur son nom.)

■ Pour supprimer un raccourci, sélectionnez-le et cliquez sur le bouton Supprimer (ou appuyez sur **Suppr**). Quand une boîte de dialogue apparaît pour vous demander de confirmer la suppression, cliquez sur Oui.

Ajout de boutons à la barre Liens

Il est possible d'ajouter des boutons qui pointent vers vos pages préférées à la barre Liens. Pour afficher cette barre, double-cliquez sur Liens. Vous pouvez faire glisser cette barre vers le haut ou le bas pour en faire une barre d'outils à part entière. Pour ajouter des boutons à la barre Liens, faites glisser un lien ou un raccourci vers la barre Liens. Une ligne verticale apparaît pour montrer où le bouton va être ajouté (voir Figure 10.4). Relâchez le bouton de la souris.

Dans Internet Explorer 3, vous ne pouvez pas ajouter de boutons à cette barre. Vous devez remplacer un bouton existant par le bouton que vous souhaitez utiliser.

Voici comment procéder :

1. Faites glisser un lien ou un raccourci vers un bouton existant dans la barre d'outils Liens et relâchez le bouton de la souris. Une boîte de dialogue apparaît et vous demande de confirmer l'opération.

2. Cliquez sur **Oui**. Le bouton est renommé et pointe désormais sur la page souhaitée.

3. Pour renommer le bouton, ouvrez le menu **Affichage**, sélectionnez **Options** et cliquez sur l'onglet **Navigation**.

4. Ouvrez la liste déroulante **Page** et sélectionnez le bouton dont vous voulez changer le nom.

5. Cliquez dans la zone de texte **Nom** et tapez le nom souhaité. Cliquez sur **OK**.

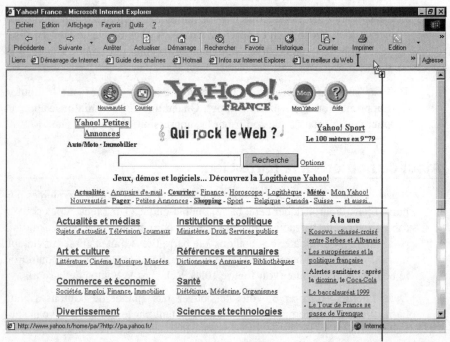

Faites glisser le lien sur la barre de liens

Figure 10.4 : *Dans Internet Explorer 4 et 5, vous pouvez faire glisser des liens vers la barre Liens pour créer des boutons.*

Utilisation de l'abonnement dans Internet Explorer 4

Pour vous abonner à une page Web, il faut créer un signet pour une page et entrer certains paramètres pour indiquer à Internet Explorer quand il doit effectuer une mise à jour de la page. Internet Explorer se connectera alors à la page Web au moment indiqué et téléchargera la mise à jour de la page. Vous apprendrez comment vous abonner à une page plus loin dans ce chapitre.

Attention

Internet Explorer 4
Internet Explorer 3 ne permet pas de s'abonner à des pages. Si vous voulez utiliser cette fonction, vous devez utiliser Internet Explorer 4 au moins.

Configurer un abonnement pour un raccourci existant

L'abonnement à une page Web, au vol, est simple et rapide comme nous l'avons vu. Les choses sont un peu différentes lorsqu'il s'agit d'effectuer un abonnement à partir d'un raccourci. Il n'est pas nécessaire de refaire les raccourcis pour effectuer des abonnements. Suivez ces étapes pour créer un abonnement à partir d'un raccourci :

1. Recherchez le raccourci qui vous intéresse. Il peut se trouver sur le bureau Windows, dans la barre Liens ou dans la fenêtre Organiser les favoris (Favoris, Organiser les favoris).

2. Faites un clic droit sur le raccourci et sélectionnez **Propriétés**.

3. Cliquez sur l'onglet **Abonnement**. La fenêtre affiche un message qui indique que vous n'êtes pas abonné à ce site. Avec IE 5, il faut commencer par cocher la case **Rendre cette page disponible hors connexion** dans l'onglet Document Web. Cela fait apparaître deux nouveaux onglets. Cliquez sur **Planification**.

4. Dans IE 4, cliquez sur le bouton **S'abonner maintenant**. La boîte de dialogue Abonnement aux Favoris apparaît. Dans IE 5, choisissez entre la synchronisation et une planification quelconque. Si vous le souhaitez, vous pouvez personnaliser votre planification.

5. Dans IE 4, sélectionnez une des options suivantes :

– **Simplement m'avertir lorsque cette page est mise à jour** : indique à Internet Explorer qu'il doit afficher un astérisque rouge sur l'icône lorsque la page est mise à jour.

– **M'avertir des mises à jour et télécharger les pages pour une lecture hors connexion** : indique à Internet Explorer qu'il doit télécharger automatiquement la page à l'heure choisie. Vous verrez comment configurer le planning de téléchargement plus loin.

– Vous retrouverez plus ou moins les mêmes fonctions dans l'onglet **Téléchargement des propriétés de la page** avec la version 5 d'Internet Explorer

6. Cliquez sur le bouton **Personnaliser**. L'Assistant Abonnement vous informe qu'Internet Explorer surveillera les mises à jour de cette page.

   L'Assistant vous demande si vous souhaitez être informé des changements par e-mail. En utilisant cette fonction, vous n'avez pas besoin de contrôler les mises à jour, il suffit de surveiller votre courrier, ce que vous faites sans doute au moins une fois par jour.

7. Cliquez sur **Oui** ou **Non**. Si vous sélectionnez Oui, vous pouvez cliquer sur Modifier l'adresse et sélectionner l'adresse à laquelle vous souhaitez que le message soit envoyé.

8. Cliquez sur **Suivant**. L'Assistant vous demande si vous devez entrer un nom d'utilisateur et un mot de passe.

9. Cliquez sur **Non** ou sur **Oui** et dans ce cas, entrez votre nom d'utilisateur et votre mot de passe.

10. Cliquez sur le bouton **Terminer** et cliquez sur **OK**.

    Dans IE 5, le processus est pratiquement similaire, sauf qu'il n'y a pas d'assistant et que tout ce processus se déroule dans la feuille de propriétés de la page qui vous intéresse.

Annuler un abonnement

Pour annuler un abonnement, vous devez d'abord afficher la fenêtre abonnement. Ouvrez le menu **Favoris** et sélectionnez **Gérer les abonnements**. Cliquez sur le site pour lequel vous voulez résilier l'abonnement et appuyez sur **Supprimer** ou Suppr. Dans IE 5, il suffit de faire apparaître la boîte de dialogue **Organiser les favoris**, de sélectionner la page pour laquelle on veut annuler l'abonnement dans la liste et de supprimer la coche de la case **Rendre disponible hors connexion**. Il est également possible d'utiliser la boîte de dialogue **Eléments à synchroniser** qui s'affiche lorsque l'on utilise la commande **Synchroniser** du menu **Outils**.

Connaître l'état des abonnements

Pour connaître l'état des abonnements, sélectionnez **Gérer les abonnements** dans le menu Favoris d'IE 4. Les pages dont l'abonnement peut être mis à jour seront signalées par un astérisque rouge. Si vous êtes en mode d'affichage Détails, vous pouvez consulter l'état des abonnements dans la colonne Etat, vous y verrez apparaître des indications telles que : Site modifié, Aucun changement détecté ou Mise à jour terminée. Pour mettre à jour une page, sélectionnez-la et cliquez sur le bouton **Mettre à jour**. Pour mettre à jour toutes les pages, cliquez sur le bouton **Tout mettre à jour**. Dans IE 5, on utilise la commande **Synchroniser** du menu **Outils** pour connaître l'état des abonnements. Pour effectuer une mise à jour, il suffit de cliquer sur le bouton **Synchroniser**.

Configurer les paramètres de réception et de notification

Lorsque vous avez créé un abonnement dans les sections précédentes, vous avez configuré certains paramètres. Il en existe d'autres. Vous allez voir comment configurer les paramètres de réception et de notification.

Pour changer les paramètres de réception pour une page du dossier Favoris ou pour un raccourci, faites un clic droit sur le raccourci et sélectionnez **Propriétés**.

La boîte de dialogue de propriétés s'affiche, l'onglet **Abonnement** (ou **Général**) est au premier plan. Cliquez sur l'onglet **Réception** (ou sur l'onglet Téléchargement)et suivez une de ces étapes :

- Pour être informé des mises à jour par message électronique, cliquez sur **Envoyer un message électronique à cette adresse** (ou sur **Lorsque cette page est modifiée, envoyer un message à**). Dans IE 4, vous pouvez cliquer sur Modifier l'adresse pour indiquer l'adresse à laquelle vous souhaitez que le message soit envoyé.

- Pour que Internet Explorer vous informe des mises à jour mais ne télécharge pas les pages, cliquez sur **Notification uniquement en cas de**

mise à jour. (Internet Explorer vous informe des mises à jour en affichant un astérisque rouge en face de l'icône des pages qui ont changé). Pour qu'Internet Explorer télécharge automatiquement les pages à l'heure choisie, cliquez sur **Notification en cas de mise à jour, téléchargement et lecture hors connexion**. Dans la version 5, vous pouvez juste choisir entre un téléchargement de la page de démarrage et du sommaire et le téléchargement des éléments spécifiés par le concepteur de la page.

Si vous choisissez de télécharger les pages, Internet Explorer téléchargera automatiquement toutes les pages indiquées et les graphismes qu'elles contiennent. Pour télécharger des pages liées à celle que vous avez sélectionnée et pour récupérer des sons, des vidéos et d'autres éléments, cliquez sur le bouton **Avancés** et choisissez les options qui vous conviennent parmi celles proposées :

- **Télécharger jusqu'à *n* niveaux de pages liées** : permet à Internet Explorer de télécharger les pages liées à la page principale. Faites attention avec cette option. Certaines pages contiennent beaucoup de liens et en sélectionnant cette option, vous risquer d'encombrer votre disque dur avec des pages que vous ne consulterez même pas. Il est fortement conseillé de ne pas utiliser de gros chiffre dans le champ.

- **Suivre les liens à l'extérieur du site Web de cette page** : indique à Internet Explorer qu'il doit suivre les liens même vers les pages qui ne sont pas sur le site Web de la page principale. Il est préférable de ne pas activer cette option.

- **Images** : demande à Internet Explorer de télécharger toutes les images contenues dans la page. Cette option est activée par défaut.

- **Sons et vidéos** : demande à Internet Explorer de télécharger les sons en arrière-plan et les vidéos contenues dans les pages. Les fichiers audio et vidéos peuvent être longs à charger.

- **Contrôles ActiveX et mini-applications Java** : C'est une autre fonction de sécurité. Les développeurs malintentionnés peuvent créer des contrôles ActiveX et des applets Java destructeurs. Si vous téléchargez un page qui contient un élément de ce genre, vous risquez d'endommager sérieusement votre système.

Ne jamais télécharger plus de *n* Ko par mise à jour : permet de limiter la taille du téléchargement pour éviter qu'Internet Explorer sature votre disque dur avec des pages énormes.

Ces options ne se trouvent pas toutes à cet endroit dans la version 5, mais vous les retrouverez sans problème, même si leur nom varie parfois.

Une fois que vous avez entré les paramètres souhaités dans la page Réception, cliquez sur l'onglet **Planification** (voir Figure 10.5) et sélectionnez les options qui vous intéressent :

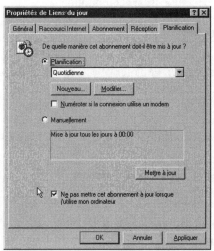

Figure 10.5 *: Vous pouvez définir quand Internet doit vérifier les mises à jour et télécharger les pages qui ont changé.*

▨ **Planification** : est le paramètre par défaut. Vous pouvez ouvrir la liste déroulante et choisir une périodicité quotidienne, hebdomadaire ou mensuelle. Vous pouvez aussi choisir **Numéroter** si la connexion utilise un modem pour qu'Internet établisse automatiquement la connexion au moment spécifié. Le bouton **Nouveau** permet de créer un planning personnalisé qui s'affichera dans la liste déroulante ; vous pouvez choisir le jour et l'heure de la mise à jour. Le bouton **Modifier** permet de modifier les paramètres de la planification sélectionnée dans la liste déroulante.

▧ **Manuellement** : demande à Internet Explorer de ne pas vérifier automatique les mise à jour. La vérification devra alors se faire manuellement en utilisant la commande **Mettre à jour tous les abonnements** du menu Favoris.

▧ **Ne pas mettre à jour cet abonnement lorsque j'utilise mon ordinateur** : demande à Internet Explorer de suspendre le téléchargement lorsque vous travaillez avec d'autres programmes.

Dans IE 5, vous pouvez choisir entre une mise à jour planifiée et configurable et une mise à jour provoquée par une opération de synchronisation.

Automatiser votre connexion modem

Si vous vous connectez à Internet via une connexion réseau et que vous êtes connecté en permanence à Internet, Internet Explorer télécharge automatiquement les pages sélectionnées à l'heure prévue. En revanche, si vous vous connectez en utilisant un modem, vous devez entrer des paramètres supplémentaires. Ils permettent à Internet Explorer d'appeler automatiquement pour établir une connexion Internet afin de télécharger les pages sélectionnées au moment choisi. Suivez ces étapes :

1. Ouvrez le menu **Affichage** et sélectionnez **Options Internet**.

2. Cliquez sur l'onglet **Connexion**.

3. Sous la zone Connexion, cliquez sur **Se connecter à Internet par modem** et cliquez sur le bouton **Paramètres**.

4. Ouvrez la liste déroulante **Utiliser la connexion Accès réseau à distance suivante** et sélectionnez le nom de la connexion que vous utilisez.

5. Sélectionnez **Connexion automatique pour mettre à jour les abonnements**. Entrez votre nom d'utilisateur et votre mot de passe dans les champs appropriés.

6. Configurez les autres paramètres qui vous intéressent pour définir vos préférences d'appel, comme le nombre de tentatives de connexion.

7. Cliquez sur **OK** pour revenir à la boîte de dialogue Options Internet et cliquez sur **OK** pour enregistrer vos paramètres.

Dans IE 5, il faut procéder différemment. Choisissez **Outils** et **Synchroniser**. Dans la fenêtre Eléments à synchroniser, cliquez sur **Paramètres**. Dans la boîte de dialogue **Paramètres de la synchronisation**, cliquez sur l'onglet **Planifié**. Ensuite, sélectionnez la fréquence de mise à jour que vous utilisez (**Quotidienne**, par exemple) et cliquez sur **Modifier**. Cliquez sur l'onglet **Elément de synchronisation** et cochez la case **Si mon ordinateur n'est pas connecté**...

Si vous configurez Internet Explorer pour qu'il appelle durant les heures creuses, pensez à laisser votre ordinateur et votre modem allumés durant cette période. Si votre moniteur ne possède pas de système d'économie d'énergie, éteignez votre écran, mais laissez votre système allumé.

Partie III

Aller plus loin avec le World Wide Web

Chapitre 1

Utilisation de Netcaster

Dans ce chapitre, vous allez apprendre à utiliser Netcaster pour souscrire à des sites Web et recevoir des informations mises à jour directement sur votre Bureau.

Utilité de Netcaster

Netcaster est un outil conçu pour rendre la navigation sur Internet aussi simple qu'un changement de chaîne avec un poste de télévision. Ce programme permet de souscrire à des sites Web et de recevoir automatiquement des informations mises à jour pendant que vous travaillez ou que vous faites autre chose. Par la suite, vous pourrez vous déconnecter et consulter ces pages hors ligne.

Netcaster propose deux fonctions qui permettent de réduire le temps de connexion et de recevoir automatiquement les mises à jour de vos pages préférées :

- **Les canaux.** Permettent de sélectionner les meilleurs sites du Web. Netcaster est livré avec un programme qui recherche les chaînes et sélectionne les sites populaires. Vous pourrez aussi placer vos sites favoris dans les chaînes.

- **Le Webtop.** C'est un nouvel élément qui s'affiche sur votre Bureau. Vous pouvez configurer n'importe quelle chaîne pour qu'elle soit un Webtop et qu'elle se mette à jour régulièrement. Un Webtop permet de rester au courant de tout changement dans une chaîne, en temps réel.

Les sections suivantes expliquent tout ce que vous devez savoir sur la sélection, l'affichage et la souscription aux chaînes.

Le mot juste

Souscription à un site
En dépit de ce qu'il semble suggérer, le terme souscription ne fait absolument pas référence à une question d'argent. Dans la plupart des cas, on peut souscrire gratuitement à un site. Ce terme signifie simplement que vous indiquez à Netcaster quelles pages doivent être téléchargées et quand.

Attention

Installation de Netcaster
Si vous n'avez pas installé Netcaster en même temps que Communicator, vous pouvez relancer l'installation et sélectionner les nouveaux éléments installés. Si vous ne possédez pas Netcaster, téléchargez-le sur le site de Netscape ou tapez Netcaster dans un moteur de recherche et trouvez un site de téléchargement.

Démarrage de Netcaster

Pour lancer Netcaster, suivez une de ces méthodes :

■ Ouvrez Communicator et sélectionnez Netcaster dans n'importe quelle fenêtre de Communicator, ou appuyez sur **Ctrl-8**.

■ Pour que Netcaster démarre au lancement de Communicator, ouvrez le menu Edition du navigateur et choisissez Préférences. Cliquez sur **Aspect** puis, dans la zone **Au démarrage, lancer**, cliquez dans la case en face de Netcaster.

Quelle que soit la méthode utilisée, Netcaster s'affiche dans la partie droite de la fenêtre, comme dans la Figure 1.1. Dans la partie gauche de la fenêtre de Netcaster, il y a un onglet. Si vous cliquez dessus, la fenêtre sera masquée. Cliquez à nouveau sur l'onglet pour faire réapparaître la fenêtre. L'onglet s'affiche toujours au-dessus des autres fenêtres. Pour quitter complètement Netcaster, cliquez sur **Exit** vers le bas de la fenêtre.

Comme le montre la Figure 1.1, la fenêtre de Netcaster est divisée en quatre zones :

■ **Channel Finder.** Affiche la liste des canaux les plus populaires qui sont inclus avec Netscape. Cliquez sur **More Channels** pour afficher une liste des canaux complémentaires (voir la section «Changement de canaux», plus loin dans ce chapitre).

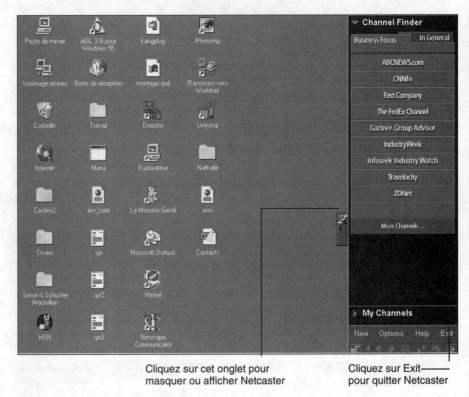

Cliquez sur cet onglet pour   Cliquez sur Exit———
masquer ou afficher Netcaster   pour quitter Netcaster

Figure 1.1 : *Netcaster occupe le tiers droit de l'écran et se place au-dessus de toutes les autres fenêtres.*

■ **My channels.** Affiche la liste des canaux que vous avez sélectionnés. Cliquez sur **My Channel** pour masquer le Channel Finder et pour afficher la liste de vos canaux favoris. Pour ajouter des canaux à cette liste, voir la section «Ajouter et visualiser des canaux», plus loin dans ce chapitre.

■ **Barre de contrôle.** Vers le bas de la fenêtre. Propose des options pour ajouter un canal (à la liste My Channel), configurer Netcaster (voir «Contrôle de la fenêtre Netcaster»), accéder à l'aide en ligne et quitter le programme.

▓ **Barre d'outils.** Tout en bas. Permet d'utiliser Netcaster pour naviguer entre les chaînes et de contrôler votre Webtop. Vous en apprendrez plus sur ces boutons dans ce chapitre.

Changement de canaux

Le but de Netcaster est de simplifier l'accès au Web en développant un mode de fonctionnement proche de celui d'un téléviseur. Vous programmez les canaux que vous voulez voir ; il suffit ensuite d'un simple clic pour passer d'un canal à l'autre. Les sections suivantes expliquent comment programmer un canal, et comment ajouter les sites que vous aimez à un canal.

Trouver les principaux canaux

Channel Finder contient de nombreux sites populaires qui ont enregistré leur «station» dans Netscape. Pour avoir un aperçu de ces canaux populaires, suivez ces étapes :

1. Cliquez sur **Channel Finder** dans la fenêtre de Netcaster.

2. Cliquez sur le nom du canal que vous souhaitez voir. Le titre du canal et son logo apparaissent sur une sorte de carte de visite (voir Figure 1.2). Dans le coin inférieur gauche de la carte, il y a un bouton **Add Channel**. Cliquez dessus pour voir la page dans le navigateur et ajouter le canal.

3. Si le canal que vous souhaitez utiliser n'apparaît pas, cliquez sur **More Channels** en bas de la liste Channel Finder. Vous serez connecté à la page Channel Finder de Netscape qui affichera de nombreux canaux supplémentaires.

4. Pour voir plus de canaux, cliquez sur un des boutons de gauche, comme **Coming Soon**. Cela affichera une liste de canaux supplémentaires.

Astuce

Plus de canaux

A mesure que Netcaster deviendra populaire, de plus en plus de compagnies enregistreront leur site sous forme de canaux. Consultez donc régulièrement le site de Netscape (en cliquant sur More Channels) pour vous tenir au courant des nouveautés.

Cliquez sur le nom d'un canal pour en avoir un aperçu

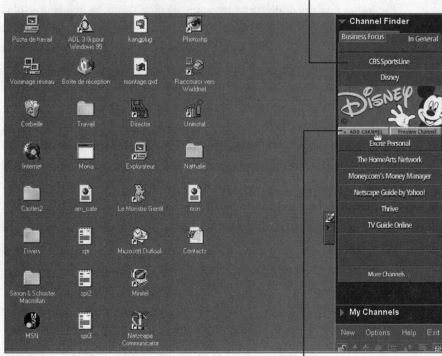

Cliquez sur Add Channel pour ajouter un canal à la liste My Channels

Figure 1.2 : *Vous pouvez avoir un aperçu des canaux les plus populaires et les ajouter à votre liste.*

Ajouter et visualiser des canaux

Vous avez sans doute déjà une idée du fonctionnement du sélecteur de canaux, mais examinons la procédure étape par étape :

1. Cliquez sur **Channel Finder** pour afficher une liste des canaux les plus populaires.

2. Cliquez sur le bouton du canal que vous souhaitez ajouter à la liste My Channel. La carte de visite du canal apparaît et donne un aperçu de son contenu.

3. Cliquez sur la carte. La fenêtre Channel Finder apparaît et affiche le contenu du canal.

4. Cliquez sur le bouton **Add Channel** dans le coin inférieur gauche de la fenêtre Channel Finder. La première fois que vous ajoutez un canal, vous devez remplir un formulaire d'inscription. La boîte de dialogue Channel Properties apparaît (voir Figure 1.3) et affiche le nom du canal ainsi que son adresse.

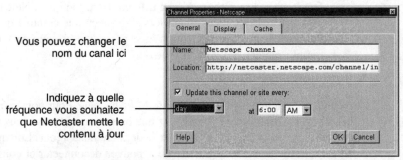

Vous pouvez changer le nom du canal ici

Indiquez à quelle fréquence vous souhaitez que Netcaster mette le contenu à jour

Figure 1.3 : *Netcaster propose plusieurs options qui permettent de contrôler les canaux*

5. Eventuellement, double-cliquez dans la zone de texte **Name** et tapez un nom plus descriptif. Ne modifiez pas les informations relatives à l'emplacement du canal (Location).

6. Ouvrez la liste déroulante **Update this channel every** et sélectionnez la fréquence de mise à jour que vous souhaitez appliquer à ce canal. Si vous choisissez Day ou Week, indiquez la date et le jour de téléchargement.

7. Cliquez sur l'onglet **Display** et sélectionnez une des options suivantes :

   – **Default Window.** Affiche la page dans une fenêtre de navigateur standard, ce qui permet d'utiliser les outils de navigation du programme.

   – **WebTop Window.** Permet à la fenêtre d'exploiter toute la surface de votre Bureau Windows et n'affiche pas les barres d'outils et les menus de Navigator. La page est plus jolie, mais aussi plus difficile à manipuler. Voir «Affichage des contenus actifs sur votre Bureau», plus loin dans ce chapitre.

8. Cliquez sur l'onglet **Cache** et configurez les Préférences suivantes (chaque canal possède ses propres paramètres par défaut) :

   – **Download_level(s) deep in site.** Indique à Netcaster de télécharger les pages qui sont reliées au canal principal. Faites attention avec cette option : si une page possède de nombreux liens ou si vous avez choisi d'effectuer un téléchargement sur deux ou trois niveaux, vous risquez de saturer votre disque dur.

   – **Don't store more than_KB of information.** Indique à Netcaster qu'il doit arrêter le téléchargement lorsqu'il a reçu une certaine quantité de données. Faites aussi attention à ce paramètre si vous ne voulez pas remplir rapidement votre disque dur.

9. Cliquez sur **OK**.

Le canal est maintenant ajouté à la liste My Channels. Pour voir le canal, cliquez sur **My Channels**. Si vous voyez une barre rouge et grise sous votre canal, Netcaster est occupé à télécharger la dernière mise à jour. Lorsque le travail est terminé, la barre disparaît. Vous pouvez déconnecter et consulter les pages hors ligne.

Ajouter n'importe quel site Web comme un canal

Les chaînes qui figurent dans Netcaster sont intéressantes et peuvent permettre de découvrir certains sites. Cependant, vous avez certainement votre liste de sites favoris. Vous pouvez créer un canal pour un de vos sites préférés en suivant ces étapes :

1. Cliquez sur le bouton **Add** dans la barre de contrôles Netcaster. La boîte de dialogue Channel Properties apparaît (voir Figure 1.3).

2. Tapez un nom pour le canal dans le champ Name.

3. Cliquez dans le champ **Location** et tapez l'URL désignant la page qui vous intéresse.

4. Entrez toutes les informations complémentaires, dont la fréquence de mise à jour, comme expliqué dans les sections précédentes.

5. Cliquez sur **OK**.

Supprimer un canal

Dans la liste proposée, il y a peut-être des canaux que vous ne visitez jamais et qui vous encombrent. Pour simplifier votre liste, vous pouvez supprimer des canaux, comme ceci :

1. Cliquez sur le bouton **Options** de la barre de contrôles. La boîte de dialogue Options apparaît avec l'onglet Channels au premier plan.

2. Cliquez sur le nom du canal que vous voulez supprimer.

3. Cliquez sur le bouton **Delete**. Un avertissement apparaît et vous demande confirmation de la suppression.

4. Cliquez sur le bouton **Yes**.

Affichage des contenus actifs sur votre Bureau

Lorsque vous ajoutez un canal, vous pouvez choisir de l'afficher dans la fenêtre standard de Navigator ou en plein écran sur le Bureau (Webtop). Vous pouvez changer les paramètres d'affichage pour n'importe quel canal à n'importe quel moment. Suivez ces étapes :

1. Cliquez sur le bouton **Options**.

2. Cliquez sur le nom de la page dont vous voulez configurer les paramètres.

3. Cliquez sur le bouton **Properties**. Une boîte de dialogue Properties apparaît, identique à celle qui s'affiche lorsque vous configurez un canal pour la première fois.

4. Cliquez sur l'onglet **Display** et sélectionnez Default Window (pour afficher la page dans le navigateur) ou Webtop Window (pour que la page occupe tout le Bureau).

Lorsque vous choisissez d'afficher un canal comme un Webtop, il recouvre votre Bureau et bloque l'accès à toutes les icônes (voir Figure 1.4).

Cependant, Netcaster permet quand même l'affichage de la barre des tâches de Windows 95. Voici les contrôles de la barre d'outils Netcaster :

Les canaux apparaissent ici

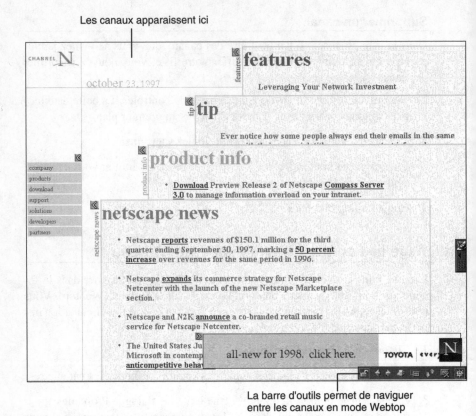

La barre d'outils permet de naviguer
entre les canaux en mode Webtop

Figure 1.4 : *Le mode Webtop donne aux pages Web un espace d'affichage maximal.*

Security. Si le cadenas est verrouillé, c'est que vous êtes en train d'afficher une page sécurisée.

Go to previous page on Webtop. Affiche le canal précédent sous forme de fenêtre Webtop. Si vous choisissez d'afficher le canal dans la fenêtre par défaut, ce bouton n'apparaîtra pas.

Go to next page on Webtop. Affiche le canal suivant sous forme de fenêtre Webtop.

Print the Webtop. Imprime le Webtop.

Show or hide the Webtop. Affiche ou masque le Webtop.

 Send the Webtop to the front or back. Déplace le Webtop au sommet ou au bas de la pile des fenêtres ouvertes. Cette commande fonctionne uniquement si vous avez d'autres fenêtres ouvertes et qu'elles ne sont pas maximisées. Toute fenêtre maximisée recouvrira le Webtop.

 Close the Webtop. Ferme le Webtop et affiche le Bureau.

 Open a Navigator window. Ouvre une fenêtre Netscape Navigator que vous pouvez utiliser pour naviguer sur le Web.

Astuce

Clic droit sur le Webtop
Bien que le Webtop offre peu de menus, il est encore possible d'effectuer des clics droits sur les pages et les liens pour afficher les menus contextuels.

Contrôle de la fenêtre Netcaster

La fenêtre Netcaster est grande et difficile à gérer. Heureusement, il existe quelques fonctions qui permettent de la contrôler. Pour accéder à ces options, cliquez sur le bouton Options et sélectionnez l'onglet Layout (voir Figure 1.5). Vous pourrez changer les paramètres suivants :

- **Attach Netcaster drawer to.** Permet de placer la fenêtre Netcaster à droite ou à gauche de l'écran.

- **Attach Webtop to.** Permet d'attacher le Webtop à droite ou à gauche de l'écran.

- **Automatically hide Netcaster window.** Force la fenêtre Netcaster à se replier lorsque vous sélectionnez un canal.

- **Default Channel.** Permet de sélectionner n'importe quel canal comme canal par défaut au lancement de Netcaster. A l'origine, Netcaster n'utilise pas de canal par défaut. Pour utiliser un canal comme canal par défaut, sélectionnez **Set default to** et choisissez un canal dans la liste déroulante.

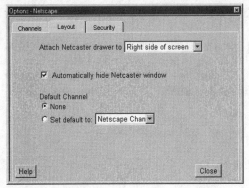

Figure 1.5 : *Vous pouvez repositionner et configurer la fenêtre Netcaster.*

Astuce

Des canaux comme des Webtops
Si un petit rectangle apparaît à droite du nom d'un canal, c'est qu'il est configuré pour s'afficher en mode Webtop. S'il n'y a pas de rectangle, le canal s'ouvrira dans une fenêtre standard.

Chapitre 2

Utilisation du nouveau Bureau d'Internet Explorer

Dans ce chapitre, vous allez apprendre à travailler avec les nouvelles fonctions d'intégration d'Internet Explorer et le nouveau Bureau.

Qu'y a-t-il de nouveau dans votre Bureau Windows ?

Les améliorations apportées par Internet Explorer 4 et 5, ainsi que par Windows 98 modifient la nature du Bureau Windows. Par exemple, il suffit de cliquer sur une icône pour lancer l'application correspondante. Le Poste de travail et l'Explorateur Windows ont été repensés. La barre des tâches a également été modifiée (voir Figure 2.1). Dans ce chapitre, vous apprendrez à utiliser ces nouvelles fonctions et à tirer parti des améliorations.

Le mot juste

Intégration du Bureau
Il s'agit d'un nouveau concept visant à faire fonctionner le Bureau comme une page Web. Avec l'intégration du Bureau, vous pouvez ouvrir un fichier ou lancer un programme d'un simple clic, comme si l'icône était un lien. Vous pouvez aussi placer sur le Bureau des pages Web dont le contenu sera mis à jour automatiquement. Ce concept transforme votre Bureau en centre d'informations et lui permet de s'ouvrir vers l'extérieur.

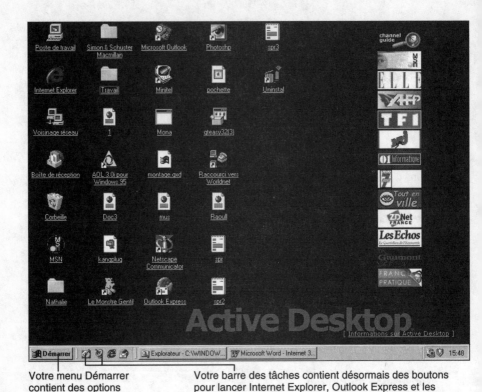

Votre menu Démarrer contient des options supplémentaires

Votre barre des tâches contient désormais des boutons pour lancer Internet Explorer, Outlook Express et les chaînes. Elle permet aussi de revenir rapidement au bureau

Figure 2.1 : *Votre Bureau Windows a changé d'aspect.*

Aperçu de la nouvelle version du Poste de travail et de l'Explorateur Windows

Les changements majeurs auxquels vous devrez vous habituer sont liés au Poste de travail et à l'Explorateur Windows. Internet Explorer a complètement changé l'aspect et le fonctionnement de ces éléments, en simplifiant l'accès aux fichiers locaux. Les sections qui suivent expliquent quels sont les changements qui ont été effectués, pour vous aider à vous repérer dans ce nouveau Bureau.

Poste de travail

Cliquez sur l'icône **Poste de travail** dans le coin supérieur gauche de la fenêtre du Bureau. La nouvelle fenêtre du Poste de travail peut afficher deux panneaux. Comme le montre la Figure 2.2, cette fenêtre affiche une barre d'outils qui s'apparente beaucoup à celles que l'on trouve dans un navigateur. D'ailleurs, elle peut être utilisée pour naviguer sur le Web. Si la barre d'outils n'est pas affichée, sélectionnez Affichage, Barre d'outils et choisissez la barre que vous voulez afficher : Boutons standards, Barre d'adresses ou Liens.

Voici comment vous accéderez désormais à vos fichiers et vos dossiers en utilisant le Poste de travail :

▓ Cliquez sur un fichier pour lancer une application ou ouvrir un document.

▓ Cliquez sur un dossier pour l'ouvrir.

▓ Ne cliquez pas sur un fichier pour le sélectionner : le fait de cliquer sur un fichier l'ouvre. Pour le sélectionner, laissez le curseur dessus. Il se mettra en surbrillance.

▓ Pour sélectionner des fichiers supplémentaires, appuyez sur **Ctrl** pendant que vous placez le curseur sur les autres fichiers que vous voulez sélectionner.

▓ Pour sélectionner un groupe de fichiers contigus, placez le curseur sur le premier fichier, appuyez sur **Maj** et placez le curseur sur le dernier fichier à sélectionner.

▓ Pour désélectionner un fichier, placez le curseur dessus.

▓ Vous pouvez aussi faire un clic droit sur un fichier sélectionné pour afficher le menu contextuel qui permet d'ouvrir, de copier, de coller et de couper un fichier.

▓ Pour renommer un fichier, cliquez dessus du bouton droit et sélectionnez **Renommer**.

▓ Vous pouvez cliquer sur le bouton **Précédente** pour revenir au dernier fichier ouvert. Si vous êtes revenu dans un dossier antérieur, cliquez sur **Suivante** pour revenir au dossier suivant.

▓ Le bouton **Dossier parent** permet de remonter d'un niveau dans la hiérarchie des dossiers.

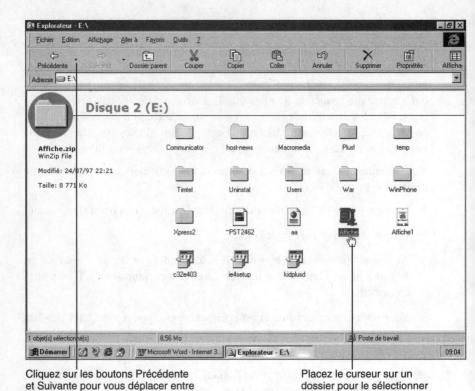

Cliquez sur les boutons Précédente
et Suivante pour vous déplacer entre
les dossiers

Placez le curseur sur un
dossier pour le sélectionner

Figure 2.2 : Le Poste de travail permet de naviguer dans le système de fichiers comme dans une page Web.

■ Le menu **Fichier** garde la trace des dossiers et des pages Web récemment ouverts ; cela permet de revenir rapidement aux derniers éléments consultés.

■ Le menu **Affichage** n'a pas tellement changé, il contient toujours des commandes qui permettent d'organiser les icônes dans la fenêtre.

La zone de texte Adresse, la barre d'outils Liens, le menu Aller à et le menu Favoris fonctionnent de la même façon que dans Internet Explorer. Vous pouvez utiliser ces contrôles pour naviguer sur le Web et dans votre disque dur.

Si le Poste de travail ouvre une nouvelle fenêtre chaque fois que vous ouvrez une page Web ou un dossier, votre Bureau risque vite de devenir un vrai capharnaüm. Ouvrez le menu Affichage, sélectionnez Options des dossiers, cliquez sur l'option Personnalisé à partir de vos paramètres et cliquez sur le bouton Paramètres. Assurez-vous que l'option Ouvrir tous les dossiers dans une fenêtre est activée. Cliquez sur OK.

Astuce

Informations sur les ressources et aide
Lorsque vous pointez l'icône d'un disque dans le Poste de travail ou dans l'Explorateur Windows, le panneau de gauche affiche la taille du disque et la quantité d'espace libre.

Explorateur Windows

L'Explorateur Windows a reçu les mêmes améliorations que le Poste de travail. Il offre l'accès aux fichiers et aux applications par un simple clic et permet d'utiliser la barre d'outils Internet Explorer pour naviguer sur le Web ou sur un intranet. Pour lancer l'Explorateur Windows, suivez ces étapes :

1. Ouvrez le menu Démarrer et sélectionnez Programmes.

2. Cliquez sur Explorateur Windows.

3. Si la barre d'outils n'est pas affichée, sélectionnez Affichage, Barres d'outils et choisissez la barre que vous voulez afficher.

Les deux panneaux utilisés dans l'Explorateur n'ont pas changé. Celui de gauche affiche la liste des lecteurs et des dossiers. Celui de droite affiche le contenu des lecteurs et des dossiers sélectionnés.

Astuce

Internet Explorer/Explorateur Windows
Vous pouvez lancer Internet Explorer à partir de la fenêtre de l'Explorateur Windows. Lancez l'Explorateur. Dans le panneau de gauche appelé Tous les dossiers, cliquez sur Interner Explorer. Le navigateur sera lancé dans le panneau droit de la fenêtre. Vous pouvez maintenant cliquer sur des liens et entrer des adresses.

Redonner leur aspect initial au Poste de travail et à l'Explorateur Windows

Si vous n'appréciez pas ces changements, vous pouvez revenir à la configuration initiale. Dans le Poste de travail ou dans l'Explorateur Windows, ouvrez le menu Affichage et sélectionnez Options des dossiers. Cliquez sur l'onglet **Général** et sélectionnez une des options suivantes :

▪ Pour que le Bureau retrouve son apparence et son mode de fonctionnement, cliquez sur l'option **Mode classique**.

▪ Pour conserver la nouvelle apparence, mais en gardant le double-clic, sélectionnez Personnalisé à partir de vos paramètres et cliquez sur le bouton **Paramètres**. Sélectionnez Affichage de contenu Web sur mon Bureau et cliquez sur l'option **Ouverture d'un élément par double-clic**. Cliquez sur **OK**.

Parcourir le Web avec le Poste de travail et l'Explorateur

Avec l'aide des barres d'outils Liens et Adresses, le Poste de travail et l'Explorateur peuvent être utilisés pour parcourir le Web. Le processus est le même qu'avec Internet Explorer :

1. Tapez l'adresse de la ressource Internet (ou intranet) à laquelle vous souhaitez accéder dans le champ Adresses et pressez **Entrée**.

2. Si vous n'êtes pas connecté, une boîte de dialogue vous demandera si vous souhaitez vous connecter. Cliquez sur **Connexion**.

La page dont vous avez tapé l'adresse apparaît dans le cadre de droite (voir Figure 2.3).

Les pages Web visitées apparaissent dans le menu Fichier, comme les fichiers. Pour revenir à une page Web précédemment visitée dans cette session, ouvrez le menu Fichier et sélectionnez-la dans la liste. Vous pouvez aussi utiliser les boutons **Suivante** et **Précédente**, comme dans Internet Explorer (voir Chapitre 4).

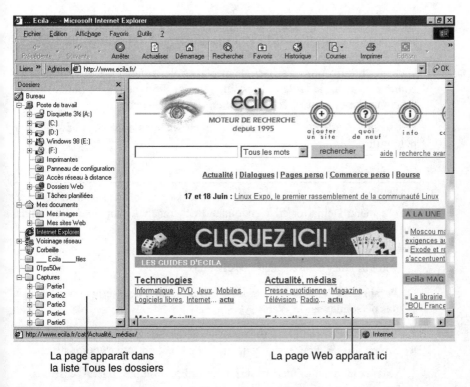

La page apparaît dans
la liste Tous les dossiers

La page Web apparaît ici

Figure 2.3 : *Vous pouvez parcourir l'Internet comme vous explorez vos fichiers.*

Astuce

Parcourir les dossiers
Vous pouvez aussi utiliser la barre Adresses pour parcourir les dossiers sur
votre machine ou sur un réseau. Entrez le chemin du dossier, C:\ventes\mai,
par exemple et appuyez sur **Entrée**.

Travail avec le Bureau actif

Le principe du Bureau actif consiste à unifier le Web, votre réseau local et
votre ordinateur. Vous pouvez configurer rapidement et de façon simple votre Bureau, pour qu'il réponde à vos besoins.

Une des fonctions majeures de ce Bureau actif permet de placer des composants de n'importe quelle taille et de n'importe quelle dimension sur votre Bureau. Ces composants peuvent être des cotations boursières, des titres déroulants, des notifications d'arrivée de messages électroniques, etc. Vous avez un contrôle total sur la taille et la position de ces éléments. Vous pouvez même les composer pour qu'ils soient régulièrement mis à jour.

Les sections suivantes vous donnent les instructions dont vous aurez besoin pour utiliser le Bureau actif.

Menu Démarrer

Il existe désormais de nouvelles commandes dans le menu **Démarrer**. Ouvrez le menu Démarrer et sélectionnez Rechercher. Le sous-menu qui apparaît contient deux nouvelles options :

- **Ordinateur.** Permet de rechercher un ordinateur sur votre réseau ou sur votre intranet pour échanger des fichiers.

- **Personnes.** Permet d'utiliser les outils de recherche Internet pour localiser des personnes sur le Web.

Par ailleurs, vous pouvez réorganiser les icônes de ce menu, simplement en les faisant glisser. Pour tester cette nouvelle fonction, suivez ces instructions :

1. Ouvrez le menu Démarrer, sélectionnez Programmes, puis Accessoires.

2. Sélectionnez Bloc-notes et faites-le glisser en bas du sous-menu. Une ligne noire horizontale apparaît, elle permet de repérer l'endroit où l'icône du bloc-notes va être placée.

3. Relâchez le bouton de la souris. Le menu Démarrer se referme.

4. Ouvrez le menu Démarrer, sélectionnez Programmes, puis Accessoires. Comme vous pouvez le constater, l'icône Bloc-notes est maintenant en bas du sous-menu.

Barre des tâches

La barre des tâches de Windows a également été modifiée. Juste à droite du bouton Démarrer se trouve une nouvelle barre d'outils. Elle contient des icônes qui permettent de lancer Internet Explorer ou Outlook Express et d'activer les chaînes. Cette barre comprend aussi un bouton appelé Bureau sur lequel vous pouvez cliquer pour revenir rapidement au Bureau lorsque vous travaillez dans des applications.

Vous pouvez contrôler cette nouvelle barre des tâches et la nouvelle barre d'outils qu'elle contient de plusieurs façons :

▪ Faites glisser la double barre verticale qui se trouve à gauche d'une barre d'état pour la redimensionner (voir Figure 2.4).

▪ Cliquez sur la double barre verticale d'une barre d'outils et faites-la glisser à droite ou à gauche d'une autre barre d'outils pour la déplacer.

▪ Faites glisser une icône ou un document sur la nouvelle barre d'outils pour y créer un bouton.

▪ Il est possible d'ajouter une barre d'outils à la barre des tâches. Cliquez du bouton droit sur un espace libre de la barre des tâches. Dans le menu contextuel, sélectionnez **Barre d'outils**. Ensuite, choisissez une des possibilités suivantes :

  – **Adresse.** Affiche la zone de texte Adresse sur la barre de tâches. Vous pouvez entrer l'adresse d'une page Web dans cette barre pour l'ouvrir.

  – **Liens.** Insère une barre dont les boutons désignent des sites intéressants sur le Web. Vous pouvez y ajouter des boutons pour vos pages favorites.

  – **Bureau.** Affiche une barre d'outils contenant des boutons pour tous les raccourcis qui figurent sur votre Bureau.

  – **Lancement rapide.** Affiche une barre d'outils vierge. En fait, cette fonction initialise la barre d'outils. Il faut donc l'utiliser avec précaution.

  – **Nouvelle barre d'outils.** Permet de transformer un dossier en barre d'outils. Par exemple, vous pouvez choisir Nouvelle barre d'outils et sélectionner Panneau de configuration dans la boîte de dialogue Nouvelle barre d'outils, afin de créer une barre d'outils qui contiendra toutes les icônes du dossier Panneau de configuration.

▪ Pour supprimer une barre d'outils, cliquez du bouton droit sur une zone vierge de la barre d'outils et choisissez **Fermer**.

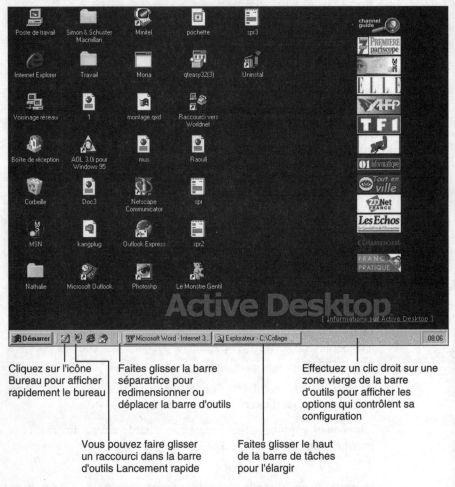

Figure 2.4 : *La nouvelle barre des tâches est beaucoup plus puissante.*

■ Pour voir des icônes plus grandes dans la barre d'outils, cliquez du bouton droit sur une zone vide de la barre d'outils et sélectionnez **Affichage, Grande**.

■ Pour activer ou désactiver les légendes des boutons de la barre d'outils, cliquez du bouton droit sur une zone vide de la barre d'outils et sélectionnez **Afficher le texte**.

■ Pour afficher le nom de la barre d'outils, cliquez du bouton droit sur une zone vide de la barre d'outils et sélectionnez **Afficher le titre**.

Comme avec le précédent Bureau, lorsque vous cliquez sur un bouton de la barre des tâches, le programme correspondant s'affiche au premier plan. En revanche, ce qui est nouveau, c'est que vous minimisez sa fenêtre en cliquant une fois de plus sur le bouton de cette application (qui est désormais au premier plan).

Activer le Bureau actif

Avant de pouvoir ajouter des *composants du Bureau* au Bureau, vous devez vous assurer que la fonction Bureau actif est activée. Si vous voyez la barre Chaînes sur votre Bureau, cette fonction est activée. Si la barre n'apparaît pas, cliquez du bouton droit sur une zone vierge du Bureau, sélectionnez **Bureau actif** et choisissez **Afficher comme une page Web**. Cette barre des chaînes a, semble-t-il, été momentanément supprimée de la version 5 d'Internet Explorer ; vous ne pourrez donc pas en bénéficier à moins d'avoir installé Windows 98 ou IE 4.

Astuce

Contenu actif
Page Web ou autre objet qui est placé sur le Bureau. Votre nouveau Bureau est composé de deux couches : une couche HTML et une couche Icône. En utilisant le HTML pour contrôler votre Bureau, Internet Explorer le transforme en page Web. Cela permet de placer des contenus actifs compatibles HTML (des cadres, par exemple).

Ajouter des contenus actifs

Pour ajouter des contenus actifs à votre Bureau, vous devez les télécharger depuis Internet en utilisant Internet Explorer. Microsoft a créé une galerie Bureau actif sur le Web, vous pouvez y télécharger des exemples de contenus. Les étapes suivantes expliquent comment accéder à cette galerie, comment télécharger des contenus actifs et comment les placer sur votre Bureau :

1. Cliquez du bouton droit sur une zone vierge du Bureau, sélectionnez **Propriétés** et cliquez sur l'onglet **Web**. Une liste de tous les contenus actifs installés s'affiche.

Laissez le pointeur de la
souris sur la barre de titre ———

Faites glisser la barre grise
pour déplacer le composant

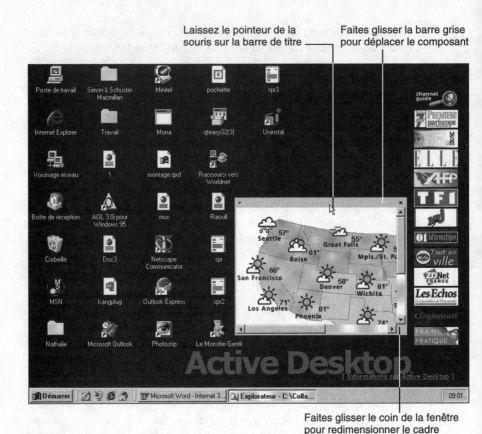

Faites glisser le coin de la fenêtre
pour redimensionner le cadre

Figure 2.5 : *Les nouveaux composants du Bureau font de votre Bureau une zone active sur laquelle vous pouvez directement recevoir des informations.*

2. Cliquez sur **Nouveau**. La boîte de dialogue Nouvel élément Bureau actif apparaît et vous demande si vous souhaitez accéder à cette galerie.

3. Cliquez sur **Oui**. Internet Explorer est lancé et se connecte à Internet, si vous n'êtes pas encore connecté. Internet Explorer charge la page qui contient la galerie Bureau actif.

4. Cliquez sur le lien qui désigne le contenu actif que vous voulez télécharger. Une autre page apparaît, elle décrit l'élément et affiche un lien pour le télécharger.

5. Cliquez sur le lien pour procéder au téléchargement et placer le contenu actif sur votre Bureau. Internet Explorer affiche quelques boîtes de dialogue pour vous demander confirmation et pour vous demander à quelle fréquence vous souhaitez mettre à jour cet élément. Complétez ces boîtes de dialogue en fonction de vos préférences.

Une fois qu'un contenu actif est sur votre Bureau, vous pouvez le déplacer ou le redimensionner. Pour déplacer un élément, pointez sa barre de titre jusqu'à ce qu'une barre grise apparaisse. Cliquez dessus et faites-la glisser. Pour redimensionner, faites glisser un des coins de son cadre. A mesure que ces éléments actifs pour le Bureau se populariseront, vous en rencontrerez un peu partout sur le Web.

Supprimer un contenu actif

Pour désactiver un contenu actif ou le supprimer, il faut un peu plus de travail que pour en ajouter. Suivez ces étapes :

1. Cliquez du bouton droit sur une zone vierge du Bureau et sélectionnez **Propriétés**. La boîte de dialogue Propriétés d'affichage apparaît.

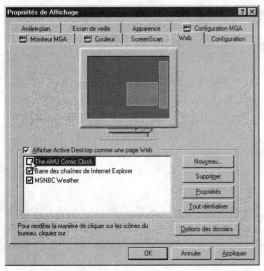

Figure 2.6 : Vous pouvez activer ou désactiver un composant du Bureau.

2. Cliquez sur l'onglet **Web**. Il contient la liste des composants actifs du Bureau (voir Figure 2.6).

3. Pour désactiver un composant, cliquez dans sa case.

4. Pour supprimer complètement un composant, sélectionnez-le et cliquez sur le bouton **Supprimer**.

Utilisation des chaînes pour explorer le Web

Avec les chaînes, vous pouvez vous brancher sur les meilleurs sites du Web. Le Guide des chaînes propose un outil de recherche des chaînes qui sélectionne les sites populaires et les place dans votre barre des chaînes. Pour passer d'un site à l'autre, il suffit de presser le bouton de la chaîne qui vous intéresse, exactement comme sur un téléviseur.

Attention

La barre des chaînes a été supprimée de la version 5 d'Internet Explorer. Si vous voulez voir à quoi elle ressemble, vous devrez effectuer une mise à jour depuis la version 4 ou travailler avec Windows 98.

Accéder aux chaînes avec Internet Explorer

Pour passer d'une chaîne à l'autre, vous devez d'abord afficher la barre des chaînes dans Internet Explorer. Cliquez sur le bouton **Chaînes** dans la barre d'outils. (Ce bouton n'existe pas dans IE 5). Tout en haut de la barre qui s'affiche se trouve le Guide des chaînes. Il permet d'ajouter des chaînes à la sélection. Suivez ces étapes pour ajouter une chaîne :

1. Dans la barre des chaînes, cliquez sur **Channel Guide** pour afficher la page Microsoft Active Channel Guide dans le panneau de droite. Une liste des catégories disponibles apparaît.

2. Cliquez sur le bouton qui correspond à la catégorie qui vous intéresse. Les différentes chaînes de cette catégorie s'affichent sous forme de liste dans le panneau de droite. Choisissez la chaîne à laquelle vous voulez vous abonner.

3. Cliquez sur le lien qui permet de s'abonner à cette chaîne. La boîte de dialogue d'abonnement s'affiche.

4. Cliquez sur le bouton de personnalisation et utilisez l'Assistant d'abonnement pour saisir les paramètres à utiliser. Voir Partie II, Chapitre 10.

5. Cliquez sur **OK**. Un bouton pour le site apparaît dans la barre des chaînes.

Astuce

Ajouter des sites qui ne sont pas des chaînes à la barre des chaînes
Vous pouvez ajouter n'importe quelle page Web à la barre des chaînes en créant un raccourci pour la page qui vous intéresse dans le dossier Favoris. Lorsque vous marquez une page pour l'ajouter à la liste Favoris, cliquez sur le bouton Créer et sélectionnez le dossier Chaînes.

Changer de chaînes

Les chaînes donnent aux développeurs Web plus de contrôle sur vos abonnements. Au lieu de permettre de sélectionner les pages auxquelles vous voulez vous abonner, les développeurs incluent une liste de pages qui sont reliées à une chaîne. Pour sélectionner une page, il suffit de cliquer sur le bouton de la chaîne souhaitée, puis de choisir la page qui vous intéresse.

Naviguer dans la fenêtre Chaînes

Lorsque vous cliquez sur une chaîne dans la barre des chaînes et que vous sélectionnez une page, Internet Explorer ouvre la page choisie en plein écran et affiche sa barre d'outils en haut. Pour revenir en mode normal, cliquez sur le bouton **Plein écran** dans la barre d'outils. Pour fermer la fenêtre, cliquez sur son bouton de fermeture (X) dans le coin supérieur droit.

Pour masquer la barre des chaînes, placez votre curseur sur la zone d'affichage de la page ouverte. La barre des chaînes glissera vers la gauche pour augmenter la taille de la zone d'affichage. Vous pouvez cliquer sur un lien de la page pour passer à une autre page, comme dans Internet Explorer. Pour afficher à nouveau la barre des chaînes, placez votre curseur le long du bord gauche de l'écran.

Gérer la barre des chaînes sur votre Bureau

La fonction Chaînes fait partie désormais intégrante du Bureau. Si vous activez la barre des chaînes, elle s'affichera sur le Bureau. Si elle n'est pas affichée, faites un clic droit sur le Bureau, choisissez **Propriétés** et cliquez sur l'onglet **Web** dans la page qui apparaît. Assurez-vous que l'option Afficher

Bureau actif comme une page Web est bien sélectionnée, vérifiez aussi que la case Barre des chaînes de Internet Explorer contient bien une coche. Cliquez sur **OK**.

Travail hors connexion

Lorsque vous êtes abonné à une chaîne ou à une page et que vous choisissez de télécharger les mises à jour, vous avez ensuite la possibilité de consulter ces documents hors connexion, ce qui permet d'économiser de l'argent sur le temps de connexion. Si votre ordinateur reste allumé durant la nuit, vous pouvez, par exemple, télécharger les mises à jour durant les heures à tarif réduit (voir Chapitre 10 de la Partie II) pour les consulter tranquillement le lendemain matin.

Lorsque vous n'êtes pas connecté à Internet, on dit que vous travailler *hors connexion*. Vous pouvez choisir de travailler hors connexion au lancement d'Internet Explorer en cliquant sur le bouton **Travail hors connexion** dans la boîte de dialogue Connexion à distance.

Si vous êtes connecté et que vous souhaitez travailler hors connexion pendant un instant, ouvrez le menu **Fichier** et sélectionnez **Travailler hors connexion**. Une icône réseau apparaît dans la barre d'état (voir Figure 2.7).Si vous sélectionnez un lien désignant une page qui n'a pas été téléchargée sur votre système, le pointeur de la souris se transforme en main avec un symbole stationnement interdit.

Attention

Le fait de passer en travail hors connexion alors que vous êtes connecté ne coupe pas la communication avec le serveur. Simplement, au lieu d'aller chercher la page qui vous intéresse sur Internet, Internet Explorer la charge depuis votre ordinateur. Pensez donc à contrôler l'icône de connexion dans la barre des tâches si vous ne voulez pas vous retrouver avec des factures téléphoniques exorbitantes.

Si vous sélectionnez une chaîne ou une autre tâche Web lorsque vous êtes hors connexion, Internet Explorer vous demandera si vous souhaitez vous connecter. Pour continuer à travailler hors ligne, cliquez sur le bouton **Rester hors connexion**. Pour vous connecter, cliquez sur **Connexion**. Vous pouvez également établir à nouveau la connexion en ouvrant le menu **Fichier** et en désactivant l'option **Travailler hors connexion**.

Aussi étrange que cela puisse paraître, si vous travaillez en ligne et que vous tentez de vous déconnecter en utilisant la commande **Travail hors connexion** dans le menu **Fichier**, vous ne serez pas réellement déconnecté. Lorsque Internet Explorer travaille hors connexion, cela signifie qu'il ne demande plus les informations auprès des serveurs Internet, *mais la connexion est toujours active*. Si vous vous connectez à Internet par le biais d'un modem, double-cliquez sur l'icône **Connexion** dans la barre des tâches et sélectionnez **Se connecter pour interrompre la connexion**.

Cette icône indique que vous travaillez hors connexion

Figure 2.7 : Travail hors connexion.

Astuce

Interruption automatique

Si vous êtes connecté à Internet par modem et que Internet Explorer détecte 20 minutes d'inactivité, il se déconnectera automatiquement. Vous pouvez ensuite continuer à travailler hors connexion ou vous reconnecter, si nécessaire.

Chapitre 3

Enregistrement et impression de pages Web

Dans ce chapitre, vous allez voir comment enregistrer une page Web par le biais d'un fichier HTML et comment l'imprimer.

Enregistrement d'une page Web

Au cours de vos pérégrinations sur le Web, vous rencontrerez des pages que vous souhaiterez conserver soit sur papier, soit sur votre disque dur. Enregistrer une page permet de la consulter ensuite hors ligne. Bien entendu, vous pouvez placer un signet (voir Partie II, Chapitres 9 et 10) sur une page et y revenir plus tard, mais en l'enregistrant, vous pourrez consulter les informations qu'elle contient sans bloquer une ligne téléphonique et à moindre coût.

Le mot juste

HTML
Le HTML (HyperText Markup Language) est un code utilisé pour la création de pages Web. Les balises HTML contrôlent la façon dont votre document apparaît. Par exemple, pour mettre du texte en gras, on utilise les balises suivantes pour activer et désactiver les caractères gras : <b>**Texte en gras**<b/>. Les balises sont aussi utilisées pour placer des ancres qui relient des documents à d'autres pages Web.

Pour enregistrer un document, vous avez le choix entre une sauvegarde complète, une sauvegarde au format HTML et une sauvegarde sous forme de texte. En enregistrant avec l'option Page Web complète, vous enregistrerez la page et les images, les sons et les animations qu'elle contient. Cette fonction est une nouveauté de IE 5. Le format HTML (qui ajoute l'extension *.htm* ou *.html* au fichier) enregistre la page Web avec l'intégralité de son code HTML. Lorsque vous ouvrirez cette page, elle apparaîtra avec la mise en forme qu'elle avait sur le Web, mais sans les images. Seuls le texte et la mise en forme de la page sont enregistrés. Tous les éléments multimédias ou graphiques doivent être enregistrés séparément.

Lorsque vous enregistrez une page sous forme de texte (extension *.txt*), le document est sauvegardé sans mise en forme.

Pour enregistrer un document Web, suivez ces étapes :

1. Ouvrez la page que vous voulez enregistrer.

2. Cliquez sur le menu **Fichier** et choisissez **Enregistrer sous** (Enregistrer en tant que fichier). La boîte de dialogue Enregistrer sous apparaît (voir Figure 3.1).

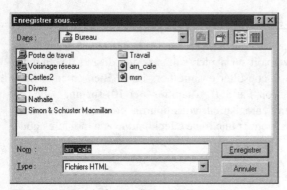

Figure 3.1 : *La boîte de dialogue Enregistrer sous.*

Astuce

Utilisez le menu contextuel

S'il y a un lien que vous souhaitez enregistrer, cliquez dessus du bouton droit et choisissez Enregistrer le lien sous ou Enregistrer la cible sous dans le menu contextuel. La même boîte de dialogue d'enregistrement s'ouvrira. Les commandes à utiliser peuvent varier en fonction du navigateur Web utilisé.

3. Sélectionnez le répertoire ou le dossier dans lequel vous souhaitez enregistrer la page.

4. Tapez le nom du fichier dans la zone de texte Nom de fichier.

5. Ouvrez la liste déroulante **Type** et sélectionnez le format dans lequel vous souhaitez enregistrer le fichier.

6. Cliquez sur le bouton **Enregistrer**. La page Web est sauvegardée.

Pour voir la page plus tard, il suffira d'ouvrir le menu **Fichier** et de choisir **Ouvrir** (**Consulter une page**). Dans la boîte de dialogue qui apparaît, cliquez sur **Parcourir** ou **Choisir le fichier** puis utilisez la boîte de dialogue Ouvrir pour localiser la page que vous souhaitez afficher. Cliquez alors sur le nom du fichier, puis sur **Ouvrir** ou **OK**. Etant donné qu'il s'agit d'un document enregistré, il n'est pas nécessaire de vous connecter pour le faire apparaître dans votre navigateur.

Astuce

Est-il possible d'enregistrer les autres éléments de la page ?
Il est très simple d'enregistrer des images, des sons et des séquences vidéo sur votre disque dur. Il est préférable d'enregistrer ces éléments en utilisant des plug-in ou des programmes d'aide associés. Utilisez la commande Fichier, Enregistrer pour sauvegarder des éléments graphiques ou sonores. Vous pouvez également faire un clic droit sur un éléments que vous souhaitez enregistrer et choisir la commande Enregistrer sous. Pour en apprendre plus sur les plug-in et les applications d'aide, consultez les Chapitres 5 à 10.

Impression d'une page Web

L'impression d'une page est encore plus simple que son enregistrement. Vous pouvez imprimer n'importe quelle page en utilisant le bouton **Imprimer** ou le menu **Fichier, Imprimer** de votre navigateur. Cependant gardez à l'esprit que beaucoup de pages Web ont une taille supérieure à la taille écran et qu'il faudra donc plusieurs pages pour les imprimer.

Suivez ces étapes pour imprimer une page Web :

1. Ouvrez la page que vous voulez imprimer dans le navigateur.

2. Ouvrez le menu **Fichier** et choisissez **Imprimer**, ou cliquez sur le bouton **Imprimer** de la barre d'outils. La boîte de dialogue Impression s'ouvre (voir Figure 3.2).

3. Assurez-vous que l'option **Tout** est activée dans la zone Etendue d'impression.

4. Cliquez sur **OK** pour imprimer la page.

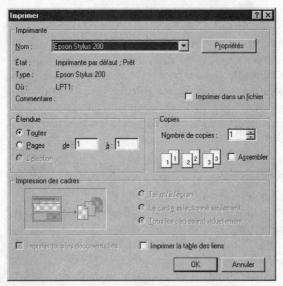

Figure 3.2 : La boîte de dialogue Impression.

Modifier les préférences d'impression

Le document est imprimé par défaut en 21 x 29,7 avec un en-tête qui contient le titre de la page et son URL, ainsi qu'un pied de page avec le numéro de la page et la date d'impression. Si vous voulez modifier les paramètres d'impression, faites **Fichier, Mise en page**.

La fenêtre Mise en page (voir Figure 3.3) peut varier en fonction de votre système d'exploitation. Les options proposées ne seront pas forcément les mêmes et si elles sont identiques, leur présentation peut être différente. Les utilisateurs de Macintosh, par exemple, peuvent contrôler l'orientation du papier et la qualité du support, ce que ne peuvent pas faire les utilisateurs Windows.

Vous souhaiterez peut-être imprimer une page avec les paramètres par défaut, dans un premier temps, pour mieux vous rendre compte des changements que vous apporterez par la suite. Il est possible d'effectuer un aperçu avant impression pour se rendre compte du résultat d'une modification de la mise en page. Vous verrez comment procéder dans la section suivante.

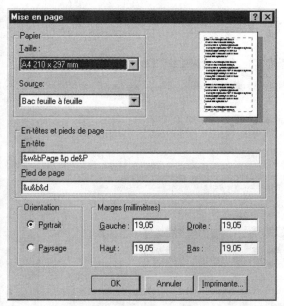

Figure 3.3 : *La boîte de dialogue Mise en page permet de contrôler l'impression.*

Astuce

Utiliser les contrôles de votre imprimante
Vous pouvez aussi contrôler la mise en page en utilisant les paramètres de votre imprimante. Si vous utilisez Windows 95/98, ouvrez la fenêtre de propriétés de votre imprimante et configurez les différentes options en fonction de vos besoins.

Aperçu avant impression

Il est intéressant d'utiliser l'aperçu avant impression pour voir si les graphismes apparaîtront, si les listes à puces seront alignées et pour savoir de combien de pages vous aurez besoin.

Pour avoir un aperçu de votre page, suivez ces étapes :

1. Ouvrez le menu **Fichier** et choisissez **Aperçu avant impression** (ou une commande similaire dans votre navigateur). Une fenêtre s'ouvre. La Figure 3.4 montre la fenêtre d'aperçu avant impression dans Netscape Navigator.

243

2. Utilisez les boutons **Suivante** et **Précédente** pour voir les différentes pages du document Web.

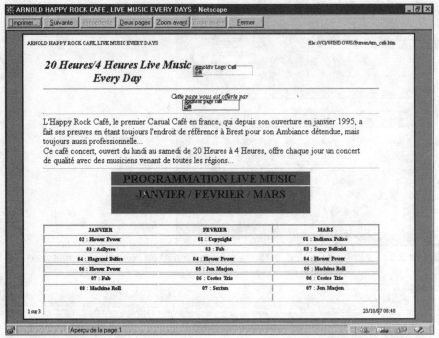

Figure 3.4 : *La fenêtre d'aperçu avant impression de Netscape Navigator.*

3. Cliquez sur le bouton **Deux pages** si vous souhaitez voir deux pages à la fois.

4. Pour voir de plus près votre page, utilisez le bouton **Zoom avant**. Pour revenir à un affichage normal, utilisez le bouton **Zoom arrière**.

5. Pour imprimer la ou les page(s), cliquez sur le bouton **Imprimer**.

6. Pour quitter l'aperçu, cliquez sur le bouton **Fermer**.

Affichage des documents enregistrés

Que peut-on faire avec un document enregistré ? On peut l'ouvrir dans un éditeur HTML, comme Netscape Composer ou FrontPage, et y apporter des changements. Vous pouvez, par exemple, enregistrer un document trouvé sur le Web, y apporter quelques modifications et le transmettre à un collègue.

Vous pouvez aussi ouvrir un document pour voir comment il a été créé et apprendre à utiliser les balises HTML. Si vous décidez de créer votre propre page Web, cette technique est une source d'informations intéressante.

Pour examiner un document téléchargé sur le Web et son code source, suivez ces étapes :

1. Chargez la page dont le script vous intéresse dans votre navigateur.

2. Ouvrez le menu **Affichage** et choisissez **Source** (ou Source de la page). Le document sera ouvert dans une nouvelle fenêtre où vous pourrez étudier le code HTML (voir Figure 3.5).

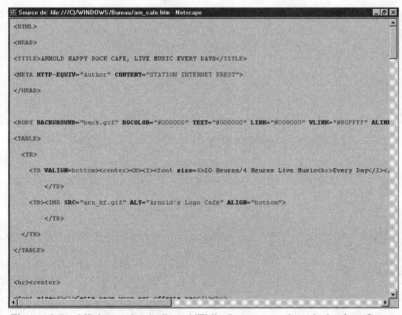

Figure 3.5 : Affichage des balises HTML d'une page dans la fenêtre Source de la page.

3. Faites défiler la page pour voir les différents styles de balises et comment elles sont utilisées.

4. Pour quitter cette fenêtre, cliquez sur le bouton de fermeture (X) de la fenêtre.

Chapitre 4

Sons, images et vidéos

Dans ce chapitre, vous allez apprendre à afficher des images et à exécuter des fichiers multimédias, comme des fichiers audio et des séquences vidéo.

Exécution de fichiers médias

Au cours de vos explorations, vous avez sans doute remarqué que votre navigateur Web peut afficher la plupart des graphismes que vous avez rencontrés. Lorsque vous ouvrez une page qui contient des graphismes, le navigateur les affiche comme s'il s'agissait d'images insérées dans un document de traitement de texte.

La plupart des navigateurs peuvent aussi exécuter des fichiers audio standards. Si vous ouvrez un fichier qui contient un arrière-plan sonore, le navigateur le joue et ne pose pas de questions. La même chose se produit si vous cliquez sur un lien qui pointe vers un fichier audio. De même, si vous chargez un fichier vidéo classique (AVI ou MOV), le navigateur affichera la séquence dans son panneau de visualisation ou dans une fenêtre séparée.

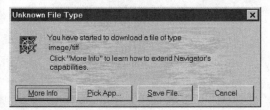

Figure 4.1 : *Lorsque votre navigateur ne peut exécuter un type de fichier, il affiche cette boîte de dialogue.*

En revanche, si vous cliquez sur un lien vers un fichier qu'un navigateur ne peut exécuter, un message s'affichera pour vous indiquer que ce type de fichier ne peut être exécuté (voir Figure 4.1). Vous devrez alors installer un programme particulier pour exécuter les fichiers de ce genre. Dans ce chapitre, nous ne parlerons que des fichiers que votre navigateur peut gérer. Dans les Chapitres 5 à 10, vous verrez comment obtenir et utiliser les applications nécessaires à l'affichage de certains fichiers.

Le mot juste

Utilitaires et modules externes

Les utilitaires et les modules sont proposés dans différents kits. Autrefois, les navigateurs utilisaient les modules d'aide uniquement pour gérer les types de fichiers qu'ils ne pouvaient exécuter. Les modules d'aide sont petits, autonomes et conçus pour s'exécuter rapidement. Depuis peu, les navigateurs ont commencé à utiliser les modules externes et les contrôles ActiveX pour développer leurs capacités à lire le plus de types de fichiers possibles.

Fichiers médias exploitables par un navigateur

Votre navigateur peut exécuter plusieurs types de fichiers médias sans aide extérieure. Il peut afficher des images au format GIF et JPG, des applets Java et la plupart des séquences audio. Les Tableaux 4.1 et 4.2 contiennent la liste des fichiers qu'Internet Explorer et Netscape Navigator peuvent exécuter.

Tableau 4.1 : *Types de fichiers que Netscape Navigator peut exécuter*

Programme ou module	Description	Type de fichier
Netscape Navigator	Navigateur Web	.html (page Web) .gif (image) .jpg, .jpeg, .jpe (image) .txt (texte seulement) Applets Java JavaScript
Cosmo Player	VRML (univers virtuels)	.wrl .wrz
Netscape Media Player	Lecteur audio	.lam
QuickTime	Lecteur vidéo	.mov
NPAVI32DLL	Lecteur vidéo	.avi
Live Audio	Lecteur audio	.au .aif, .aiff .wav .mid, .midi .la, .lma

Tableau 4.2 : *Types de fichiers qu'Internet Explorer peut exécuter*

Programme ou module	Description	Type de fichier
Internet Explorer	Navigateur Web	.html, .htm (page Web)
		.txt (texte seulement)
		.gif (image)
		.jpg, .jpeg, .jpe, .jfif (image)
		.xbm (image)
		.au
		.aif, .aiff, .aifc
		.snd, .wav
		.mid, .midi, .rmi
		Applets Java
		JavaScriptVRML
ActiveMovie	Lecteur vidéo	.avi, .mpeg, .mov
ActiveX VRML	Lecteur VRML	.wrl
		.wrz

Afficher des images et travailler avec

Votre navigateur est donc capable de distinguer la plupart des images que vous rencontrerez sur le Web. Il suffit d'ouvrir une page Web avec des images pour que le navigateur les affiche (voir Figure 4.2). Avec Internet Explorer et Netscape Navigator, vous avez la possibilité de travailler avec les images :

■ Si l'image est petite, vous pouvez parfois cliquer dessus pour l'afficher à sa taille réelle dans une fenêtre séparée.

■ Pour enregistrer une image, cliquez dessus du bouton droit et choisissez **Enregistrer l'image sous** (ou une commande équivalente). Avec un Macintosh, faites un clic pour afficher ce menu.

■ Pour utiliser une image comme papier peint, sélectionnez **Etablir en tant que papier peint**. Avec un Macintosh, cliquez pour afficher ce menu.

Jouer des séquences audio

Il y a peu de temps encore, pour écouter des sons sur le Web, vous deviez ajouter un complément à votre navigateur afin qu'il puisse les gérer. Aujourd'hui, les navigateurs sont capables d'exécuter seuls la plupart des fichiers son

(AIF, AIFF, MID, MIDI, SND et WAV). Parfois la séquence sonore est configurée pour démarrer au chargement de la page. Dans d'autres cas, vous devrez cliquer sur un lien pour lancer le fichier.

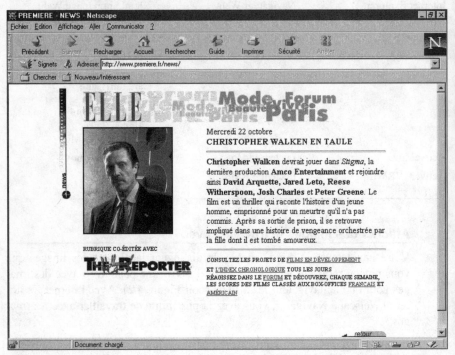

Figure 4.2 : *Le navigateur affichera la plupart des fichiers graphiques incorporés dans les pages Web.*

Internet Explorer 5 propose désormais deux nouvelles fonctions audio. Il contient une nouvelle barre d'outils appelée Radio. Elle permet d'accéder à des radios en ligne en cliquant sur le bouton Stations de radio et en sélectionnant Guide des stations de radio. IE 5 et Windows 98 sont également fournis avec un nouveau lecteur multimédia, Windows Media Player. Ce dernier peut lire un très grand nombre de fichiers audio (dont le MP3) et vidéo. De ce fait, l'utilisation de modules se fait plus rare.

Lorsque vous cliquez sur un lien pour jouer un fichier audio, le navigateur affiche son lecteur audio dans une fenêtre séparée. Vous pourrez y ajuster le volume, la balance et rejouer la séquence (voir Figure 4.3). Pour trouver des séquences audio, utilisez un moteur de recherche et tapez audio ou audio clip. Vous pouvez aussi essayer l'un des sites suivants :

- Richard Nixon Audio Archives:
  http://www.webcorp.com/sounds/nixon .htm ;

- Jammin Reggae Archives : **http://niceup.com** ;

- Star Wars : Echo Base :
  http://www.azstarnet.com/~newmann/starwars .html ;

- Sound Site : **http://www.niagara.com/~ndp/soundsite/**.

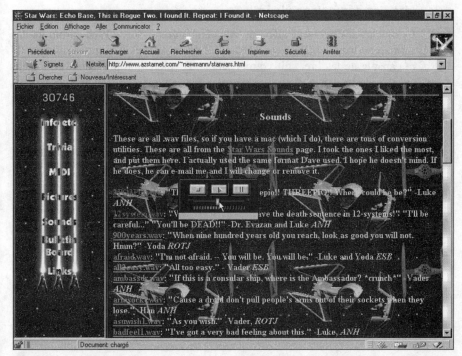

Figure 4.3 : *La plupart des navigateurs intègrent des fonctions audio.*

Astuce

Séquence audio en temps réel

Pour exécuter la plupart des fichiers son classiques, le navigateur doit télécharger intégralement le fichier avant de le diffuser. Il existe des lecteurs audio téléchargeables, comme Windows Media Player, qui jouent les sons à mesure qu'ils les reçoivent. Avec ce genre de lecteur, on parle donc de séquence audio en temps réel. Pour accéder aux fonctions audio en temps réel, vous devrez installer un module d'aide, un module externe ou un contrôle ActiveX.

Lire des séquences vidéo

La plupart des fichiers vidéo que vous rencontrerez sur le Web auront un des formats suivants : MPEG (ou MPG), MOV ou AVI. Soit votre navigateur sera capable de les lire, soit votre système d'exploitation possédera un lecteur capable de les gérer. Pour exécuter des formats moins répandus, comme les fichiers VDO, vous aurez besoin de modules spéciaux. Pour les fichiers VDO, vous aurez besoin de VDOLive. RealVideo et QuickTime sont deux autres lecteurs vidéo répandus.

Pour lire un fichier vidéo, il suffit de cliquer sur le lien qui le désigne. Le lecteur affiche généralement la séquence dans sa propre fenêtre (voir Figure 4.4). Vous trouverez des fichiers vidéo aux adresses suivantes :

- Hollywood Online : **http://www.hollywood.com ;**

- Paramount : **http://www.paramount.com** ;

- MGM : **http://www.mgm.com** ;

- Movie Trailers :
  http://www.miracles.win-uk.net/Movies.html.

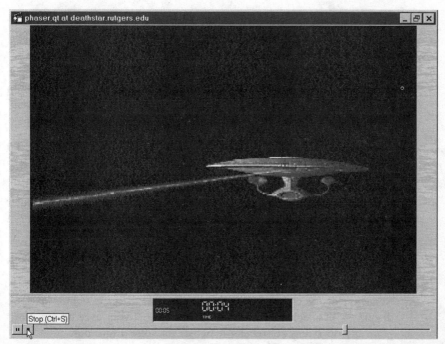

Figure 4.4 : *Le lecteur vidéo commence à lire la séquence téléchargée.*

Attention

Gros fichiers, faible qualité

Bien que les fichiers vidéo soient diffusés sous forme compressée, ils prennent beaucoup de place. Au début, vous aurez peut-être l'impression de charger des fichiers énormes et vous risquez d'être déçu en voyant s'afficher une séquence de 20 secondes dans une petite fenêtre, avec une qualité très moyenne. Ne vous attendez pas à trouver des séquences de haute qualité sur le Web.

Exécution des fichiers que votre navigateur ne peut exécuter

Si vous cliquez sur un lien qui désigne un fichier que vous ne pouvez exécuter, le navigateur affichera une boîte de dialogue pour vous prévenir qu'il ne peut effectuer l'action demandée. Il se peut aussi que le message indique de quel type d'utilitaire vous avez besoin pour ce genre de fichier et vous propose de le récupérer. Effectuez un des choix suivants :

■ Dans Netscape Navigator, vous verrez peut-être une boîte de dialogue avec un bouton appelé **Retirer le module externe**. Cliquez sur ce bouton pour accéder à la page des modules de Netscape afin de récupérer celui qui vous manque. Reportez-vous au Chapitre 5 pour plus d'informations.

■ Dans Netscape Navigator, si vous voyez une boîte de dialogue avec un bouton baptisé **Plus d'informations**, cliquez dessus pour accéder à la page des modules de Netscape.

■ Dans Internet Explorer, s'il se trouve un contrôle ActiveX pour exécuter ce genre de fichier, une boîte de dialogue vous demande de télécharger et d'installer le contrôle.

■ La plupart des pages contenant des fichiers spéciaux proposent des liens qui permettent de télécharger les modules et les lecteurs adéquats.

■ Si aucune de ces techniques ne fonctionne, enregistrez le fichier sur votre disque dur et téléchargez plus tard l'utilitaire dont vous avez besoin. Vous pourrez alors ouvrir et exécuter le fichier sur votre disque dur.

Chapitre 5

Maîtrise du multimédia grâce aux modules

Dans ce chapitre, vous allez voir comment augmenter les possibilités multi-médias de Netscape Navigator et d'Internet Explorer grâce aux modules.

Définition d'un module

Un *module* est un programme spécial qui augmente les capacités du naviga-teur. Vous pouvez ajouter des modules pour accéder aux univers virtuels en 3D, pour écouter des séquences audio en direct, etc. Il existe de très nom-breux modules pour Netscape Navigator ; ils peuvent être téléchargés à partir de nombreux sites. Vous verrez comment charger les compléments les plus courants dans les chapitres suivants. Une fois que le module est téléchargé et installé, Netscape Navigator l'utilise comme s'il était complètement intégré.

Les modules fonctionnent de trois façons : ils peuvent se placer sur la page Web, occuper tout l'écran et masquer les autres fenêtres ou s'exécuter en ar-rière-plan et être masqué. Toutefois, pour l'utilisateur, cela ne change rien, les fonctions sont complètement intégrées. Il n'est donc pas nécessaire d'appren-dre des commandes complémentaires.

Localisation des modules

La technique la plus simple pour trouver un module consiste à lancer un fi-chier que le navigateur ne peut exécuter. Netscape Navigator 4.0 est configu-ré pour vous indiquer de quel module vous avez besoin lorsque vous ne par-venez pas à exécuter un fichier. Dans ce cas de figure, il affichera la boîte de dialogue Module externe non chargé et vous demandera si vous souhaitez télécharger le module approprié. Suivez ces étapes pour que Netscape vous aide à rechercher des modules :

1. Ouvrez une page qui contient un type de fichier média que vous voulez exécuter. Par exemple, allez à la page d'accueil de RealAudio

(**http://realguide.real.com/**) et cliquez sur les liens pour trouver une page avec un contenu RealAudio.

2. Cliquez sur un lien qui pointe vers un fichier RealAudio. Le navigateur affichera la boîte de dialogue Module externe non chargé (voir Figure 5.1) ou Type de fichier inconnu.

3. Effectuez l'une des opérations suivantes :

   – Dans la boîte de dialogue Module externe non chargé, cliquez sur **Retirer le module externe**.

   – Si la boîte de dialogue Type de fichier inconnu apparaît, cliquez sur le bouton **Plus d'informations** pour afficher la page de recherche de modules de Netscape. Le navigateur ouvrira une nouvelle fenêtre dans laquelle il affichera cette liste de modules.

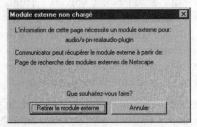

Figure 5.1 *: Dans la plupart des cas, le navigateur vous aidera à trouver le module que vous cherchez.*

4. Suivez la succession des liens vers la page de téléchargement et suivez les instructions à l'écran.

5. Une fois parvenu au site de téléchargement, sélectionnez le module qui vous intéresse et cliquez dessus. La boîte de dialogue Enregistrer sous apparaît alors.

6. Indiquez où vous voulez que le fichier soit stocké et cliquez sur **Enregistrer**.

Dans la plupart des cas, une fois que le fichier est téléchargé, il suffit de double-cliquer dessus pour lancer l'installation. Si le processus est plus compliqué, vous trouverez des informations au sujet de l'installation sur le site de téléchargement. En cas de problème, relisez les instructions qui figurent sur le site.

Astuce

Le supermarché du module
Vous trouverez la plupart des modules pour Netscape Navigator aux adresses suivantes : **http://www.stroud.com** et **http://www.tucows.com**. Ces deux sites contiennent une liste des navigateurs, des modules et des contrôles ActiveX, ainsi que de nombreux liens. Lors du téléchargement, faites attention de télécharger la version du module qui correspond à votre plate-forme.

Installation des modules

L'installation d'un module est aussi simple que l'installation du navigateur.

Astuce

Module externe, module d'aide ou contrôle ActiveX ?
De nombreux lecteurs sont disponibles sous forme de modules externes, de modules d'aide ou de contrôles ActiveX. Lorsque vous choisissez le format à utiliser, gardez cela à l'esprit : un module externe fonctionnera en général dans la fenêtre du navigateur, et sera donc simple à utiliser. En revanche, les modules d'aide sont moins simples, car vous pouvez les utiliser avec n'importe quel fichier compatible (hors de Navigator).

Gardez aussi à l'esprit que si vous avez un module (comme Live3D) et un module d'aide (comme WebSpace) qui gèrent le même type de fichier (.vrml), Navigator utilisera le module en priorité. Pour que le programme utilise le module d'aide, vous devez désinstaller le module. Vous pouvez aussi enregistrer le fichier et le rouvrir après dans le module d'aide.

Pour installer la plupart des modules, suivez ces étapes :

1. Ouvrez le gestionnaire de fichier ou l'Explorateur et double-cliquez sur le fichier du module.

2. Suivez les instructions à l'écran.

3. Un message indique que l'installation est terminée. Cliquez sur OK.

4. Quittez le navigateur et redémarrez-le pour activer le complément.

Astuce

Quels sont les modules installés ?
Pour connaître la liste des modules installés, cliquez sur l'aide (?) dans Netscape Navigator et choisissez A propos des modules externes. Une liste des modules et leur état s'affichera. Si vous voulez plus d'informations sur les modules, cliquez sur le lien Cliquez ici qui figure en haut de la page.

Utilisation des modules avec Internet Explorer

Internet Explorer reconnaît les modules conçus pour Netscape Navigator. Le programme d'installation des modules recherche en général les différents navigateurs présents sur votre système et place les modules dans les dossiers appropriés.

Cependant, si vous avez installé un nouveau navigateur après avoir installé vos modules, vous pouvez copier les modules de Netscape Navigator dans Internet Explorer. Il suffit de copier les fichiers de modules de Netscape (\Program Files\Netscape\Communicator\Program\Plugins) dans le répertoire des modules d'Internet Explorer. Les modules fonctionneront alors automatiquement dans Internet Explorer.

Si vous téléchargez un nouveau module, vous pouvez l'installer pour qu'il fonctionne avec Internet Explorer. Lancez le fichier comme cela a été expliqué précédemment. Lorsque le programme vous demande où vous voulez installer le module, sélectionnez le répertoire Plugins de Internet Explorer.

Chapitre 6

Exécution de contenus actifs avec les contrôles ActiveX

Dans ce chapitre, vous allez apprendre à ajouter des capacités de lecture média à Internet Explorer et à Netscape Navigator en utilisant les contrôles ActiveX.

Définition d'ActiveX

ActiveX est une technologie qui permet aux développeurs de pages Web de placer toutes sortes d'animations, de programmes, et d'autres objets sur des pages Web pour que vous puissiez interagir avec. ActiveX est composé des cinq éléments suivants :

■ **Les contrôles ActiveX.** Sortes de modules. Ils résident sur votre ordinateur et permettent à Internet Explorer d'exploiter des composants ActiveX. Par exemple, Internet Explorer contient un contrôle ActiveMovie qui lui permet d'exécuter la plupart des séquences vidéo.

■ **Les documents ActiveX.** Documents que vous pouvez ouvrir dans n'importe quelle application qui reconnaît ActiveX. Par exemple, vous pouvez ouvrir un document Word ou une feuille de calcul Excel directement dans Internet Explorer.

Astuce

Essayez !
Si vous avez Word ou Excel et Internet Explorer 4 ou 5, faites glisser l'icône d'un fichier Word ou Excel dans la zone d'affichage d'Internet Explorer. Le document s'affichera exactement comme dans son application native, avec les mêmes barres d'outils et de menus.

■ **Les scripts ActiveX.** Conçus dans un langage de programmation qui permet aux développeurs d'écrire et d'insérer de petites applications dans les pages Web, en coordination avec d'autres composants ActiveX. JavaScript et VBScript sont les deux langages de programmation ActiveX.

■ **La machine virtuelle Java.** Permet à n'importe quel navigateur qui supporte ActiveX d'exécuter des applets Java. Elle permet aussi aux développeurs d'intégrer des applets Java dans des composants ActiveX. Reportez-vous au Chapitre 8 pour plus de détails.

■ **ActiveX Server Framework.** Offre plusieurs fonctions complémentaires aux serveurs Web, y compris l'amélioration de la sécurité et l'accès à des bases de données. (Ce composant ne vous concerne pas, à moins que vous ne soyez l'administrateur Web d'une société.)

Les contrôles ActiveX intégrés dans Internet Explorer

Internet Explorer est livré avec plusieurs contrôles ActiveX pour exécuter les composants ActiveX que l'on rencontre souvent dans les pages Web. Voici la liste des contrôles qui sont inclus :

■ **ActiveMovie.** Lit la plupart des fichiers audio ou vidéo (AVI, Quick-Time, MPEG, WAV, AU, AIFF et MIDI). Ces contrôles sont présents si vous effectuez l'installation intégrale d'Internet Explorer 4.0.

■ **DirectX.** Permet aux pages Web d'exploiter au maximum les périphériques de votre système.

■ **Sequencer.** Contrôle le minutage des événements sur les pages.

■ **Structured graphics.** Permet d'afficher de petites images de haute qualité, qui peuvent être redimensionnées ou que l'on peut faire pivoter.

■ **Sprite.** Permet d'exécuter des images animées.

■ **Sprite buttons.** Affiche des boutons qui peuvent avoir deux ou plusieurs états (Ouvert/Fermé, par exemple).

■ **Path.** Permet à des objets de se déplacer à travers un chemin en deux dimensions.

■ **Mixer.** Mixe deux ou plusieurs fichiers WAV.

■ **Effects.** Applique un filtre graphique pour modifier les images d'une page.

- **Transitions.** Permet à un objet sur une page, ou à la page elle-même de changer dans le temps.

- **Behaviors.** Permet aux développeurs d'appliquer des contrôles de haut niveau sur différents objets dans une page.

- **Hot spot.** Définit des régions d'une page Web qui agissent comme des «points chauds» sur lesquels vous pouvez cliquer.

Obtenir des contrôles ActiveX supplémentaires

Etant donné que les développeurs utilisent de plus en plus de contrôles ActiveX sur leurs pages Web, il se peut que vous rencontriez des composants pour lesquels vous n'avez pas les contrôles requis. Dans ce cas, Internet Explorer essaiera de télécharger le contrôle depuis la page qui contient ce composant. Pour des raisons de sécurité, Internet Explorer vérifie que le contrôle provient d'une source sûre. Attendez qu'une boîte de message s'affiche (voir Figure 6.1) et cliquez sur **Oui**.

Figure 6.1 : Internet Explorer vous demande confirmation avant de télécharger et d'installer un contrôle ActiveX.

Attention

Sécurité

Pour vous aider à vérifier que le contrôle ActiveX que vous téléchargez provient d'une source sûre, la plupart des sociétés signent électroniquement leurs logiciels. Lorsque vous cliquez sur un lien vers un contrôle ActiveX qui a été signé, une boîte de dialogue d'authentification, Authenticode Security Technology, apparaît et indique que le contrôle est sain. S'il n'a pas été signé, vous verrez s'afficher une autre boîte de dialogue, elle indiquera que le contrôle n'a pas été authentifié et que l'on ne peut, par conséquent, garantir qu'il soit sain. Vous avez alors le choix entre continuer le téléchargement ou l'interrompre.

Dans certains cas, si Internet Explorer n'a pas le contrôle ActiveX requis, il chargera automatiquement une page qui le contient ou une page à partir de laquelle vous pourrez le chercher. Suivez les liens et les instructions pour télécharger et installer les contrôles.

Astuce

Des contrôles ActiveX en gros !
Vous trouverez de nombreux contrôles ActiveX à l'adresse :
http://www.software.net/components/active.htm.

Exemples de contrôles ActiveX

Vous pourrez aussi trouver des contrôles ActiveX sur le site clnet dans la Galerie ActiveX (**http://www.activex.com**). Suivez ces étapes :

1. Allez sur le site clnet à l'adresse : **http://www.activex.com**.

2. Sous Control Library, cliquez sur le lien Browser Enhancements. Une liste des contrôles ActiveX les plus répandus s'affichera.

3. Sélectionnez le contrôle sur lequel vous souhaitez en savoir plus et que vous voulez télécharger. Lorsque vous téléchargez un contrôle, Internet Explorer le place automatiquement dans le dossier Windows/Downloaded Program Files. Il n'est pas nécessaire de lancer l'utilitaire d'installation.

Au moment de l'écriture de ce livre, Microsoft proposait quelques contrôles ActiveX (voir Figure 6.2) et donnait des liens vers cent contrôles supplémentaires créés par d'autres sociétés. Les contrôles ActiveX Microsoft sont les suivants :

- **Label.** Affiche le texte en fonction de n'importe quel angle sur la page, ce qui permet d'effectuer des rotations avec le texte.

- **Marquee.** Affiche une sélection qui fait défiler le contenu horizontalement ou verticalement sur la page.

- **MCSiMenu.** Affiche des menus contextuels complets avec des sous-menus. Les développeurs peuvent placer les menus sur une page pour faire réagir cette dernière comme un programme Windows.

- **Microsoft Agent.** Permet à Internet Explorer de lire des caractères animés et d'autres éléments.

- **Microsoft Interactive Music.** Permet de jouer des séquences audio intégrées aux pages en arrière-plan.

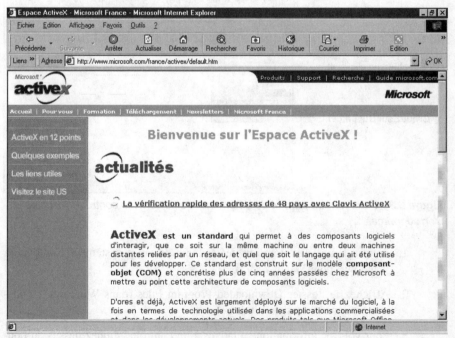

Figure 6.2 : Visitez la galerie ActiveX de Microsoft.

▓ **Stock Ticker.** Permet aux développeurs de placer une bande défilante sur leurs pages Web. Les données qu'affiche cette bande peuvent être mises à jour régulièrement pour afficher un texte différent au bout de quelques minutes, par exemple.

Suppression de composants ActiveX

Autrefois, Internet Explorer plaçait les contrôles ActiveX dans le dossier système de Windows, ce qui les rendait particulièrement difficiles à retrouver. Aujourd'hui, ils sont placés dans leur propre dossier, il est donc aisé d'en faire l'inventaire et de supprimer ceux qui ne vous intéressent pas. Suivez ces étapes pour afficher les contrôles et apprendre à supprimer ceux dont vous n'avez pas besoin :

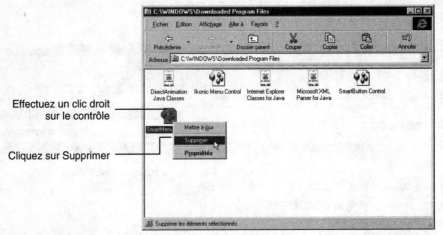

Figure 6.3 : *Cette fenêtre permet de déterminer quels sont les contrôles installés et d'en supprimer.*

1. Lancez l'outil d'exploration des fichiers de votre système (l'Explorateur Windows, pour Windows 95).

2. Affichez le dossier Downloaded Program Files (dans Windows, ce dossier est dans le dossier Windows).

3. Pour voir les informations relatives à un contrôle, cliquez dessus du bouton droit et sélectionnez Propriétés.

4. Pour supprimer un contrôle, cliquez dessus du bouton droit et choisissez Supprimer (voir Figure 6.3).

Utilisation des contrôles ActiveX dans Netscape Navigator

Pour utiliser les contrôles ActiveX, Netscape Navigator a besoin d'un module spécial appelé ScriptActive. Pour installer ce module, opérez de la manière suivante :

1. Lancez le navigateur.

2. Ouvrez la page d'accueil NCompass à l'adresse :

   http://www.ncompasslabs.com.

3. Cliquez sur le lien ScriptActive. Vous serrez connecté à la page du même nom.

4. Suivez les instructions de téléchargement et d'installation.

Une fois que ScriptActive est installé, vous pouvez télécharger et installer des contrôles ActiveX. Vous les utiliserez alors exactement comme dans Internet Explorer. ScriptActive inclut aussi les fonctions de DocActive, un module qui permet à Netscape Navigator d'ouvrir des documents ActiveX (créés dans Word, Excel, PowerPoint ou n'importe quelle autre application compatible avec ActiveX).

Chapitre 7

Installation et utilisation de modules d'aide

Dans ce chapitre, vous allez apprendre à configurer votre navigateur pour qu'il utilise des modules d'aide.

Définition d'un module d'aide

Un module d'aide est semblable à un module externe ou à un contrôle ActiveX puisqu'il étend les possibilités de votre navigateur. Cependant, il fonctionne un peu différemment.

Contrairement aux modules externes et aux contrôles ActiveX, dont le fonctionnement est intégré au navigateur, les modules d'aide travaillent indépendamment. Un module d'aide peut être spécialisé dans la gestion d'un certain type de fichier (MPEG ou WAV, par exemple). Lorsque votre navigateur rencontrera un fichier de ce genre, il lancera le module d'aide approprié qui exécutera le fichier. Le module d'aide affichera le fichier dans sa propre fenêtre et non dans la fenêtre du navigateur (voir Figure 7.1).

Figure 7.1 : *Le module d'aide affiche le contenu du fichier dans sa propre fenêtre.*

Etant donné que les modules d'aide fonctionnent dans leur propre fenêtre, ils peuvent être utilisés de façon autonome, dans des contextes différents de la navigation Web. Par exemple, vous pouvez installer LView Pro comme module d'aide pour afficher les fichiers images. Vous pourrez l'utiliser hors ligne pour ouvrir des images que vous aurez enregistrées sur votre disque, pour les modifier et même pour les employer dans vos propres pages Web. Cependant, si vous voulez juste afficher des images (sans les améliorer ou les afficher hors ligne), laissez faire votre navigateur Web, c'est plus pratique.

Astuce

Que choisir ?
Si vous cherchez seulement un moyen d'exécuter des fichiers médias, les modules externes ou les contrôles ActiveX sont le meilleur choix. En revanche, si vous voulez travailler en n'étant pas connecté avec les éléments que vous téléchargez, il est préférable d'utiliser des modules d'aide.

Recherche de modules d'aide sur le Web

Vous trouverez des liens vers la plupart des modules d'aide sur le site anglophone Stroud. Pour vous connecter à la liste des liens que ce site propose, suivez ces étapes :

1. Lancez votre navigateur Web et allez à l'adresse :

   http://www.stroud.com.

2. Faites défiler la page pour voir le menu principal (Main Menu), comme dans la Figure 7.2. Si vous ne voyez pas ce lien, cliquez sur la grosse image appelée Stroud's Consummate Winsock Applications en haut de la page. Ce menu contient une liste des applications Internet regroupées par catégories.

3. Cliquez sur la catégorie qui correspond au type de module d'aide que vous recherchez. Par exemple, cliquez sur Audio Apps si vous cherchez à exécuter des fichiers son et cliquez sur Graphic Viewers pour obtenir des applications qui chargent des fichiers graphiques. Lorsque vous cliquez sur une catégorie, le site affiche une liste des applications les plus répandues dans cette catégorie.

4. Lorsque vous êtes prêt à télécharger un fichier, cliquez sur le lien situé à côté de Location et suivez les instructions pour trouver le site de téléchargement.

5. Faites un clic droit sur le lien et utilisez la commande Enregistrer (elle peut avoir un nom différent en fonction du navigateur utilisé).

6. Utilisez la boîte de dialogue Enregistrer sous pour sélectionner un lecteur et un répertoire dans lequel stocker le fichier. Cliquez sur le bouton Enregistrer.

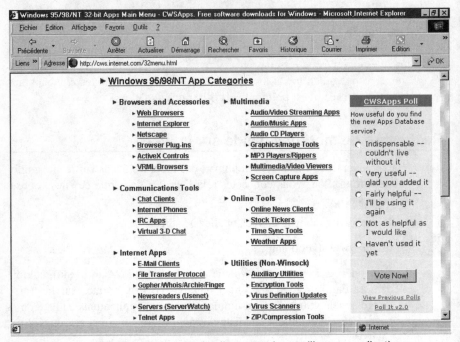

Figure 7.2 : *Le site Stroud propose des liens vers les meilleures applications Internet.*

Attention

Vérifiez la version

Faites attention de bien choisir une version du module d'aide adaptée à votre plate-forme. Si le site Stroud ne fait pas la différence entre les différentes versions, en revanche, les zones de téléchargement affichent des formulaires qui permettent de sélectionner la bonne version du produit.

Astuce

Autres sites de modules d'aide
Bien que le site Stroud soit un des plus complets, vous pouvez aussi aller jeter un œil aux adresses suivantes :
http://www.tucows.com ;
http://www.shareware.com ;
http://www.windows95.com.

Installation de modules d'aide

Parmi les modules que vous téléchargerez, certains sont des fichiers compressés autoextractibles. Ces fichiers possèdent une extension .exe pour les PC et .sea pour les Macintosh. Pour décompresser ce genre de fichier, il suffit de double-cliquer dessus. Il se décompressera et lancera, en général, le programme d'installation.

.Si le fichier possède une extension .zip ou .hqx, vous devrez utiliser un logiciel pour le décompresser. Avec Windows, il faut utiliser WinZip. Vous trouverez ce programme sur le site : **http://www.winzip.com**. Pour installer WinZip, téléchargez-le et lancez le fichier. WinZip est téléchargé sous forme de fichier autoextractible qui s'installe pratiquement tout seul.

Utilisez WinZip pour décompresser d'autres fichiers, en suivant ces étapes :

1. Dans l'Explorateur Windows ou dans le Gestionnaire de programmes, double-cliquez sur le fichier compressé que vous voulez décompresser. WinZip démarrera automatiquement. La fenêtre de WinZip affichera tous les fichiers qui se trouvent dans le fichier compressé.

2. Cliquez sur le bouton **Extract**. La boîte de dialogue du même nom s'affichera et vous demandera de sélectionner un dossier dans lequel décompresser les fichiers.

3. Assurez-vous que l'option **All Files** (Tous les fichiers) est sélectionnée. Sélectionnez le lecteur et le dossier où doit s'effectuer l'extraction.

4. Cliquez sur le bouton **Extract**. WinZip décompressera les fichiers et les placera dans le dossier spécifié.

Astuce

Installation rapide

Si vous affichez la liste des fichiers compressés dans la fenêtre de WinZip et que vous voyez un fichier install.exe ou setup.exe, vous pouvez double-cliquer dessus pour lancer le programme d'installation. Il n'est pas nécessaire de décompresser les fichiers avant de procéder à l'installation.

Pour décompresser un fichier HQX en utilisant StuffIt Expander (pour Mac), faites glisser le fichier compressé vers le bouton StuffIt Expander et relâchez le bouton de la souris. Le programme fera le reste. Si StuffIt Expander est correctement configuré, il convertit automatiquement les fichiers HQX en fichiers SEA (fichiers autoextractibles) qui se décompresseront automatiquement dans le programme d'installation.

Une fois que vous avez décompressé le fichier du module d'aide, consultez les instructions d'installation qui sont fournies avec. (Ces instructions sont généralement dans des fichiers ReadMe.TXT ou Install.TXT qu'il est possible d'ouvrir avec le Bloc-notes. Parfois, ces fichiers auront une extension .doc et devront être ouverts dans Word.)

Certaines applications demandent juste à être décompressées, après quoi, elles peuvent être utilisées directement. D'autres, en revanche, possèdent un programme d'installation que vous devrez exécuter en double-cliquant dessus (SETUP.EXE ou INSTALL.EXE). Lorsque l'installation est terminée, une icône apparaît. On peut alors double-cliquer dessus.

Associer des types de fichiers à des modules d'aide

Votre navigateur peut afficher et exécuter beaucoup de fichiers. Pour afficher des éléments qu'il n'est pas habilité à gérer, il a recours à des modules externes, à des contrôles ActiveX et à des modules d'aide.

Pour utiliser les modules d'aide, vous devez créer des associations de fichiers qui lient un type de données spécifique à un module d'aide particulier. Le navigateur sait alors que, lorsque vous cliquez sur un lien qui pointe vers tel type de fichier, il est censé lancer le module d'aide qui y est associé. Les sections qui suivent expliquent comment créer des associations de fichiers dans Netscape Navigator et dans Internet Explorer.

Comprendre les types MIME

Sur Internet, chaque fichier est identifié par son type MIME. MIME (*Multipurpose Internet Mail Extension*) est un système qui organise différents types de fichiers en groupes, les fichiers similaires ayant le même type MIME. Votre navigateur et votre système d'exploitation possèdent tous deux une liste de types MIME et d'extensions de noms de fichiers. Ils utilisent cette liste pour déterminer quelle application lancer lorsque vous cliquez sur un lien ou sur l'icône d'un fichier donné.

Lorsque vous configurez une association de fichiers, il se peut que l'on vous demande de spécifier le type MIME d'un fichier donné. Le Tableau 7.1 vous aidera à savoir quel type MIME utiliser.

Tableau 7.1 : *Les types MIME courants*

Type MIME	Type de fichier
Application/msword	DOC, DOT, WIZ
Application/pdf	PDF
Application/x-compress	ZIP
Application/x-conference	NSC
Audio/basic	AU
Audio/x-aiff	AIF, AIFF
Audio/x-mpeg	MP2, MPA, ABS, MPEGA
Audio/x-pn-realaudio	RA, RAM
Audio/x-wav	WAV
Image/gif	GIF
Image/jpeg	JPEG, JPG, JPE, JFIF, PJPEG, PJP
Image/x-ms-bmp	BMP
Image/x-xbitmap	XBM
Midi/mid	MID
Midi/rmi	RMI
Text/html	HTML, HTM, HTT
Text/plain	TXT, TEXT
Video/mpeg	MPEG, MPG, MPE, MPV, VBS, MPEGV
Video/quicktime	MOV

Type MIME	Type de fichier
Video/x-ms-asf	ASF, ASX
Video/x-msvideo	AVI
x-world/x-vrml	WRL, WRZ

Astuce

Type MIME inconnu
Si vous ne connaissez pas le type MIME d'un fichier donné, ne vous inquiétez pas. Vous pouvez, en général, entrer l'extension du nom de fichier pour associer un type de fichier donné à un module d'aide particulier.

Configurer les modules d'aide au vol

La façon la plus simple et la plus rapide d'associer des types de fichiers à des modules d'aide consiste à le faire au fur et à mesure que vous rencontrez de nouveaux types de fichiers (à condition que le type de fichier ne soit pas déjà associé à votre navigateur ou à une autre application). Les étapes suivantes montrent comment configurer des modules d'aide au vol pour Internet Explorer (vous suivrez les mêmes instructions pour Netscape Navigator) :

1. Assurez-vous que le module d'aide est bien installé comme cela a été expliqué précédemment.

2. Cliquez sur un lien qui pointe vers un type de fichier particulier (celui que vous voulez faire exécuter par un module d'aide). Le navigateur affichera une boîte de dialogue demandant si vous souhaitez ouvrir le fichier ou l'enregistrer. Choisissez Ouvrir et cliquez sur le bouton OK. Votre navigateur affichera alors une boîte de dialogue qui contient une liste d'applications (voir Figure 7.3).

3. Vous pouvez taper une description du type de fichier dans la zone de texte en haut pour vous souvenir plus tard de quel élément il s'agit (si vous souhaitez modifier vos associations de fichiers).

4. Cliquez sur l'application que vous voulez utiliser pour ce type de fichier. Si le module d'aide ne figure pas dans la liste, cliquez sur le bouton **Autre** et utilisez la boîte de dialogue Ouvrir avec pour sélectionner un module d'aide.

Figure 7.3 : Lorsque Internet Explorer ne peut exécuter un type de fichier, il affiche une boîte de dialogue qui permet de choisir un module d'aide.

5. Cliquez sur le bouton **Ouvrir**.

6. Si vous souhaitez que votre navigateur utilise toujours cette application pour ouvrir ce type de fichier, cochez la case **Toujours utiliser ce programme pour ouvrir les fichiers de ce type**.

7. Cliquez sur **OK**. Désormais, lorsque vous cliquerez vers un lien qui pointe vers ce type de fichier, votre navigateur lancera automatiquement le module d'aide qui y est associé.

Configurer les associations de fichiers dans Netscape Navigator

Dans certains cas, lorsque vous installez le module d'aide, son utilitaire d'installation crée l'association de fichiers requise dans Netscape Navigator. Cependant, dans la plupart des cas, vous devrez configurer cette association vous-même.

Pour associer un type de fichier donné à un module d'aide, suivez ces étapes :

1. Installez l'utilitaire, comme expliqué précédemment.

2. Démarrez Netscape Navigator (il n'est pas nécessaire de se connecter à Internet).

3. Ouvrez le menu **Edition** et sélectionnez **Préférences**.

4. Dans la zone Catégorie, cliquez sur **Applications** dans la catégorie Navigateur.

5. Dans la liste Description, sélectionnez le type de fichier que vous voulez associer avec l'utilitaire et cliquez sur le bouton **Modifier** (voir Figure 7.4).

Attention

Type manquant

Si vous ne voyez pas le type de fichier dont vous avez besoin, vous pouvez l'ajouter en cliquant sur Nouveau type. Vous devrez alors entrer un type MIME, indiquer quelle application utiliser (comme QuickTime ou RealAudio) et cliquer sur OK.

6. Cliquez dans la zone de texte Application.

7. Cliquez sur **Parcourir**, puis sélectionnez le programme exécutable ou le fichier .EXE à utiliser et cliquez sur **OK**.

8. Cliquez sur **OK**. La prochaine fois que le navigateur rencontrera un fichier avec l'extension indiquée, il l'enverra vers l'utilitaire qui y est associé pour l'ouvrir.

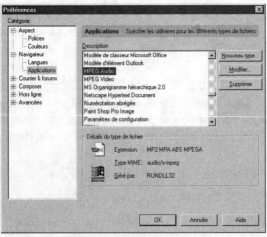

Figure 7.4 : Netscape Navigator garde la trace des associations de fichiers dans la boîte de dialogue Préférences.

Attention

Un seul utilitaire par type de fichier

Vous ne pouvez assigner qu'un utilitaire à un type de fichier ou à un type MIME donné. Si vous essayez d'assigner plusieurs utilitaires au même type de fichier, le navigateur affichera un avertissement. Vous devrez effacer l'association existante ou la modifier pour assigner le fichier à un nouvel utilitaire.

Création d'associations de fichiers dans Internet Explorer

Si un type de fichier est déjà associé à Internet Explorer ou si vous ne voulez pas que la boîte de dialogue Ouvrir avec s'affiche de façon inattendue, vous pouvez créer des associations de fichiers manuellement : vous utiliserez la boîte de dialogue **Types de fichiers** dans l'Explorateur Windows ou le Poste de travail.

Pour afficher la boîte de dialogue Types de fichiers, ouvrez l'Explorateur Windows ou le Poste de travail. Ouvrez le menu **Affichage** et choisissez **Options** (ou **Options des dossiers**). Dans la boîte de dialogue qui apparaît, cliquez sur l'onglet **Types de fichiers**. Vous pouvez maintenant définir la façon dont vous voulez que Windows gère les différents types de fichiers (voir Figure 7.5).

Regardez si le type de fichiers qui vous intéresse est déjà associé à une application. Dans la liste Types de fichiers enregistrés, utilisez la flèche orientée vers le bas sur votre clavier pour mettre en surbrillance les types de fichiers et les faire défiler. Consultez la zone Informations sur les types de fichiers pour obtenir les données suivantes sur le fichier en surbrillance :

- **Extension.** Affiche l'extension de ce type de fichier.

- **Type de contenu.** Windows utilise le type MIME pour déterminer quelle application exécuter lorsque l'on ouvre un fichier d'un type donné. Si vous ne spécifiez pas de type MIME, Windows peut déterminer quel utilitaire employer en fonction de l'extension.

- **S'ouvre avec.** Affiche le nom de l'application utilisée pour ouvrir ce type de fichier. IExplore désigne Internet Explorer.

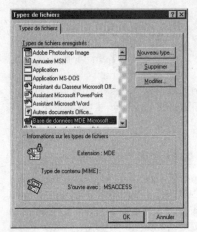

Figure 7.5 : *Consultez la liste Types de fichiers enregistrés pour voir si le type de fichier est déjà associé à une application.*

Si vous trouvez un type de fichier qui correspond à celui auquel vous souhaitez assigner un utilitaire particulier, cliquez dessus et cliquez sur le bouton **Modifier**. Dans la zone Action, cliquez sur **Open**, puis cliquez sur le bouton **Modifier**. Cliquez sur le bouton **Parcourir** et utilisez la boîte de dialogue qui apparaît pour localiser l'application que vous voulez assigner à ce type de fichier. Cliquez sur **OK** jusqu'à ce que toutes les boîtes de dialogue soient fermées.

Si le type de fichier souhaité ne figure pas dans la liste, vous pouvez l'ajouter et l'associer à une application en créant un nouveau type de fichier. Suivez alors ces étapes :

1. Dans la boîte de dialogue Types de fichiers, cliquez sur le bouton **Nouveau** type. La boîte de dialogue Ajouter nouveau type de fichier apparaît.

2. Cliquez dans le champ Description du type et tapez une description (Vidéo MPEG, par exemple), comme dans la Figure 7.6.

3. Cliquez dans la zone de texte Extension associée et entrez l'extension du type de fichier (par exemple : .mpg). Windows utilise cette extension pour assigner une icône au type de fichier.

Figure 7.6 : La boîte de dialogue Ajouter nouveau type de fichier.

4. Si vous ne connaissez pas le type MIME du fichier, ouvrez la liste déroulante Type de contenu (MIME) et sélectionnez le type MIME du fichier. Si le type MIME n'apparaît pas dans la liste, vous pouvez le taper. Par exemple, tapez video/mpg.

5. Si la liste déroulante Extension par défaut pour le contenu est disponible, ouvrez-la et sélectionnez l'extension que vous voulez utiliser par défaut pour ce type MIME. Certains types MIME possèdent plusieurs extensions.

6. Sous Actions, cliquez sur le bouton **Nouveau**. La boîte de dialogue Nouvelle action s'affiche.

7. Dans la zone de texte Action, tapez **Ouvrir**.

8. Cliquez sur le bouton **Parcourir** et utilisez la boîte de dialogue Ouvrir avec pour sélectionner l'application à utiliser pour ouvrir ce nouveau type de fichier. Cliquez sur le bouton **Ouvrir**. La boîte de dialogue Nouvelle action affichera la commande Ouvrir dans la liste Actions.

9. Cliquez sur **OK** pour revenir à la boîte de dialogue Ajouter nouveau type de fichier.

10. Cliquez sur **OK** : la nouvelle association de fichiers est créée. Cliquez à nouveau sur **OK** pour fermer la dernière boîte de dialogue.

277

Chapitre 8

Exécution des applets Java

Dans ce chapitre, vous verrez comment trouver et exécuter les applets Java que vous rencontrerez dans les pages Web.

Comprendre Java

Java est un langage de programmation utilisé par les développeurs pour créer de petits programmes (nommés *applets*) qui peuvent être placés directement dans des pages Web. Les applets Java peuvent s'exécuter sur n'importe quel ordinateur et sur n'importe quel système d'exploitation (Windows, Mac ou UNIX), ce qui évite aux développeurs de devoir créer plusieurs versions d'un programme en fonction des supports sur lesquels il va s'exécuter.

Le mot juste

Applet
Petite application multi-plate-forme. Les applets Java ne peuvent s'exécuter seules ; vous devez utiliser un navigateur compatible Java pour les afficher.

Les applets Java peuvent prendre de nombreuses formes : programmes de dessins, jeux ou animations, par exemple. Etant donné que Java est encore en plein développement, la plupart des applets que vous trouverez seront petites et simples. Cependant, Java est en passe de devenir un standard et donc appelé à être utilisé de plus en plus souvent dans les pages Web.

Attention

Navigateurs compatibles Java
Pour pouvoir exécuter des applets Java, vous devez utiliser un navigateur compatible Java. Trois des meilleurs navigateurs possèdent un support Java : Netscape Navigator, Internet Explorer et HotJava.

Exemple d'applets Java

Vous rencontrerez souvent des applets Java sans même le savoir. Si vous voyez une petite animation sur une page Web, il s'agit sans doute d'une applet. Si vous utilisez une calculatrice en ligne ou un jeu interactif, il y a aussi de grandes chances pour qu'il s'agisse d'applets. La Figure 8.1 montre une applet classique. Pour voir cette applet sur votre écran, allez à l'adresse : **http://www.db.erau.edu/java/pattern/**. Lorsque l'applet apparaît à l'écran, cliquez sur le bouton Start Sim en haut à droite de la fenêtre. L'avion commencera son approche, atterrira et ira se ranger dans le hangar.

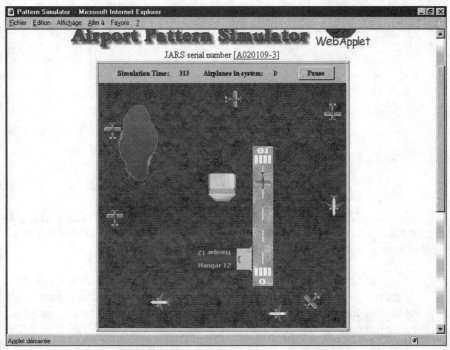

Figure 8.1 : Un exemple d'applet Java.

L'intérêt des applets Java est de permettre une interaction avec l'utilisateur. Par exemple, une applet peut effectuer un calcul à votre place, en fonction des informations que vous avez entrées dans un formulaire. Autre exemple : un graphique incorporé dans une page Web peut changer en fonction des

279

données que vous saisissez (voir Figure 8.2). Ce calculateur d'emprunt peut être trouvé à l'adresse : **http://www.jeacle.ie/mortgage/**.

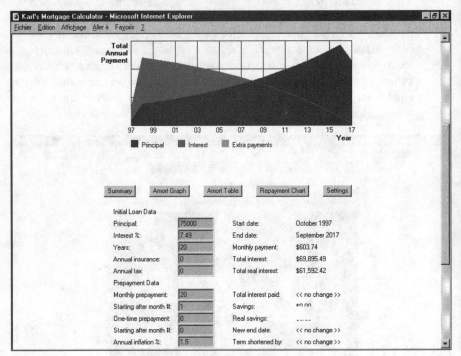

Figure 8.2 : Cette applet peut changer un affichage en fonction des données que vous saisissez dans le formulaire.

Certaines applets Java, comme les textes clignotants et défilants, permettent d'attirer l'attention de l'utilisateur sur une zone donnée d'une page Web. D'autres applets, une petite animation, une vidéo jouée en boucle ou un jeu sont juste destinés au plaisir de l'œil. Allez à l'adresse :

http://www.mindspring.com/~frs/kds/kdsSmall.html

pour vous détendre avec un petit jeu (voir Figure 8.3) dans lequel il faut éliminer des serpents en utilisant les touches de directions.

Vous rencontrerez des applets partout sur le Web, mais si vous voulez en savoir plus, le mieux est encore de se rendre à la source, sur le site du créateur de Java : Sun Microsystems. Pour visiter le site Sun et voir quelques démonstrations supplémentaires, suivez ces étapes :

1. Connectez-vous à Internet et démarrez votre explorateur.

2. Tapez l'adresse : **http://www.javasoft.com/applets** dans le champ Adresse et appuyez sur **Entrée**.

3. Cliquez sur **Applets**.

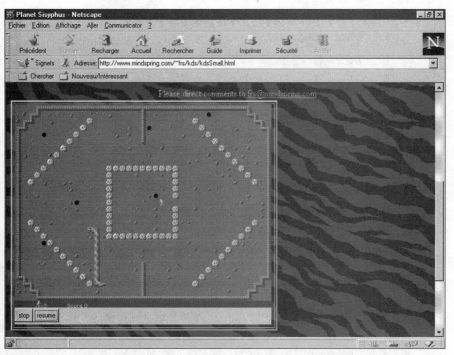

Figure 8.3 : *Certaines applets Java sont juste destinées au divertissement.*

4. Faites défiler l'écran pour voir la section Games and Other Diversions.

5. Dans la liste, sélectionnez une démonstration. Par exemple, cliquez sur Hangman. Le jeu (un pendu) apparaît à l'écran au bout d'un instant. Vous pouvez alors faire une petite partie.

6. Lorsque vous avez fini de jouer, cliquez sur le bouton **Précédent** pour revenir à la liste et tester une autre applet si vous le souhaitez.

Voici une liste d'adresses pour des sites qui contiennent des applets :

- **http://www.gamelan.com** ;

- **http://www.npac.syr.edu/projects/vishuman/VisibleHuman.html** ;

- **http://www.npac.syr.edu/projects/java/magic/Magic.html** ;

- **http://www-md.fsl.noaa.gov/eft/internal/ GFVUsersMan.html** ;

- **http://www.jars.com** ;

- **http://www.java.co.uk** ;

- **http://www.vector.co.za/vst/java/vstj-01.htm** ;

- **http://www.team.java.com/links** ;

- **http://www.u-strasbg.fr/reseau_osiris/doc_tech/java.html**.

Comprendre JavaScript

JavaScript est un jeu de commandes que l'on place sur une page Web pour la rendre plus interactive. Par exemple, vous pouvez insérer une commande JavaScript pour créer un bouton de contrôle animé. Avec JavaScript, vous pouvez poser des questions aux utilisateurs par l'intermédiaire d'un formulaire et répondre de façon adaptée en fonction des informations fournies. JavaScript contient aussi les commandes nécessaires pour incorporer une applet Java dans une page Web.

Si vous n'envisagez pas de créer votre propre page Web, vous n'avez pas à vous préoccuper du langage JavaScript. En effet, les commandes JavaScript sont incorporées aux pages Web et vous ne vous rendrez même pas compte que vous en utilisez au cours de vos explorations.

Les problèmes de sécurité liés à Java

Sun Microsystems, le constructeur de Java, a coutume de dire que son langage possède des éléments de sécurité intégrés qui empêchent les programmeurs d'insérer des virus ou d'autres codes destructeurs dans leurs applets. Cependant, dans le monde de l'informatique, rien n'est jamais vraiment sûr et de nombreux hackers se sont attachés à détruire les codes de sécurité de Java. Bien que Java soit relativement sain, il est bon de prendre quelques précautions.

Cela ne signifie pas qu'il faut arrêter d'exécuter des applets Java, il faut juste faire attention. Certains sites sont sûrs, d'autres moins. A vous d'être vigilant.

Cependant, si vous êtes particulièrement suspicieux, vous pouvez désactiver Java pour éviter que votre navigateur charge automatiquement des applets et des commandes JavaScript. Pour désactiver Java dans Internet Explorer, suivez ces instructions :

1. Ouvrez le menu Affichage (ou Outils) d'Internet Explorer et cliquez sur **Options Internet**.

2. Cliquez sur l'onglet **Sécurité**.

3. Ouvrez la liste déroulante Zone et choisissez Zone Internet ou cliquez sur l'icône Internet.

Figure 8.4 : *Pour des raisons de sécurité, vous pouvez empêcher Internet Explorer de charger des applets Java.*

4. Choisissez l'option Personnalisé (pour les utilisateurs expérimentés) et cliquez sur le bouton **Paramètres** ou cliquez sur le bouton **Personnaliser le niveau**. La boîte de dialogue Paramètres de sécurité apparaît (voir Figure 8.4).

5. Dans la zone Autorisation Java, cliquez sur **Désactiver Java**. Désormais, Internet Explorer ne chargera plus d'applets.

6. Cliquez sur **OK** pour revenir à la boîte de dialogue Options Internet et cliquez de nouveau sur **OK** pour enregistrer vos changements.

Pour désactiver Java dans Netscape Navigator, suivez ces étapes :

1. Ouvrez le menu Edition de Netscape Navigator et choisissez **Préférences**.

2. Cliquez sur **Avancées**.

3. Cliquez sur **Activer Java** pour supprimer la coche. Cela empêchera Netscape Navigator de charger des applets.

4. Cliquez sur **Activer JavaScript** pour supprimer la coche. Cela empêchera d'exécuter des commandes JavaScript incorporées dans les pages Web.

5. Cliquez sur **OK** pour enregistrer vos changements.

Chapitre 9

Exploration des mondes virtuels en 3D

Dans ce chapitre, vous allez apprendre à naviguer dans des univers virtuels en 3D avec votre navigateur Web et un navigateur VRML.

Comprendre le VRML

Dans le Chapitre 8, vous avez découvert un langage de programmation appelé Java qui permet de rendre interactives les pages Web. Le VRML (*Virtual Reality Modeling Language*) est semblable à Java. Avec le langage de programmation VRML, les développeurs créent des univers virtuels en 3D que vous pouvez explorer. La Figure 9.1 montre un exemple d'univers VRML affiché dans Cosmo Player, sur Netscape. Ce chapitre expliquera comment accéder aux univers VRML en utilisant Cosmo Player, et par le biais du navigateur ActiveX VRML d'Internet Explorer.

Astuce

D'autres navigateurs VRML
Netscape Navigator et Internet Explorer sont de bons navigateurs VRML. Il en existe d'autres et vous les trouverez à l'adresse :
http://www.stroud.com.

Trouver et explorer des univers VRML

De nombreux sites Web sur Internet abritent des univers VRML. Etant donné qu'un navigateur VRML est déjà incorporé dans Netscape Navigator et Internet Explorer, l'exploration de ces univers virtuels est des plus simples. Il suffit d'entrer l'URL et de laisser faire le navigateur. Vous pourrez alors utiliser les contrôles mis à votre disposition pour vous déplacer.

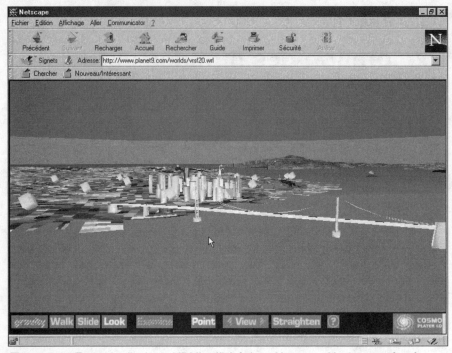

Figure 9.1 : *Exemple d'univers VRML affiché dans Netscape Navigator grâce à Cosmo Player.*

Avant de pouvoir pénétrer dans un de ces univers, il vous faut son adresse. Voici une liste de sites VRML ou de sites contenant des liens vers ce genre d'univers :

- **http://www.virtus.com/vrmlsite.html** ;

- **http://www.virtuocity.com** ;

- **http://www.vrml.sgi.com/worlds** ;

- **http://www.construct.net/projects/planetitaly/Spazio/ VRML/siena.wrl** ;

- **http://www.tcp.ca/gsb/VRML/** ;

- **http://www.sdsc.edu/vrml** ;

- http://www.meshmart.org ;
- http://www.netscape.com/comprod/products/navigator/live3d/cool_worlds.html ;
- http://www.marketcentral.com/vrml ;
- http://www.graphcomp.com/vrml ;
- http://www.intel.com/procs/ppro/intro/vrml/nav.wrl ;
- http://www.pointcom.com ;
- http://www.photomodeler.com/vrml.html ;
- http://www.clark.net/theme/worlds/ab2.wrl.gz ;
- http://www5.zdnet.com/zdwebcat/content/vrml/.

Les sections qui suivent donnent des instructions précises sur l'utilisation de Cosmo Player et du contrôle ActiveX VRML d'Internet Explorer pour afficher des univers VRML.

Astuce

Rapidité

La plupart des navigateurs VRML sont conçus pour utiliser des fichiers qui possèdent des extensions .wrl (fichier world) ou .wrl.gz (fichier world compressé). Si pour un univers, vous avez le choix entre un fichier .wrl et un fichier wrl.gz, choisissez ce dernier, il sera plus rapide à télécharger.

Affichage d'univers VRML avec Netscape Navigator grâce à Cosmo Player

Cosmo Player est le module VRML de Netscape Navigator. Il a été développé en collaboration avec Silicon Graphics pour remplacer Live 3D, l'ancien navigateur VRML par défaut de Netscape.

> **Attention**
>
> **Je ne trouve pas Cosmo Player**
> Si vous utilisez une version 16 bits de Communicator (Windows 3.1), vous n'aurez pas Cosmo Player. Live 3D sera votre navigateur VRML par défaut.

Suivez ces étapes pour visiter le site test de Cosmo Player :

1. Connectez-vous à Internet et démarrez Netscape Navigator.

2. Cliquez dans la zone de texte **Adresse** et tapez

   http://vrml.sgi.com/worlds

   Appuyez sur **Entrée**. Cliquez sur le lien Gallery Index dans le cadre gauche.

3. Faites défiler la page vers le bas et cliquez sur le lien Virtual Skinner's Office. Vous devrez peut-être cliquer sur d'autres liens avant de parvenir à l'univers VRML. Après quelques minutes, une image du bureau de l'agent Skinner (oui, il s'agit bien de celui de la série *X-Files*) apparaît (voir Figure 9.2). Pour voir le bureau sous différents angles, faites glisser le curseur de la souris. Par exemple, pour vous rapprocher, faites glisser le curseur (dans la fenêtre VRML) vers le milieu de la pièce.

4. Eventuellement, vous pouvez utiliser le Dashboard pour vous aider à explorer cet univers virtuel. La barre de navigation apparaît en bas de la fenêtre VRML. Voici une rapide description de chaque contrôle :

   - **Gravity.** Si ce bouton est activé, vous pouvez marcher dans l'univers ; s'il ne l'est pas, vous pouvez voler.

   - **Walk.** En mode Walk, vous vous déplacez sur un plan latéral, comme sur une surface. Pour vous déplacer, faites glisser la souris dans la direction dans laquelle vous voulez marcher. Faites glisser la souris vers l'avant pour vous rapprocher d'un objet.

   - **Slide.** Vous vous déplacez rapidement dans une direction, en ligne droite. Faites glisser la souris dans la direction souhaitée.

   - **Look.** Vous restez sur place, mais vous pouvez regarder dans toutes les directions. Utilisez la souris pour regarder dans la direction souhaitée.

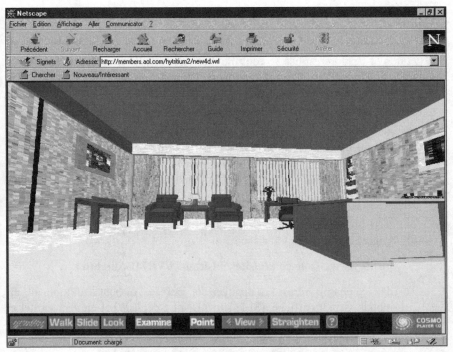

Figure 9.2 : Changez de vue en faisant glisser le curseur de la souris.

- **Examine.** L'objet au centre de l'écran tourne sur lui-même. Faites glisser la souris vers la droite ou vers la gauche pour mieux voir l'objet que vous examinez. Ce mode fonctionne particulièrement bien avec les objets qui flottent dans l'espace.

- **Point.** Vous pouvez vous déplacer vers un objet en cliquant dessus.

- **View.** Vous ramène soit au point de départ, soit vers un ou plusieurs autres points de vue. Sélectionnez le point de vue souhaité avec les flèches droite et gauche.

- **Straighten.** Vous ramène à une position stable.

- **?.** Ouvre la page d'aide.

5. Pour quitter l'univers VRML, cliquez sur **Précédente**.

Naviguer dans les univers VRML avec le contrôle ActiveX VRML d'Internet Explorer

Internet Explorer utilise le contrôle ActiveX VRML pour ouvrir et afficher des univers virtuels. Ce contrôle ouvre l'univers dans la fenêtre d'Internet Explorer et affiche des contrôles pour vous aider à vous déplacer dans ce monde.

Si vous ne possédez pas de navigateur VRML, vous pouvez en télécharger un à l'adresse **www.microsoft.com/Internet Explorer/ie40** et en cliquant sur le lien Download. Cliquez sur le lien Internet Explorer 4.0 Components, suivez les instructions à l'écran et installez l'afficheur VRML.

Pour ouvrir un univers test avec Internet Explorer et le contrôle ActiveX VRML, suivez ces étapes :

1. Lancez Internet Explorer, tapez :

    http://www.3dsite.com/n/sites/3dsites/cgi/VRMLfiles.html

    dans le champ Adresse et appuyez sur **Entrée**. Au bout d'un moment, un monde virtuel s'affiche. (Si le site ZDNet a déplacé cet univers virtuel et que l'URL ne fonctionne pas, entrez virtual reality dans le moteur de recherche InfoSeek à l'adresse : **www.yahoo.com**.)

2. Vous pouvez utiliser la souris ainsi que les boutons situés en bas et dans la partie gauche pour vous déplacer. Cliquez sur les boutons suivants pour déterminer comment la souris va réagir :

    – **Walk.** Permet de s'approcher ou de s'éloigner d'un objet.

    – **Pan.** Permet de glisser vers le haut ou le bas et de droite à gauche.

    – **Turn.** Déplace le point de vue vers le haut, le bas, la droite ou la gauche.

    – **Go to.** Effectue un zoom sur la zone sur laquelle vous avez cliqué.

    – **Study.** Fait tourner un objet en le rapprochant ou en l'éloignant de manière que vous puissiez l'examiner sous toutes ses faces. Ce contrôle permet d'apprécier pleinement les trois dimensions de l'univers.

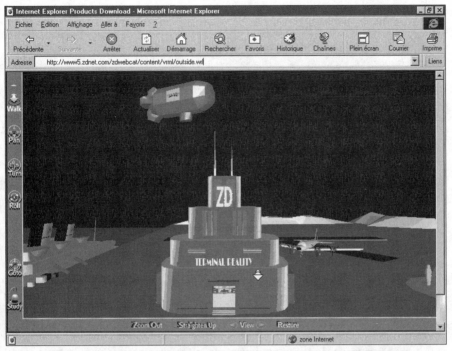

Figure 9.3 : *Le contrôle VRML utilisé par Microsoft propose des contrôles qui permettent d'explorer les univers en trois dimensions.*

- **Zoom out.** Fait reculer un objet pour que vous puissiez le voir dans son intégralité.

- **Straighten up.** Réajuste votre point de vue de manière que vous vous retrouviez en face de l'objet observé.

- **View.** Permet de revenir à la vue précédente.

- **Restore.** Renvoie à la vue initiale.

3. Cliquez dans la zone d'affichage et déplacez la souris dans la direction du déplacement souhaité. Double-cliquez sur n'importe quel objet dans la fenêtre pour vous déplacer rapidement.

Si vous avez une manette de jeu, vous pouvez l'utiliser pour vous déplacer. Il faut d'abord cliquer dans la fenêtre de visualisation. Ensuite, les mouvements coulent de source : si vous poussez la manette, vous avancez, si vous la tirez, vous reculez, etc. Pour obtenir des contrôles supplémentaires, appuyez sur **Maj** ou **Ctrl** pendant que vous manipulez la manette.

Utilisation d'un menu contextuel

Le menu contextuel propose de nombreuses options pour modifier l'affichage et la vitesse de déplacement. Faites un clic droit dans le panneau de visualisation et sélectionnez une des options suivantes (voir Figure 9.4) :

- **Show Navigation Bar.** Active ou désactive la barre de navigation. Si vous désactivez cette barre, il suffit d'effectuer à nouveau un clic droit sur la zone d'affichage et de sélectionner Show Navigation Bar pour la faire réapparaître.

- **Viewpoints.** Permet de revenir à la position précédente. Si le concepteur de cet univers a créé des points de vue, ils seront affichés dans ce menu.

- **Graphics.** Contient des options pour contrôler l'affichage. Vous pouvez contrôler l'éclairage, les ombres, etc. Plus vous affichez de détails, plus les déplacements seront longs.

- **Speed.** Permet d'augmenter ou de réduire la vitesse des mouvements.

- **Movement.** Propose pratiquement les mêmes options que la barre d'outils. Si vous avez choisi de la désactiver, vous pourrez utiliser ce menu à la place. Il propose aussi une option qui permet d'éviter les collisions, ce qui peut être pratique lorsqu'il y a beaucoup d'objets à l'écran.

- **Options.** Propose plusieurs paramètres qui permettent de contrôler l'aspect de l'univers tridimensionnel. Vous pourrez aussi y configurer les options par défaut.

- **Help.** Permet d'accéder à l'aide en ligne.

Problèmes et solutions

Le VRML est trop complexe et trop récent pour pouvoir fonctionner sans accrocs. Le monde virtuel peut avoir des problèmes d'affichage, votre manette de jeu ne fonctionne peut-être pas, certains paramètres ne sont peut-être pas corrects. Quel que soit le problème, il y a sûrement une solution :

■ **L'univers ne cesse de bouger.** Votre manette de jeu est peut-être mal calibrée. Utilisez le Panneau de configuration pour la recalibrer. Si le calibrage par le logiciel ne fonctionne pas, vous pouvez toujours essayer de la régler en utilisant les petites molettes qui se trouvent à sa base.

■ **Impossible de se déplacer.** Faites un clic droit dans la zone d'affichage, sélectionnez Movement et choisissez Prevent Collisions.

■ **Mouvements lents.** Peut-être avez vous besoin de plus de RAM, d'un processeur plus rapide ou d'une meilleure carte vidéo. Si tous ces éléments vous semblent assez puissants, faites un clic droit dans la zone d'affichage, désactivez quelques options graphiques et augmentez la vitesse. Sélectionnez **Options**, désactivez l'option Load Textures et activez Use Hardware Acceleration.

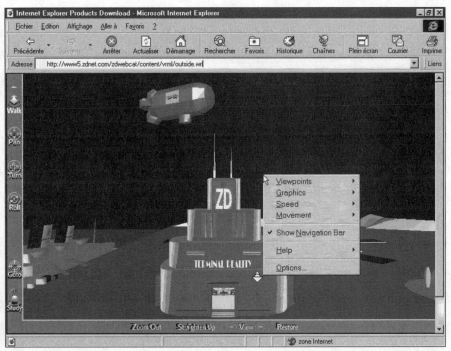

Figure 9.4 : *Vous pouvez configurer le lecteur VRML et naviguer dans un monde en utilisant le menu contextuel.*

Astuce

Contrôles uniformes

Contrairement aux applets Java ou aux films Shockwave qui possèdent leurs propres contrôles, les univers VRML ne possèdent pas de contrôles. Ceux qui s'affichent sont intégrés aux navigateurs VRML. Vous utiliserez donc toujours les mêmes contrôles, quel que soit le monde visité.

Chapitre 10

Lecture de présentations interactives Shockwave

Dans ce chapitre, vous allez voir comment récupérer le module Shockwave ou un contrôle ActiveX équivalent et comment l'utiliser pour voir des présentations multimédias sur le Web.

Définition de Shockwave

Shockwave est un lecteur créé par Macromedia. Le logiciel Director de cette société est leader sur le marché des applications de création multimédia. Avec Director, les développeurs peuvent combiner des images, des animations et des sons dans des présentations interactives qui réagissent aux mouvements de la souris. Vous avez sûrement déjà utilisé des présentations Director sans le savoir (dans des jeux, dans des CD-ROM, etc.). Flash est un autre programme de Macromedia. De nombreux sites contiennent des présentations créées avec Flash.

Shockwave permet d'afficher des présentations Macromedia et Flash sur le Web. Il n'est pas nécessaire de posséder une copie de ces applications, à moins que vous ne souhaitiez créer vos propres présentations. Un site Web conçu pour être utilisé avec Shockwave peut afficher des vidéos et des sons sans que vous ayez à faire quoi que ce soit. Il peut aussi proposer des fonctions interactives.

Téléchargement de Shockwave

Vous pouvez télécharger Shockwave sur le site Macromedia en suivant ces instructions :

1. Lancez votre navigateur Web et utilisez-le pour vous rendre à l'adresse : **http://www.macromedia.com/shockwave/download/**. Vous arriverez sur le site Shockwave de Macromedia.

2. Faites défiler la page jusqu'à l'apparition d'un formulaire. Entrez votre nom et votre adresse e-mail.

3. La page Web détermine automatiquement quel navigateur et quel système d'exploitation vous utilisez. Exécutez l'une des procédures suivantes :

   – Avec Internet Explorer, cliquez sur **AutoInstall Now**. Le contrôle ActiveX Shockwave sera téléchargé et installé. Vous pouvez sauter les étapes suivantes.

   – Avec Netscape Navigator, cliquez sur **Download Now** pour télécharger le logiciel (voir Figure 10.1) La boîte de dialogue Enregistrer sous apparaît. Passez à l'Etape 4.

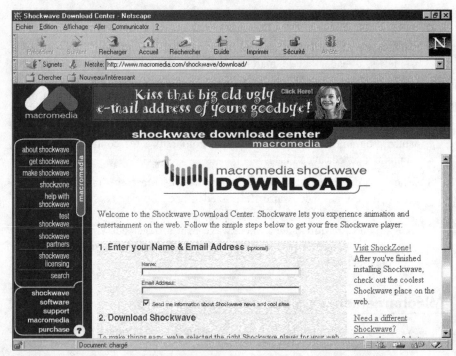

Figure 10.1 : *Téléchargement du module Shockwave en utilisant Netscape Navigator.*

4. Utilisez la boîte de dialogue **Enregistrer sous** pour choisir le répertoire dans lequel télécharger le fichier. Cliquez sur le bouton **Enregistrer**. Le téléchargement commence.

5. Lorsque le téléchargement est terminé, vous êtes prêt à installer Shockwave. Fermez le navigateur et déconnectez-vous.

Installation du module Shockwave

Lorsque vous avez fini de télécharger Shockwave, vous devez l'installer. Le programme d'installation est contenu dans le fichier que vous avez téléchargé.

Astuce

Disque saturé
Si vous venez à manquer de place sur votre disque dur, pensez à faire le ménage dans le dossier que vous utilisez pour le téléchargement. Une fois installé le fichier que vous avez téléchargé, vous n'avez plus besoin du fichier d'origine et vous pouvez le supprimer. Par exemple, une fois que vous aurez installé Shockwave, vous pourrez supprimer le fichier que vous aviez téléchargé.

Suivez ces étapes pour installer Shockwave :

1. Dans Windows 95/98, cliquez sur le bouton **Démarrer** et sélectionnez la commande **Exécuter**. Avec les autres versions de Windows, ouvrez le menu Fichier du Gestionnaire de programmes et sélectionnez **Exécuter**.

2. Cliquez sur le bouton **Parcourir** et localisez le dossier dans lequel vous avez téléchargé le fichier Shockwave. Sélectionnez le fichier Shockwave_Installer.exe.

3. Cliquez sur **Ouvrir** pour fermer la boîte de dialogue Parcourir. Ensuite, cliquez sur **OK** dans la boîte de dialogue Exécuter pour lancer le programme d'installation.

4. Tout d'abord, vous verrez une petite boîte de dialogue qui vous demandera si vous souhaitez installer Shockwave. Cliquez sur **Next**.

5. Ensuite, vous verrez le contrat de licence. Lisez-le et cliquez sur **Yes** pour accepter ses termes.

6. Le programme d'installation vous demandera où vous souhaitez installer Shockwave. L'emplacement par défaut devrait vous convenir, cliquez sur **Next**.

7. Le programme commence à copier les fichiers et une barre apparaît pour afficher la progression de l'installation.

8. Lorsque l'installation est terminée, une boîte de dialogue vous demande si vous souhaitez consulter le site Macromedia. Laissez la case cochée et cliquez sur **Finish** (assurez-vous que Netscape Navigator n'est pas ouvert avant de cliquer sur Finish). Netscape Navigator s'ouvre et vous amène à la page d'accueil de Shockwave. Au bout de quelques instants, un film apparaît : il indique que Shockwave a été installé correctement.

Astuce

Allégez votre facture téléphonique
Bien que certaines présentations Shockwave soient liées à d'autres présentations, la plupart d'entre elles fonctionnent de façon autonome. Une fois que la présentation est chargée sur votre disque dur, vous pouvez donc vous déconnecter et la regarder sans alourdir votre facture téléphonique.

Lecture de quelques présentations Shockwave

Pour commencer, vous trouverez des présentations Shockwave intéressantes sur le site de Macromedia, que vous pouvez visiter à l'adresse :

http://www.macromedia.com/shockzone/

La Figure 10.2 montre un exemple de présentation Shockwave. Le Tableau 10.1 propose de nombreuses adresses de sites qui contiennent des présentations Shockwave.

Contrairement aux lecteurs VRML qui possèdent leurs propres contrôles, chaque présentation Shockwave possède ses contrôles. En général, leur fonctionnement est simple et vous n'aurez pas de mal à comprendre comment les utiliser.

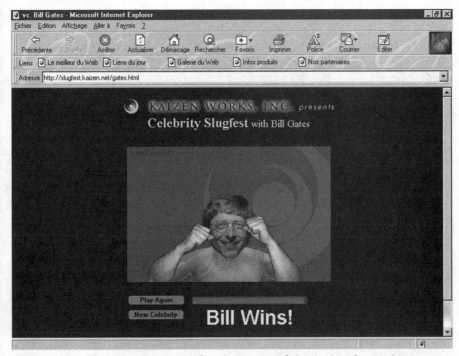

Figure 10.2 : *Chaque présentation Shockwave possède une interface unique.*

Tableau 10.1 : *Pages avec un contenu Shockwave*

Site	URL
Mudball Wall Game	http://www.broderbund.com/studio/activemind/mudball.html
Daily Tortoise Game	http://www.sirius.com/~jtaylor/shockwave/shockwave.html
Demolition Graphics	http://www.halcyon.com/flaherty/
Art Exhibit Educational Demos	http://www-leland.stanford.edu/~dmiller/
Etch-A-Sketch toy simulator	http://members.aol.com/dkimura/etch.html
FaceMaker	http://users.aol.com/jrbuell2/ShockFace.html
Fortune Cookie	http://www.slip.net/~maniaman/fortune.html
CleverMedia Arcade	http://clevermedia.com/arcade/

Site	URL
Michael's Haunted House	http://yip5.chem.wfu.edu/yip/haunted_house/mhhmain .html
Nando.net games	http://www2.nando.net/nandox/shock.html
Pop Rocket games	http://www.poprocket.com/shockwave/
Tulane University guide	http://www.bentmedia.com/bentmedia/dtulane /Shockwave.html
Velma Apparelizer	http://www.headbone.com/home.html
Virtual Drums	http://www.cybertown.com/virtdrum.html

Chapitre 11

Téléchargement à partir de sites FTP

Dans ce chapitre, vous allez apprendre à utiliser votre navigateur, afin d'accéder à des sites de téléchargement FTP sur Internet pour transférer des fichiers.

Définition d'un serveur FTP

Tous les sites que vous rencontrerez sur le Web ne contiendront pas nécessairement des images, des animations et des sons. Il existe aussi de nombreux serveurs FTP qui font office de bibliothèques de fichiers. A l'origine d'Internet, ces services ont été créés pour gérer le transfert de fichiers entre ordinateurs. En utilisant les serveurs FTP, il est possible de consulter des bibliothèques de fichiers pour récupérer des fichiers texte, des fichiers exécutables, etc.

Le mot juste

FTP
FTP (File Transfer Protocol) désigne un jeu de règles qui régit les échanges de fichiers entre ordinateurs.

Il existe de très nombreux sites FTP. Les archives publiques permettent de se connecter de façon anonyme pour rechercher des données. Il existe beaucoup de serveurs FTP qui autorisent les connexions anonymes et l'accès à tous leurs fichiers. Une fois connecté à un serveur FTP, vous pouvez rechercher des éléments et télécharger les fichiers qui vous intéressent sans quitter votre navigateur Web.

Astuce

Connexion anonyme
Beaucoup de serveurs FTP permettent de se connecter de façon anonyme pour consulter ou télécharger les fichiers qu'ils contiennent. Cependant, vous ne pourrez pas modifier les fichiers, en charger sur le serveur ou en supprimer.

Avec la plupart des navigateurs, il est possible d'accéder aux sites FTP sans utiliser de programmes spéciaux. On utilise la même méthode pour se connecter aux sites FTP et HTTP, mais au lieu de taper le suffixe **http://**, on utilise le suffixe **ftp://**.

Lorsque vous vous connecterez à un serveur FTP, vous remarquerez que les données sont organisées en répertoires et en dossiers qui se présentent sous forme de liens. Pour ouvrir un répertoire, cliquez sur son nom (lien). Lorsque vous cliquez sur un fichier, le navigateur essaie de l'afficher ou de l'exécuter. Il peut aussi tenter de lancer un module ou une application pour le gérer. Si le navigateur et les applications qu'il utilise ne parviennent pas à gérer le fichier, le programme vous demandera si vous souhaitez télécharger ce fichier. Vous pourrez alors l'enregistrer sur votre disque dur, pour l'ouvrir ultérieurement.

Il n'est pas toujours simple de trouver le dossier que l'on cherche sur un serveur FTP. Il faut, en général, passer par plusieurs dossiers avant d'atteindre l'élément recherché. Le système hiérarchique d'organisation des fichiers est similaire à celui de votre ordinateur. Les dossiers sont organisés en arborescence et partent d'une racine. Commencez votre exploration à la racine et ouvrez les répertoires et les sous-répertoires jusqu'à ce que vous trouviez le fichier recherché.

Astuce

Vous avez déjà utilisé des serveurs FTP !
Lorsque vous téléchargez un navigateur ou un module, les fichiers que vous recevez sont très probablement chargés à partir d'un serveur FTP.

Travailler avec les fichiers que l'on trouve sur les sites FTP

Pour vous aider à déterminer quels fichiers vous souhaitez afficher et télécharger, vous devez connaître les différentes extensions de fichier que l'on trouve sur les sites FTP :

▪ **Fichiers texte.** Les fichiers texte utilisent l'extension .TXT et sont faciles à lire dans la fenêtre du navigateur.

▪ **Fichiers exécutables.** Les fichiers exécutables pour PC possèdent une extension .exe. La plupart des fichiers Mac utilisent l'extension .sea, il s'agit de fichiers autoextractibles. Pour lancer un fichier EXE, il suffit de double-cliquer dessus après l'avoir téléchargé.

▪ **Fichiers ZIP.** Les fichiers PC qui se terminent par une extension .zip sont des fichiers compressés par des applications comme WinZip ou PKZIP. Si vous téléchargez un fichier compressé, il vous faut un logiciel de décompression pour l'utiliser.

▪ **Fichiers StuffIt.** Les fichiers qui se terminent par .sit sont l'équivalent des fichiers ZIP pour PC. Pour décompresser un fichier SIT, vous devez utiliser le programme StuffIt Expander.

▪ **Fichiers BinHex.** Les fichiers qui se terminent par une extension .hqx sont des fichiers Mac.

▪ **Fichiers UNIX.** Les fichiers qui possèdent des extensions .TAR, .TAR.Z, OU .GNU sont des fichiers archives compressés UNIX.

Les fichiers compressés sont nombreux sur les sites FTP. En effet, ils prennent moins de place et sont plus rapides à télécharger. Il existe des formats compressés très courants : ZIP pour les PC et SIT ou HQX pour les Mac. D'autres formats de fichiers sont plus rares :

▪ **ARC.** Fichiers compressés avec PKARC pour DOS

▪ **ZOO.** Fichiers compressés avec Zoo210

▪ **PIT.** Fichiers compressés avec Packit pour Mac

▪ **SHAR.** Fichiers archives UNIX

▪ **Z.** Fichiers compressés avec un programme de compression UNIX.

Accès à un serveur FTP

Pour accéder à un serveur FTP en utilisant votre navigateur, suivez ces étapes :

1. Ouvrez votre connexion Internet et lancez votre navigateur.

2. Dans le champ Adresse, tapez **ftp://ftpX.netscape.com** (X représente ici un chiffre de 2 à 20, comme ftp2, ftp3, etc.) et appuyez sur Entrée. Vous serez connecté à un serveur FTP de Netscape (voir Figure 11.1).

Astuce

Serveur occupé

Netscape possède de nombreux serveurs FTP. Si le premier est occupé, essayez-en un autre. Tapez **ftp://ftp2.netscape.com**, **ftp://ftp3.netscape .com**, etc., jusqu'à ce que vous trouviez un serveur libre.

3. Faites défiler la page pour voir la liste des répertoires.

4. Cliquez sur le répertoire pub/. Cela ouvrira une autre liste de sous-répertoires.

5. Cliquez sur le répertoire CoolTalk. Le répertoire du même nom s'ouvre. La liste qui apparaît indique pour quelle plate-forme le programme Cool-Talk est disponible. Choisissez le répertoire qui correspond à votre machine.

6. La page suivante (voir Figure 11.2) contient la liste des programmes CoolTalk pour Windows. Sélectionnez le programme qui vous intéresse. Si vous avez Windows 95 ou 98, sélectionnez ctalk32.exe ; si vous utilisez Windows 3.1, cliquez sur ctalk16.exe.

Astuce

Les serveurs FTP qui requièrent des mots de passe

Si vous avez besoin de vous connecter à un site FTP protégé par un mot de passe et que vous possédez déjà un nom d'utilisateur et un mot de passe pour ce serveur, l'adresse à utiliser aura la forme suivante : **ftp://utilisateur:mot de passe@ftp.site.com**.

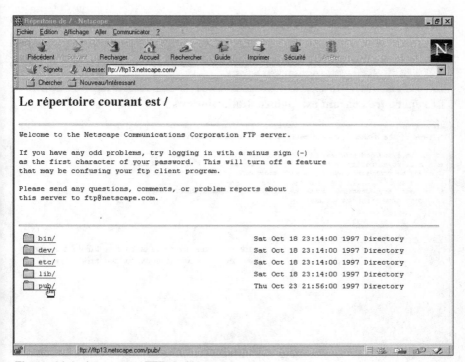

Figure 11.1 : *Le serveur FTP de Netscape.*

Localisation de fichiers sur un serveur FTP

Lorsque vous arrivez sur un serveur FTP, vous ne savez jamais ce qu'il contient exactement. Comment localiser le fichier qui vous intéresse ? En effet, il y a des centaines de serveurs FTP. Vous trouverez une liste gigantesque et pourtant non exhaustive de sites FTP à l'adresse suivante : **http://tile.net/ftp-list/**.

Ce site permet de parcourir une liste de serveurs FTP classés en fonction de leur contenu, de leur nom et de leur pays d'implantation. Faites défiler la page et cliquez sur le type de tri que vous voulez utiliser. Par exemple, vous pouvez cliquer sur Contents pour afficher la liste en fonction du contenu des serveurs.

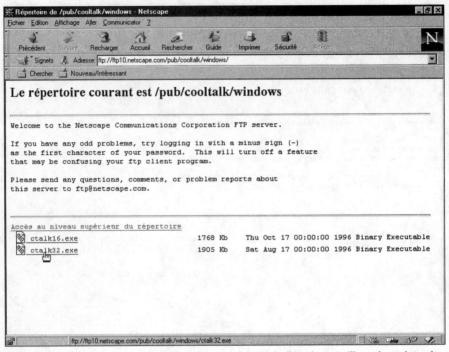

Figure 11.2 : *Les fichiers sont affichés sous forme de lien. Leur taille et leur date de création sont souvent indiquées.*

Vous pouvez aussi utiliser un programme appelé Archie pour rechercher des fichiers spécifiques sur différents sites FTP. Suivez ces étapes pour utiliser Archie :

Le mot juste

Archie
Outil de recherche Internet qui permet de localiser des fichiers sur des serveurs FTP.

1. Dans le champ Adresse de votre serveur, tapez

   http://ftpsearch.ntnu.no/ftpsearch

   et appuyez sur Entrée. Cela ouvrira le formulaire de recherche Archie (voir Figure 11.3).

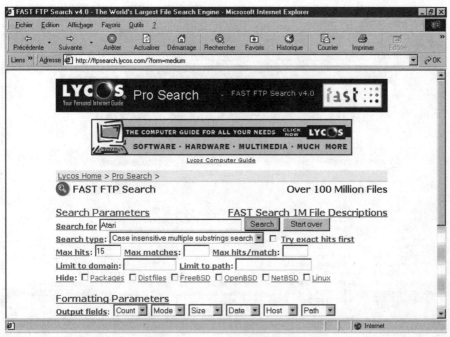

Figure 11.3 : Archie peut vous aider à localiser des fichiers sur des sites FTP.

Astuce

Autres sites Archie

Vous trouverez d'autres sites Archie aux adresses suivantes :

http://archie .rutgers.edu/archie.html et

http://cuiwww.unige.ch/archieplexform .html.

Si vous voulez en trouver davantage, tapez Archie dans un moteur de recherche.

2. Faites défiler la page et remplissez le formulaire (voir Figure 11.4). Entrez le mot à rechercher et sélectionnez les options que vous souhaitez utiliser. Lorsque vous avez fini, cliquez sur **Search**.

3. Une recherche Archie peut prendre un certain temps. Lorsque le travail sera fini, une liste de résultats s'affichera. Cliquez sur un lien qui vous semble intéressant pour vous connecter au serveur FTP correspondant.

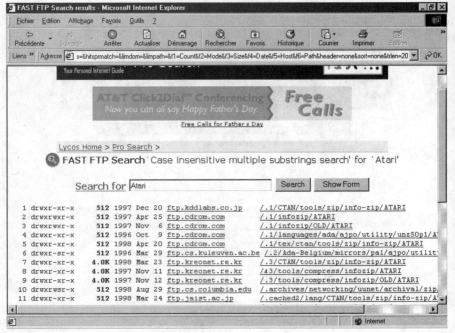

Figure 11.4 : Le formulaire de recherche Archie.

Téléchargement de fichiers

Une fois que vous avez trouvé le fichier qui vous intéresse, vous pouvez le télécharger. Lorsque vous cliquez sur le lien d'un dossier, votre ordinateur fait apparaître une fenêtre qui permet de sélectionner le dossier d'enregistrement du fichier. Notez la taille du fichier que vous voulez charger, cela vous donnera une indication sur la durée du téléchargement.

Suivez ces étapes pour transférer un fichier depuis un serveur FTP :

1. Faites un clic droit sur le lien du fichier que vous voulez télécharger, puis choisissez la commande Enregistrer sous dans le menu contextuel. (Le nom de la commande peut changer en fonction du navigateur utilisé.) La boîte de dialogue Enregistrer sous s'affiche. (Avec un Mac, vous devez presser le bouton de la souris, avec Windows 3.1, il faut double-cliquer sur le lien.)

2. Sélectionnez le lecteur et le dossier dans lequel stocker le fichier. Indiquez le nom du fichier dans la zone de texte Nom de fichier.

3. Cliquez sur **Enregistrer** ou sur **OK**.

4. Le téléchargement commence. En fonction de la taille du fichier et de la vitesse de transfert, le téléchargement peut prendre de quelques minutes à plusieurs heures.

5. Lorsque le téléchargement est terminé, vous pouvez quitter votre navigateur et consulter le fichier.

Transférer un fichier vers un site FTP avec Netscape Navigator

Si vous en avez la permission, vous pouvez transférer un fichier vers un serveur FTP. La technique utilisée est encore plus simple que celle employée pour télécharger. Suivez ces instructions pour transférer un fichier sur un site FTP en utilisant Netscape Navigator :

1. Ouvrez le répertoire qui contient le fichier que vous voulez transférer et sélectionnez-le.

2. Dans la fenêtre de Windows, ouvrez le serveur FTP et le répertoire dans lequel vous voulez placer le fichier.

3. Faites glisser l'icône de votre fichier depuis l'explorateur ou le dossier vers la fenêtre de Netscape. Vous devrez peut-être modifier la taille des deux fenêtres ouvertes pour pouvoir procéder à ce glisser-déplacer.

Astuce

Utilisation de la commande Télécharger sur
Vous pouvez effectuer le même travail avec le menu de Netscape Navigator. Ouvrez le menu Fichier et choisissez Télécharger sur. Dans la boîte de dialogue qui apparaîtra, vous pourrez copier le fichier sélectionné vers le serveur FTP.

Chapitre 12

Discussion sur Internet en utilisant iChat

Dans ce chapitre, vous allez voir comment discuter avec d'autres personnes sur le Web en utilisant iChat.

Comprendre les discussions sur Internet

Les discussions (ou Chat) permettent de s'entretenir avec d'autres personnes sur Internet en tapant des messages transmis en direct. Pour cela, il faut se connecter à un serveur de discussion sur Internet (*chat server*). Le serveur de discussion fonctionne comme un hôte qui propose des centaines de forums de discussion. Vos messages apparaissent à mesure que vous les tapez et que vous les envoyez, ils s'affichent sur les écrans de toutes les personnes qui sont connectées au même forum que vous. De même, lorsque les autres personnes qui participent à ce forum tapent des messages, ils s'affichent sur votre écran (voir Figure 12.1).

Internet propose plusieurs moyens pour discuter. La liste qui suit détaille quelques-uns de ces moyens :

- **Internet Relay Chat (IRC).** Les discussions sur Internet ont commencé avec l'IRC. En utilisant des programmes comme VisualIRC ou PIRCH, vous pouvez vous connecter à un serveur IRC et discuter avec d'autres utilisateurs dans des forums. C'est un mode de discussion assez compliqué, mais, étant le premier à avoir été mis en place, il réunit de nombreux participants.

- **Web Form Chat.** Dans le but de simplifier les discussions sur Internet, les développeurs ont créé le Web Form Chat. Avec cette technique, pour envoyer un message, on remplit un formulaire et on clique sur un bouton pour l'expédier. Une page Web mise à jour est alors envoyée à toutes les personnes connectées au forum, elle contient les messages les plus récents. Ce type de discussion n'est pas très populaire.

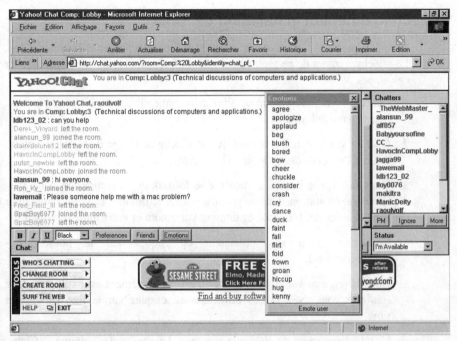

Figure 12.1 : *Dans les forums, tous les intervenants peuvent envoyer des messages simultanément.*

■ **Web Client Chat.** Cette technique est actuellement la plus fonctionnelle. Avec un navigateur et un module ou un contrôle ActiveX adapté, vous pouvez suivre une discussion sans quitter votre navigateur. IChat, dont il est question dans ce chapitre, est l'un des outils les plus populaires pour discuter sur le Web.

■ **Avatar et Comic Chat.** Ces deux techniques permettent d'incarner un personnage virtuel dans un univers. Vous pouvez déplacer votre personnage, faire des gestes en direction des autres participants et vous entretenir avec eux. Pour utiliser ces forums de discussion un peu particuliers, il faut utiliser des programmes spéciaux comme Microsoft V-Chat, Microsoft Chat ou World Away.

Téléchargement et installation de iChat

Avant de pouvoir commencer à discuter, il faut télécharger et installer iChat. Le téléchargement de ce logiciel est gratuit. Pour en obtenir une copie, suivez ces étapes :

1. Lancez votre navigateur et allez à la page d'accueil iChat à l'adresse **http://www.ichat.com**.

2. Cliquez sur le lien **Download**. iChat affiche une page de téléchargement. Sous iChat, cliquez sur le lien **Get it Now**.

3. Dans la page suivante, complétez le formulaire, sélectionnez votre système d'exploitation dans la première liste déroulante et votre navigateur dans la seconde. Indiquez également votre nom et votre adresse e-mail.

4. Consultez la licence utilisateur et cliquez sur le bouton **Accept/Download**.

5. Dans la page suivante, la procédure de téléchargement est expliquée. Une fois que vous avez lu ces informations, cliquez sur le lien **Download now**.

6. Le téléchargement du fichier commence. Une boîte de dialogue s'affiche, elle vous demande si vous souhaitez ouvrir le fichier ou l'enregistrer sur disque. Choisissez de l'enregistrer et cliquez sur **OK**.

7. La boîte de dialogue **Enregistrer sous** apparaît (voir Figure 12.2). Sélectionnez le lecteur et le dossier dans lesquels vous souhaitez enregistrer le fichier et cliquez sur **OK**.

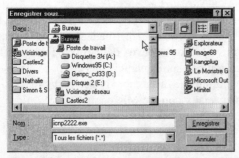

Figure 12.2 : Sélectionnez l'emplacement où le fichier devra être stocké.

Installer le module iChat

Si vous avez Netscape Navigator, vous téléchargerez le module iChat. Pour installer ce module, suivez ces étapes :

1. Quittez tous les programmes que vous êtes en train d'utiliser.

2. Localisez le dossier dans lequel vous avez téléchargé le fichier.

3. Double-cliquez sur le fichier d'installation de iChat que vous avez récupéré. Une boîte de dialogue d'accueil s'affiche.

4. Cliquez sur **Next**. Un avertissement s'affiche et indique que vous devez quitter Netscape Navigator avant de procéder à l'installation. La boîte de dialogue suivante vous montre où le programme va être installé.

5. Cliquez sur **Next**. Le programme d'installation copie les fichiers puis affiche une boîte de dialogue pour indiquer que l'installation est terminée. Le programme vous demande également si vous souhaitez afficher le fichier Readme. Ce fichier contient toutes les informations sur le fonctionnement de iChat.

6. Cliquez sur **Yes** ou sur **No**. Choisissez Yes si vous voulez afficher ce fichier. Dans les deux cas, l'installation s'est déroulée correctement et vous pouvez passer à la section «Connexion et discussion avec iChat».

Astuce

Suppression du fichier d'installation
Une fois que vous avez installé iChat, vous pouvez supprimer le fichier d'installation. Il n'est plus nécessaire au fonctionnement de iChat.

Installer le contrôle ActiveX iChat

Comme avec la plupart des contrôles, l'installation du contrôle ActiveX iChat est très simple. Suivez ces étapes :

1. Quittez tous les programmes que vous êtes en train d'utiliser.

2. Localisez le dossier dans lequel vous avez téléchargé le fichier.

3. Double-cliquez sur le fichier d'installation de iChat que vous avez récupéré. Une boîte de dialogue d'accueil s'affiche. Le programme d'installation copie les fichiers puis affiche une boîte de dialogue pour indiquer que

l'installation est terminée. Le programme vous demande également si vous souhaitez afficher le fichier Readme. Ce fichier contient toutes les informations sur le fonctionnement de iChat.

4. Cliquez sur **Yes** ou sur **No**. Choisissez Yes si vous voulez afficher ce fichier. Dans les deux cas, l'installation s'est déroulée correctement et vous pouvez passer à la section suivante.

Connexion et discussion avec iChat

Vous êtes maintenant prêt à discuter. Suivez ces étapes pour vous connecter à la zone de discussion Yahoo! et entrer dans un forum :

1. Utilisez votre navigateur pour afficher la page d'accueil Yahoo! **http://www .yahoo.com**.

2. Cliquez sur le lien Chat. Une page s'ouvre et décrit les étapes nécessaires à la configuration de Yahoo! Chat.

3. Ignorez le lien qui propose de télécharger le logiciel, vous l'avez déjà. En revanche, cliquez sur le bouton qui permet de s'inscrire (Sign Up, Register, ou un terme équivalent).

4. Remplissez le formulaire. Le nom d'utilisateur que vous sélectionnerez sera le nom qui vous identifiera auprès des autres utilisateurs. Choisissez un mot de passe et entrez-le dans le champ approprié.

5. Cliquez sur le bouton **Register me now**. Au bout d'un moment, la licence utilisateur apparaît, lisez-la et indiquez que vous êtes d'accord avec ses termes.

6. Dans la page qui apparaît, dans la zone **Select an area to begin chat**, cliquez sur un bouton d'option pour choisir un sujet de discussion. Ensuite, dans la liste déroulante **Choose software**, choisissez le logiciel que vous voulez utiliser (choisissez plug-in).

7. Cliquez Ensuite sur **Start chatting**. Yahoo! vous placera dans une discussion qui correspond à la catégorie que vous avez sélectionnée. La Figure 12.3 montre ce qui va s'afficher.

Les messages destinés
à tous les participants
à la discussion apparaissent ici

Double-cliquez sur une émotion
pour indiquer ce que vous ressentez

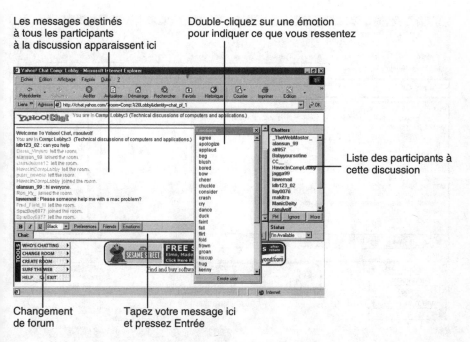

Liste des participants à
cette discussion

Changement
de forum

Tapez votre message ici
et pressez Entrée

Figure 12.3 : Discussions en cours sur le site Yahoo! Chat.

Discuter dans un forum

Une fois que vous êtes dans un forum (on utilise aussi le mot salon), vous pouvez commencer à discuter. La discussion courante s'affiche dans le cadre principal. Pour envoyer un message, cliquez dans la zone de texte Chat, saisissez votre message et appuyez sur Entrée. Les messages envoyés par l'ensemble des utilisateurs s'affichent pratiquement en temps réel.

En plus des messages, vous pouvez utiliser des «gestes». Pour faire un geste afin de traduire vos émotions, double-cliquez sur une attitude dans la liste située à droite de la fenêtre d'affichage des messages (voir Figure 12.4). Une description sous forme de texte de votre geste sera envoyée.

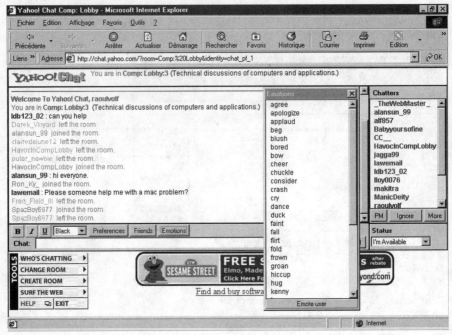

Figure 12.4 : Vous pouvez manifester vos émotions dans la discussion.

Informations sur les participants

Cliquez sur le nom d'une personne dans le forum, puis faites un clic droit dessus. Un menu contextuel s'affichera. Il permet d'en apprendre plus sur la personne, de lui envoyer un message privé, de la suivre (si elle change de forum) ou de l'ignorer (empêche l'affichage de ses messages sur l'écran).

Pour obtenir plus d'informations sur une personne, cliquez sur le nom de cette personne, faites un clic droit dessus et sélectionnez **Who is** *nom de la personne*. Si ce participant a entré des informations personnelles, elles s'afficheront dans une boîte de dialogue.

Pour envoyer un message privé à une personne, cliquez sur son nom, puis faites un clic droit dessus. Dans la boîte de dialogue qui apparaît, entrez votre message et cliquez sur **Send private message** (voir Figure 12.5).

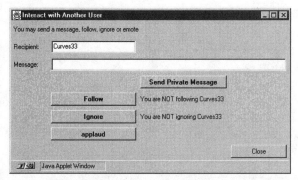

Figure 12.5 : *Vous pouvez envoyer un message privé, il n'apparaîtra que sur l'écran du destinataire.*

Changer votre profil utilisateur

Un des aspects amusants des discussions est que vous pouvez changer de personnalité et d'existence. Il suffit pour cela de modifier votre profil utilisateur et d'ajouter des détails à votre sujet. Vous pouvez ainsi effectuer une description de vous-même qui correspondra à la réalité ou qui sera pure fiction. Lorsque les autres utilisateurs voudront en savoir plus sur vous, ils verront les informations que vous aurez entrées dans le profil. Pour modifier votre profil, suivez ces étapes :

1. Dans la liste Tools, en bas à gauche, cliquez sur **Edit identity**. La boîte de dialogue Yahoo! Identity Editor s'affiche (voir Figure 12.6).

2. Utilisez la souris ou la touche Tabulation pour passer de champs en champs et entrez les informations que vous voulez communiquer. Il n'est pas nécessaire de remplir tous les champs.

3. Faites défiler l'écran, dans le bas de la page, cliquez sur le bouton qui permet d'enregistrer le formulaire.

317

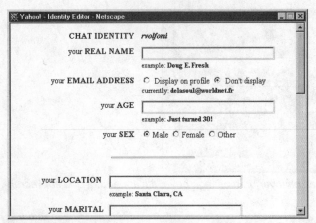

Figure 12.6 : *Vous pouvez entrer des informations sur vous-même. Les autres utilisateurs pourront les consulter s'ils désirent mieux vous connaître.*

Attention

Informations sensibles

N'entrez pas d'informations personnelles. Evitez de communiquer votre vrai nom, votre adresse ou votre numéro de téléphone. Si vous établissez une re-lation de confiance avec quelqu'un, vous pourrez toujours lui faire parvenir ces informations en utilisant un message privé.

Changer de forum

Si vous vous trouvez dans un forum où il ne se passe pas grand chose ou si le sujet de discussion vous ennuie, vous pouvez changer de forum. Suivez ces étapes pour changer de forum :

1. Dans la liste Tools, en bas à gauche, cliquez sur **Change room**. Une liste des catégories disponibles s'affiche.

2. Cliquez sur une catégorie qui correspond au sujet de discussion souhaité. Une liste forums recensés dans cette catégorie s'affiche.

3. Consultez cette liste et cliquez sur le forum qui vous intéresse. Vous y serez directement envoyé.

Discuter en privé

Si vous avez envie d'avoir une conversation en privé, vous pouvez créer un forum dont le nom n'apparaîtra pas dans la liste des forums Yahoo. Pour entrer dans ce forum, une personne qui connaît votre pseudonyme devra vous y suivre. Pour créer un forum privé, suivez ces étapes :

1. Dans la liste Tools, en bas à gauche, cliquez sur **Create room**. La fenêtre Create private room s'affiche.

2. Dans la zone de texte Room name, entrez un nom pour votre forum.

3. Dans la zone de texte Describe your room, tapez une brève description de votre forum, si vous le souhaitez.

4. Sous Room rating, sélectionnez une option pour définir le niveau de censure pour le langage dans votre forum.

5. Pour faire en sorte que ce forum soit privé, cliquez sur **Private sous Access**.

6. Cliquez sur le bouton **Create my room**. Votre forum est maintenant disponible et accessible à toute personne désireuse de vous y suivre.

Si vous êtes invité dans un forum privé, voici comment faire pour vous y rendre : tapez /follow *nom de la personne* (où nom de la personne est son pseudonyme) dans la zone de composition des messages et appuyez sur Entrée.

Lorsque vous créez un forum, une fois que tous vos invités sont là, vous avez la possibilité de le verrouiller (tapez /room secure on). Pour déverrouiller un forum, tapez /room secure off. Le forum cesse d'exister dès l'instant où il ne contient plus de participants.

Autres sites iChat

Bien que Yahoo! propose de nombreux forums, il ne contient peut-être pas la discussion spécifique que vous cherchez. La meilleure façon de trouver des forums iChat supplémentaires consiste à se connecter au site iChat.

1. Allez à la page d'accueil iChat (**http://www.ichat.com**) et cliquez sur le lien Chat sites en haut de la page. Dans la page suivante, vous verrez s'afficher une liste des groupes de discussion classée par catégories.

2. Cliquez sur la catégorie souhaitée. iChat affiche une liste des sites qui proposent des forums sur le sujet sélectionné.

3. Cliquez sur le lien pour le forum souhaité. Votre navigateur vous connectera à la page d'accueil du site.

4. Suivez les liens sur le site pour localiser les forums. Les étapes à suivre pour sélectionner un nom d'utilisateur, un mot de passe et pour discuter seront différentes selon les sites.

Astuce

Autres logiciels de discussion
Voici quelques adresses où vous trouverez des logiciels de discussion ou les forums.
http://www.mediastock.com/dia/ (Discussion par le biais de formulaires)
http://franceweb.fr/lepalace/kesse.html (Forum en 3D)
http://www.pratique.fr/net/softs/pc/irc.html logiciel (Logiciels de Chat dont Mirc pour les chats en IRC).

Chapitre 13

Personnalisation de Netscape Navigator

Dans ce chapitre, vous allez voir comment changer l'aspect de Netscape Navigator et contrôler son comportement.

Les bases de la personnalisation

Bien que Netscape Navigator soit configuré pour fonctionner immédiatement avec des paramètres que tout le monde peut utiliser, il est possible de modifier son aspect et son fonctionnement. Vous pouvez augmenter la taille de la fenêtre de visualisation en masquant les barres d'outils, mais aussi changer les couleurs utilisées, charger des pages sans charger les images, etc.

Dans ce chapitre, vous allez voir comment contrôler les barres d'outils et modifier certains paramètres qui contrôlent l'aspect et le comportement de Netscape Navigator.

Contrôle des barres d'outils de Netscape Navigator

Pour commencer, il est possible de modifier l'interface du navigateur sans entrer dans le système de personnalisation avancé. Vous pouvez, par exemple augmenter la zone d'affichage en masquant n'importe quelle barre d'outils. Pour masquer une barre d'outils, cliquez sur son onglet (voir Figure 13.1). Vous pouvez également faire glisser un onglet pour déplacer la barre d'outils correspondante.

Pour masquer totalement une barre d'outils de sorte que même son onglet ne soit pas visible, ouvrez le menu Affichage et sélectionnez la commande Masquer la barre d'outils qui correspond à celle que vous voulez masquer.

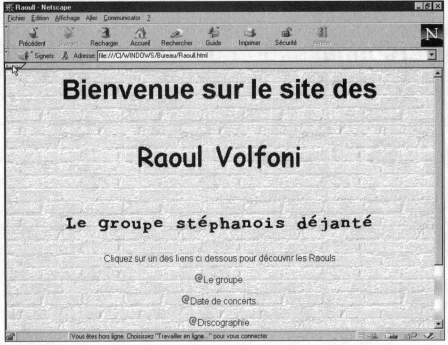

Figure 13.1 : *Vous pouvez utilisez les onglets des barres d'outils pour masquer ou afficher les barres.*

Définition des préférences relatives à l'aspect du navigateur

La fenêtre Aspect de la boîte de dialogue Préférences contient de nombreuses options qui permettent de contrôler l'aspect du navigateur. Vous pourrez y changer la couleur du texte, celle de l'arrière-plan, l'apparence des barres d'outils et la façon dont Netscape Navigator affiche les images. Pour définir vos préférences, suivez ces étapes :

1. Ouvrez le menu Edition et choisissez **Préférences**. La boîte de dialogue du même nom apparaît et propose plusieurs catégories de paramètres.

2. Cliquez sur la catégorie **Aspect**. La boîte de dialogue change (voir Figure 13.2).

Configurer l'aspect

Lorsque vous cliquez sur la catégorie Aspect, vous pouvez utiliser les options suivantes :

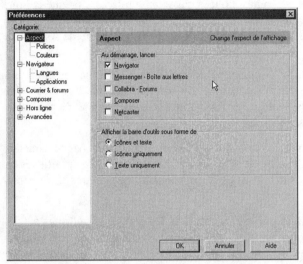

***Figure 13.2 :** La boîte de dialogue Préférences.*

▓ **Au démarrage, lancer** : Ce paramètre permet de lancer automatiquement Netscape Navigator, Messenger-boîte aux lettres (pour le courrier rentrant), Collabra (pour accéder aux groupes de news), Composer (pour créer des pages Web) et Netcaster lorsque vous double-cliquez sur l'icône Netscape Communicator sur votre bureau.

▓ **Afficher la barre d'outils sous forme de** : Cette option permet de contrôler l'aspect des boutons des barres d'outils. Vous pouvez choisir Icônes et texte (pour afficher des gros boutons avec leur nom), Icône uniquement (pour afficher des boutons plus petits sans noms) ou Texte uniquement (pour afficher des boutons plus petits sans image).

Configurer les préférences pour les polices

Les pages Web contiennent des codes qui donnent des instructions relatives à l'affichage du texte et des images aux navigateurs Web. Les codes donnent des instructions générales que le navigateur doit interpréter. C'est pourquoi la même page peut être affichée de façon différente en fonction du navigateur utilisé.

Netscape Navigator a la charge d'assigner les polices, vous avez donc la possibilité de choisir les différentes polices qui seront utilisées. Lorsque la boîte de dialogue Préférences est affichée, cliquez sur la catégorie Polices. Si cette catégorie n'est pas affichée, cliquez sur le signe plus (+) à côté de Aspect. Le panneau Polices permet de configurer les options suivantes :

- **Police vectorielle** : Une *police vectorielle* donne à chaque caractère uniquement la place dont il a besoin. Un «i» prend moins de place qu'un «w». Les polices vectorielles sont utilisées avec la majeure partie des textes contenus dans les pages Web.

- **Police à chasse fixe** : Une *police à chasse fixe* donne à chaque caractère la même place. Ce genre de police est utilisé, en général, pour afficher les noms de fichiers sur les sites FTP et pour afficher d'autres textes «machine».

- **Utiliser mes polices par défaut, au lieu des polices spécifiques au document** : Cette option indique à Netscape Navigator qu'il doit toujours utiliser les polices que vous avez sélectionnées et non celles spécifiées sur les pages Web.

- **Utiliser les polices spécifiques au document et désactiver les polices dynamiques** : Sélectionnez cette option pour utiliser les polices intégrées aux pages Web. Si des polices dynamiques risquent d'augmenter le temps de chargement de la page, Netscape Navigator ne les utilisera pas.

- **Utiliser les polices spécifiques au document, y compris les polices dynamiques** : Choisissez cette option si vous souhaitez que Netscape Navigator utilise toujours les polices insérées dans les pages Web, y compris lorsqu'il s'agit de polices dynamiques.

Pour changer une police, ouvrez la liste déroulante correspondante et cliquez sur la police désirée. Pour changer la taille du texte, utilisez les listes déroulantes Taille.

Attention

Polices pour l'encodage

Ne touchez pas à l'option Pour l'encodage. La plupart des sites utilisent dans les pays qui utilisent l'alphabet romain intègrent des codes composés avec des lettres dites «occidentales». Si vous essayez de visiter un site en Chine ou en Turquie et que la page ne s'affiche pas correctement, alors seulement, vous pouvez essayer de changer ce paramètre. Mais n'oubliez pas de le remettre dans sa position d'origine par la suite.

Changer les couleurs utilisées

A moins qu'une page Web spécifie quelle couleur utiliser pour un arrière-plan, pour les liens et pour les autres éléments de la page, Netscape Navigator utilisera ses paramètres par défaut. Pour les modifier, affichez la boîte de dialogue Préférences et cliquez sur la catégorie Couleurs (dans la catégorie Aspect). Vous pourrez alors changer les paramètres suivants :

- **Texte** : Cette option permet de définir la couleur utilisée pour afficher les textes (mais pas les liens). Il est conseillé d'utiliser la couleur noire car c'est celle qui est la plus visible quel que soit le fond de la page.

- **Arrière-plan** : Permet de définir une couleur d'arrière-plan pour toutes les pages qui n'en ont pas. Par défaut, la couleur utilisée est le gris car il facilite la lecture des textes en noir. Pour choisir une couleur différente, cliquez sur le bouton Arrière-plan. Une palette s'affichera, cliquez sur une couleur pour la sélectionner, puis cliquez sur OK.

- **Utiliser les couleurs de Windows** : Cette option indique qu'il faut utiliser les mêmes paramètres de couleur que ceux utilisés par Windows.

- **Liens non consultés** : Cette option contrôle la couleur des liens sur lesquels vous n'avez pas encore cliqué. Si vous aimez les liens bleus ne changez pas ce paramètre. Si vous voulez utiliser une autre couleur, cliquez sur le bouton et choisissez en une dans la palette qui s'affiche.

- **Liens consultés** : Cette option contrôle la couleur des liens sur lesquels vous avez déjà cliqué. Si vous voulez utiliser une autre couleur, cliquez sur le bouton et choisissez-en une dans la palette qui s'affiche.

■ **Liens soulignés** : En général, Netscape Navigator affiche les liens avec une couleur différente et les souligne. Vous pouvez activer ou désactiver le soulignement.

■ **Toujours utiliser mes couleurs, non celles du document** : Indique à Netscape Navigator qu'il doit toujours utiliser les couleurs que vous avez sélectionnées même si la page Web que vous chargez contient des paramètres différents.

Attention

Choix des couleurs

Si vous décidez de changer les couleurs utilisées, faites attention. Si vous choisissez des couleurs trop pâles, vous risquez de ne plus rien voir.

Définir les préférences pour le navigateur

La catégorie suivante dans la liste des préférences est la catégorie Navigateur. La liste qui suit donne un aperçu des options disponibles :

■ **Navigator démarre avec** : Cette option permet de définir quelle page le navigateur doit charger lorsqu'il démarre. Vous pouvez sélectionner Page vierge (si vous ne voulez pas que le navigateur charge de page), Page d'accueil (pour définir avec quelle page il doit s'ouvrir) ou Dernière page consultée (pour ouvrir la dernière page consultée au cours de la session précédente).

■ **Page d'accueil** : Cette option vous permet d'entrer l'URL de la page Web que vous souhaitez que Netscape Navigator affiche au démarrage (en supposant que vous ayez sélectionné l'option Page d'accueil dans la Zone Navigator démarre avec. Vous pouvez cliquer sur Utiliser la page courante pour utiliser la page affichée comme page d'accueil.

■ **Historique** : Cette option permet de définir pendant combien de jours Navigator doit garder en mémoire les adresses des pages visitées. Vous pouvez cliquer sur le bouton Effacer l'historique pour effacer toutes les adresses.

Configuration des préférences hors ligne

Netscape Navigator permet de travailler hors ligne pour afficher les pages que vous avez déjà ouvertes. Cela permet de charger des pages pendant les heures creuses et de les consulter plus tard. Pour définir les options Hors ligne, ouvrez la boîte de dialogue **Préférences** et cliquez sur la catégorie **Hors ligne**. Vous pouvez alors choisir Mode de travail en ligne (pour toujours ouvrir Netscape Navigator en ligne), Mode de travail hors ligne (pour toujours ouvrir Netscape Navigator hors ligne) ou Me demander (si vous voulez que Netscape Navigator vous demande au démarrage si vous voulez travailler en ligne ou hors ligne).

La catégorie Télécharger (située en dessous) contient des options pour lire les messages et les articles des groupes de news hors ligne.

Augmentation des performances avec les paramètres de cache

Vous pouvez améliorer la vitesse de chargement des pages en agissant sur les paramètres de cache. Ces préférences permettent de changer la taille du cache (zone de stockage temporaire) de manière à ce que Netscape Navigator puisse utiliser un espace disque plus important pour stocker les pages que vous avez déjà visitées. Suivez ces étapes pour changer la taille du cache :

1. Ouvrez le menu Edition et sélectionnez Préférences. La boîte de dialogue Préférences s'affiche.

2. Dans la liste Catégorie, cliquez sur le signe plus à côté de Avancées et cliquez sur Cache (voir Figure 13.3).

Le mot juste

Cache
Le cache est une mémoire ou un espace disque que Netscape Navigator (ou un autre programme) utilise pour stocker des données temporaires. Dans le cas de Netscape Navigator, le cache est utilisé pour stocker des pages Web que vous avez déjà chargées de manière à pouvoir y retourner rapidement (le navigateur n'aura pas à les recharger).

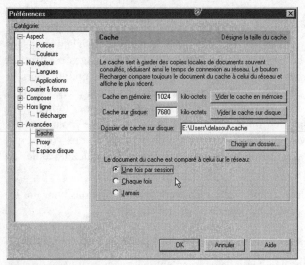

Figure 13.3 : *Grâce à cette boîte de dialogue, vous pouvez configurer les différents caches.*

3. Les tailles minimales des caches sont déjà entrées, ne les réduisez pas. Si vous avez beaucoup de mémoire ou d'espace disque, vous pouvez cliquer dans les champs Cache en mémoire et Cache du disque et augmenter la taille initiale (1000 Ko équivaut à 1 Mo).

4. Les boutons **Vider le cache en mémoire** et **Vider le cache sur disque** sont utiles si vous avez des problèmes pour exécuter d'autres programmes Windows parce que vous êtes à cours de mémoire. Ces boutons vident les caches ce qui libère de la mémoire pour d'autres applications.

5. Dans la zone Le document du cache est comparé à celui du réseau, vous pouvez indiquer la fréquence à laquelle vous voulez que Navigator compare le document chargé à l'original (Une fois par session, Chaque fois ou Jamais). Moins le navigateur aura à effectuer ce travail de comparaison, plus il sera rapide. Cependant, si vous sélectionnez Jamais, la page peut avoir changé sur le site sans que vous vous en rendiez compte.

6. Cliquez sur **OK** pour enregistrer ces paramètres.

Chapitre 14

Personnalisation d'Internet Explorer

Dans ce chapitre, vous allez apprendre à modifier l'apparence d'Internet Explorer et à contrôler son comportement.

Les bases de la personnalisation

Bien que Internet Explorer soit configuré pour fonctionner immédiatement avec des paramètres que tout le monde peut utiliser, il est possible de modifier son aspect et son fonctionnement. Vous pouvez augmenter la taille de la fenêtre de visualisation en masquant les barres d'outils, mais aussi changer les couleurs, charger des pages sans charger les images, etc.

Vous pouvez intervenir sur la plupart des paramètres en sélectionnant Options Internet dans le menu Affichage (ou dans le menu Outils pour la version 5) et en cliquant sur l'onglet qui correspond aux options que vous voulez modifier. Les sections qui suivent donnent des instructions détaillées sur la plupart des paramètres de configuration.

Affichage du navigateur en plein écran

Les navigateurs Web occupent un espace qui pourrait être utilisé pour afficher les pages Web. Internet Explorer propose une solution simple à ce problème : l'affichage plein écran. Pour passer en mode plein écran, ouvrez le menu **Affichage** et sélectionnez **Plein écran** ou cliquez sur le bouton **Plein écran** (dans IE 4.0) dans la barre de menus.

La nouvelle fenêtre contient uniquement une barre de défilement et la barre Boutons standards. Pour revenir en mode normal, cliquez sur le bouton Plein écran dans la barre d'outils (ou appuyez sur la touche F11).

Contrôle des barres d'outils

L'utilisation des barres d'outils permet d'éviter les menus, plus lents. Par exemple, au lieu d'utiliser le menu **Aller à** et de sélectionner **Précédente** (ou de choisir Affichage, Aller à, Précédente dans la version 5), il suffit de cliquer sur le bouton **Précédente**. Si certaines barres d'outils ne vous conviennent pas, vous pouvez les déplacer, les masquer ou les redimensionner :

■ Pour afficher ou masquer une barre d'outils entière, ouvrez le menu **Affichage**, sélectionnez **Barre d'outils** et cliquez sur le nom de la barre d'outils que vous voulez modifier.

■ Pour afficher ou masquer la zone de texte **Adresse**, double-cliquez sur Adresse. Lorsque la barre Adresse est masquée, la barre Liens rapides la remplace.

■ Pour afficher ou masquer la barre **Liens**, double-cliquez sur Liens.

■ Pour afficher quelques boutons de la barre Liens sans masquer totalement la zone de texte Adresse, faites glisser la barre de séparation Liens (la double ligne verticale) vers la droite.

■ Pour réarranger les barres d'outils, faites glisser Adresse ou Liens vers le haut ou vers le bas. Par exemple, vous pouvez faire glisser la barre Liens vers le bas pour créer une nouvelle zone dans les barres d'outils. Vous pouvez aussi empiler la barre Adresse sur la barre d'outils standard ou sur la barre Liens (voir Figure 14.1).

Astuce

Navigation avec le clavier
Si vous masquez la barre d'outils standard, vous pouvez continuer à explorer le Web en utilisant le clavier. Par exemple, vous pouvez passer à la page précédente en pressant Ctrl-Flèche gauche et à la page suivante en pressant Ctrl-Flèche droite (dans certaines versions d'Internet Explorer, il faut utiliser la touche Alt à la place de la touche Ctrl).

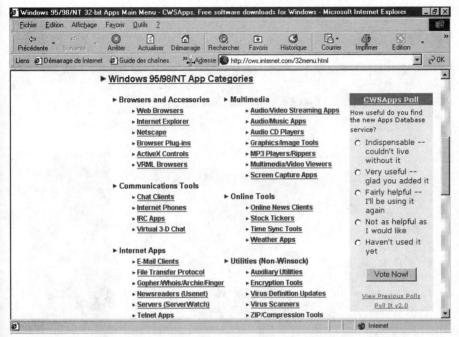

Figure 14.1 : Vous pouvez réorganiser la barre d'outils d'Internet Explorer.

Sélection d'une page de démarrage différente

Lorsque vous lancez Internet Explorer, il affiche la page d'accueil Microsoft qui propose des liens vers ses produits, vers une assistance technique, vers un site de téléchargement et vers diverses informations. Si vous le souhaitez, vous pouvez définir une page de démarrage différente. Pour cela, suivez ces instructions :

1. Ouvrez la page que vous voulez utiliser comme page de démarrage. Par exemple, cliquez dans le champ Adresse, tapez **http://www.yahoo.fr** et appuyez sur Entrée.

2. Ouvrez le menu **Affichage** (ou **Outils**) et sélectionnez **Options Internet**. Cliquez sur l'onglet **Général** de la page qui apparaît. Là, vous pourrez sélectionner la page de démarrage de votre choix.

3. Cliquez sur le bouton **Page en cours** (voir Figure 14.2).

4. Cliquez sur **OK**.

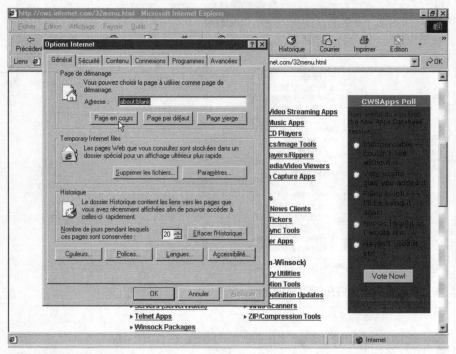

Figure 14.2 : Vous pouvez choisir quelle page afficher au démarrage.

Maintenant, lorsque vous démarrerez Internet Explorer, il chargera automatiquement la page que vous avez sélectionnée. Si, plus tard, vous souhaitez réutiliser la page par défaut, cliquez sur le bouton **Page par défaut** dans l'Etape 3.

La barre Liens contient des boutons qui permettent d'accéder à des pages Microsoft très pratiques. Vous pouvez renommer ces boutons et faire en sorte qu'ils désignent d'autres sites. Pour cela, suivez ces étapes :

1. Ouvrez le menu **Favoris** et sélectionnez **Organiser les favoris**. La fenêtre du même nom s'affiche.

2. Double-cliquez sur le dossier Liens pour afficher la liste des raccourcis de la barre Liens.

3. Pour supprimer un bouton, cliquez sur son nom et cliquez sur le bouton **Supprimer**.

4. Pour renommer un bouton, sélectionnez son nom, appuyez sur Renommer, tapez un nouveau nom et appuyez sur Entrée.

5. Pour changer l'adresse de la page qu'un point désigne, faites un clic droit, puis cliquez sur **Propriétés**. Tapez une nouvelle adresse et faites **OK**.

6. Lorsque vous avez fini de configurer vos liens, fermez la fenêtre Organiser les favoris.

On peut ajouter des boutons à la barre Liens : il faut faire glisser un lien depuis la page actuellement affichée vers la barre Liens.

Modification des apparences du texte et de l'arrière-plan

Par défaut, Internet Explorer donne aux pages Web que vous chargez la possibilité d'afficher leurs propres couleurs. Si une page ne donne pas d'indications à ce sujet, Internet Explorer utilise les paramètres de couleurs Windows courants. Cependant, Internet Explorer permet d'indiquer vos préférences, en suivant ces étapes :

1. Ouvrez le menu **Affichage** (ou **Outils**), sélectionnez **Options Internet**.

2. Cliquez sur l'onglet **Général** et cliquez sur le bouton **Couleurs**. Une boîte de dialogue s'affiche (voir Figure 14.3).

3. Dans la zone Couleurs, cliquez dans la case **Utiliser les couleurs Windows** pour supprimer la coche et désactiver cette option.

4. Pour changer la couleur du texte, cliquez sur le bouton **Texte**, cliquez sur la couleur souhaitée, puis sur **OK**.

5. Pour changer la couleur de l'arrière-plan, cliquez sur le bouton **Arrière-plan**, cliquez sur la couleur souhaitée, puis sur **OK**.

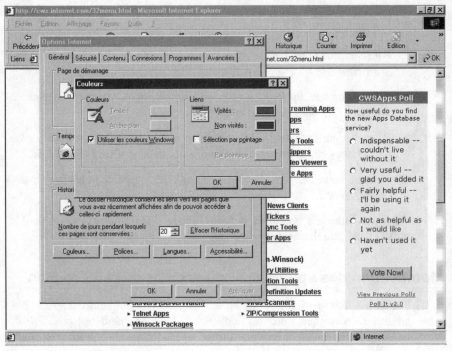

Figure 14.3 : *Internet Explorer permet de sélectionner la couleur par défaut des textes et des arrière-plans.*

Attention

Paramètres de couleurs

Internet Explorer utilise les paramètres de couleurs que vous avez sélectionnés, mais uniquement dans le cas des pages qui n'ont pas de code pour indiquer les couleurs à utiliser. S'il existe un code pour déterminer ces paramètres, il supplantera les paramètres personnalisés.

6. Pour changer la façon dont Internet Explorer affiche les liens, entrez vos préférences concernant les éléments suivants :

– **Visités.** Permet de changer la couleur des liens sur lesquels vous avez déjà cliqué.

- **Non visités.** Permet de changer la couleur des liens que vous n'avez pas encore visités.

- **Sélection par pointage.** Permet de spécifier la couleur que vous souhaitez voir s'afficher lorsque votre souris est sur un lien.

7. Cliquez sur le bouton **OK** lorsque vous avez terminé.

Amélioration des performances

Le chargement des pages Web peut être long. Il existe plusieurs moyens d'augmenter la vitesse de chargement. Les sections suivantes exposent deux façons d'améliorer les performances d'Internet Explorer.

Charger les pages en mode texte

Les images rendent les pages Web plus attractives, mais elles augmentent aussi considérablement le temps de chargement. Pour accélérer le processus, vous pouvez demander à Internet Explorer de charger uniquement les textes. Si une page contient des images que vous voulez afficher, vous pouvez néanmoins cliquer sur leur emplacement pour les faire apparaître. Pour désactiver le chargement des images, suivez ces étapes :

1. Ouvrez le menu **Affichage** (ou **Outils**) et sélectionnez **Options Internet**. Une boîte de dialogue apparaît.

2. Cliquez sur l'onglet **Avancées**.

3. Dans la zone Multimédia, retirez les coches des cases Afficher les images, Lire les sons, Lire les vidéos et Lire les animations.

4. Cliquez sur **OK** pour enregistrer les changements.

Lorsque ces options sont désactivées, Internet Explorer charge les pages en mode texte et insère des icônes à la place des images, des animations, des sons et des séquences vidéo (voir Figure 14.4). Vous pouvez cliquer sur une icône pour afficher son contenu.

Optimiser le cache pour recharger plus rapidement les pages

Comme le Web est lent, la plupart des navigateurs stockent les pages qui ont été chargées dans une mémoire temporaire appelée cache. Internet Explorer utilise un cache sur disque et un cache en mémoire pour stocker les pages que vous avez chargées. Lorsque vous revenez à une page qui a déjà été affichée, le navigateur charge la page depuis la mémoire au lieu de la télécharger à nouveau. Comme la page est chargée localement, son affichage est beaucoup plus rapide.

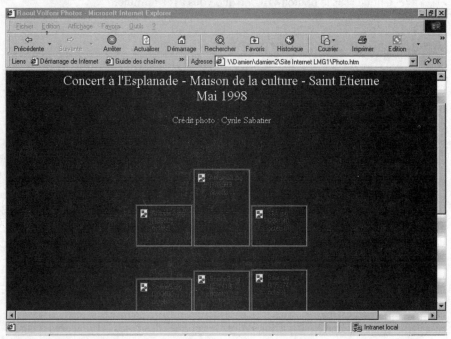

Figure 14.4 : *Lorsque le chargement des images est désactivé, Internet Explorer affiche des icônes à la place des images.*

Le mot juste

Cache

Le cache est une mémoire ou un espace disque qu'Internet Explorer (ou un autre programme) utilise pour stocker des données temporaires. Cette mémoire permet de stocker des pages Web que vous avez déjà chargées, de manière à pouvoir y retourner rapidement (le navigateur n'aura pas à les recharger).

Figure 14.5 : *L'augmentation de la taille du cache augmente la vitesse de rechargement des pages.*

Pour augmenter la vitesse de chargement des pages déjà visitées avec Internet Explorer, vous pouvez modifier les paramètres des mémoires cache. Suivez ces étapes :

1. Ouvrez le menu **Affichage** (ou **Outils**) et sélectionnez **Options Internet**. Une boîte de dialogue apparaît.

2. Cliquez sur l'onglet **Général** et cliquez sur le bouton **Paramètres** dans la zone Fichiers Internet temporaires (Temporary Internet Files). La boîte de dialogue Paramètres s'affiche (voir Figure 14.5).

3. Faites glisser le curseur **Espace disque à utiliser** vers la droite pour augmenter la taille de l'espace disque allouée au cache d'Internet Explorer. Plus cet espace sera important, plus vous pourrez stocker de pages en mémoire.

Attention

Surveillez votre disque dur
Si vous n'avez pas beaucoup de place, réduisez la taille du cache pour éviter de vous trouver à court de mémoire.

4. Sous **Vérifier s'il existe une version plus récente des pages enregistrées**, indiquez avec quelle fréquence vous souhaitez qu'Internet Explorer compare les pages stockées dans le cache avec celles qui sont sur le réseau, pour savoir si certaines ont été modifiées :

   – **A chaque visite de la page.** Fréquence un peu excessive qui ralentira l'exploration du Web.

   – **Chaque fois que vous démarrez Internet Explorer.** Contrôle la page la première fois que vous la rechargez au cours d'une session (paramètre par défaut).

   – **Jamais.** Choix un peu risqué, car vous risquez de rater la mise à jour d'une page. En revanche, les rechargements seront très rapides.

   – **Automatiquement.** Cette option n'existe que dans IE 5, elle permet au navigateur de s'adapter à la fréquence de mise à jour du site.

Dans cette boîte de dialogue, il existe aussi un bouton appelé **Vider le dossier**, sur lequel vous pouvez cliquer pour supprimer les fichiers du cache et libérer ainsi de l'espace disque. Dans IE 5, ce bouton se trouve sur l'onglet Général et s'appelle **Supprimer les fichiers**.

Partie IV

Messagerie électronique

Chapitre 1

Comprendre la messagerie électronique sur Internet

La messagerie électronique (e-mail) est un système qui permet aux utilisateurs d'envoyer des messages, par le biais d'un modem ou d'un réseau, d'un ordinateur vers un autre. Si vous avez une connexion Internet, vous pouvez envoyer des messages à une personne sur Internet. Tout ce dont vous avez besoin, c'est l'adresse e-mail de cette personne.

Les messages envoyés sur Internet prennent la forme de textes. Avec un bon kit de messagerie, vous pouvez rattacher d'autres fichiers à vos messages. Ces fichiers joints peuvent être des images, des fichiers son, des documents et même des logiciels.

Eléments nécessaires au fonctionnement d'une messagerie électronique

Le fonctionnement d'une messagerie électronique est aisé à comprendre. Cependant, la connaissance précise des mécanismes mis en jeu pour la réception et l'envoi de messages vous aidera si vous avez des problèmes de connexion ou avec votre logiciel de messagerie.

Trois choses sont indispensables pour envoyer et recevoir un message : un compte de messagerie électronique Internet, une connexion à Internet et un logiciel de messagerie.

Le mot juste

Client de messagerie électronique
Logiciel que vous installez sur votre PC pour envoyer et recevoir des messages.

Compte de messagerie électronique

Vous avez besoin d'un compte de messagerie. A moins d'en posséder un pour des raisons professionnelles, la plupart du temps, c'est votre fournisseur d'accès qui vous le donnera. La messagerie électronique est l'une des fonctions standards offertes avec un compte Internet par les fournisseurs d'accès. Les informations sur le choix d'un fournisseur d'accès se trouvent dans la Partie I, Chapitre 3.

Votre fournisseur d'accès vous donnera une adresse de messagerie électronique qui vous identifiera sur Internet. Elle remplit la même fonction que l'adresse de votre domicile : vous permettre de recevoir votre courrier quotidien.

Les adresses de messagerie électronique Internet apparaissent sous la forme : **nom d'utilisateur@nom de domaine.com**. La première partie de l'adresse est le nom d'utilisateur. C'est un nom ou un surnom que vous choisissez ou que votre fournisseur d'accès vous donne. Il vous identifie. Le symbole @ dans l'adresse est utilisé pour séparer le nom d'utilisateur du nom de domaine. Le nom de domaine est le nom de l'ordinateur de votre fournisseur d'accès.

Le mot juste

Nom de domaine
Nom donné à un ordinateur spécifique sur Internet. Il est assigné par une organisation internationale appelée InterNIC. Etant donné que tous les noms de domaines sont enregistrés, vous pouvez être sûr qu'un nom de domaine sera unique sur Internet.

Astuce

Identification des domaines
Vous pouvez identifier le type d'une institution à qui appartient un domaine particulier par le suffixe qui suit le nom du domaine. Par exemple, le suffixe .com identifie un domaine enregistré pour une entreprise commerciale. Vous rencontrerez aussi des suffixes tels que .edu (éducation), .net (serveur Internet), etc.

Lorsque votre fournisseur d'accès vous donne votre adresse e-mail, il vous offre aussi une méthode de connexion à Internet par le biais de votre modem. Pour plus d'informations sur la configuration des différents systèmes d'ex-

341

ploitation pour se connecter à un fournisseur d'accès, voir Chapitres 4 à 6 de la Partie I.

Services de messagerie et services en ligne

Si vous essayez d'envoyer un message à quelqu'un qui se connecte à Internet en utilisant un des services en ligne, comme AOL, vous verrez que les adresses utilisées ont une forme particulière (surtout pour les adresses e-mail CompuServe). La liste qui suit présente les différents formats d'adresses e-mail utilisés dans les services en ligne les plus populaires.

Service en ligne	Exemple d'adresse
CompuServe	71354.1234@compuserve.com
America Online	joeguy@aol.com
Prodigy	joeguy@prodigy.com
Microsoft Network	joeguy@msn.com

Choisir un client de messagerie électronique

Une fois que vous avez une adresse de messagerie et une connexion sur Internet, vous devez choisir un client de messagerie et l'installer sur votre ordinateur. Il existe un grand nombre de kits commerciaux et de sharewares. Windows 95 possède son propre client de messagerie appelé Microsoft Exchange. Microsoft Office 2000 et Internet Explorer 5 sont livrés avec Outlook Express 5 (Office 97 contenait Outlook 97), un gestionnaire d'informations personnelles qui peut envoyer et recevoir des messages.

Des clients de messagerie avec des fonctions avancées sont disponibles dans la plupart des suites de navigation Web, comme Netscape Communicator et Microsoft Internet Explorer. Vous apprendrez à configurer et à utiliser les clients sur Netscape Communicator et Internet Explorer dans la section suivante. Par ailleurs, tous les services en ligne, comme America Online, proposent un système de messagerie à leurs utilisateurs. Si vous utilisez une messagerie AOL, reportez-vous aux Chapitres 6 et 9. Lorsque vous choisissez le client de messagerie que vous souhaitez utiliser, posez-vous les questions suivantes :

■ L'interface du programme est-elle conviviale ?

■ Est-ce que le kit de messagerie possède un répertoire électronique dans lequel vous pouvez stocker une liste des adresses e-mail les plus importantes ?

■ Est-ce que le client de messagerie a la possibilité de coder et de décoder les fichiers rattachés aux messages ?

■ Est-ce que le client de messagerie possède un vérificateur d'orthographe ?

Bien que tous les éléments dont il est question dans cette liste ne soient pas indispensables pour l'utilisation d'un client de messagerie, la plupart d'entre eux proposent ces fonctions.

Comment fonctionne une messagerie électronique ?

Une fois muni d'une adresse e-mail, d'une connexion à Internet et d'un client de messagerie, vous pouvez envoyer des messages. La seule autre chose que vous devez connaître est l'adresse de la personne à qui vous voulez envoyer le message.

Les clients de messagerie sont tous conçus sur le même modèle : ils possèdent un bouton Nouveau message (ou son équivalent) ou un menu qui permet de créer un nouveau message. Lorsque vous ouvrez une fenêtre pour composer un nouveau message, vous devez fournir certaines informations pour être sûr que le message arrivera à bonne destination :

■ **A.** C'est la zone dans laquelle vous tapez l'adresse e-mail de la personne à qui vous envoyez le message.

■ **CC ou Copie à.** Vous pouvez copier le message vers une ou plusieurs autres adresses e-mail.

■ **Objet.** Tapez juste un en-tête qui indiquera au destinataire l'objet du message.

Le reste du formulaire est destiné à contenir votre message. Lorsque vous tapez votre message, suivez les conventions que vous utiliseriez pour une lettre ou un mémo classique.

La messagerie électronique possède cependant certaines conventions spécifiques. Par exemple, on utilise souvent des émoticons : ce sont des images faites à partir des caractères du clavier et utilisées pour refléter vos émotions dans les messages. Voici une liste des émoticons les plus souvent rencontrés :

Emoticon	Signification
:-)	Sourire
:-(	Tristesse
:-I	Indifférence
;-)	Clin d'œil
:-D	Rire

Des acronymes sont aussi utilisés dans les messages. Ils correspondent tous à des termes anglais, mais les discussions sur Internet sont souvent dans cette langue. Si vous souhaitez créer vos propres acronymes, assurez-vous que votre correspondant les connaît.

Acronyme	Signification
LOL	Rire
IMHO	A mon humble avis
TIA	Merci d'avance
OTOH	D'un autre côté
ROTFL	Je me roule par terre de rire

Envoyer un message

Une fois que vous avez terminé le message, cliquez sur le bouton Envoyer ou choisissez Envoyer dans le menu approprié. Votre message est placé dans votre boîte d'envoi.

Astuce

Création de messages hors ligne
Si vous avez plusieurs messages à envoyer, vous pouvez les créer hors ligne (c'est-à-dire non connecté) et les enregistrer dans votre boîte d'envoi. Lorsque vous êtes prêt à les envoyer, connectez-vous à Internet et envoyez tous les messages de la boîte d'envoi en une seule fois.

Une fois que votre message est dans la boîte d'envoi, il suffit de choisir la commande qui l'envoie vers l'ordinateur du destinataire. L'envoi se fait par une connexion vers le fournisseur d'accès. Votre message est transmis sur une ligne téléphonique par votre modem. Il est routé vers le serveur de messagerie SMTP (*Simple Mail Transfer Protocol*) de votre fournisseur d'accès. Le message est codé avec les informations SMTP qui vous sont propres ainsi qu'avec celles relatives aux destinataires.

Le message est placé sur Internet puis routé de serveur en serveur jusqu'à ce qu'il trouve sa destination : le serveur de messagerie POP (*Post Office Protocol*) du destinataire (de son fournisseur d'accès, en fait). Lorsque la personne à qui vous avez envoyé le message se connecte à son serveur de messagerie, le message est téléchargé sur son ordinateur.

Le mot juste

POP ou SMTP
Un serveur de messagerie Post Office Protocol reçoit des messages ; un serveur Simple Mail Transfer Protocol les envoie. Un serveur peut servir à la fois de serveur POP et SMTP, cela dépend de votre fournisseur d'accès.

Réceptions des messages

Pour réceptionner vos messages, il suffit de vous connecter à votre fournisseur d'accès Internet et de démarrer votre client de messagerie. Tout message en attente sera téléchargé sur votre PC et apparaîtra dans votre boîte de réception. Pour lire un message, double-cliquez dessus. Vous pouvez ensuite le supprimer, le garder ou y répondre.

Astuce

Vérification automatique de l'arrivée du courrier
Vous pouvez configurer votre programme de messagerie électronique pour qu'il effectue une vérification automatique de réception des messages lorsque vous le souhaitez.

Répondre à un message

Pour répondre à un message, ouvrez le message ou assurez-vous qu'il est sélectionné dans la boîte de réception, puis cliquez sur le bouton Répondre (Répondre à l'auteur) ou choisissez la commande équivalente dans le menu approprié. Lorsque vous répondez à un message, la plupart des programmes de messagerie incluent le texte du message d'origine comme référence dans la réponse. Vous pouvez personnaliser votre programme de manière que le texte d'origine ne soit pas inclus, ou vous pouvez supprimer le texte si vous ne voulez pas l'inclure dans une réponse particulière.

Pour inclure le message d'origine dans la réponse, vous devez placer votre réponse au-dessus du message. Ainsi la personne qui vous a envoyé le message n'a pas à le relire avant de trouver la réponse. Une fois que vous avez terminé votre réponse, cliquez sur le bouton Envoyer. La réponse est envoyée vers votre boîte d'envoi et traitée ensuite comme n'importe quel autre message.

Astuce

Répondre aux messages

Vous pouvez répondre aux messages, les transférer ou les rediriger. Lorsque vous répondez à un message, votre programme remplit automatiquement l'adresse du destinataire dans votre nouveau message. Il suffit alors de taper votre réponse puis d'envoyer le message.

Chapitre 2

Configuration de la messagerie électronique pour Netscape Communicator

Dans ce chapitre vous apprendrez à configurer Netscape Messenger pour l'envoi et la réception de messages Internet.

Utilisation du client de messagerie incorporé dans Netscape

La suite Communicator propose, entre autres clients de messagerie, Netscape Messenger. Pour utiliser Messenger comme client de messagerie, vous devez le configurer.

Le mot juste

Client de messagerie
Le logiciel qui sert à envoyer et recevoir des messages. Il peut être autonome, faire partie d'un kit de messagerie, comme Eudora, ou être intégré dans une suite logicielle Internet comme Netscape Messenger.

Pour configurer Netscape Messenger, vous devez fournir au logiciel certaines informations. Voici la liste des éléments à communiquer à votre programme :

- Votre nom.

- Votre adresse de messagerie. Cette information est donnée par votre fournisseur d'accès.

- Le nom de votre société (optionnel).

- Votre nom d'utilisateur de messagerie. C'est habituellement la première partie de votre adresse e-mail, comme raoul dans **raoul@online.com**.

▓ Le nom de votre serveur de messagerie. Cette information devra vous être donnée par votre fournisseur d'accès. Elle aura la forme suivante : **mail.nom du fournisseur d'accès.suffixe.**

Attention

Messenger et la plupart des kits de messagerie doivent être configurés pour un serveur de messagerie entrant (POP) et un serveur de messagerie sortant (SMTP). Dans la plupart des cas ces informations seront les mêmes, car un seul serveur peut gérer les messages sortants et entrants. Faites attention d'avoir les informations correctes avant d'essayer de configurer Messenger.

Configuration de Netscape Messenger

Netscape propose plus d'une technique pour configurer Messenger comme votre client de messagerie. Vous pouvez accéder à la boîte de dialogue Préférences (l'endroit où l'on configure une partie des programmes de la suite Netscape Communicator) par le biais du menu de Netscape Navigator ou de celui de Netscape Messenger.

1. Démarrez Netscape Navigator ou Netscape Messenger en utilisant le bouton Démarrer ou l'icône appropriée sur votre bureau Windows.

2. Sélectionnez **Edition, Préférences**. La boîte de dialogue Préférences apparaît, elle contient un menu organisé en arborescence qui permet de sélectionner les différentes options de configuration pour les composants Communicator, tel que Messenger.

3. Pour accéder aux préférences pour les messages, cliquez sur le signe plus (+) à gauche du panneau Courrier et forums (voir Figure 2.1). Cela affichera toutes les préférences pour les messages et les forums.

Les préférences Courrier et Forums sont listées ci-après, vous trouverez aussi une brève description de chacune d'elle.

– **Identité.** Informations personnelles, comme votre nom, votre adresse e-mail et le fichier signature.

– **Messages.** Cette zone permet de contrôler si des copies de vos messages expédiés doivent être envoyées à une autre adresse e-mail ou vers un dossier.

– **Serveur de courrier.** C'est l'endroit où vous indiquez le nom du serveur de messagerie de votre fournisseur d'accès.

– **Serveur de forums.** Cette zone est réservée aux informations sur le serveur de forums de votre fournisseur d'accès.

– **Annuaire.** C'est l'endroit où vous sélectionnez l'ordre de recherche pour les ressources d'adresses, comme le carnet d'adresses personnel et les annuaires de messagerie Four11 ou Bigfoot.

Figure 2.1 : *Cliquez sur Courrier et forums pour accéder aux paramètres à utiliser pour configurer Messenger.*

4. Cliquez sur Identité, la première des préférences. Entrez les informations appropriées dans les zones Nom, Adresse électronique, Adresse pour la réponse et Société. Lorsque vous avez complété ces informations, vous êtes prêt à passer au paramètre de configuration suivant (voir Figure 2.2).

Astuce

Déplacement d'un champ à l'autre

Vous pouvez utiliser la touche Tabulation pour vous déplacer d'une zone de texte à une autre dans une boîte de dialogue telle que Préférences. Pour vous déplacer dans le sens inverse, utilisez les touches Maj-Tab.

Astuce

Fichier de signature

C'est un bon moyen pour personnaliser vos messages. Le fichier de signature peut être créé dans n'importe quel éditeur de texte, comme le Bloc-notes Windows. Placez ensuite le nom de fichier dans la zone Fichier de signature de la boîte de dialogue Identité.

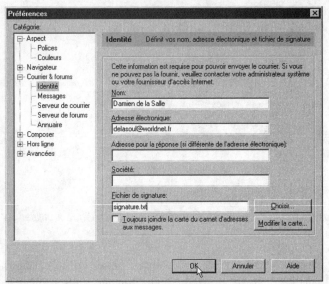

Figure 2.2 : La fenêtre Identité est l'endroit où vous pouvez entrer des informations personnelles.

Configuration du serveur de messagerie

Pour terminer la configuration de la messagerie Netscape Messenger, vous devez fournir à Messenger les informations relatives au serveur de messagerie que vous utilisez. Cliquez sur la boîte de dialogue Serveur de courrier, dans la zone Catégorie. La boîte de dialogue s'ouvre. Vous pouvez alors spécifier le nom des serveurs de messagerie entrants et sortants de votre fournisseur d'accès.

Le nom de votre serveur de messagerie vous sera communiqué par votre fournisseur d'accès, il aura la forme : **mail.nom du fournisseur d'accès.suffixe**. Les logiciels de messagerie, tels que Messenger, doivent être configurés pour les serveurs de messagerie entrants (POP) et sortants (SMTP). Dans la plupart des cas ces informations seront les mêmes, un seul serveur de messagerie gérera les deux types de messages (voir Figure 2.3).

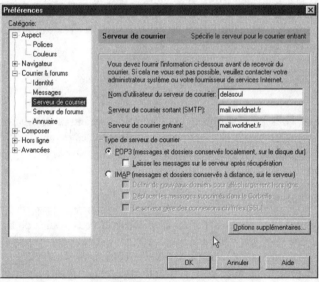

Figure 2.3 : *La boîte de dialogue Serveur de courrier est l'endroit où vous placez les noms des serveurs de messagerie entrants et sortants de votre fournisseur d'accès.*

Configuration du format des messages

Messenger propose plusieurs choix relatifs au format de vos messages et permet de transférer une copie des messages envoyés dans un dossier ou vers une autre adresse de messagerie.

Dans la zone Propriétés des messages, vous pouvez déterminer le format et la longueur des lignes de vos messages. Le format par défaut pour les messages Messenger est le format HTML (comme pour des documents Web). Le format HTML permet d'effectuer des mises en forme intéressantes. Cependant, il se peut que certains destinataires ne puissent pas lire les messages à ce format.

1. Pour changer le format HTML d'un message en texte, désactivez la case **Par défaut, envoyer des messages HTML**.

2. Messenger est configuré pour insérer automatiquement le message d'origine dans les réponses que vous effectuez. Pour changer ce paramètre par défaut, supprimez la coche qui se trouve dans la case **Insérer automatiquement le texte d'origine dans les réponses**.

Astuce

Aide
Souvenez-vous que vous pouvez obtenir de l'aide en cliquant sur le bouton Aide, si vous ne comprenez pas le fonctionnement de tous les paramètres de configuration affichés dans une fenêtre.

Copie des messages envoyés

La boîte de dialogue Message permet aussi de préciser si vous voulez copier ou non les messages envoyés vers une autre adresse e-mail. Par exemple, vous souhaiterez peut-être copier les messages que vous envoyez depuis votre adresse e-mail professionnelle vers votre adresse e-mail personnelle ou vice versa. La zone Copies des messages sortants est aussi l'endroit où vous pouvez indiquer dans quel dossier vous souhaitez placer les messages envoyés.

1. Pour vous envoyer une copie des messages que vous expédiez, cochez la case **Soi-même**. Pour qu'une copie des messages envoyés soit expédiée à

une autre adresse de messagerie, cliquez dans le champ **Autre adresse** et entrez l'adresse.

2. Vous avez aussi la possibilité de stocker une copie de tous les messages envoyés dans un dossier en cochant la case **Courrier**. Par défaut, cette case est sélectionnée. Pour sélectionner le dossier dans lequel stocker la copie, utilisez le menu déroulant. Le dossier Sent est le plus approprié pour cette tâche.

Astuce

Dossier Sent
Ce dossier permet de garder à disposition des messages envoyés au cas où vous auriez besoin de les relire. Lorsque vous serez certain de ne plus avoir besoin d'un message, vous pourrez le supprimer dans ce dossier.

Comme Messenger fait partie de Netscape Communicator, certains paramètres qui concernent la messagerie se trouvent aussi dans la fenêtre Messages. Vous pouvez répondre à un message de forum en utilisant le logiciel de messagerie. Messenger permet de garder une copie de ces messages lorsque vous les envoyez (voir Figure 2.4). Pour plus d'informations sur les forums, reportez-vous à la Partie 5 de ce livre.

3. Pour désactiver le paramètre qui crée une copie des messages adressés à un forum, supprimez les coches qui se trouvent dans les cases à côté des options Articles de forums.

4. Lorsque vous avez fini de déterminer vos préférences de messagerie, cliquez sur le bouton **OK**.

Fin de la configuration de Messenger

Une fois que toutes les options dont il a été question ci-avant ont été configurées, Netscape Messenger est prêt à envoyer et à recevoir des messages. D'autres paramètres de messagerie, comme ceux que l'on trouve dans les catégories Annuaires et Messages, pourront être configurés de façon plus précise à mesure que vous utiliserez Messenger.

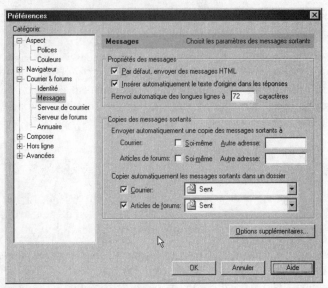

Figure 2.4 : *La boîte de dialogue Messages permet de déterminer le format des messages et d'indiquer s'il faut conserver une copie des messages expédiés.*

Chapitre 3

Configuration de la messagerie électronique pour Internet Explorer

Dans ce chapitre vous apprendrez à configurer Outlook Express, le client de messagerie de la suite Microsoft Internet Explorer.

Utilisation d'Outlook Express

La suite Internet Explorer, comme la suite Netscape Communicator, contient un très bon client de messagerie : Outlook Express. Pour utiliser Outlook comme client de messagerie, vous devez le configurer.

Pour configurer n'importe quel logiciel de messagerie, vous aurez besoin de certaines informations de base comme votre adresse e-mail, votre mot de passe et le nom du serveur de messagerie de votre fournisseur d'accès.

Lors de la première utilisation d'Outlook Express, le programme lance l'Assistant de connexion Internet qui vous guidera dans le processus de création de votre compte de messagerie Outlook Express. Pour bien configurer Outlook Express, vous devrez vous familiariser avec des options de messagerie supplémentaires.

Utiliser l'Assistant de connexion Internet

Lorsque vous démarrez Outlook pour la première fois, l'Assistant de connexion Internet apparaît, et pose une série de questions. L'agencement des questions peut changer en fonction de la version de cet assistant. Ces informations lui sont nécessaires pour envoyer et recevoir des messages vers et à partir du serveur de messagerie du fournisseur d'accès.

1. Le premier écran de l'Assistant de connexion Internet vous demande d'entrer un nom pour le compte de messagerie que vous êtes en train de créer (il se peut que cet écran apparaisse à un autre moment dans le processus). Utilisez un nom simple et représentatif. Une fois que vous avez tapé le nom dans la zone de texte (voir Figure 3.1), cliquez sur **Suivant**.

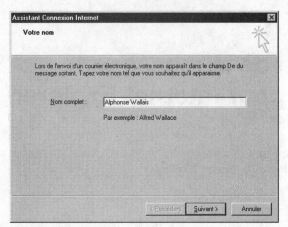

Figure 3.1 : L'Assistant de connexion Internet vous pose une série de questions pour obtenir les informations nécessaires à la configuration de votre compte de messagerie dans Outlook Express.

Attention

Donnez un nom à votre compte
Le nom du compte peut être utile plus tard. Outlook permet de configurer plusieurs comptes de messagerie. Si vous avez besoin de reconfigurer n'importe quel compte, vous devrez connaître son nom.

2. L'écran suivant demande de saisir votre nom complet. C'est le nom qui apparaît dans la zone De lorsque vous envoyez un message. Vous pouvez taper votre nom, votre prénom ou un surnom. Saisissez un nom et cliquez sur **Suivant**.

3. L'écran suivant demande quelle est votre adresse e-mail. C'est une étape vraiment importante. Faites attention en l'entrant (elle apparaîtra comme ceci : **nom d'utilisateur@fournisseur d'accès.suffixe**). Cliquez sur **Suivant**.

4. L'écran suivant demande quelles sont les adresses des serveurs de messagerie du fournisseur d'accès. Une zone est disponible pour le courrier entrant (POP3) et pour le courrier sortant (SMTP). Dans la plupart des cas, ce sera le même serveur (voir Figure 3.2). Tapez les informations appropriées dans chaque zone et cliquez sur **Suivant**.

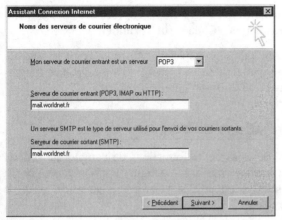

Figure 3.2 : Vous devez fournir le nom des serveurs de messagerie sortants et entrants de votre fournisseur d'accès.

5. L'écran suivant vous demande d'entrer le nom du compte de messagerie et votre mot de passe. Votre nom de compte sera la première partie de votre adresse e-mail. Par exemple, raoul dans **raoul@domaine.com** sera votre nom de compte. Votre mot de passe est le mot de passe qui vous est donné par le fournisseur d'accès Internet. Après avoir entré ces informations, cliquez sur **Suivant**.

6. L'écran suivant vous demande le type de connexion que vous utilisez pour accéder à Internet : par modem, par LAN ou manuellement. Si vous vous connectez en utilisant un fournisseur d'accès Internet et un modem, cliquez sur **Connexion en utilisant une ligne téléphonique** puis cliquez sur **Suivant**.

7. L'écran suivant vous permet de choisir le modem. Dans la plupart des cas, votre PC possède un seul modem et son nom apparaît dans la fenêtre. Utilisez la liste déroulante pour sélectionner le modem approprié, puis cliquez sur **Suivant**.

8. L'écran suivant permet de configurer un accès réseau à distance pour votre fournisseur d'accès, si vous n'en possédez pas déjà un. Une fois que vous avez terminé la configuration de l'accès réseau, cliquez sur **Suivant**. Si vous avez déjà configuré une connexion, sélectionnez son nom et cliquez sur **Suivant**.

9. L'écran suivant vérifie que vous avez terminé le processus de configuration pour la messagerie Outlook. Cliquez sur **Terminer**.

Une fois que vous avez fini toutes les étapes de l'Assistant, vous pouvez envoyer et recevoir des messages en utilisant Outlook. Il y a cependant d'autres éléments que vous voudrez peut-être configurer.

Changement des informations de compte

Outlook facilite les modifications des informations de compte qui ont été collectées par l'Assistant lorsque vous avez configuré le programme pour la première fois. Cette possibilité est utile si vous avez changé d'adresse de messagerie ou de mot de passe.

1. Cliquez sur le menu **Outils**, cliquez ensuite sur **Comptes**. La boîte de dialogue Comptes Internet apparaît.

2. Sélectionnez le compte que vous voulez modifier et cliquez sur **Propriétés**. La boîte de dialogue Propriétés de X apparaît.

3. Cette boîte de dialogue contient cinq onglets : Général, Serveur, Connexion, Sécurité et Avancées. Vous pouvez ignorer l'onglet Avancées. Pour changer les informations relatives à votre compte de messagerie, cliquez sur **Général**.

4. L'onglet Général contient des zones de texte qui permettent de saisir le nom du compte, votre nom et votre adresse e-mail, le nom de votre société et une adresse de réponse. Cliquez dans n'importe quelle zone pour modifier les informations qu'elle contient (voir Figure 3.3).

5. L'onglet **Serveur** est l'endroit où vous indiquez le nom des serveurs de messagerie entrant et sortant et les informations de connexion. Cliquez sur la zone appropriée pour modifier les informations qui ont changé.

6. L'onglet **Connexion** permet de désigner quelle connexion téléphonique vous utiliserez pour accéder à votre fournisseur d'accès Internet. Cliquez sur la liste déroulante Utiliser la connexion d'accès réseau à distance suivante, pour sélectionner la connexion téléphonique que vous souhaitez employer.

7. L'onglet **Sécurité** peut ajouter une identification numérique à vos messages, ce qui permet au destinataire d'être certain que le message émane bien de vous.

8. Lorsque vous avez terminé vos modifications, cliquez sur **OK**. Vous retournerez à la boîte de dialogue Comptes Internet. Cliquez sur Fermer pour revenir à la fenêtre principale d'Outlook Express.

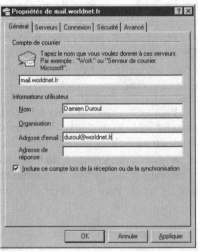

Figure 3.3 : *La boîte de dialogue Comptes Internet donne accès à tous les paramètres de messagerie que vous avez définis en utilisant l'Assistant de connexion Internet.*

Fin de la configuration d'Outlook Express

Outlook permet aussi de configurer des paramètres de messagerie qui définissent la façon dont vos messages sont envoyés et reçus. Ces préférences peuvent être sélectionnées dans la boîte de dialogue Options.

1. Cliquez sur le menu **Outils** puis choisissez **Options**. La boîte de dialogue du même nom apparaîtra. Dans Outlook Express 4, elle possède sept onglets : Général, Envoyer, Lecture, Orthographe, Sécurité, Se connecter à distance et Avancées. Cliquez sur l'onglet approprié en fonction de ce que

vous voulez définir (voir Figure 3.4). Dans Outlook Express 5, on trouve en plus les onglets Signature, Maintenance et Message.

2. L'onglet **Général** permet, par exemple, de définir à quelle fréquence Outlook devra vérifier l'arrivée de nouveaux messages et si un son devra être joué lorsqu'un nouveau message arrive. Cliquez sur les zones appropriées pour définir vos préférences.

3. L'onglet **Envoyer** permet de définir les options d'envoi de messages, comme son format. Vous pouvez envoyer des messages en format HTML ou en format texte. Vous avez aussi la possibilité de placer une copie des messages expédiés dans le dossier Eléments envoyés et d'inclure le texte d'un message reçu à votre réponse. Pour activer les différentes fonctions de l'onglet Envoyer, cliquez sur les cases à cocher appropriées.

4. L'onglet **Lecture** permet d'ajuster les paramètres qui ont trait aux nouveaux messages et à ceux qui ont été supprimés. Vous pouvez indiquer si les images jointes aux messages doivent être affichées automatiquement. Vous pouvez aussi indiquer quelles polices le programme doit utiliser lorsqu'il affiche des messages. Dans cet onglet, on trouve de nombreux paramètres qui concernent les groupes de news. Pour en savoir plus sur ces options, consultez la Partie 5.

5. L'onglet **Orthographe** permet de définir les paramètres à utiliser avec le correcteur orthographique d'Outlook. Vous pouvez demander que le vérificateur d'orthographe vous propose toujours une suggestion et que tous les messages soient vérifiés juste avant d'être envoyés. Les options de vérification orthographique peuvent être sélectionnées en cliquant sur la case appropriée.

6. L'onglet **Sécurité** permet de signer numériquement les messages, de crypter leur contenu et les pièces jointes et d'obtenir une identification numérique.

7. L'onglet **Se connecter à distance** permet de régler toutes les options relatives à la connexion au serveur de messagerie en utilisant un modem.

8. L'onglet **Avancées** permet de définir des options qui suppriment les messages lus et compactent les fichiers dans vos dossiers Outlook.

9. L'onglet **Message** permet de choisir une police et un papier à lettre par défaut et de préciser si l'on souhaite envoyer une carte de visite avec les messages courrier et de news.

10. L'onglet **Signature** permet de créer et de modifier des signatures qui pourront être automatiquement jointes aux messages.

Le mot juste

Signature numérique
Une signature numérique marque tous les messages que vous envoyez avec un certificat qui confirme que vous êtes bien l'expéditeur du message. Cette option est utile si vous pensez que quelqu'un pourrait utiliser votre nom pour envoyer des messages.

11. L'onglet **Maintenance** permet de gérer le stockage des messages avec des suppressions périodiques, des compressions, etc.

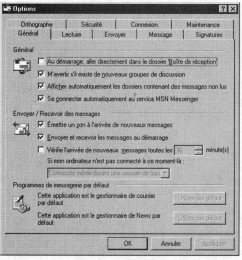

Figure 3.4 : La boîte de dialogue Options donne accès aux préférences de messagerie qui gèrent la façon dont vos messages sont envoyés, le vérificateur d'orthographe et la sécurité.

12. Lorsque vous avez terminé vos changements, cliquez sur **OK**. La boîte se fermera et vous retournerez vers la fenêtre Outlook.

Attention

Signature et signature numérique

Il ne faut pas les confondre. La *signature numérique* permet, grâce à un système de clés, de garantir au destinataire de vos messages que vous en êtes bien l'auteur. La *signature* simple est juste composée de quelques lignes (votre adresse et votre numéro de téléphone ou une formule de politesse) que vous choisissez de joindre automatiquement à la fin de vos messages.

La configuration Outlook Express est assez intuitive. Si vous avez besoin d'informations supplémentaires sur une fonction en particulier, utilisez le système d'aide d'Outlook.

Chapitre 4

Composition et envoi de messages avec Netscape Messenger

Dans ce chapitre, vous apprendrez à composer et à envoyer des messages en utilisant Netscape Messenger.

Composition de messages dans Netscape Messenger

Dans Netscape Messenger, vous pouvez composer vos messages soit hors ligne, soit en ligne. La seule différence entre ces deux techniques de création de messages est la façon dont les messages sont envoyés vers votre serveur de messagerie. Ces différences seront expliquées ultérieurement dans ce chapitre.

Astuce

Temps de connexion
En composant vos messages hors ligne, vous passez moins de temps connecté et vous économisez donc de l'argent, sauf si vous avez un forfait qui permet d'être connecté en permanence.

Ouvrir Netscape Messenger

Pour procéder à la création de messages, vous devez d'abord démarrer Netscape Messenger. Il y a deux phases pour ouvrir la fenêtre Messenger sur votre bureau.

1. Pour démarrer Netscape Messenger, cliquez sur le bouton Démarrer, pointez sur Programmes, puis sur Netscape Communicator. Le groupe Netscape Communicator s'ouvre.

2. Cliquez sur Netscape Messenger. La fenêtre Messenger s'ouvre (voir Figure 4.1).

Astuce

Démarrage dans Netscape Communicator
Vous pouvez aussi démarrer Netscape Communicator via l'icône Communicator sur votre bureau. Une fois que Communicator est ouvert, vous pouvez démarrer Messenger en cliquant sur l'icône boîte aux lettres sur la barre d'outils dans le coin inférieur droit de la fenêtre Communicator.

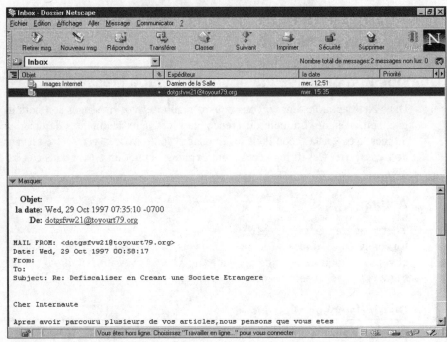

Figure 4.1 : *La fenêtre Netscape Messenger propose tous les outils nécessaires à l'envoi et la réception de messages.*

Adresser de nouveaux messages dans Messenger

Une fois que la fenêtre Messenger est ouverte, vous pouvez composer un nouveau message.

1. Cliquez sur le bouton **Nouveau message**. La fenêtre Rédaction s'ouvre (voir Figure 4.2). Elle est composée de deux parties : la zone d'adressage et la zone de message.

2. La zone d'adressage est l'endroit où vous écrivez l'adresse e-mail de la personne à qui vous envoyez le message. Assurez-vous que le point d'insertion clignote à droite de A:, puis tapez l'adresse e-mail de cette personne.

Astuce

Carnet d'adresses

Vous pouvez insérer des adresses e-mail dans les zones A, Copie à, Copie cachée, en utilisant le carnet d'adresses de Messenger. Il peut être configuré pour contenir toutes les adresses e-mail importantes. (Pour insérer une adresse à partir du carnet d'adresses, cliquez sur le bouton Adresse de la barre d'outils.)

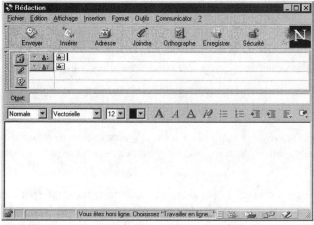

Figure 4.2 : *La fenêtre Rédaction est l'endroit où vous adressez et composez vos nouveaux messages.*

Astuce

A:

Vous pouvez envoyer le message à plusieurs destinataires principaux (A:) quand vous le souhaitez. Vous pouvez soit inclure toutes les adresses sur une seule ligne en les séparant par un espace, soit utiliser plusieurs champs A: dans la zone d'adressage.

Vous avez probablement noté que la zone d'adressage contient trois boutons dans le coin supérieur gauche : les boutons Adresser un message, Joindre des fichiers et documents et Options d'envoi de message.

■ **Adresser un message.** Permet de désigner la personne à qui vous envoyez votre message.

■ **Joindre des fichiers et documents.** Permet de joindre des fichiers au message. Vous en apprendrez plus sur l'envoi de fichiers avec des messages dans le Chapitre 13 de cette partie.

■ **Options d'envoi de message.** Permet de désigner la méthode de codage qui sera utilisée pour des éléments que vous rattachez à vos messages (il s'agit d'un moyen de protéger les messages s'ils sont interceptés par des pirates sur le Web).

Le mot juste

Copie à
Ce champ permet de copier un message vers une autre adresse e-mail.

Le mot juste

Copie cachée
Ce champ permet d'envoyer la copie d'un message vers une autre adresse e-mail, sans que le destinataire principal sache que d'autres personnes recevront le même message.

Une fois que vous avez désigné la personne qui recevra le message (par son adresse e-mail), vous pouvez choisir de copier le message vers une autre adresse e-mail. Vous pouvez copier le message de deux façons différentes : Copie à: ou Copie cachée:. Avec l'option Copie à:, le destinataire principal du message sait que vous avez adressé le même message à une autre personne.

Avec l'option Copie cachée:, le message est copié vers une autre adresse, mais le destinataire principal ne verra pas sur sa copie que le message a été envoyé à une autre personne.

Pour effectuer une copie de votre message et l'envoyer vers une autre adresse, suivez ces indications :

1. Cliquez sur la zone en dessous du champ A: qui contient l'adresse e-mail que vous avez entrée. L'étiquette A: apparaît dans la seconde boîte. Cli-

quez sur A:, un menu déroulant apparaît, il vous donne accès aux champs Copie à: et Copie cachée:. Cliquez sur Copie à: (voir Figure 4.3).

2. Dans le nouveau champ, tapez l'adresse du destinataire à qui vous voulez envoyer la copie du message (ou sélectionnez une adresse e-mail à partir de votre carnet d'adresses en cliquant sur le bouton Adresse).

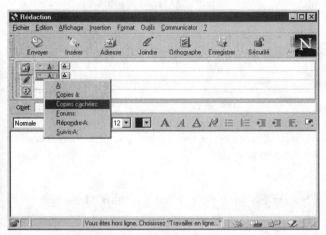

Figure 4.3 : *Ce menu permet de sélectionner le type de message et le nombre de destinataires pour un message.*

Composer le message

Une fois que vous avez indiqué la personne à qui vous voulez envoyer le message, vous pouvez définir l'objet du message et composer le message proprement dit :

1. Cliquez sur la zone de texte Objet. Tapez l'objet de votre message e-mail. Appuyez sur la touche Tabulation ou cliquez dans la zone de message.

2. Tapez votre message dans la zone de message. La barre d'outils de mise en forme au-dessus de la zone de message permet de sélectionner la police ou les attributs de caractères spéciaux que vous utilisez dans le message. Vous pouvez aussi ajouter au texte une mise en forme spéciale, par exemple une liste à puces.

Attention

Messages au format HTML

Les polices et autres attributs de caractères spéciaux (tels que gras et italique) qui peuvent être sélectionnés en utilisant la barre d'outils de mise en forme apparaîtront uniquement dans les messages envoyés au format HTML. Par ailleurs, les messages envoyés en format HTML n'apparaîtront pas avec leur mise en forme si le logiciel du destinataire ne supporte pas le format HTML. Pour plus d'informations sur la configuration de Messenger, voir le Chapitre 2 de cette partie.

Envoyer le message

Une fois que vous avez adressé et composé votre message, vous pouvez l'envoyer. Les étapes à suivre pour envoyer votre message vers le serveur de messagerie du fournisseur d'accès dépendent de la façon dont vous travaillez dans Messenger : en ligne ou hors ligne.

Si vous travaillez hors ligne :

1. Cliquez sur le bouton **Envoyer** dans la barre d'outils Messenger (vous verrez la légende Envoyer plus tard si vous placez le curseur sur ce bouton).

2. Une boîte de dialogue traitant du format du message apparaîtra si vous envoyez le message vers une adresse qui n'est pas dans votre Carnet d'adresses ; car on ne sait alors pas si le destinataire utilise le format HTML. Sélectionnez le format à utiliser : Envoyer en texte normal et HTML, Envoyer en texte normal uniquement ou Envoyer en HTML uniquement, puis cliquez sur **Envoyer** (voir Figure 4.4).

3. Votre message sera placé dans votre boîte d'envoi (unsent message) et y restera jusqu'à ce que vous soyez en ligne. Vous êtes maintenant dans la fenêtre principale de Messenger.

4. Pour vous connecter et envoyer les messages contenus dans votre boîte d'envoi, cliquez sur le menu **Fichier** et sélectionnez **Travailler en ligne**.

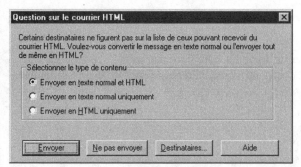

Figure 4.4 : *La boîte de dialogue Question sur le courrier HTML vous demande de choisir un format pour votre message.*

5. La boîte de dialogue Télécharger qui apparaît permet de choisir si oui ou non le nouveau message devra être envoyé, si les forums et les nouveaux messages devront être téléchargés. Sélectionnez les options qui vous intéressent et cliquez sur **Travailler en ligne**.

6. La fenêtre Connexion qui apparaît permet d'établir la connexion vers votre fournisseur d'accès Internet. Tapez votre mot de passe si nécessaire, et cliquez sur **Se connecter**.

7. La boîte de dialogue Saisie du mot de passe apparaîtra. Tapez le mot de passe de votre messagerie et cliquez sur **OK**. Les messages qui se trouvent dans votre boîte d'envoi seront envoyés et les nouveaux messages situés sur votre serveur de messagerie seront placés dans votre boîte de réception (Inbox).

8. Une fois que vous avez fini d'envoyer vos messages, vous pouvez cliquer sur le menu **Fichier** et sur **Travailler hors connexion** pour fermer la connexion avec votre fournisseur d'accès Internet.

Si vous êtes en ligne :

1. Cliquez sur le bouton **Envoyer** dans la barre d'outils. Votre message sera envoyé à votre serveur de messagerie et vers la personne à qui vous avez adressé le message.

2. Pour vérifier l'envoi de vos messages, cliquez sur le menu déroulant **Inbox** dans la fenêtre principale de Messenger, et sélectionnez **Sent**. Tous

vos messages envoyés seront listés (cette étape est aussi valable pour le travail hors ligne).

Vous pouvez travailler en ligne ou hors ligne par défaut, cela dépend de la façon dont vous avez configuré vos préférences pour Netscape Communicator.

Chapitre 5

Composition et envoi de messages avec Outlook Express

Dans ce chapitre, vous apprendrez à composer et à envoyer des messages en utilisant Outlook Express.

Composition d'un message dans Outlook Express

Vous pouvez créer votre nouveau message dans Outlook Express, soit en ligne, soit hors ligne. Vous enverrez le message de la même façon, excepté lorsque Outlook se connectera à votre fournisseur d'accès Internet. Ces différences seront expliquées au cours de ce chapitre.

Astuce

Composez un message hors ligne
Cette technique vous fera économiser du temps de connexion et donc de l'argent.

Démarrer Outlook Express

Pour composer un nouveau message, vous devez démarrer Outlook Express. La manière dont la fenêtre Outlook apparaît dépend de votre configuration Outlook Express. Vous pouvez configurer Outlook pour qu'il s'ouvre sur l'écran principal ou directement sur votre boîte de réception (pour plus d'informations sur les préférences Outlook, voir Chapitre 3 de cette partie).

1. Pour démarrer Outlook Express, cliquez sur le bouton **Démarrer**, sélectionnez **Programmes**, Internet Explorer et cliquez sur **Microsoft Outlook**. La fenêtre Outlook Express s'ouvrira. Si vous avez installé Windows 98, la mise à jour d'Internet Explorer 4 ou Internet Explorer 5, vous avez aussi la possibilité de cliquer sur le bouton **Démarrer Outlook Express** dans la barre de lancement rapide.

Astuce

Internet Explorer
Si Internet Explorer est déjà ouvert sur le Bureau, cliquez sur le bouton Courrier de la barre d'outils ou utilisez la commande Courrier dans le menu Aller à pour démarrer Outlook Express (avec IE 4).

2. Vous pouvez configurer Outlook pour qu'il lance une connexion automatique, pour qu'il fonctionne hors ligne ou pour qu'il demande ce qu'il doit faire à chaque démarrage. Si une boîte de dialogue apparaît, sélectionnez la connexion que vous souhaitez utiliser et cliquez sur **OK**. Pour travailler hors ligne, cliquez sur Annuler (ou sur Travailler hors connexion). Il n'est pas nécessaire d'être connecté pour composer un nouveau message.

3. Pour ouvrir une fenêtre de nouveau message :

   – Si vous êtes dans l'écran principal Outlook, cliquez sur l'icône Composer un message ou cliquez sur le bouton **Composer un message** dans la barre d'outils Outlook. Dans Outlook 5, vous devrez cliquer sur le bouton Nouveau message ou sur le lien Créer un nouveau message de courrier dans le panneau de droite(voir Figure 5.1).

   – Si vous êtes dans votre boîte de réception, le processus est le même en ce qui concerne la barre d'outils. Une fenêtre pour un nouveau message apparaîtra.

Adresser de nouveaux messages dans Outlook Express

Une fois que la fenêtre de nouveau message est ouverte, vous pouvez adresser le message, entrer son objet et composer le message lui-même. La fenêtre de nouveau message est divisée en deux panneaux distincts : le panneau d'adressage et le panneau pour le corps du message (voir Figure 5.2).

Le panneau d'adressage est l'endroit où vous saisissez l'adresse e-mail (ou les adresses) à laquelle vous voulez envoyer le message. Vous pouvez utiliser trois modes d'adressage :

- **A:.** C'est l'endroit où vous placez l'adresse e-mail du destinataire principal du message. Vous pouvez inclure plus d'une adresse en les séparant par un espace.

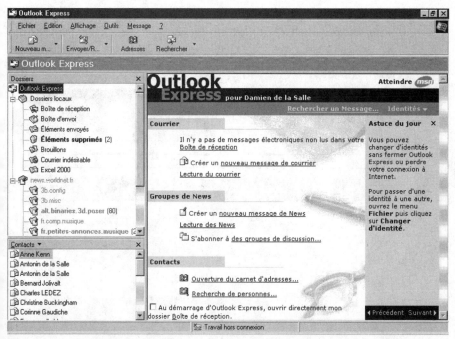

Figure 5.1 : *L'écran principal Outlook propose deux moyens de composer de nouveaux messages.*

■ **CC:.** Permet de copier le message (CC: signifie copie carbone) vers une autre adresse. L'adresse e-mail CC: apparaîtra sur le message que recevra le destinataire principal.

■ **CCI:.** Permet de copier le message vers une autre adresse de messagerie. Cependant, contrairement aux adresses entrées dans le champ CC:, celle-là n'apparaîtra pas sur le message que recevra le destinataire principal.

Il suffit de remplir le champ A: pour envoyer un message, tous les autres sont optionnels. Pour adresser votre nouveau message :

1. Placez le point d'insertion à droite de l'icône du carnet d'adresses dans la zone A:, tapez l'adresse e-mail du destinataire principal (voir Figure 5.2).

Vous pouvez aussi sélectionner l'adresse à partir de votre carnet d'adresses, en cliquant sur l'icône Carnet d'adresses. Double-cliquez sur l'adresse que vous voulez sélectionner dans le Carnet d'adresses et cliquez sur **OK**.

2. Si nécessaire, placez d'autres adresses dans les champs CC: et CCI: ou en utilisant les zones CC: et CCI: du Carnet d'adresses. Vous pouvez vous déplacer de champ en champ en cliquant dans les zones appropriées ou en pressant la touche Tabulation.

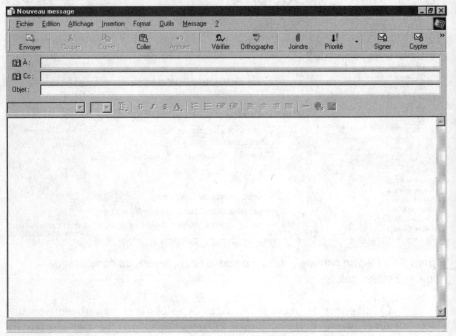

Figure 5.2 : *La fenêtre Nouveau message est l'endroit où vous adressez et composez vos messages.*

Astuce

Carnet d'adresses

Vous pouvez aussi insérer une adresse e-mail dans les zones CC: et CCI: en utilisant le Carnet d'adresses. Pour insérer l'adresse, cliquez sur l'icône Carnet d'adresses dans la zone d'adresse appropriée et sélectionnez une adresse e-mail à partir de la liste.

Compléter le message

Une fois que vous avec sélectionné une adresse, vous pouvez entrer l'objet du message et le composer.

1. Cliquez dans la zone de texte Objet. Tapez l'objet de votre message. Appuyez sur la touche Tabulation ou cliquez dans la zone de message.

2. Tapez votre message dans la zone de message. Les messages étant comme des mémos, ils doivent être courts et concis (pour plus d'informations sur les règles d'étiquette relatives aux messages, voir Partie I, Chapitre 12).

Envoyer le message

Une fois que vous avez adressé et composé votre message, vous pouvez l'envoyer. Les étapes à suivre sont différentes si vous travaillez en ligne ou hors ligne :

1. Cliquez sur le bouton **Envoyer** dans la barre d'outils de la fenêtre Nouveau message. Si vous avez configuré Outlook pour une vérification orthographique avant l'envoi du message, la boîte de dialogue Orthographe apparaîtra. Le vérificateur vérifie votre document, puis le nouveau message est placé dans le dossier Boîte d'envoi. Vous retournerez à l'écran principal Outlook ou à votre Boîte de réception.

2. Une fois que le message est dans votre Boîte d'envoi, vous pouvez l'envoyer vers le serveur de messagerie du fournisseur d'accès. Cliquez sur le bouton **Envoyer et recevoir** de la barre d'outils.

3. Dans le cas où vous travailleriez hors connexion, une fenêtre apparaît pour vous demander si vous souhaitez passer en mode connecté. Connectez-vous au fournisseur d'accès avec le mot de passe approprié et cliquez sur **OK**.

4. Une fois que vous êtes connecté, une Boîte d'état apparaît et montre la progression de l'envoi de vos messages (voir Figure 5.3). Une fois que le message est envoyé vers le serveur de messagerie du fournisseur d'accès, Outlook vérifie si vous avez reçu un nouveau message puis ferme la Boîte d'état.

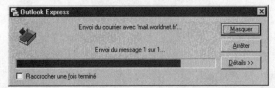

Figure 5.3 *: Cette boîte de dialogue rend compte de la progression du transfert des messages.*

Lorsque vous avez envoyé le message vers le serveur de messagerie Internet, vous pouvez composer de nouveaux messages ou quitter Outlook Express. L'intérêt de la suite Internet Explorer est qu'elle permet de passer rapidement d'un programme à un autre. Lorsque vous naviguez sur le Web, il suffit de quelques secondes pour vérifier l'arrivée de nouveaux messages.

Chapitre 6

Composition et envoi de messages avec AOL

Dans ce chapitre, vous allez apprendre à créer un message dans AOL. Vous verrez aussi comment modifier un texte, lui appliquer un style et l'envoyer.

Création d'un message avec AOL

Avec AOL, les messages peuvent être composés en ligne ou hors ligne. Dans les deux cas, le processus de composition est le même, sauf au moment de l'envoi du message, comme vous le verrez au cours de ce chapitre.

Astuce

Faites des économies
En composant vos messages hors ligne, vous économiserez de l'argent. En ne vous connectant pas, vous économiserez sur votre facture téléphonique et sur votre facture AOL.

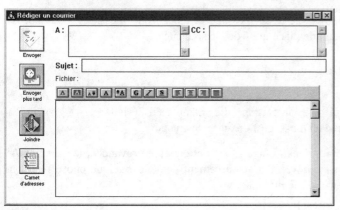

Figure 6.1 : *Formulaire de message vierge.*

Pour commencer à créer votre message, sélectionnez **Rédiger un courrier** dans le menu Courrier ou cliquez sur l'icône **Rédiger un courrier** dans la barre d'outils. Un formulaire vierge s'ouvre (voir Figure 6.1).

Astuce

Raccourci
Pour afficher cette fenêtre plus rapidement, appuyez sur Ctrl-R.

Compléter un formulaire de message

Une fois que le formulaire est ouvert, composez votre message en suivant ces étapes :

1. Cliquez dans le champ A: et tapez le pseudonyme de la personne à qui vous voulez envoyer le message. Si vous entrez plusieurs noms, séparez-les par une virgule (pour en savoir plus sur les pseudonymes, voir les sections suivantes).

2. (Optionnel.) Cliquez dans le champ CC: et tapez le nom des personnes à qui vous destinez une copie du message. Si vous entrez plusieurs noms, séparez-les par des virgules.

3. Cliquez dans le champ Objet et tapez une brève description de l'objet du message. Vous disposez uniquement de la place disponible dans le formulaire, soyez concis.

4. Cliquez dans la zone de message et tapez votre message. Vous pouvez utiliser autant de place que vous le souhaitez.

Le mot juste

CC
Ce terme signifie copie carbone. Le champ qu'il désigne permet donc d'envoyer la copie d'un message à un autre destinataire.

L'envoi de copie (dans l'Etape 2) est optionnel, en revanche, les champs A:, Objet et Message doivent impérativement contenir quelque chose pour que AOL puisse envoyer le message.

Modifier et appliquer des styles au corps de votre message

L'éditeur de message d'AOL utilise un certain nombre de fonctions que l'on retrouve dans la plupart des traitements de texte :

▥ Double-cliquez sur un mot pour le sélectionner.

▥ Faites glisser le curseur sur plusieurs mots pour sélectionner des passages plus longs.

▥ Utilisez les flèches et les touches de suppression pour supprimer des caractères, des espaces, etc.

Comme dans un traitement de texte, vous pouvez aussi appliquer une mise en forme spéciale à vos messages en utilisant les boutons de styles qui figurent juste au-dessus de la fenêtre de message.

Pour choisir un style, suivez les deux étapes suivantes :

1. Sélectionnez le texte que vous souhaitez mettre en forme.

2. Cliquez ensuite sur le bouton approprié en fonction de la mise en forme que vous voulez utiliser. Par ordre d'apparition, les boutons de mise en forme sont :

   – **Couleur du texte.** Couleur du texte sélectionné.

   – **Couleur de l'arrière-plan.** Applique une couleur d'arrière-plan au texte sélectionné.

   – **Réduire la taille.** Réduit la taille du texte sélectionné.

   – **Taille normale.** Donne au texte sélectionné la taille de police définie par défaut.

   – **Augmenter la taille.** Augmente la taille du texte sélectionné.

   – **Gras.** Met le texte sélectionné en gras.

   – **Italique.** Met le texte sélectionné en italique.

   – **Souligné.** Souligne le texte sélectionné.

   – **Aligner à gauche.** Aligne le texte sélectionné à gauche.

   – **Centrer.** Centre le texte sélectionné

- **Aligner à droite.** Aligne le texte sélectionné à droite.

- **Justifier.** Justifie le texte sélectionné.

Astuce

Choix des couleurs

Lorsque vous choisissez une des options de couleurs, on vous demandera de sélectionner une couleur dans une palette (voir Figure 6.2). Cliquez sur la couleur que vous voulez utiliser et cliquez sur OK. Pour choisir une couleur personnalisée, cliquez sur Définir les couleurs personnalisées et choisissez une couleur dans le dégradé qui s'affiche.

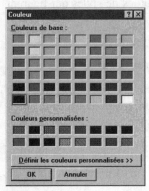

Figure 6.2 : *Couleurs de base de la palette de couleurs.*

Vous pouvez voir un exemple de tous les styles de mises en forme dans la Figure 6.3.

En plus des styles, vous pouvez attacher des fichiers à vos messages pour les améliorer ou pour partager des informations avec les autres utilisateurs en ligne.

Attacher un fichier à un message

Le processus est simple, pour commencer, composez un message comme vous avez appris à le faire dans la section précédente, ensuite :

380

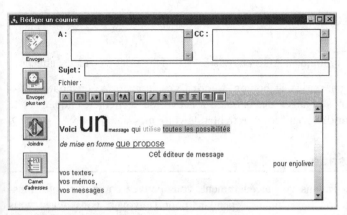

Figure 6.3 : Test des différents effets de style.

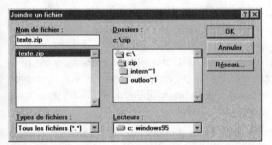

Figure 6.4 : La boîte de dialogue Joindre un fichier.

1. Cliquez sur le bouton **Joindre** à gauche du formulaire de messagerie. La boîte de dialogue Joindre un fichier s'affiche (voir Figure 6.4).

2. Cette boîte de dialogue fonctionne comme la boîte de dialogue Ouvrir. Utilisez le système de dossier pour rechercher le fichier que vous voulez utiliser. Cliquez sur le nom du fichier pour le sélectionner et cliquez sur **OK**.

3. La boîte de dialogue disparaît et le formulaire de message s'affiche à nouveau. Le chemin du fichier que vous avez sélectionné apparaîtra dans la zone Fichier, juste en dessous du champ Sujet. Le fichier est maintenant attaché à votre message.

Le mot juste

Chemin
Instruction qui indique à AOL où est stocké le fichier que vous avez attaché.

Vous remarquerez que le bouton **Joindre** s'est transformé en bouton **Disjoindre**. Si vous changez d'avis quant à l'envoi de ce fichier, cliquez sur le bouton **Disjoindre** pour retirer le fichier de votre message.

Envoi de message

Comme nous l'avons vu précédemment, vous pouvez composer votre message en ligne ou hors ligne. Cependant pour l'envoyer, vous devez vous connecter.

En ligne

Si vous avez composé votre message pendant une connexion, l'envoi de message est très simple. Lorsque vous avez fini de composer votre message, il suffit de cliquer sur le bouton Envoyer. AOL travaillera pendant un moment puis vous informera que votre message a été envoyé. Lorsque vous envoyez un fichier joint dans votre message, une boîte de dialogue s'affiche pour vous informer de la progression du transfert du fichier.

Lorsque le fichier a été envoyé, cette boîte de dialogue disparaît et la fenêtre de composition des messages est fermée. Une boîte de dialogue s'affichera pour vous informer que le transfert est terminé. Cliquez sur **OK**. Vous avez terminé.

Hors ligne

Vous avez deux possibilités pour envoyer un message lorsque vous l'avez composé hors connexion : vous pouvez l'envoyer manuellement ou utiliser une session Express. Lorsque vous avez fini de composer votre message, cliquez sur le bouton Envoyer plus tard. Un message apparaît pour vous indiquer que votre courrier a été enregistré pour un envoi ultérieur. Cliquez sur **OK**.

Le mot juste

Session Express
Il s'agit d'un mode automatisé d'envoi et de réception de messages et de fichiers. Le fonctionnement des sessions Express est expliqué en détail dans le Chapitre 9.

La prochaine fois que vous vous connecterez, sélectionnez la commande **Lire le courrier à envoyer** dans le menu **Courrier**. La boîte de dialogue Courrier à envoyer s'ouvrira (voir Figure 6.5).

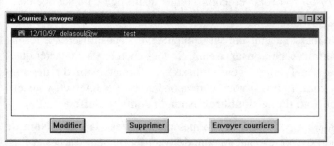

Figure 6.5 : Message prêt à être envoyé.

Pour expédier le message, cliquez sur le bouton **Envoyer courriers**. Tous les messages qui figurent dans cette fenêtre seront envoyés. Avant d'envoyer les messages, vous pouvez faire une des opérations suivantes :

- Vous pouvez lire et modifier un message avant de l'envoyer en double-cliquant sur le message qui vous intéresse. Effectuez les changements nécessaires et sélectionnez Enregistrer les modifications ou Supprimer.

- Si, finalement, vous décidez de ne pas envoyer un des messages qui apparaît dans la fenêtre Envoyer courriers, sélectionnez le fichier que vous ne voulez pas expédier et cliquez sur **Supprimer**. Ce message sera supprimé de façon définitive, faites donc attention avant d'utiliser ce bouton.

Comprendre les adresses de messageries

Votre pseudonyme AOL est aussi votre adresse de messagerie. Vous pouvez également envoyer des messages à des correspondants qui se trouvent sur d'autres services en ligne ou sur Internet. L'adressage du courrier sera alors un peu différent. Si le pseudonyme AOL d'un de vos correspondants est joeguy, vous connaissez déjà son adresse de messagerie (c'est **joeguy**).

Pour envoyer un message à quelqu'un qui utilise un autre service en ligne, MSN par exemple, son adresse aura la forme : **Nom du destinataire@msn.com**.

Nom du destinataire est le nom du compte de votre correspondant. Le symbole @ indique que le courrier va quitter le système sur lequel il a été créé, **msn.com** indique à AOL quelle est la destination du courrier (MSN signifie *The Microsoft Network*) et **.com** indique qu'il s'agit d'un service commercial.

Pour envoyer un message à un ami sur CompuServe, vous utiliserez le format **Nom du destinataire@compuserve.com**. Si vous cherchez à contacter quelqu'un sur le service Prodigy, vous utiliserez le format **Nom du destinataire@prodigy.com**. Enfin, si votre correspondant est sur Internet, vous utiliserez le format **Nom du destinataire@Nom de domaine.suffixe**.

Les adresses Internet possèdent des formes plus variées : la partie **Nom de domaine** de l'adresse correspond au nom de votre fournisseur d'accès et il en existe de nombreux. Par ailleurs, il existe plusieurs suffixes (**.edu**, **.com**, **.fr**, **.gov**).

Il est donc pratiquement impossible de deviner l'adresse de messagerie de quelqu'un sur Internet. La meilleure solution consiste à demander à vos contacts quelles sont leurs adresses de messageries et à entrer toutes ces informations dans votre carnet d'adresses.

L'adresse qui sera utilisée pour vous contacter par toutes les personnes qui n'ont pas de compte AOL aura la forme

pseudonyme@aol.com.

Chapitre 7

Recevoir des messages et y répondre avec Netscape Messenger

Dans ce chapitre, vous apprendrez à récupérer vos nouveaux messages avec Netscape Messenger. Vous apprendrez aussi à répondre facilement aux messages.

Récupération de nouveaux messages

Pour recevoir de nouveaux messages, il suffit d'être en ligne avec Netscape Messenger et de récupérer les messages qui sont en attente sur le serveur de messagerie de votre fournisseur d'accès Internet. Le processus de récupération variera si vous travaillez en ligne ou non avec Netscape Messenger.

Récupérer des messages hors connexion

1. Assurez-vous que Messenger est ouvert. Si vous êtes hors ligne, cliquez sur le menu **Fichier** et cliquez sur **Travailler en ligne**. La fenêtre Télécharger apparaîtra (voir Figure 7.1).

2. Cliquez sur la case **Télécharger le courrier** et cliquez sur **Travailler en ligne** (voir Figure 7.2).

3. La boîte de dialogue Saisie du mot de passe apparaîtra. Entrez votre mot de passe et cliquez sur **OK**.

Astuce

Vider votre Boîte d'envoi
Si vous avez des messages dans votre Boîte d'envoi, vous pouvez vérifier que la case Envoyer les messages est cochée, ce qui videra la Boîte d'envoi.

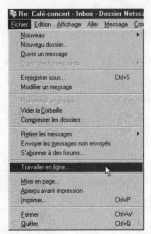

Figure 7.1 : *Cliquez sur le menu Fichier de Messenger et choisissez Travailler en ligne.*

Figure 7.2 : *La fenêtre Télécharger est l'endroit où vous pouvez sélectionnez Télécharger le courrier.*

4. La fenêtre de connexion pour votre fournisseur d'accès apparaîtra. Tapez le mot de passe approprié et cliquez sur **Connexion**. Aussitôt que vous êtes connecté à Internet, une Boîte d'état apparaît, elle montre l'état du téléchargement des messages sur votre ordinateur.

5. De nouveaux messages apparaîtront dans la Boîte de réception Messenger. Vous pouvez distinguer les messages lus des messages non lus : ces derniers sont affichés en gras. Pour lire un nouveau message, cliquez sur

son Objet. Le texte du message apparaîtra dans la moitié inférieure de la fenêtre Messenger.

6. Pour ouvrir une fenêtre séparée afin de lire le nouveau message, double-cliquez sur son Objet. Une nouvelle fenêtre s'ouvre pour afficher le message (voir Figure 7.3).

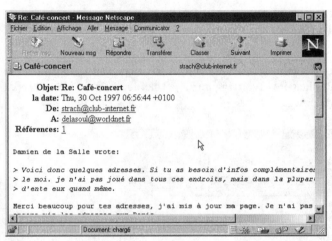

Figure 7.3 : *Double-cliquez sur l'objet d'un message pour l'ouvrir dans une fenêtre.*

Récupérer des messages en ligne

Lorsque vous êtes en ligne, récupérer un message est très simple. Il suffit d'un clic pour le charger sur votre machine.

1. Dans la fenêtre Messenger, cliquez sur le bouton **Retirer msg**. Une Boîte d'état apparaîtra et le nouveau e-mail sera téléchargé vers votre Boîte de réception.

2. Pour lire un nouveau message, cliquez sur son Objet, et le texte qu'il contient apparaîtra dans la fenêtre Messenger ; ou bien double-cliquez sur Objet, et une nouvelle fenêtre s'ouvrira.

387

Réponse à un message

Après avoir reçu un message, vous pouvez y répondre via la fenêtre Messenger ou via la fenêtre que vous avez ouverte en double-cliquant sur l'objet du message. Les étapes pour la création de la réponse sont exactement les mêmes dans les deux cas.

1. Pour répondre à un message dans la fenêtre Messenger (ou une fenêtre de message) cliquez sur l'objet du message, puis cliquez sur le bouton **Répondre**.

    Sélectionnez soit Répondre à l'expéditeur, soit Répondre à l'expéditeur et à tous les destinataires (voir Figure 7.4). Une nouvelle fenêtre s'ouvrira pour votre réponse.

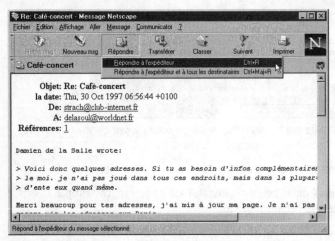

Figure 7.4 : *Cliquez sur Répondre pour envoyer une réponse à un message.*

2. L'adresse (ou les adresses) pour la réponse apparaît déjà dans les zones appropriées. L'objet (avec Re: pour montrer que c'est une réponse) et le texte du message d'origine apparaîtront dans la fenêtre de réponse. Ajoutez votre réponse en la tapant, au-dessous du message d'origine, dans la zone de message.

3. Pour effectuer une vérification orthographique de votre réponse, cliquez sur le bouton **Orthographe**. La fenêtre Orthographe s'ouvrira et vous ai-

dera à corriger les erreurs orthographiques. Lorsque la vérification ortho-graphique est terminée, cliquez sur **Terminé**.

4. Lorsque vous avez terminé votre réponse, cliquez sur le bouton **Envoyer** de la barre d'outils (voir Figure 7.5). Si vous êtes en ligne, votre message sera envoyé immédiatement. Si vous êtes hors ligne, le message sera pla-cé dans votre Boîte d'envoi jusqu'à ce que vous soyez en ligne.

Figure 7.5 : *Après avoir terminé votre réponse, cliquez sur Envoyer pour envoyer le message.*

Chapitre 8

Recevoir des messages et y répondre avec Outlook Express

Dans ce chapitre, vous apprendrez à récupérer vos nouveaux messages en utilisant Outlook Express. Vous apprendrez aussi à répondre aux messages que vous recevrez.

Réception de nouveaux messages

Pour recevoir de nouveaux messages avec Outlook Express, vous devez être en ligne et télécharger votre message à partir du serveur de messagerie. Vous pouvez travailler avec Outlook Express en ligne ou hors ligne. Dans les deux cas, la réception des messages est vraiment simple.

Récupérer des messages hors connexion

1. Démarrer Outlook Express via le menu **Démarrer** ou une icône sur votre Bureau. Lorsque la fenêtre Outlook apparaît, une boîte de dialogue de démarrage Outlook Express apparaît aussi. Cette boîte permet de vous connecter immédiatement à votre fournisseur d'accès et de récupérer les nouveaux messages.

2. Pour vous connecter, cliquez sur la flèche de la liste déroulante et choisissez la connexion à utiliser entrez le mot de passe et cliquez sur **OK**. Une fois que vous êtes connecté à votre fournisseur d'accès, vérifiez l'arrivée de nouveaux messages dans la fenêtre Outlook.

Astuce

Connexion automatique

Vous pouvez aussi configurer Outlook de manière qu'il se connecte automatiquement à votre fournisseur d'accès. Cette option peut être définie dans l'onglet Se connecter à distance de la boîte de dialogue Options (dans la version 4).

3. Pour ouvrir votre Boîte de réception, cliquez sur l'icône **Lire le courrier** (ou sur le lien Lecture du courrier dans la version 5)sur l'écran principal Outlook. La Boîte de réception s'affiche. Cliquez sur **Envoyer et recevoir** sur la barre d'outils Outlook pour vérifier s'il y a de nouveaux messages (voir Figure 8.1). Une Boîte d'état affichera la progression du transfert des messages.

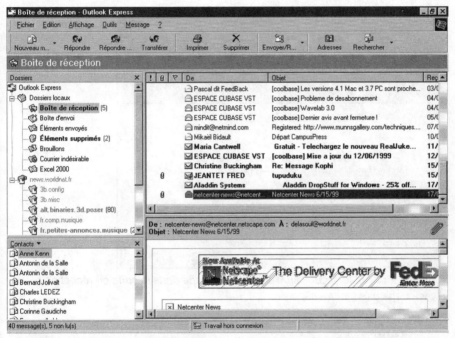

Figure 8.1 : *Cliquez sur le bouton Envoyer et recevoir de la barre d'outils Outlook pour recevoir un nouveau message.*

Astuce

Icône Boîte de réception

Vous pouvez accéder à votre Boîte de réception en cliquant sur l'icône Boîte de réception dans partie gauche de l'écran principal Outlook.

4. Les nouveaux messages apparaîtront en gras dans la Boîte de réception. Pour lire un nouveau message, cliquez sur son objet dans la liste des mes-

sages. Il apparaîtra dans le panneau de prévisualisation. Double-cliquez sur son objet dans la Boîte de réception si vous souhaitez l'afficher dans une fenêtre séparée (voir Figure 8.2).

Si vous êtes déjà connecté et que vous voulez voir si vous avez de nouveaux messages, utilisez le même bouton, **Envoyer et recevoir**. S'il y a de nouveaux messages, ils seront téléchargés.

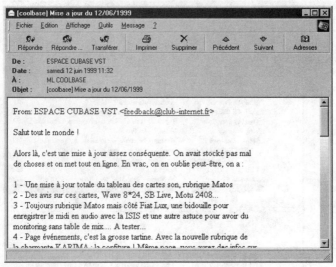

Figure 8.2 : *Double-cliquez sur l'objet du message dans la boîte de réception pour l'ouvrir dans une fenêtre séparée.*

Astuce

Envoi de messages à partir de votre Boîte d'envoi
Si vous avez des messages dans votre Boîte d'envoi à expédier, cliquez sur Envoyer et recevoir pour la vider.

Réponse à un message

Une fois reçu votre nouveau message, vous pouvez y répondre dans votre fenêtre Boîte de réception ou dans la fenêtre que vous avez ouverte, en double-cliquant sur un message particulier. Soit vous répondez à un message listé dans la Boîte de réception, soit à un message que vous avez ouvert. Dans les deux cas, le processus est le même.

1. Pour répondre à un message dans la Boîte de réception, cliquez sur son objet puis cliquez sur le bouton **Répondre à l'auteur** (ou **à l'expéditeur**) de la barre d'outils Outlook. Si votre message est ouvert dans sa propre fenêtre, cliquez sur le bouton **Répondre à l'auteur** (ou **à l'expéditeur**) de la barre d'outils. Ces deux actions ouvrent la fenêtre Re: (voir Figure 8.3).

2. L'adresse ou les adresses e-mail pour la réponse apparaissent dans les zones appropriées. L'objet (avec Re: devant pour montrer qu'il s'agit d'une réponse) et le texte du message d'origine apparaissent aussi dans la fenêtre de réponse. Ajoutez votre réponse en la tapant, au-dessus du message d'origine, dans la zone de message.

3. Vous pouvez effectuer une vérification orthographique de votre réponse : cliquez sur le menu **Outils** et choisissez **Orthographe**. Lorsque la vérification est terminée, vous êtes renvoyé à la fenêtre Re:.

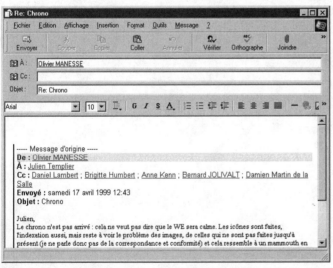

Figure 8.3 : Cliquez sur Répondre à l'auteur dans la boîte de réception ou dans la fenêtre du message pour ouvrir une fenêtre de réponse.

4. Lorsque vous avez terminé votre réponse, cliquez sur le bouton **Envoyer** de la barre d'outils. Votre message sera placé dans votre Boîte d'envoi. Il suffit alors de cliquer sur **Envoyer et recevoir** pour envoyer le message.

Dans la mesure du possible, essayez de répondre rapidement à vos messages. Il est assez irritant d'envoyer un message et de recevoir la réponse trois jours plus tard. Vérifiez votre messagerie assez régulièrement pour éviter de laisser des messages sans réponses.

Astuce

Configuration d'Outlook
Vous pouvez configurer Outlook de manière qu'il vérifie automatiquement l'orthographe de vos messages avant de les envoyer. Vous pouvez configurer cette option dans l'onglet Orthographe de la boîte de dialogue Options (voir le Chapitre 3 de cette partie pour plus d'informations sur la configuration d'Outlook Express).

Chapitre 9

Recevoir des messages et y répondre avec AOL

Dans ce chapitre, vous allez voir comment lire les messages reçus et y répondre en utilisant America Online.

Lorsque vous envoyez des messages, vous recevez souvent des réponses. AOL vous avertira de la réception de nouveaux messages. Il indiquera simplement : «Vous avez du courrier». Il ne reste qu'à lire les nouveaux messages.

Récupération des messages

Vous avez trois possibilités pour accéder à vos nouveaux messages. La première consiste à cliquer sur le bouton **Vous avez du courrier** dans l'écran d'accueil d'AOL (voir Figure 9.1).

Vous pouvez aussi cliquer sur le bouton **Courrier** de la barre d'outils. Enfin, dernière solution, vous pouvez utiliser la commande **Lire le courrier arrivé** dans le menu **Courrier**.

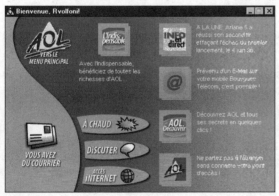

Figure 9.1 : *Vous avez du courrier !*

Astuce

Raccourci
Vous pouvez aussi presser Ctrl-L pour lire les nouveaux messages.

AOL travaillera quelques secondes, puis vous présentera votre nouveau courrier.

Lecture des messages

Quelle que soit la technique utilisée, une liste des nouveaux messages s'affichera (voir Figure 9.2).

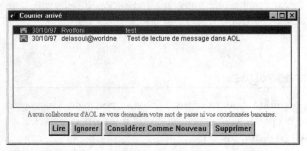

Figure 9.2 : *Deux nouveaux messages sont arrivés.*

Pour lire un message, cliquez sur son nom dans la liste, puis cliquez sur le bouton **Lire**. Vous pouvez aussi double-cliquer directement sur le message. Une fenêtre de message s'affichera (voir Figure 9.3).

En haut du message, vous sont données quelques informations utiles. Voici la liste des éléments que l'on trouve dans l'en-tête des messages :

- **Objet:.** Contient le sujet du message. Dans la Figure 9.3, c'est «Test de lecture de message dans AOL».

- **Date:.** Date d'envoi du message.

- **De:.** Pseudonyme ou adresse de messagerie de l'auteur du message.

- **A:.** Adresse du destinataire.

396

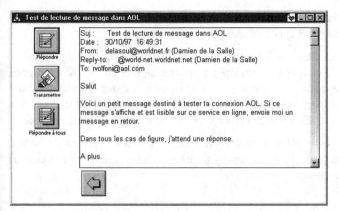

Figure 9.3 : Lecture d'un message.

Le champ A: est intéressant lorsque le message a été envoyé à plus d'une personne. Si une copie du message avait été envoyée, il y aurait en plus un champ CC:. Il contiendrait le nom des personnes auxquelles une copie aurait été adressée.

Lorsque vous avez fini de lire le message, cliquez sur les flèches pour consulter le message précédent ou le message suivant. Lorsque vous avez atteint le dernier message de la liste, la flèche orientée vers la droite disparaît.

Réponse à un message

Pour répondre à un message, ouvrez-le, puis cliquez sur un des boutons de réponses qui se trouvent à gauche du formulaire. Vous avez trois possibilités :

- **Répondre.** Envoie une réponse à l'auteur du message d'origine.

- **Transmettre.** Envoie une copie du message à quelqu'un.

- **Répondre à tous.** Envoie votre réponse à toutes les adresses qui figurent dans le message d'origine.

Lorsque vous cliquez sur **Répondre**, un formulaire de message standard apparaît. Les champs A: et Objet sont déjà remplis. Le champ A: contient l'adresse de l'auteur du message d'origine et le champ Objet contient l'objet du message d'origine précédé par Re: pour indiquer qu'il s'agit d'une réponse.

Même si toutes ces informations sont remplies automatiquement, vous êtes libre de les changer. Tapez le message de votre réponse.

Lorsque vous cliquez sur **Transmettre**, un formulaire de message standard s'affiche aussi. Lorsque vous transférez un message, le champ A: est vierge. Tapez l'adresse de la personne à qui vous voulez transférer le message. Dans la zone de message, indiquez par une phrase d'introduction qu'il s'agit d'un message transféré. Envoyez le message en utilisant votre méthode préférée.

Si vous avez choisi **Répondre à tous**, cela revient à cliquer sur le bouton **Répondre**, sauf que tous les destinataires du message d'origine recevront aussi votre réponse.

Téléchargement des fichiers attachés aux messages

Si dans un message que vous recevez se trouve un fichier joint, la fenêtre de lecture des messages sera un peu différente (voir Figure 9.4).

Attention

Protection contre les virus
Même s'il semble y avoir peu de risque à télécharger les fichiers joints expédiés dans des messages par des collaborateurs ou des amis, méfiez-vous toujours des virus. Reportez-vous à la Partie I, Chapitre 13, sur l'utilisation de programmes antivirus pour voir comment télécharger des fichiers sans risques.

Les courriers qui contiennent des fichiers joints affichent des informations supplémentaires dans les en-têtes des messages. Il y a des informations sur le nom du fichier et sur sa taille. Dans la Figure 9.4, on peut voir que le fichier LOCLZ_.DOC fait 11 264 octets. Il s'agit d'un petit fichier texte.

Sous ces premières informations, on trouve une estimation du temps de téléchargement en fonction de la rapidité du modem. Dans ce cas, l'information indique qu'avec un modem 28 800 bps, le transfert prendra moins d'une minute.

L'ensemble de ces informations vous aidera à décider si vous effectuez le transfert maintenant ou plus tard. Pour commencer à télécharger immédiatement, cliquez sur le bouton **Télécharger**. Choisissez le répertoire dans lequel vous voulez enregistrer le message et cliquez sur **OK**. Une boîte de dialogue s'affichera pour vous montrer l'état du transfert.

Un message vous préviendra lorsque le fichier aura été transféré. Cliquez sur **OK**. Si vous préférez attendre la fin de votre travail en ligne, cliquez sur **Télécharger plus tard**. Le fichier joint sera attaché au Gestionnaire de téléchargement. Si vous ne voulez rien faire avec ce fichier, fermez la boîte de dialogue.

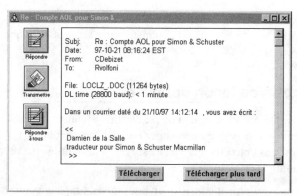

Figure 9.4 : *Message contenant un fichier joint.*

Chapitre 10

Gestion de messagerie électronique

Dans ce chapitre, vous apprendrez à organiser votre messagerie pour l'exploiter de façon optimale. Vous verrez aussi comment gérer les messages que vous envoyez et que vous recevez.

Exploiter sa messagerie de façon optimale

La messagerie électronique est un outil de communication étonnant, qui permet d'envoyer des messages dans le monde entier en quelques secondes. Cependant si vous ne gérez pas correctement vos messages, vous n'utiliserez pas complètement le potentiel de ces logiciels.

La gestion de votre messagerie peut consister en des choses simples, comme toujours inclure un objet dans vos messages. De cette façon, vous saurez toujours de quoi un message traite avant de l'ouvrir. Vous vous repérerez ainsi plus facilement dans les listes de messages (et vos correspondants aussi).

Il est aussi conseillé de prendre certaines précautions, notamment pour la gestion de votre Boîte de réception et de vos autres dossiers de messagerie. Si vous suivez certaines règles générales, vous ne risquerez pas de vous perdre dans le logiciel de messagerie :

■ Lisez les messages aussitôt que vous les recevez. Les nouveaux messages apparaîtront en gras dans la plupart des logiciels. Sélectionnez le message pour le lire.

■ Répondez aux messages immédiatement après les avoir lus, s'ils demandent une réponse. Vous pouvez ensuite supprimer le message d'origine ou le classer dans un autre endroit.

■ Supprimez les messages qui ne sont plus utiles. Vous n'avez pas besoin de garder tous les messages que vous recevez. Gardez ou classez dans un fichier ceux qui sont vraiment importants et supprimez le reste (voir la section Supprimer les messages dans ce chapitre).

■ Classez les messages que vous voulez garder dans un dossier spécial. Vous pouvez créer des dossiers supplémentaires dans lesquels classer vos fichiers (voir la section Créer de nouveaux dossiers de messagerie dans ce chapitre, pour plus d'informations).

En fait, une messagerie se gère comme le bureau sur lequel vous travaillez, on y trouve des éléments à classer et d'autres à supprimer.

Solutions proposées par les logiciels pour gérer les messages

La plupart des logiciels de messagerie possèdent des fonctions spéciales pour gérer les messages. Des fonctions telles que le tri, la suppression, le déplacement de fichiers et la création de nouveaux dossiers peuvent faciliter les tâches de gestion.

Tri des messages dans votre Boîte de réception

Tout client de messagerie possède une Boîte de réception. C'est l'endroit où les messages que vous recevez sont stockés. Un bon moyen pour garder de l'ordre dans votre Boîte de réception consiste à trier vos messages. Les clients de messagerie proposent différentes techniques de tri. Avec Outlook Express de Microsoft et Netscape Messenger cette tâche est relativement simple. Avec ces deux logiciels (et beaucoup d'autres) vous pouvez trier vos messages par De:, Objet, et Date de réception. Le tri des messages peut vous aider à déterminer ceux qu'il convient de supprimer et ceux qui demandent une réponse urgente.

Pour trier vos messages dans Outlook Express :

1. Cliquez sur l'en-tête approprié. Pour trier par expéditeur, cliquez sur **De:** (dans Messenger cliquez sur **Expéditeur**). Vos messages seront triés par ordre ascendant en fonction du nom de l'expéditeur.

2. Pour permuter l'ordre de tri, cliquez de nouveau sur l'en-tête ; dans ce cas cliquez sur De:.

3. Vous pouvez aussi trier vos messages via le menu **Affichage**. Cliquez sur Affichage, puis sélectionnez **Trier par**. Les différents paramètres (Priorité, Pièce joint, De:, Objet et Reçu) sont listés. Vous pouvez trier à

l'aide de tous ces paramètres dans un ordre ascendant ou descendant (voir Figure 10.1).

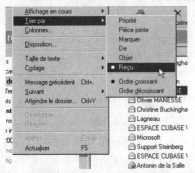

Figure 10.1 : *Vous pouvez trier vos messages en cliquant sur un en-tête, comme De: ou en utilisant le menu Affichage.*

Astuce

Fréquence de vérification de votre messagerie
Prenez l'habitude de vérifier votre messagerie au moins une fois par jour.

Supprimer les messages

Une fois que vous avez lu et répondu à un message, vous pouvez le supprimer ou le placer dans un dossier spécial pour vous y référer ultérieurement. La suppression d'un message dans un client de messagerie est très simple :

1. Sélectionnez le message dans la fenêtre Message.

2. Cliquez sur Supprimer dans la barre d'outils. Le message est supprimé dans la Boîte de réception.

Lorsque vous supprimez un message, la plupart des logiciels (comme Outlook Express et Messenger) le placent dans un dossier spécial appelé Eléments supprimés ou Corbeille. Vous pouvez configurer votre client de messagerie pour qu'il vide automatiquement le Dossier Eléments supprimés ou le dossier Corbeille lorsque vous quittez le logiciel (voir Figure 10.2).

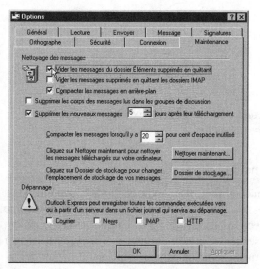

Figure 10.2 : Les clients de messagerie comme Outlook Express peuvent être configurés pour vider automatiquement le dossier Eléments supprimés lorsque vous quittez le logiciel.

Créer de nouveaux dossiers de messagerie

Un autre moyen de gérer ses messages consiste à créer des dossiers spéciaux qui stockent des messages en fonction de certains critères. Cependant, ne stockez que les messages que vous devez absolument garder. Si l'organisation proposée par votre logiciel vous convient, ne créez pas de dossiers supplémentaires.

Dans Outlook Express, il est très facile de créer un nouveau dossier :

1. Cliquez sur l'icône **Outlook Express** ou sur **Dossier locaux** (dans Outlook 5) dans le panneau de dossiers de la fenêtre Outlook. Ainsi, le dossier sera créé à la racine des dossiers Outlook. Il ne risquera pas d'être inclus dans un autre dossier.

2. Cliquez sur le menu **Fichier** et sélectionnez **Dossier, Nouveau dossier**. Une boîte de dialogue apparaît, elle permet de donner un nom au dossier et de vérifier où il se situe dans la hiérarchie des dossiers. Le nouveau dossier apparaît dans le panneau des dossiers de la fenêtre Outlook.

3. Cliquez sur le dossier pour l'ouvrir (voir Figure 10.3). Le dossier est vide.

403

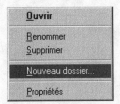

Figure 10.3 : Les clients de messagerie, comme Outlook Express, proposent une méthode facile pour créer de nouveaux dossiers.

Placer des messages dans des dossiers

Si certains messages vous encombrent dans votre Boîte de réception, vous pouvez les placer dans un dossier différent. Créez un nouveau dossier comme cela a été expliqué dans la section précédente (la technique est pratiquement la même avec Netscape Messenger). Outlook Express et Netscape Messenger utilisent des commandes de menu semblables pour déplacer et copier des fichiers.

1. Dans la Boîte de réception de votre programme (Outlook Express dans cet exemple, voir Figure 10.4) sélectionnez un ou plusieurs messages.

2. Cliquez sur le menu **Edition** et cliquez sur **Déplacer vers un dossier** (ou Copier vers un dossier pour effectuer une copie). La Boîte Déplacer apparaît, elle contient tous vos dossiers.

3. Sélectionnez le dossier approprié et cliquez sur **OK**. Les fichiers seront déplacés vers le dossier.

Vous pouvez sélectionner une série de messages en cliquant sur le premier, en appuyant sur la touche **Maj** et en cliquant sur la dernière sélection. Plusieurs messages non contigus peuvent être sélectionnés en cliquant sur le premier message, en pressant la touche **Ctrl** et en cliquant sur les autres messages.

Astuce

Gestionnaire de la Boîte de réception
Microsoft Outlook possède un Gestionnaire de la Boîte de réception qui peut être utilisé pour classer certains types de messages vers les dossiers que vous avez créés.

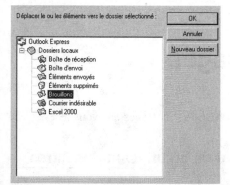

Figure 10.4 : *Vous pouvez facilement déplacer des messages vers un nouveau dossier dans un client de messagerie comme Outlook Express.*

Des dossiers objets bien organisés et une Boîte de réception bien tenue permettront d'être plus efficace. Comme vous l'avez vu, la gestion d'une messagerie n'est pas très contraignante et elle peut vous simplifier la vie.

Chapitre 11

Filtrage des messages

Dans ce chapitre vous apprendrez à filtrer les messages que vous recevez.

Organisation de votre messagerie en utilisant des filtres

Vous savez déjà qu'une bonne organisation de vos dossiers e-mail vous aidera à assurer le bon fonctionnement de votre messagerie. Une autre technique pour organiser les messages entrants consiste à les *filtrer*. La plupart des logiciels de messagerie permettent de définir certaines règles qui prennent effet lorsqu'un message entrant est placé dans votre Boîte de réception. Par exemple, si vous recevez beaucoup de messages d'une personne nommée Raoul, vous pouvez configurer votre logiciel pour filtrer automatiquement tous les messages de Raoul afin de les placer dans un dossier spécial appelé Messages Raoul, par exemple.

Le mot juste

Filtrage
Technique qui permet de définir des règles de manière que les messages reçus soient placés dans un dossier de votre choix.

Messages indésirables

Le filtrage peut aussi permettre de placer directement dans la Corbeille ou dans le dossier Eléments supprimés des messages indésirables. Il peut s'agir de messages d'insultes provenant toujours de la même personne ou de messages correspondant à de la prospection commerciale. Assez rapidement, vous serez repéré sur le Web et, un jour ou l'autre, votre nom se retrouvera dans une liste de mailing. A partir de ce moment, il faudra vous attendre à recevoir régulièrement (voire quotidiennement) des messages publicitaires qui encombreront votre messagerie. Vous apprécierez alors de pouvoir trier ces messages pour les supprimer directement.

Il se peut aussi que vous receviez des messages «incendiaires» particulièrement agressifs. Ils seront, par exemple, envoyés par quelqu'un en colère parce que vous avez fait une entorse (accidentelle) à l'étiquette Internet. Dans de tels cas, une réponse d'une nature autre qu'une excuse ne fera qu'empirer les choses. Vous apprécierez alors sans doute la possibilité de vous débarrasser directement de ces messages.

Configuration des filtres de messagerie

La plupart des logiciels (dont Outlook Express et Netscape Messenger) donnent la possibilité de filtrer les messages entrants. Il suffit de définir les règles que le logiciel utilisera pour filtrer les messages.

Les critères que vous définissez pour filtrer vos messages peuvent être fondés sur des informations qui apparaissent dans les zones suivantes du message : A: ; Cc: ou Copies -: ; De: ; ou Expéditeur, et Objet ;.

Le critère de filtrage dans les zones A:, Cc:, et De: se rapporte aux adresses e-mail. Comme il est peu probable que vous souhaitiez filtrer tous les messages qui vous sont envoyés, vous ne définirez probablement pas de règles pour la zone A:.

Vous voudrez peut-être filtrer des messages qui vous sont envoyés et qui ont été copiés à partir d'une adresse e-mail particulière. Vous pouvez définir l'adresse e-mail comme l'un des critères de filtrage lorsqu'elle apparaît dans la zone Cc:.

Dans certaines occasions vous souhaiterez peut-être que les messages envoyés à partir d'une adresse donnée aillent dans un dossier particulier ou directement vers votre dossier Eléments supprimés. Vous pouvez désigner les adresses e-mail qui apparaissent dans la zone De:.

Vous voudrez peut-être aussi envoyer les messages qui contiennent certains mots-clés dans leur zone Objet: directement vers un dossier spécifique. Les mots-clés sont le critère de filtrage dans ce type de tri.

Filtrer des messages dans Outlook Express

Outlook Express propose un Gestionnaire de la Boîte de réception qui peut définir des règles afin de filtrer les messages. Il peut être lancé à partir de la fenêtre principale Outlook :

Figure 11.1 : *Dans Outlook Express, le Gestionnaire de la boîte de réception offre des outils pour filtrer vos messages entrants.*

1. Dans la fenêtre principale, cliquez sur le menu **Outils** puis sur **Gestionnaire de la Boîte de réception**. La fenêtre du même nom s'affiche, elle contient toutes les règles que vous avez définies pour filtrer vos messages. Dans la version 5, il faut sélectionner **Outils**, **Règles des messages** et **Courrier**.

2. Pour ajouter de nouvelles règles, cliquez sur le bouton **Ajouter** (ou **Nouveau**). La boîte de dialogue Propriétés (ou Nouvelle règle de courrier) apparaît. Tapez vos critères de filtrage (ou sélectionnez-les) dans les zones appropriées, situées dans la moitié supérieure de la fenêtre. Dans Outlook 5, vous devrez cliquer sur les liens hypertexte du panneau 3 pour déterminer quels sont les critères à appliquer aux options que vous avez choisies.

3. Cette boîte de dialogue permet aussi de désigner dans quel dossier les messages devront être placés. Vous pouvez déplacer, copier, transférer un message ou même le supprimer sans le lire. Sélectionnez l'action appropriée en cliquant sur la case. Pour sélectionner le dossier dans lequel vous voulez stocker ce genre de messages, cliquez sur le bouton **Dossier** qui correspond à l'action que vous souhaitez lancer. La boîte de dialogue Déplacer apparaîtra. Dans la version 5, utilisez les liens hypertexte pour par-

venir au même résultat (voir Figure 11.1). Lorsque vous avez fini, donnez un nom à la règle et cliquez sur OK.

4. Dans Outlook 4, cliquez sur le dossier approprié dans la fenêtre Déplacer, puis sur **OK**. La fenêtre se fermera et vous retournerez vers la boîte de dialogue Propriétés.

5. Lorsque vous avez défini les critères pour votre nouvelle règle, cliquez sur **OK**. La Boîte Propriétés se fermera et votre nouvelle règle apparaîtra dans la fenêtre Gestionnaire de la Boîte de réception. Pour fermer cette boîte de dialogue, cliquez sur **OK**.

Astuce

Le Carnet d'adresses
Vous pouvez insérer des adresses de messagerie dans les zones Cc: ou De: situées dans la Boîte Propriétés d'Outlook, directement à partir de votre Carnet d'adresses Windows.

Filtrer des messages dans Netscape Messenger

Netscape Messenger propose une fonction de filtrage des messages très robuste. Elle permet de créer des instructions conditionnelles en utilisant des paramètres tels que Contient, Ne contient pas, Est, N'est pas, Commence par et Finit par. Par exemple, vous pouvez créer une règle qui filtre tous les expéditeurs dont l'adresse commence par raoul et placer leurs messages dans un dossier particulier. Vous pouvez aussi filtrer tous les messages en provenance d'expéditeurs qui sont dans le même domaine (tel que **aol.com**) en utilisant Finit par.

Messenger permet de filtrer des messages par expéditeur, objet, corps et même par la date du message. Pour configurer les règles de filtrage dans Messenger, il faut ouvrir la boîte de dialogue **Règles du filtre**.

1. Dans la fenêtre Messenger, cliquez sur le menu **Edition** et choisissez **Filtres du courrier**. La boîte de dialogue du même nom apparaît et affiche la liste de toutes les règles de filtrage déjà définies.

2. Pour créer une nouvelle règle de filtrage, cliquez sur **Nouveau**. La boîte de dialogue Règles du filtre apparaît.

3. Pour créer une nouvelle règle, nommez le filtre et utilisez les listes déroulantes pour définir les critères pour la règle. Par exemple, vous pouvez sélectionner l'Expéditeur dans la zone Si et Contient dans la zone de condition. Tapez un critère de sélection dans la zone de texte suivante pour terminer la définition de la règle (voir Figure 11.2).

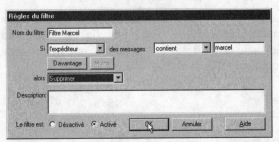

Figure 11.2 : *Dans Netscape Messenger, la boîte de dialogue Règles du filtre est l'endroit où vous définissez les critères pour filtrer vos messages entrants.*

4. Une fois que vous avez défini le critère pour la règle, sélectionnez l'action à exécuter dans la liste déroulante Alors. Vous pouvez déplacer le message vers un dossier particulier ou choisir de supprimer le message. Une fois que vous avez déterminé les différents critères pour la nouvelle règle, cliquez sur **OK**. Vous pouvez retourner vers la boîte de dialogue Filtres du courrier. Votre nouvelle règle apparaîtra dans la liste.

5. Pour fermer la boîte de dialogue Filtres du courrier, cliquez sur **OK** et vous retournerez vers la fenêtre Messenger.

Le filtrage des messages entrants peut vous aider à gérer les messages que vous recevez.

Chapitre 12

Trouver des adresses e-mail

Dans ce chapitre vous apprendrez à utiliser les ressources du World Wide Web pour trouver des adresses de messagerie.

Utilisation du World Wide Web pour trouver des adresses e-mail

En utilisant les différents logiciels de messagerie dont il a été question dans ce livre, l'envoi de messages est vraiment simple. Cependant, si vous n'avez pas l'adresse e-mail du destinataire, vous ne pourrez rien lui envoyer.

Le World Wide Web contient plusieurs annuaires d'adresses électroniques. Vous pouvez y chercher l'adresse de messagerie d'une personne. On peut citer à titre d'exemple Four11, Bigfoot, et Yahoo! People Search. Chacune de ces pages possède une fonction de recherche que vous utilisez pour localiser l'adresse e-mail d'une personne. Voici une liste des annuaires disponibles sur le Web et leurs adresses :

Annuaire	Adresse de page Web
Four11	http://www.four11.com
Bigfoot	http://www.bigfoot.com
Internet ADDRESS FINDER	http://www.iaf.net
Yahoo! People Search	http://www:yahoo/people/search
WhoWhere?	http://www.whowhere.com

Vous pouvez faire aussi une recherche sur le Web en utilisant WebCrawler ou n'importe quel autre moteur de recherche Web. Ils contiennent en général une option pour rechercher les adresses électroniques.

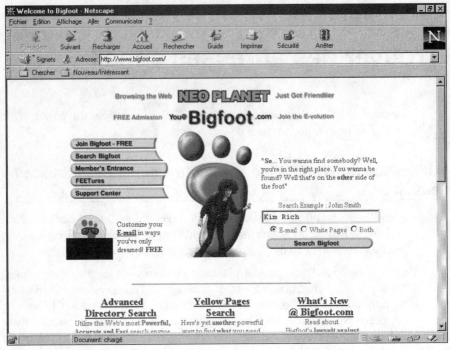

Figure 12.1 : *Bigfoot est l'un des annuaires que vous pouvez utiliser pour trouver des adresses e-mail.*

Se connecter à un annuaire en ligne

Puisque la plupart des annuaires se trouvent sur le World Wide Web, vous aurez peut-être besoin de démarrer votre navigateur Web pour commencer votre recherche d'adresses e-mail.

1. Connectez-vous à votre fournisseur d'accès et démarrez votre navigateur Web (dans ce cas, Netscape Navigator).

2. Tapez l'adresse de l'un des annuaires dans la zone Adresse de votre navigateur et appuyez sur Entrée. Par exemple, pour effectuer une recherche dans l'annuaire Bigfoot, tapez l'adresse suivante :

http://www.bigfoot.com

et appuyez sur Entrée.

3. Votre navigateur Web vous mènera vers la page Web Bigfoot (voir Figure 12.1). Pour rechercher une adresse e-mail, tapez le nom de la personne dans la zone Search Name et cliquez sur Search Bigfoot.

4. Une page de résultats s'affiche : elle montre l'adresse ou les adresses e-mail associées au nom que vous avez tapé (voir Figure 12.2).

5. Pour envoyer un message à l'auteur d'une des adresses trouvées, cliquez dessus. Le logiciel de messagerie associé à votre navigateur s'ouvrira avec l'adresse sélectionnée dans le champ A:.

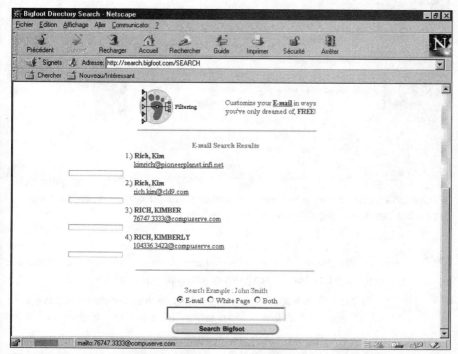

Figure 12.2 : *Comme Bigfoot effectue une recherche en se fondant uniquement sur le nom ou -prénom, votre recherche peut fournir plus de résultats que prévu.*

Si un moteur de recherche ne trouve pas l'adresse qui vous intéresse, essayez-en un autre.

Figure 12.3 : L'annuaire d'adresses électroniques Four11 permet d'effectuer une recherche par nom, ville, état et nom de domaine.

Four11 est une autre grande base de données d'adresses e-mail. Cet annuaire d'adresses de messagerie offre plus de paramètres, ce qui permet de réduire le champ de recherche et d'obtenir des résultats plus précis.

1. Tapez **http://www.four11.com** dans la zone Adresse de votre navigateur Web et appuyez sur Entrée. Vous serez amené au site Web Four11.

2. Cliquez sur **Four11.com Internet White Pages Link**. Vous serez dirigé vers la page de recherche Four11.

3. Tapez le nom et le prénom de l'individu. Vous pouvez aussi saisir la ville, l'état ou même le domaine de l'adresse e-mail de la personne que vous re-cherchez (voir Figure 12.3). Une fois les paramètres de recherche tapés, cliquez sur Search.

Le mot juste

Domaine
Le domaine est le nom utilisé par la société ou l'organisation qui gère un serveur Internet donné. Par exemple, le nom de domaine de Microsoft est Microsoft.com. Connaître le nom de domaine de l'adresse e-mail d'une personne facilite la recherche.

Accès aux annuaires d'adresses e-mail avec votre logiciel de messagerie

Netscape Messenger, comme Outlook Express, offre des connexions directes vers certains annuaires tels que Bigfoot et Four11. Vous pouvez accéder aux répertoires avec ces deux logiciels, pratiquement de la même façon. La seule différence se trouve au niveau de la commande qui ouvre le CARNET D'ADRESSES.

Pour accéder aux annuaires dans Netscape Messenger, assurez-vous que vous êtes connecté à votre fournisseur d'accès Internet et que Netscape Communicator s'exécute.

1. Lorsque la fenêtre Communicator est ouverte, cliquez sur le menu **Communicator** et choisissez **Carnet d'adresses**. Le carnet d'adresses s'ouvre.

2. Dans la fenêtre Carnet d'adresses, cliquez sur le bouton **Annuaire** de la barre d'outils (voir Figure 12.4).

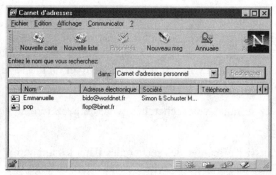

Figure 12.4 : Vous pouvez accéder à plusieurs annuaires via le Carnet d'adresses Netscape.

415

3. Une Boîte de recherche s'ouvre. Une liste déroulante donne accès à plusieurs annuaires. Cliquez sur la liste et sélectionnez Bigfoot Directory.

4. La liste déroulante suivante permet de définir le critère de recherche (nom, adresse de messagerie, société, ville, etc.). Pour effectuer une recherche par nom de personne, choisissez NOM et contient, puis tapez le nom de la personne recherchée dans la dernière zone de texte.

5. Pour ajouter des critères supplémentaires, cliquez sur le bouton **Davantage**. Une fois les critères de recherche définis, cliquez sur **Rechercher** (voir Figure 12.5).

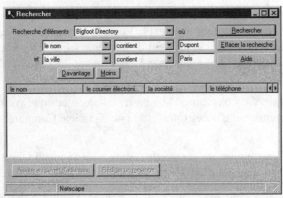

Figure 12.5 : *Sélectionnez vos critères de recherche et tapez dedans l'élément que vous voulez faire correspondre, comme le nom. Vos résultats de recherche seront affichés dans la fenêtre Search.*

6. Les résultats de votre recherche seront affichés dans la fenêtre Search. Sélectionnez le résultat approprié et cliquez sur **Ajouter au carnet d'adresses** pour ajouter l'adresse à votre carnet. Pour envoyer un message vers une adresse, cliquez sur Rédiger un message.

7. Une fois que vous avez terminé vos recherches, vous pouvez fermer la Boîte Rechercher.

Outlook Express permet aussi d'effectuer des recherches dans les annuaires. La recherche dans le logiciel de messagerie évite d'avoir à lancer le navigateur pour rechercher une adresse sur Internet.

Dans ce chapitre, vous avez appris à utiliser le Web et votre logiciel de messagerie pour accéder aux annuaires d'adresses électroniques. Dans le suivant vous apprendrez à joindre des fichiers avec vos messages et à les envoyer.

Chapitre 13

Envoi de fichiers avec des messages

Dans ce chapitre, vous apprendrez à rattacher un fichier à un message e-mail.

Les fichiers joints

Vous pouvez envoyer sur Internet des fichiers rattachés aux messages. Cela permet d'échanger des graphiques, des sons, et même des fichiers créés dans des applications comme Microsoft Word et Excel via votre messagerie électronique.

Un fichier joint peut contenir n'importe quoi. Par exemple, vous pouvez envoyer un fichier de feuille de calcul, une image (une photo, par exemple) ou même un rapport dans un fichier de traitement de texte. Si vous envoyez un document Word dans un message, le destinataire doit avoir une copie de Word pour ouvrir le fichier.

Systèmes de codage des fichiers joints

Comme un message est normalement un fichier texte, il faut utiliser un processus spécial afin que le destinataire du message puisse le détacher et l'ouvrir dans le programme avec lequel vous l'avez créé. Pour décrire ce processus, on parle de codage. Cela signifie que le fichier joint est codé de manière que votre logiciel de messagerie puisse le distinguer du texte du message.

Le mot juste

Codage
Le codage transforme le fichier rattaché dans un format qui peut être reconnu par votre logiciel de messagerie, et qui lui permet de faire la distinction entre la pièce jointe et le message lui-même.

Le processus de codage le plus courant est appelé MIME (*Multipurpose Internet Mail Extension*). Le problème avec le codage MIME est qu'il ne fonctionne pas très bien pour les personnes qui utilisent des services en ligne tels que CompuServe ou AOL.

Le système de codage le plus fiable pour l'envoi de fichiers sur Internet s'appelle uuencode. La plupart des programmes de messagerie (Outlook Express et Netscape Messenger, entre autres) «uuencodent» automatiquement un fichier lorsque vous le rattachez à un message Internet.

Certains clients de messagerie ne codent pas les rattachements automatiquement. Il faut alors employer un utilitaire de codage pour traiter le fichier avant de le rattacher au message. Cependant, les logiciels de messagerie de ce genre sont de plus en plus rares.

Un très bon logiciel pour mettre les fichiers au format uuencode est Win-Code. On peut le télécharger à partir du site Stroud à l'adresse : **http://www.stroud.com** (pour plus d'informations sur le téléchargement de fichiers à partir du Web, voir la Partie III, Chapitre 11).

Compressez les fichiers joints

Avant de joindre un fichier à un message (particulièrement pour les images lourdes ou les fichiers importants), vous devrez le compresser. Un message e-mail qui contient un gros fichier joint peut être long à envoyer. Il peut même causer des problèmes au niveau de la connexion.

On peut facilement réduire la taille d'un fichier avant de le rattacher à un message. L'un des meilleurs utilitaires pour mener à bien cette tâche est WinZip. WinZip compresse ou «zippe» un ou plusieurs fichiers. Le résultat de cette compression, un fichier zip, peut être rattaché à votre message.

WinZip est un shareware. Il peut être téléchargé à partir du site Web WinZip à l'adresse : **http://www.winzip.com/**. Vous vous rendrez vite compte que c'est un utilitaire indispensable. Il vous servira lors de l'envoi de messages, mais aussi pour décompresser des fichiers téléchargés et même pour archiver des éléments sur votre disque dur.

Attachement de fichiers à des messages

La procédure pour joindre des fichiers à vos messages est très simple. Ce processus est pratiquement toujours le même, quel que soit le logiciel de messagerie utilisé :

1. Créez votre message dans le logiciel de messagerie. Insérez un objet pour le message et n'oubliez pas l'adresse du destinataire.

2. Sur la barre d'outils de la fenêtre de message se trouve un bouton **Insérer le fichier** ou **Joindre** (ou quelque chose de semblable). Cliquez sur ce bouton. Une boîte de dialogue apparaîtra, elle permettra de parcourir votre disque dur et de sélectionner le fichier que vous voulez joindre au message.

3. Sélectionnez le fichier à joindre et cliquez sur **OK**. Le fichier sera rattaché au message.

Astuce

Fichiers joints dans AOL
Pour savoir comment attacher des messages avec AOL, voir le Chapitre 6.

La manière dont le fichier joint apparaît dans le message dépend du client de messagerie utilisé. Outlook Express et Netscape Messenger «uuencodent» automatiquement le fichier, cependant, il est représenté différemment dans la fenêtre de message.

Joindre un fichier dans Outlook Express

Dans Outlook Express, les fichiers sont rattachés via le bouton Insérer le fichier ou Joindre (selon les versions). Les fichiers joints apparaissent comme une icône dans un panneau spécial en bas du message dans la version 4 et figurent juste dans le champ Joindre dans la version 5 (voir Figure 13.1).

Vous pouvez vérifier le contenu d'un fichier rattaché dans Outlook Express en double-cliquant sur l'icône ou sur le nom de fichier joint.

Joindre un fichier dans Netscape Messenger

Dans Netscape Messenger, le bouton Joindre sur la barre d'outils ouvre une fenêtre, dans laquelle il faut rechercher le fichier à attacher au message.

Pour voir le nom du fichier joint, vous devez cliquer sur l'icône Joindre des fichiers et documents sous la zone A: dans la fenêtre de message (voir Figure 13.2). Le nom de fichier apparaîtra. Vous ne pouvez pas ouvrir le fichier lui-même à l'intérieur de la fenêtre de message.

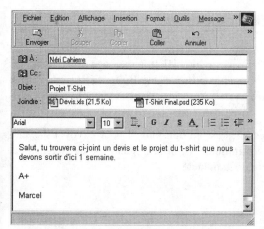

Figure 13.1 : *Outlook Express représente les fichiers joints par un nom dans le champ Joindre dans la fenêtre de message.*

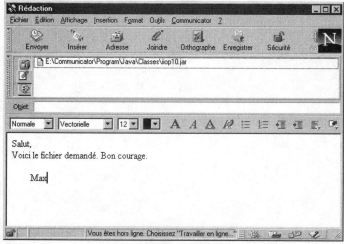

Figure 13.2 : *Netscape Messenger affiche le nom de fichier du fichier rattaché lorsque vous cliquez sur la zone Joindre des fichiers et documents.*

Envoi de message et de fichier rattaché

Pour envoyer votre message avec le fichier joint, suivez la technique habituelle. Sélectionnez Envoyer dans votre logiciel et le message (avec le fichier joint) sera acheminé. Si votre logiciel possède une Boîte d'état pour l'envoi des messages, vous noterez qu'un message avec un rattachement mettra plus de temps à être envoyé.

Joindre des fichiers à des messages est un bon moyen pour envoyer des éléments rapidement. En quelques minutes, n'importe quel type de fichier peut ainsi être expédié à l'autre bout de la planète.

Chapitre 14

Réception de fichiers rattachés à un message

Dans ce chapitre, vous apprendrez à récupérer, à ouvrir et à enregistrer des fichiers rattachés à des messages.

Travail avec des fichiers joints à des messages

Les rattachements de message sont un bon moyen d'envoyer et de recevoir des fichiers sur Internet. Lorsque vous recevez un message avec un fichier joint, vous devez être capable de récupérer et ouvrir le fichier. La procédure peut varier, elle dépend du client de messagerie que vous utilisez. Certains clients, tels que Outlook Express et Netscape Messenger vous donnent accès au rattachement via une icône ou un lien dans le message. D'autres clients de messagerie séparent automatiquement le rattachement du message et l'enregistrent dans un répertoire prédéterminé sur votre disque dur (Eudora Light est un exemple de ce type de client).

Astuce

Fichier joint
Si votre logiciel enregistre le fichier directement sur le disque dur, vous devrez peut-être utiliser WinCode pour décoder le fichier et le transposer dans un format que vous pourrez travailler. Les fichiers «uuencodés» auront l'extension .UUE (pour plus d'informations sur WinCode, voir le Chapitre 13).

Apparence des fichiers rattachés

La plupart des logiciels de messagerie afficheront le fichier joint comme une icône dans le corps du message. Cela permet d'accéder facilement au fichier.

Plusieurs icônes peuvent apparaître dans un message, car vous pouvez rattacher plusieurs fichiers à un message. Cependant, plus il y a de rattachements, plus le processus d'envoi et de réception est long.

Si vous recevez un message qui contient un rattachement dans Outlook Express, une icône représentant un trombone apparaîtra à gauche de la ligne objet du message dans la fenêtre Outlook. Si vous souhaitez voir les fichiers joints sous forme d'icône, double-cliquez sur l'objet du message pour ouvrir une fenêtre Message. Les fichiers rattachés apparaîtront comme des icônes dans un panneau séparé en bas de la fenêtre Message dans Outlook 4. Dans la version suivante, les fichiers joints figureront dans le champ Joindre du message reçu. (voir Figure 14.1).

Figure 14.1 : Dans Outlook Express, les fichiers rattachés sont représentés par des icônes ou par des noms de fichiers dans le champ Joindre.

Dans la plupart des cas, les icônes vous indiqueront à quel type de fichier rattaché vous avez affaire. Par exemple, un document Word est représenté par une icône Word. Les fichiers zippés (fichiers compressés en utilisant WinZip) apparaissent avec une icône Zip.

Astuce

WinZip
Assurez-vous que WinZip est installé sur votre PC. C'est un outil indispensable pour compresser et décompresser les fichiers. Vous pouvez l'utiliser pour travailler en dehors du contexte des messageries. WinZip est un outil très utile pour archiver des fichiers que vous voulez conserver en utilisant un minimum d'espace sur votre disque dur.

Dans Netscape Messenger, les fichiers joints sont représentés dans une zone séparée du message. Cet encadré donne le nom, le type du fichier et la méthode de codage utilisée. Un lien est affiché à gauche, il permet d'enregistrer le fichier sur votre disque dur (voir Figure 14.2).

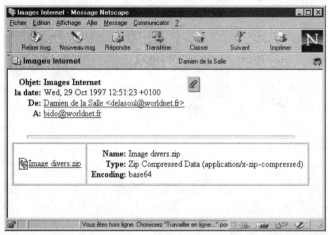

Figure 14.2 : *Dans Netscape Messenger, les informations sur le fichier joint apparaissent dans une boîte qui se trouve dans le message.*

Ouverture et enregistrement de fichiers joints

La manière dont vous ouvrez et enregistrez les fichiers joints dépend de votre client de messagerie. Certains logiciels permettent d'ouvrir le rattachement avant d'enregistrer le fichier. D'autres demandent que le fichier soit enregistré d'abord, puis ouvert.

Il faut savoir que vous ne pourrez pas ouvrir des fichiers rattachés si vous n'avez pas l'application dans laquelle le fichier a été créé. Si vous recevez un fichier «zippé», vous devrez avoir WinZip pour ouvrir l'archive (ensuite, vous aurez besoin de l'application appropriée pour ouvrir le fichier décompressé).

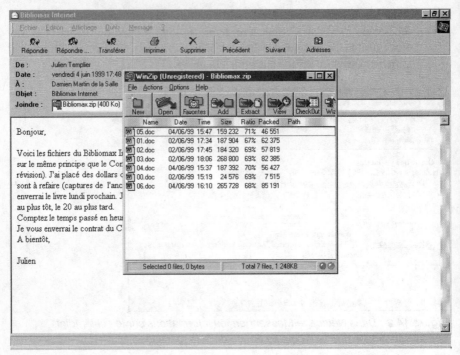

Figure 14.3 : *WinZip permet de voir et d'ouvrir les fichiers contenus dans des archives «zippées».*

Ouvrir et enregistrer des fichiers joints dans Outlook Express

Outlook Express offre une méthode très simple de traitement des fichiers joints. Vous pouvez ouvrir et enregistrer le fichier dans la fenêtre Outlook Express.

Pour ouvrir un fichier :

1. Double-cliquez sur l'objet du message pour l'ouvrir dans une fenêtre Message. Le message et les icônes de rattachements apparaîtront dans la nouvelle fenêtre.

2. Pour ouvrir une icône particulière, double-cliquez dessus. L'application appropriée démarrera et le fichier sera chargé dans l'application. Dans le cas de fichiers «zippés», WinZip s'ouvrira et affichera les fichiers dans l'archive.

Dans la version 5, il suffit de cliquer sur l'en-tête d'un message contenant une pièce jointe, puis sur le trombonne dans le panneau de prévisualisation et de choisir le nom du fichier (voir Figure 14.3). Si vous avez ouvert le message dans une fenêtre indépendante, il suffit de double-cliquer sur le nom de fichier dans le champ Joindre.

Les fichiers non «zippés» seront chargés dans leur application native. Cela permet de voir le fichier, de le modifier et d'enregistrer les modifications sous un nom de fichier différent.

Pour enregistrer un fichier :

1. Cliquez sur le menu **Fichier**, puis sur **Enregistrer les pièces jointes**. Le nom ou les noms des fichiers rattachés apparaissent. Sélectionnez le fichier que vous voulez enregistrer. Une boîte de dialogue Enregistrer la pièce jointe sous apparaît. Elle permet de sélectionner le dossier dans lequel vous voulez enregistrer le fichier. Vous pouvez aussi choisir d'enregistrer le fichier sous un nouveau nom. Dans Outlook 5, il est possible d'enregistrer un fichier depuis le panneau de prévisualisation. Pour cela, cliquez sur le trombonne qui apparaît en tête de ce panneau et choisissez **Enregistrer les pièces jointes**.

2. Lorsque vous avez sélectionné l'emplacement dans lequel vous voulez enregistrer le fichier, cliquez sur **Enregistrer**. Le fichier sera enregistré sur votre disque dur.

Astuce

Outlook Express

Comme Outlook Express permet de double-cliquer sur les icônes de fichiers joints et de les ouvrir dans leur application native, vous pouvez enregistrer le fichier immédiatement après l'avoir ouvert. Utilisez le menu Fichier et la commande Enregistrer sous de l'application.

Ouvrir et enregistrer des fichiers joints dans Netscape Messenger

Netscape Messenger décode automatiquement les fichiers joints. Vous pouvez ouvrir ou enregistrer un message rattaché lorsque vous êtes dans la fenêtre Message. Les étapes pour ouvrir ou enregistrer sont identiques, excepté une étape durant laquelle vous décidez soit d'enregistrer le fichier sur votre disque dur, soit de l'ouvrir dans son application native.

Pour enregistrer et ouvrir le fichier joint dans Messenger :

1. Ouvrez le message avec le fichier joint. Les informations sur le fichier apparaîtront dans une Boîte à la fin du message. Un lien pour ouvrir ou enregistrer le fichier est affiché à gauche (en surbrillance en bleu) des informations de fichier.

2. Cliquez sur le lien du fichier. Une boîte de dialogue apparaît et demande si vous souhaitez ouvrir ou enregistrer le fichier (voir Figure 14.4) :

   – **L'ouvrir.** Ouvre le fichier dans son application native.

   – **L'enregistrer sur le disque.** Enregistre le fichier comme un fichier classique sur votre disque dur. Une boîte de dialogue apparaît. Elle donne la possibilité de changer le nom de fichier et de choisir le dossier dans lequel l'enregistrer.

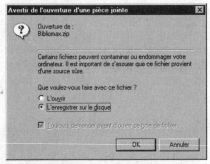

Figure 14.4 : Dans Netscape Messenger, vous pouvez ouvrir ou enregistrer un fichier joint en cliquant sur son lien.

Gestion des fichiers joints

Lorsque vous recevez des fichiers joints, vous devez les traiter comme des messages, c'est-à-dire les examiner immédiatement. Vous devez enregistrer les fichiers joints dans des dossiers qui permettront de les trouver ultérieurement, ou même renommer un fichier afin de le trouver plus facilement par la suite.

Les messages avec des fichiers peuvent prendre beaucoup d'espace sur le disque dur. Supprimez les messages et les fichiers joints chaque fois que vous le pouvez. Utilisez les techniques de gestion de messagerie dont il a été question dans le Chapitre 10 pour traiter vos fichiers joints.

Partie V

Les groupes de news

Chapitre 1

Comprendre la notion de groupe de news

Dans ce chapitre, vous allez découvrir le fonctionnement de base des groupes de news afin de lire et d'envoyer des messages.

Définition

Les *groupes de news* sont des groupes de discussion. On peut y trouver de l'aide, poser des questions et même envoyer des images ou d'autres types de fichiers. Il existe environ 20 000 groupes de news qui traitent de sujets tels que la politique, l'informatique, les animaux domestiques, les tatouages, l'automobile, le cinéma, etc.

Pour accéder à un groupe de news, vous devez utiliser un programme spécial : un lecteur de news. Ce programme est utilisé pour se connecter à un serveur de news, s'abonner à certains groupes et lire les messages. Vous pouvez répondre à un message ou en envoyer un. La Figure 1.1 montre une liste de messages envoyés dans un groupe de news classique.

Internet Explorer, Netscape Navigator et AOL possèdent leur propre lecteur de news, ils sont tous présentés dans cette partie.

Le mot juste

Groupe de news, lecteur de news et serveur de news
Un groupe de news est un site en ligne où les gens peuvent consulter des messages, y répondre ou démarrer une discussion. Un lecteur de news est le programme qui permet de se connecter à un serveur de news et de lire ou d'envoyer des messages. Le serveur de news est le support Internet qui permet de rendre disponibles les groupes de news.

Le mot juste

Groupe de news et forum
Ces deux termes, utilisés indifféremment, sont synonymes. En fonction du programme que vous utilisez, vous trouverez tantôt un terme, tantôt l'autre.

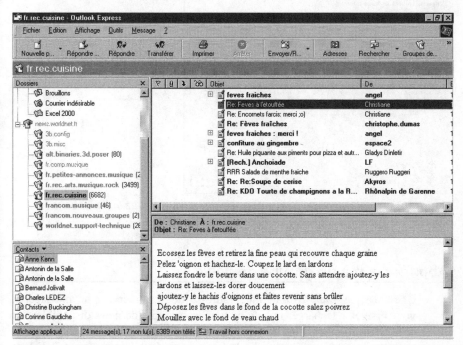

Figure 1.1 : *Vous pouvez lire et envoyer des messages dans plus de 20 000 groupes de news.*

Connexion à un serveur de news

Avant de pouvoir lire ou envoyer un message dans un groupe de news, vous devez d'abord vous connecter à un serveur de news. Votre fournisseur d'accès vous donnera l'adresse de son serveur de news. L'adresse a la plupart du temps la forme **news.internet.com**. Vous devrez entrer cette adresse dans votre lecteur de news pour vous connecter au serveur. La Figure 1.2 montre l'adresse d'un serveur de news dans Outlook Express.

Si vous souhaitez des instructions détaillées sur la configuration de votre lecteur de news pour le serveur que vous utilisez, reportez-vous aux Chapitres 2 et 3. Si vous utilisez AOL, consultez le Chapitre 4.

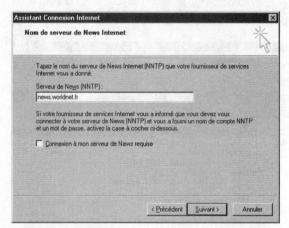

Figure 1.2 : *Avant d'accéder à un groupe de news, vous devez indiquer dans le programme quelle est l'adresse de votre serveur de news.*

Abonnement à un groupe de news

Une fois que vous avez indiqué l'adresse de votre serveur de messagerie, vous pouvez télécharger la liste de tous les groupes de news disponibles sur ce serveur. La plupart des lecteurs de news possèdent une commande S'abonner à des forums ou une commande équivalente. Le téléchargement de la liste des groupes de news peut prendre plusieurs minutes. Lorsque l'opération est terminée, le programme affiche la liste des groupes de news auxquels vous pouvez accéder, comme l'indique la Figure 1.3. Comme vous pouvez le voir, le lecteur affiche le nombre de messages contenus dans chaque groupe de news de manière que vous puissiez juger de leur degré d'activité.

La plupart des lecteurs de news proposent des outils pour rechercher les différents groupes de news et s'y abonner. Vous utiliserez, par exemple, des mots clés (politique, musique...) pour effectuer des recherches dans la longue liste des groupes. Lorsque vous trouvez un groupe de news qui vous intéresse, vous pouvez vous y abonner. Le groupe est alors placé dans une liste plus courte qui ne contient que les forums auxquels vous aurez souscrit, de manière que vous puissiez y accéder plus rapidement la prochaine fois. Consultez le Chapitre 5 pour plus de détails.

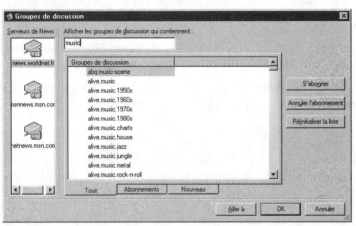

Figure 1.3 : *Votre lecteur de news charge une liste de tous les forums disponibles.*

Le mot juste

Abonnement

S'abonner, c'est marquer un groupe de news de manière à pouvoir l'afficher dans une petite liste de forums que vous avez sélectionnés.

Lecture des messages

Lorsque vous cliquez sur le nom d'un groupe de news auquel vous vous êtes abonné, le lecteur affiche la liste des *en-têtes* de messages. La plupart des lecteurs de news utilisent une fenêtre divisée en deux panneaux. Ils affichent les en-têtes de messages dans un panneau et le contenu du message sélectionné dans l'autre. Pour lire un message, il suffit donc de cliquer sur son en-tête. Vous pouvez aussi double-cliquer sur l'en-tête pour afficher le message dans sa propre fenêtre (voir Figure 1.4). Pour plus de détails, reportez-vous au Chapitre 6.

Envoi de réponses et de messages

Envoyer un message ou lancer une nouvelle discussion est aussi simple qu'expédier un message électronique. Il suffit de cliquer sur un bouton pour envoyer une réponse ou un nouveau message. Ensuite, il reste à entrer l'objet du message, taper son contenu et cliquer sur le bouton Envoyer ou Poster. Choisissez ensuite comment votre message va être envoyé. Vous pouvez :

■ Envoyer votre message publiquement afin qu'il apparaisse dans la liste des messages de manière que toutes les personnes connectées à ce forum le lisent.

■ Envoyer un message électronique de façon privée à la personne qui a envoyé le message auquel vous souhaitez répondre. Parfois, certaines personnes demanderont que les réponses leur soient expédiées exclusivement par e-mail.

■ Envoyer votre message publiquement et de façon privée. Votre message sera placé dans le forum et tout le monde pourra le lire. Une copie sera aussi envoyée à l'adresse e-mail de l'auteur du message d'origine.

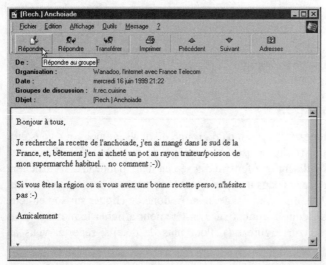

Figure 1.4 : Vous pouvez afficher un message dans sa propre fenêtre.

Travail avec les fichiers joints

La plupart des messages des groupes de news ne contiennent que du texte. Cependant, il arrive que des utilisateurs joignent des fichiers à leurs messages. Par exemple, dans les forums sur les applications, vous trouverez peut-être des macros ou des patchs pour certains logiciels. Ou des fichiers graphiques, des fichiers son, etc.

La plupart des lecteurs de news affichent dans les messages une icône ou un lien sur lequel vous cliquez pour afficher ou télécharger les fichiers joints. Si vous avez le programme requis pour le type de fichier téléchargé, il sera lancé et le fichier s'y affichera. Si aucun utilitaire n'est assigné à ce format de fichier, une boîte de dialogue apparaîtra pour vous proposer d'enregistrer le fichier sur votre disque dur.

Le mot juste

Envois HTML

Les derniers lecteurs de news reconnaissent le format HTML. Ainsi, vous pouvez mettre en forme votre message, y insérer des liens et des images. Vos messages ressembleront à des pages Web. Netscape Collabra et Outlook Express reconnaissent le format HTML.

Le mot juste

Patch

Petit programme qui sert à résoudre un problème de fonctionnement d'une application. Les patchs sont généralement utilisés pour éliminer des bogues qui apparaissent après commercialisation d'un logiciel.

Chapitre 2

Configuration d'un serveur de news avec Outlook Express

Dans ce chapitre, vous allez voir comment utiliser Outlook Express News et comment le configurer pour accéder à un serveur de news.

Configuration de la connexion pour votre serveur de news

Internet Explorer 4 est livré avec un logiciel de messagerie et un lecteur de news appelé Outlook Express. La même interface est utilisée pour les messages électroniques et les messages de groupes de news. Cependant, avant d'utiliser les fonctions du lecteur de news, il vous faut configurer le programme pour lui indiquer quel serveur de news il doit joindre et comment il doit se connecter.

Votre fournisseur d'accès vous donne accès à un serveur de news dont il vous a communiqué l'adresse. Avant de lire et envoyer des messages dans les forums, vous devez vous connecter à un serveur de news. (Il se peut que vous ayez aussi besoin d'un nom d'utilisateur et d'un mot de passe pour vous connecter.)

Astuce

Format classique d'adresse de serveur de news
Si votre fournisseur d'accès ne vous a pas donné un nom de serveur de news et que vous ne parveniez pas à la trouver, vous pouvez essayer de la deviner. Il suffit souvent d'ajouter «news.» avant le nom de domaine de votre fournisseur d'accès. Par exemple, si le nom de domaine est internet.com, l'adresse du serveur de news est sans doute news.internet.com.

La première fois que vous lancez Outlook Express News, le programme lance l'Assistant de connexion Internet, qui vous aidera à configurer votre serveur de news.

Suivez ces étapes pour lancer Outlook Express la première fois et configurer la connexion à votre serveur de news :

1. Suivez une des instructions suivantes pour lancer Outlook Express News la première fois et démarrer l'Assistant de connexion Internet :

   – Dans Internet Explorer, cliquez sur le menu **Aller à** et sélectionnez **News** (ou choisissez **Outils**, **Courrier et News** et **Lire les news** dans la version 5).

   – Cliquez sur l'icône Démarrer Outlook Express dans la barre de tâches de Windows 95/98 ou cliquez sur le bouton Démarrer et sélectionnez Programmes, Internet Explorer, Outlook Express. Ensuite, ouvrez le menu **Aller à** et sélectionnez **News** (ou choisissez **Groupes de discussion** dans le menu **Outils**).

2. La première boîte de dialogue de l'Assistant de connexion Internet apparaît. Tapez votre nom comme il apparaîtra lorsque vous enverrez vos messages dans les forums. (Il peut s'agir de votre vrai nom ou d'un surnom, si vous préférez rester anonyme). Cliquez sur **Suivant**.

3. Tapez votre adresse de messagerie de manière que les utilisateurs des forums puissent répondre à vos messages. Cliquez sur **Suivant**. L'Assistant vous demande maintenant d'indiquer l'adresse de votre serveur de messagerie.

4. Dans la zone de texte Serveur de news (NNTP), tapez l'adresse de votre serveur. Si votre serveur de news impose l'utilisation d'un nom d'utilisateur et d'un mot de passe, cliquez dans la case **Connexion à mon serveur de news requise**. Cliquez sur **Suivant** (voir Figure 2.1).

5. Si le serveur requière l'authentification par mot de passe, sélectionnez un des paramètres de connexion suivants :

   – **Se connecter en utilisant.** Si votre serveur requiert l'utilisation d'un nom d'utilisateur et d'un mot de passe. Entrez le nom et le mot de passe dans les champs appropriés.

   – **Se connecter avec l'authentification par mot de passe sécurisé.** Si votre serveur de news requiert pour vous connecter l'utilisation d'une authentification numérique.

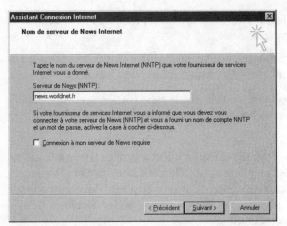

Figure 2.1 : *Vous devez indiquer l'adresse de votre serveur de news.*

6. Tapez un nom représentatif pour votre serveur de news et cliquez sur **Suivant**.

7. Cliquez sur **Connexion en utilisant une ligne téléphonique** ou sur **Connexion en utilisant un réseau local** pour indiquer comment vous vous connectez au réseau. Cliquez sur **Suivant**.

8. Cliquez sur **Utiliser une connexion d'accès réseau à distance existante** et cliquez sur la connexion que vous utilisez pour accéder à Internet. Cliquez sur **Suivant**.

9. Cliquez sur le bouton **Terminer**. La boîte de dialogue Outlook Express apparaît et vous demande si vous souhaitez télécharger la liste des groupes de news qui figurent sur ce serveur.

10. Cliquez sur **OK**.

Les détails de la procédure peuvent varier en fonction de la version de l'assistant, mais le processus global reste le même et vous n'aurez aucun mal à vous adapter, le cas échéant. La plupart des serveurs contiennent plusieurs centaines de forums ; le téléchargement peut donc être assez long. Reportez-vous au Chapitre 5 pour plus de détails sur le téléchargement des listes de groupes de news.

Lorsque Outlook Express a terminé, il affiche une boîte de dialogue qui contient tous les forums qui figurent sur le serveur auquel vous êtes connecté.

Cliquez sur OK pour fermer la boîte de dialogue ou passez au Chapitre 5 pour voir comment s'abonner à des forums.

Ajout et changement de serveur de news

Si vous avez accès à d'autres serveurs de news ou si vous prenez un nouveau fournisseur d'accès, vous aurez peut-être besoin d'ajouter, de supprimer ou de modifier certains paramètres relatifs à votre serveur de news. Pour ajouter un serveur, suivez ces étapes :

1. Ouvrez le menu **Outils** et choisissez **Comptes**. La boîte de dialogue Internet Comptes Internet apparaît (voir Figure 2.2).

2. Cliquez sur l'onglet **News**. Cet onglet contient la liste des serveurs de news installés.

3. Cliquez sur le bouton **Ajouter** et sélectionnez News. L'Assistant de connexion Internet démarre.

4. Suivez les étapes de la section précédente pour configurer votre nouveau serveur de news.

La boîte de dialogue Comptes Internet permet aussi de supprimer les serveurs qui ne sont plus utilisés, de modifier les propriétés d'un serveur (par exemple, son nom de domaine ou les informations de connexion) et de sélectionner un nouveau serveur pour en faire le serveur par défaut.

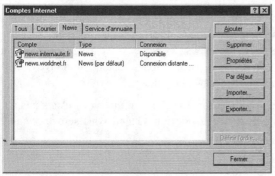

Figure 2.2 : *La boîte de dialogue Comptes Internet offre des outils qui permettent de gérer un ou plusieurs serveurs de news.*

441

Attention

Serveur par défaut

Outlook Express News permet de configurer plusieurs serveurs de news. Cependant, un seul serveur peut être désigné comme serveur par défaut. Si vous avez configuré plus d'un serveur, vous devez en choisir un par défaut. Sélectionnez le serveur et cliquez sur le bouton Par défaut.

Affichage des groupes de news dans Outlook Express

Avant de voir les messages contenus dans les forums, vous devez vous abonner à certains groupes de news (voir Chapitre 5). Avant d'en parler, nous allons voir quelles sont les différentes façons de lancer Outlook Express et comment accéder au dossier des groupes de news. Vous pouvez démarrer Outlook Express en utilisant une des techniques suivantes :

- Dans Internet Explorer, ouvrez le menu **Aller à** et sélectionnez **News** (ou choisissez **Outils**, **Courrier et News** et **Lire les news**).

- Si vous avez installé Internet Explorer 4 ou 5, ou même Windows 98 et que votre barre de tâches contienne une icône baptisée Démarrer Outlook Express, cliquez dessus.

- Ouvrez le groupe de programmes Internet Explorer et double-cliquez sur l'icône Outlook Express. (Dans Windows 95, ouvrez le menu Démarrer et choisissez Programmes, Internet Explorer, Outlook Express).

La fenêtre d'Outlook Express s'affichera (voir Figure 2.3). Comme vous pouvez le constater, on utilise la même fenêtre pour les fonctions de messagerie et la consultation des groupes de news. Lorsque vous avez configuré la connexion à votre serveur de news, Outlook Express affiche un nouveau dossier pour le serveur dans le bas du panneau de gauche.

Cliquez sur l'icône du nouveau serveur. Etant donné que vous n'êtes pas encore abonné à des forums, il ne se passera rien. Quand vous serez abonné à quelques forums, leur nom s'affichera.

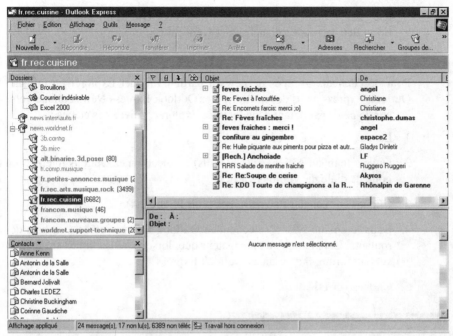

Figure 2.3 : *La fenêtre principale d'Outlook Express.*

Exécution d'Outlook Express à partir d'Internet Explorer

Une fois que vous avez installé Outlook Express News, vous pouvez le configurer pour en faire le lecteur de news par défaut. Ainsi, lorsque vous voudrez afficher les forums à partir d'une autre application, Windows lancera automatiquement Outlook Express News. Pour faire d'Outlook Express News votre lecteur de news par défaut, suivez ces étapes :

1. Ouvrez le menu **Outils** et sélectionnez **Options**. La boîte de dialogue du même nom apparaît.

2. Cliquez sur l'onglet **Général**.

3. Vérifiez qu'il y a bien une coche dans la case à côté de Définir Outlook Express comme mon lecteur de News par défaut. Dans la version 5, cli-

quez sur le bouton **Par défaut** en face de **Cette application est le ges-tionnaire de news...** dans l'onglet **Général**.

4. Cliquez sur **OK**.

Pour accéder aux groupes de news à partir d'Internet Explorer en utilisant Outlook Express, vous devez configurer Outlook Express News comme votre lecteur de news par défaut dans Internet Explorer. Suivez ces étapes :

1. Lancez Internet Explorer.

2. Ouvrez le menu Affichage (ou Outils) et sélectionnez Options Internet. La boîte de dialogue Options s'affiche.

3. Cliquez sur l'onglet **Programmes** (voir Figure 2.4).

4. Dans le champ News, sélectionnez Outlook Express grâce à la liste dé-roulante. Cela indique au navigateur que, lorsque vous cliquez sur un lien vers un forum, il doit lancer Outlook Express.

5. Cliquez sur **OK**.

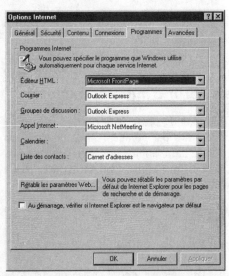

Figure 2.4 : *Vous pouvez configurer Internet Explorer pour qu'il lance automatiquement Outlook Express lorsque vous cliquez sur un lien vers un forum.*

Maintenant qu'Internet Explorer est configuré pour utiliser Outlook Express News, vous pouvez ouvrir des groupes de news dans Internet Explorer en cliquant sur un lien vers un forum ou en entrant l'URL d'un groupe de news dans le champ Adresse. Les adresses de forum commencent par news: mais n'utilisent pas d'antislashs. Par exemple, tapez **news:fr.rec.musiques** dans le champ Adresse et appuyez sur Entrée. Internet Explorer lancera Outlook Express et vous connectera à ce forum en affichant la liste des messages.

Astuce

Lire les news

Vous pouvez passer rapidement d'Internet Explorer vers Outlook Express en ouvrant le menu Aller à (ou Outils) d'Internet Explorer et en sélectionnant News (ou Courrier et News). Si vous êtes dans Outlook Express Mail, il suffit de cliquer sur le nom d'un serveur de news pour passer à Outlook Express News.

Chapitre 3

Configuration d'un serveur de news avec Netscape Collabra

Dans ce chapitre, vous allez voir comment lancer Netscape Collabra et le configurer pour qu'il accède à un serveur de news.

Démarrage de Netscape Collabra

Comme Netscape Collabra fait partie intégrante de Netscape Communicator, il y a plusieurs manières de lancer ce programme. Pour lancer Netscape Collabra uniquement dans Windows 95, cliquez sur le menu Démarrer et choisissez Programmes, Netscape Communicator et Netscape Collabra. Netscape Collabra apparaît (voir Figure 3.1).

Vous pouvez aussi lancer Netscape Collabra à partir des autres composants de Netscape Communicator :

■ Dans Netscape Navigator ou Composer, ouvrez le menu **Communicator** et cliquez sur **Collabra-Forums**.

■ Dans la barre des composants de Communicator, cliquez sur le bouton **Forums**.

■ Pour ouvrir une fenêtre et composer un message à envoyer dans n'importe quel composant Communicator, ouvrez le menu **Fichier**, sélectionnez **Nouveau** et choisissez **Message**.

■ Pour que Netscape Collabra démarre automatiquement lorsque vous double-cliquez sur l'icône de Netscape Communicator, ouvrez le menu Edition et choisissez Préférences. Cliquez sur Aspect et dans la zone Au démarrage, lancer, cliquez dans la case Collabra-Forums.

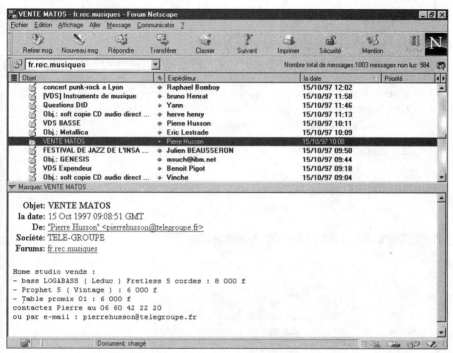

Figure 3.1 : Netscape Collabra.

Ajout de serveurs de news et de connexions

Pour lire les messages envoyés dans les forums, vous devez indiquer à Netscape Collabra quel serveur de news il doit contacter. Votre fournisseur d'accès vous a communiqué le nom de domaine de son serveur de news. Si vous n'avez pas cette information, contactez votre fournisseur d'accès. En attendant, en guise de solution temporaire, vous pouvez utiliser l'adresse **secnews.netscape.com** qui autorise un accès public.

Une fois que vous avez les informations nécessaires, suivez ces étapes pour configurer Netscape Collabra :

1. Ouvrez le menu **Edition** et sélectionnez **Préférences**. La boîte de dialogue du même nom apparaît.

Astuce

Format classique d'adresse de serveur de news

Si votre fournisseur d'accès ne vous a pas donné un nom de serveur de news et que vous ne parveniez pas à la trouver, vous pouvez essayer de la deviner. Il suffit souvent d'ajouter «news.» Avant le nom de domaine de votre fournisseur d'accès. par exemple, si le nom de domaine est internet.com, l'adresse du serveur de news est sans doute news.internet.com.

2. Cliquez sur le signe plus (+) à côté de Courrier et forums pour étendre la liste des options.

3. Cliquez sur Serveur de forums. Les options de configuration des serveurs de news s'affichent (voir Figure 3.2).

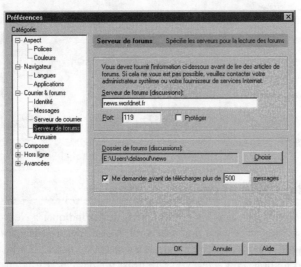

Figure 3.2 : *Vous devez spécifier le nom de domaine de votre serveur de news.*

4. Cliquez dans la zone de texte Serveur de forums (discussions) et tapez l'adresse de votre serveur de news.

5. Ne changez pas le chemin qui figure dans le champ Dossier de forum (discussion) à moins d'avoir une bonne raison de le modifier. Cette entrée indique à Netscape Collabra où il doit stocker les informations relatives aux forums que vous avez décidé de consulter.

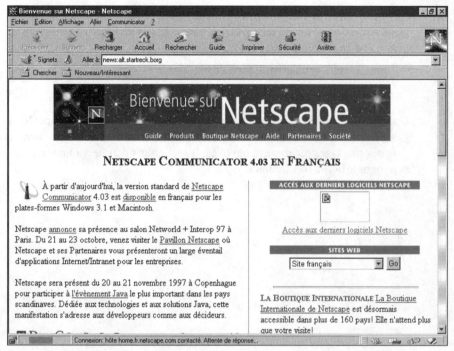

Figure 3.3 : *Vous pouvez accéder aux forums à partir de Netscape Navigator.*

6. Assurez-vous que la case Me demander avant de charger plus de 500 messages contient une coche. Cela empêche Netscape Collabra de télécharger trop de messages et de perdre du temps.

7. Cliquez sur OK pour enregistrer vos changements.

Accès aux forums à partir de Netscape Navigator

Communicator propose deux techniques pour ouvrir un forum et lire les messages qu'ils contiennent. Si vous êtes dans Navigator, vous pouvez cliquer sur un lien qui pointe vers un forum. Netscape Navigator lancera automatiquement Collabra et affichera le forum. Double-cliquez sur l'en-tête d'un message pour afficher son contenu.

Pour vous connecter à un forum, vous pouvez aussi entrer son URL dans le champ Adresse du navigateur (voir Figure 3.3). Bien sûr, il vous faut au pré-

alable connaître l'URL. L'adresse d'un groupe de news commence par news :
(sans antislashs). Voici quelques URL à essayer (ils ne fonctionnent pas avec
tous les serveurs de news) :

news:clari.world.europe.France.biz

news:fr.rec.musiques

Lorsque vous tapez l'URL et que vous appuyez sur Entrée, Netscape Navigator lance automatiquement Collabra, vous connecte au forum et affiche la
liste des messages récemment envoyés. Il suffit alors de sélectionner un message pour afficher son contenu.

Chapitre 4

Accès aux groupes de news avec AOL

Dans ce chapitre, vous allez apprendre à lire et envoyer des messages dans les forums Internet en utilisant votre compte AOL.

Connexion à un groupe de news en utilisant AOL

Les groupes de news sont très semblables aux forums et aux tableaux d'affichage d'AOL sauf qu'ils ont une dimension mondiale. Dans les groupes de news, vous pouvez lire des messages envoyés par des millions de personnes dans le monde entier, vous pouvez y répondre et envoyer vos propres messages. Pour accéder aux groupes de news en utilisant AOL, suivez ces étapes :

1. Lancez AOL.

2. Cliquez sur Internet dans le panneau de sélection des chaînes.

3. Lorsque la fenêtre Internet s'ouvre, cliquez sur le bouton Newsgroups. La fenêtre Newsgroups Usenet s'affiche.

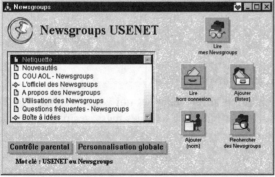

Figure 4.1 : *La fenêtre Newsgroups Usenet d'AOL.*

Le mot juste

Usenet

Contraction de User's Network (le réseau des utilisateurs). Nom du plus gros ensemble de groupes de news disponibles sur Internet.

Lecture des messages dans les groupes de news

Pour lire les groupes de news, cliquez sur Lire mes newsgroups. La fenêtre de la Figure 4.2 s'ouvre. Etant donné qu'il existe une quantité énorme de groupes de news, AOL vous propose une petite liste d'une douzaine de forums seulement. Ils traitent essentiellement de l'utilisation des groupes de news et des ordinateurs ainsi que de sujets généraux. Cette petite liste est parfaite pour commencer, elle évitera que vous vous perdiez dans les milliers de groupes que l'on peut trouver.

Figure 4.2 : *Votre liste de groupe de news.*

Pour ouvrir un groupe de news, suivez ces étapes :

1. Double-cliquez sur le nom du groupe de news qui vous intéresse dans la liste Mes newsgroups. AOL affiche une liste des messages postés dans le groupe de news sélectionné.

2. Parcourez la liste pour trouver un sujet qui vous intéresse.

3. Lorsque vous en trouvez un, double-cliquez sur son nom. Le message s'ouvrira dans une fenêtre (voir Figure 4.3).

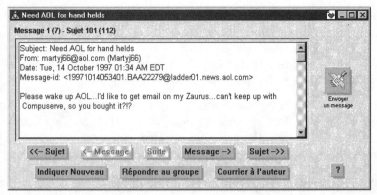

Figure 4.3 : *Message contenu dans un groupe de news.*

Lorsque vous avez lu le message, les boutons qui se trouvent en bas de la fenêtre vous donnent un certain nombre de possibilités :

▨ **Message précédent.** Affiche le message précédent.

▨ **Suite.** Affiche le reste du message courant (si le message est long).

▨ **Message suivant.** Affiche le message suivant.

▨ **Indiquer nouveau.** Marque le message que vous venez de lire comme s'il n'avait pas encore été lu, ce qui permettra de le relire plus tard. En effet, quand vous avez lu un message, AOL le marque et ne l'affiche plus pour éviter un encombrement dû au trop grand nombre de messages.

▨ **Répondre au groupe.** Permet de répondre au message. Votre réponse apparaîtra dans le groupe de news. Toutes les personnes qui accéderont à ce groupe de news pourront voir votre message.

▨ **Courrier à l'auteur.** Envoie un message à l'auteur du message et non dans le groupe de news.

Réponse au message d'un groupe de news

Pour envoyer une réponse dans un groupe de news ou une réponse privée par e-mail :

▨ Choisissez Répondre au groupe pour envoyer un message dans un groupe de news. Vous verrez apparaître un formulaire semblable à celui de la Fi-

453

gure 4.4. Le formulaire sera déjà adressé au groupe de news et son objet sera rempli. Tapez simplement la réponse et cliquez sur le bouton Envoyer. Si vous le souhaitez, vous pouvez envoyer une copie de la réponse sous forme de message électronique directement à l'auteur. Cliquez sur la case Cc: Auteur avant de cliquer sur le bouton Envoyer.

▩ Cliquez sur Courrier à l'auteur pour envoyer une réponse uniquement à l'auteur. Un formulaire de message préadressé s'affichera. Consultez le Chapitre 6 de la Partie IV pour voir comment composer vos messages dans AOL.

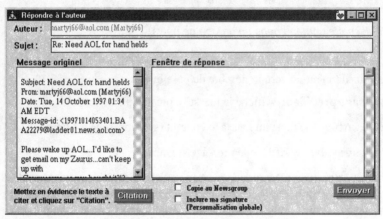

Figure 4.4 : Le formulaire de réponse aux groupes de news.

Démarrage d'une nouvelle discussion

Si vous ne trouvez pas le sujet qui vous intéresse, vous pouvez décider de lancer une nouvelle discussion. Pour lancer un nouveau sujet :

1. Dans n'importe quelle fenêtre de message, cliquez sur **Envoyer un message**. Vous verrez s'afficher un formulaire préadressé, comme celui de la Figure 4.4. Le champ Sujet est vierge.

2. Cliquez dans le champ Sujet.

3. Tapez une brève description du contenu de votre message.

454

4. Appuyez sur Tabulation. Le point d'insertion se déplace dans la zone de composition du message.

5. Tapez le contenu de votre message.

6. Cliquez sur **Envoyer**.

Ajout et suppression des groupes de news

Une fois que vous avez exploré les groupes de news qui figurent dans la liste, vous souhaiterez sans doute ajouter d'autres forums et peut-être effacer ceux qui ne vous intéressent plus. Les sections qui suivent expliquent comment ajouter et supprimer des groupes de news.

Ajouter un groupe de news

Comme vous l'avez vu dans le Chapitre 1, Internet abrite plus de 20 000 groupes de news. Pour ajouter un de ces groupes à votre liste, suivez ces étapes :

1. Dans la fenêtre Newsgroups Usenet (voir Figure 4.1), cliquez sur **Ajouter** (liste).

2. Faites défiler la liste des groupes de news jusqu'à ce que vous en trouviez un qui vous intéresse.

3. Double-cliquez sur le nom du groupe de news. Une liste des sujets du groupe de news s'affiche.

4. Cliquez sur le sujet qui vous intéresse. Un double-clic vous permettra de parcourir certains messages et de voir si le contenu de ce groupe vous intéresse réellement.

5. Sélectionnez **Ajouter**. Le groupe de news sélectionné s'affichera dans la liste Mes newsgroups la prochaine fois que vous ouvrirez la fenêtre Lire les newsgroups.

Supprimer un groupe de news

Certains groupes de news ne sont pas très actifs et d'autres ne correspondront peut-être pas à ce que vous recherchiez. Pour supprimer les groupes qui ne vous intéressent plus, suivez ces étapes :

455

1. Dans la fenêtre Newsgroups Usenet (voir Figure 4.1), cliquez sur **Lire mes newsgroups**.

2. Cliquez sur le nom du groupe que vous voulez supprimer.

3. Cliquez sur **Supprimer**.

Gestion de vos groupes de news

Les utilisateurs postent des centaines de messages quotidiennement dans les groupes de news. Beaucoup ne vous intéresseront pas. Pour vous repérer dans le labyrinthe des messages, vous avez deux possibilités :

■ Si l'ensemble des messages d'un groupe de news ne vous intéresse pas, cliquez sur le nom du groupe dans la liste Mes newsgroups (reportez-vous à la Figure 4.2). Ensuite, cliquez sur Indiquer lu. Tous les messages de ce groupe seront marqués comme lus et vous ne les verrez plus à moins que vous ne cliquiez sur Tous.

■ Si vos groupes de news présentent peu d'intérêt, marquez tous les messages de tous vos groupes de news comme lus. Cliquez sur Indiquer tous lus.

Lecture des messages hors ligne

Si vous passez beaucoup de temps à lire les messages des forums, vous aurez peut-être intérêt à les consulter hors ligne. Pour lire les messages hors ligne, vous devez d'abord configurer une session express. Vous pourrez alors marquer les groupes de news dont vous voulez lire les messages. Lorsque vous activerez une session express, AOL téléchargera les messages des forums sélectionnés pour que vous puissiez les lire hors ligne.

Les sections qui suivent expliquent comment configurer les sessions express pour télécharger les messages afin de pouvoir les lire hors ligne.

Le mot juste

Session Express
Fonction AOL qui permet de se connecter, d'envoyer et de récupérer des messages, puis de se déconnecter automatiquement. Cela permet de réduire le temps de connexion au minimum. Bien qu'il soit possible de planifier des sessions Express, la section qui suit explique comment lancer une session Express manuellement.

Configurer une session Express

Avant de télécharger et de lire les messages récupérés hors ligne, vous devez configurer une session Express. Suivez ces étapes :

1. Ouvrez le menu **Courrier** et sélectionnez **Configurer les sessions Express**. La première fois que vous sélectionnez cette commande, la boîte de dialogue Bienvenue dans les sessions Express s'affiche. Si une boîte de dialogue Session Express apparaît à la place, cliquez sur Visite guidée de session Express.

2. Cliquez sur le bouton **Continuer**. Une série de boîtes de dialogues apparaît pour vous demander si vous souhaitez télécharger des messages durant la session Express.

3. Cliquez sur **Oui** pour télécharger les messages ou sur **Non** si vous ne souhaitez pas télécharger les messages électroniques. Une autre boîte de dialogue apparaît pour vous demander si vous souhaitez charger les fichiers joints aux messages.

4. Cliquez sur **Oui** ou sur **Non**. La boîte de dialogue suivante vous demande si vous souhaitez envoyer durant les sessions Express vos messages en attente.

5. Cliquez sur **Oui** ou sur **Non**. Le programme vous demande alors si vous souhaitez utiliser le Gestionnaire de téléchargement pour télécharger automatiquement les fichiers marqués à cet effet.

6. Cliquez sur **Oui** ou sur **Non**. Le fonctionnement du Gestionnaire de téléchargement n'est pas expliqué dans ce livre. La boîte de dialogue qui suit est celle qui nous intéresse plus particulièrement : elle permet de télécharger les messages sélectionnés dans les groupes de news.

7. Cliquez sur **Oui**. Le programme vous demande alors si vous souhaitez envoyer les réponses aux groupes de news que vous avez composées.

8. Cliquez sur **Oui**. La boîte de dialogue Pseudonyme apparaît. Entrez votre pseudonyme et votre mot de passe.

9. Cliquez sur le bouton **Continuer**. La boîte de dialogue Planifier des sessions Express apparaît et demande si vous souhaitez planifier une session Express.

10. Cliquez sur **Non**. (Le fonctionnement de la planification des sessions Express n'est pas traité dans ce livre). Si vous avez cliqué sur Non, une boîte de dialogue de félicitations s'affiche. Votre session Express est configurée. Cliquez sur **OK**.

Lire les messages hors ligne

Maintenant que la session Express est configurée, vous pouvez marquer les groupes de news pour une lecture hors ligne. Suivez ces étapes pour lire les messages hors connexion :

1. Dans la fenêtre Newsgroups Usenet, cliquez sur **Lire hors connexion** (voir Figure 4.1). Une fenêtre apparaît, elle contient une liste des groupes de news.

2. Cliquez sur le nom du groupe de news que vous voulez consulter hors ligne.

3. Cliquez sur **Ajouter**.

4. Répétez les étapes 2 et 3 pour chaque forum que vous souhaitez lire hors ligne ou cliquez sur **Tout ajouter** pour lire tous les messages hors ligne.

5. Cliquez sur **OK**.

6. Quittez la fenêtre newsgroups et tous les forums auxquels vous êtes connecté. (Si la fenêtre Newsgroups est ouverte, AOL ne peut pas récupérer les messages).

7. Ouvrez le menu **Courrier** et sélectionnez **Ouvrir une session Express**. La boîte de dialogue du même nom apparaît.

8. Pour vous déconnecter lorsque AOL a fini de télécharger les messages, cliquez dans la case **Déconnexion après la session**.

9. Cliquez sur Ouvrir. AOL télécharge les messages et les place dans les Dossiers d'archivage personnels. Si vous avez choisi de vous déconnecter après le transfert, AOL se déconnecte automatiquement.

Attention

Trop de messages
Si vous choisissez de lire les messages hors ligne, vous risquez de saturer votre disque dur avec tous les messages chargés. Pour arrêter le téléchargement d'un groupe de news particulier, suivez les étapes décrites ci-avant, mais cliquez sur Supprimer à l'étape 3.

Tous les messages envoyés dans les groupes de news sélectionnés seront téléchargés sur votre machine et stockés dans les Dossiers d'archivage personnels. Il s'agit d'un outil d'organisation qui permet de garder la trace des informations reçues et expédiées.

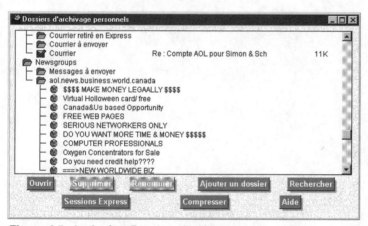

Figure 4.5 : *La fenêtre Dossiers d'archivage personnels.*

Pour lire un message hors ligne, suivez ces étapes :

1. Déconnectez-vous d'AOL, à moins que vous n'ayez choisi de vous déconnecter automatiquement à la fin de la session Express.

2. Cliquez sur l'icône Dossiers d'archivage personnels dans la barre d'outils. AOL ouvre votre gestionnaire de fichiers (voir Figure 4.5).

459

3. Double-cliquez sur le dossier Newsgroups pour voir votre liste de groupes de news. Le dossier affiche un sous-dossier pour chaque forum.

4. Double-cliquez sur le sous-dossier qui correspond au forum que vous voulez consulter. Une liste des messages apparaît.

5. Double-cliquez sur un message pour l'ouvrir.

Vous pouvez utiliser les boutons de cette fenêtre pour ouvrir, supprimer et renommer des fichiers.

Chapitre 5

Abonnement aux groupes de news

Dans ce chapitre, vous verrez comment ajouter des groupes de news à la liste de vos groupes favoris afin d'y accéder rapidement.

Abonnement à un groupe de news

Lorsque vous trouvez un groupe de news qui vous intéresse, vous pouvez vous y abonner. Lorsque vous vous abonnez à un forum, votre lecteur de news le place dans une petite liste (voir Figure 5.1). Vous pourrez ensuite sélectionner ce groupe pour afficher les messages qu'il contient. Les sections qui suivent montrent comment procéder pour s'abonner à un groupe de news dans Outlook Express et dans Netscape Collabra.

Le mot juste

Abonnement

Un abonnement à un groupe de news permet d'y accéder plus facilement. Les abonnements aux forums sont différents des abonnements à des pages Web ou à des canaux. Ce n'est pas parce que vous êtes abonné à un groupe de news que des informations et des mises à jour vous sont automatiquement envoyées. Il s'agit seulement de placer le forum dans une liste pour y accéder facilement.

Astuce

Abonnement dans AOL

Pour vous abonner aux groupes de news dans AOL, reportez-vous au chapitre précédent.

Abonnement aux forums dans Netscape Collabra

Une fois que vous avez configuré votre serveur de news, téléchargez une liste complète de tous les groupes de news qu'il contient. A partir de cette liste, sélectionnez les groupes auxquels vous souhaitez vous abonner. Suivez ces étapes pour vous abonner à un forum dans Netscape Collabra :

1. Connectez-vous à Internet et lancez Netscape Collabra. Le centre de messages Netscape s'affiche et met en surbrillance votre serveur de news.

2. Cliquez sur le bouton **S'abonner** dans la barre d'outils. La boîte de dialogue S'abonner à des forums s'affiche (voir Figure 5.2). Si c'est la première fois que vous cherchez à vous abonner à un forum, Netscape Collabra téléchargera la liste des groupes de news disponibles. Cela peut prendre un certain temps.

3. Faites défiler la liste et cherchez les forums susceptibles de vous intéresser. Si vous voyez un signe plus (+) à côté du nom d'un forum, cliquez pour voir les groupes de news supplémentaires.

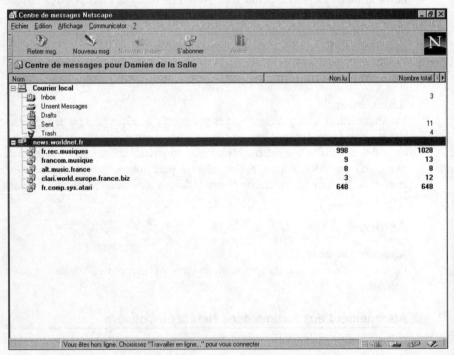

Figure 5.1 : *Le fait de s'abonner à un groupe de news permet de le placer dans une liste de vos groupes préférés.*

Astuce

Recherche de forums

La liste des forums disponibles peut contenir des centaines d'éléments. Pour réduire cette liste, cliquez sur l'onglet Rechercher un forum et tapez un critère de recherche (France, informatique ou cuisine, par exemple). Cliquez ensuite sur le bouton Rechercher maintenant. Le résultat de la recherche s'affichera dans la fenêtre.

4. Lorsque vous avez trouvé le forum qui vous intéresse, cliquez sur le bouton **S'abonner**. Vous pouvez aussi cliquer sur le point placé en face du nom du forum dans la catégorie S'abonner. Le point transformé en coche indique que vous êtes abonné à ce forum.

5. Cliquez sur **OK** pour revenir au centre de message.

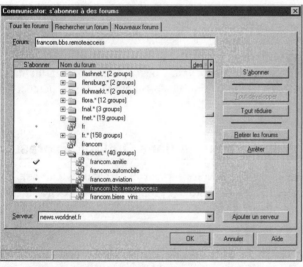

Figure 5.2 *: Vous pouvez vous abonner à un forum en le sélectionnant dans la liste.*

Afficher les forums auxquels vous êtes abonné

Lorsque vous revenez au centre des messages, votre serveur de news affiche un signe plus (dans la liste des dossiers à gauche). Cliquez sur le signe plus. Le centre de messages affiche le nom de tous les groupes de news auxquels vous êtes abonné (voir Figure 5.1). Vous pouvez cliquer sur le nom d'un forum pour afficher la liste des messages qu'il contient.

Supprimer un forum de la liste pour résilier un abonnement

Pour supprimer un abonnement, il suffit de supprimer le forum de la fenêtre Centre de messages. Cliquez sur le nom du forum et appuyez sur la touche Suppr. Vous pouvez aussi utiliser la boîte de dialogue S'abonner à des forums, comme ceci :

1. Lancez Netscape Collabra pour afficher la fenêtre Centre de messages.

2. Cliquez sur le bouton **S'abonner**. La liste des forums s'affiche.

3. Cliquez sur la coche située à coté du nom du forum dont vous voulez résilier l'abonnement. La coche se transforme en point. L'abonnement est résilié.

Astuce

Menu contextuel des forums
Par un clic droit sur le nom d'un forum, vous pouvez afficher un menu contextuel. Il permet d'ouvrir le forum, de le supprimer, de rechercher les messages qu'il contient, etc.

Abonnement à un groupe de news dans Outlook Express

Une fois que vous avez configuré votre serveur de news dans Outlook Express, vous pouvez télécharger une liste des groupes de news et choisir ceux auxquels vous voulez vous abonner.

Vous pouvez vous abonner à un groupe de news dans la fenêtre Groupe de discussions. Suivez ces étapes :

1. Lancez Internet Explorer, ouvrez le menu **Aller à** et choisissez **News** (ou Outils, Courrier et News, Lire les News ; vous pouvez aussi cliquer sur la flèche qui se trouve à droite du bouton courrier et choisir Lire les news).

2. Cliquez sur le bouton **Groupes de discussion**. Une liste de tous les groupes disponibles s'affichera (voir Figure 5.3). Si c'est la première fois que vous cliquez sur ce bouton, Outlook Express téléchargera la liste de tous

les forums qui se trouvent sur votre serveur de news. Cela peut prendre plusieurs minutes.

Astuce

Recherche de groupes de discussion
Pour réduire la liste des groupes disponibles, cliquez dans le champ Afficher les groupes de discussion qui contiennent et entrez un critère de recherche (cuisine, informatique ou France, par exemple).

3. Dans la liste, cliquez sur le forum auquel vous voulez vous abonner.

4. Cliquez sur le bouton **S'abonner**. Une icône représentant un journal (ou un dossier épinglé) s'affichera à côté du nom du forum. Ce dernier apparaîtra dans la liste qui figure dans l'onglet Abonnements.

Astuce

Abonnement par double-clic
Dans la fenêtre Groupes de discussion, vous pouvez vous abonner ou résilier un abonnement en double-cliquant sur un forum.

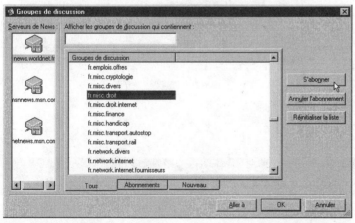

Figure 5.3 : *Vous pouvez vous abonner à des groupes de discussion en utilisant cette fenêtre dans Outlook Express.*

465

Afficher la liste des abonnements

Lorsque vous êtes abonné à un groupe, Outlook Express affiche son nom dans la liste des dossiers, directement en dessous de l'icône qui représente le serveur. S'il y a un signe plus à côté de l'icône du serveur de news, cliquez pour faire apparaître la liste des groupes de discussion auxquels vous êtes abonné (voir Figure 5.4).

Cliquez sur un groupe de news pour voir la liste des messages qu'il contient. Dans le chapitre suivant, vous verrez comment afficher le contenu des groupes de discussion.

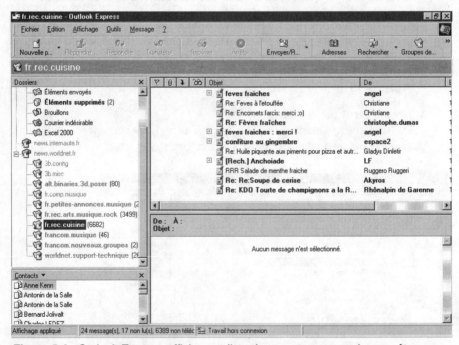

Figure 5.4 : Outlook Express affiche une liste des groupes auxquels vous êtes abonné.

Astuce

Barre Outlook

Si la liste des dossiers n'est pas affichée dans le panneau de gauche, vous pouvez l'activer. Ouvrez le menu Affichage et sélectionnez Disposition. Dans la fenêtre qui apparaît, cliquez dans la case Liste des dossiers dans la zone Standard (ou Options de base).

Supprimer un groupe de discussion de la liste des abonnements

Si vous souhaitez résilier l'abonnement à un forum, vous pouvez cliquer sur son nom et appuyer sur la touche Suppr. Vous obtenez le même résultat en utilisant la boîte de dialogue Groupes de discussion :

1. Cliquez sur le bouton **Groupe de discussion** dans la barre d'outils Outlook Express. La boîte de dialogue du même nom s'affiche.

2. Cliquez sur l'onglet **Abonnements**. La liste des groupes auxquels vous êtes abonnés apparaît.

3. Cliquez sur le nom du forum que vous voulez supprimer de la liste et cliquez sur le bouton **Annuler l'abonnement**.

4. Cliquez sur **OK**.

Chapitre 6

Lecture de news

Dans ce chapitre, vous allez apprendre à récupérer les messages contenus dans un forum et à les afficher dans Netscape Collabra et Outlook Express.

Lecture de messages dans Netscape Collabra

Maintenant que vous savez tout sur la connexion aux serveurs de news et sur les abonnements, vous souhaitez sans doute lire les messages que vous avez trouvés. Pour lire les messages dans Netscape Collabra, suivez ces étapes :

1. Lancez Netscape Collabra. La fenêtre Centre de message s'affiche.

2. Cliquez sur le signe + à côté du nom du serveur de news. La liste des groupes de news auxquels vous êtes abonné s'affiche.

3. Double-cliquez sur le forum dont vous voulez consulter les messages. La fenêtre Forum Netscape s'affiche. Elle contient la liste des messages de ce forum.

4. Double-cliquez sur un message pour afficher son contenu. Il apparaîtra dans sa propre fenêtre Message Netscape.

5. Cliquez sur le bouton **Suivant** pour afficher le prochain message non lu. Le menu **Aller à** propose aussi plusieurs fonctions qui permettent de naviguer dans la liste des messages.

Une autre façon de lire les messages consiste à diviser la fenêtre Forum Netscape en deux (c'est peut-être déjà le cas). Si la fenêtre n'affiche qu'un seul panneau, cliquez sur le triangle bleu qui se trouve en bas de la fenêtre. Vous afficherez ainsi le panneau de prévisualisation des messages (voir Figure 6.2). Lorsque vous cliquez sur la description d'un message dans la partie supérieure de la fenêtre, le contenu du message s'affiche en dessous. Vous pouvez utiliser la liste déroulante dans la barre d'outils pour passer à un autre forum ou pour atteindre n'importe quel dossier de votre centre de messages.

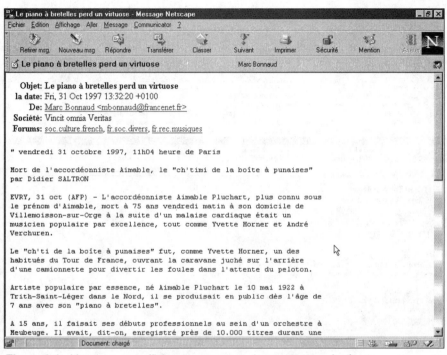

Figure 6.1 : *Vous pouvez afficher un message dans sa propre fenêtre.*

Astuce

Messages, forums et centre de messages

Si vous double-cliquez sur un forum dans le centre de messages, la fenêtre Forum Netscape affiche la liste des messages contenus dans le forum sélectionné. Si vous double-cliquez sur un message dans cette fenêtre, la fenêtre Message apparaît. En dessous du logo Netscape se trouve une flèche verte. Lorsque l'on clique dessus, la fenêtre précédente dans la hiérarchie apparaît. Si l'on se trouve dans la fenêtre Message, on passe donc à la fenêtre Forums, puis à la fenêtre Centre de messages.

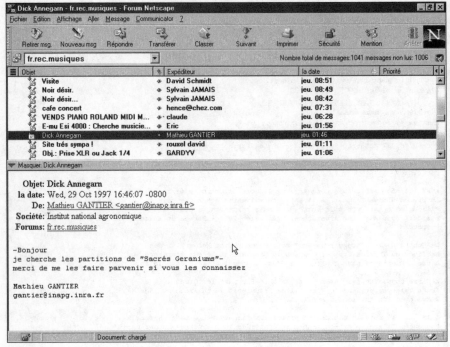

Figure 6.2 : Vous pouvez afficher la liste des messages et le contenu du message sélectionné dans la même fenêtre.

Afficher les réponses aux messages postés

A la lecture des messages, vous remarquez que certains sont marqués d'un signe +. Ce signe indique que quelqu'un a envoyé une réponse au message d'origine. Cliquez sur le signe + pour afficher la ou les réponse(s). Vous pouvez alors cliquer sur la description de la réponse pour voir son contenu. Pour refermer la liste des réponses, cliquez sur le signe - (voir Figure 6.3).

Un message et ses réponses constituent un *fil*. Pour passer d'un fil de discussion à un autre, allez dans le menu Aller à et choisissez Fil de discussion non lu suivant. Ainsi, vous vous déplacerez dans la liste des fils de discussion sans avoir à examiner chaque message.

Le mot juste

Fil

Ensemble constitué d'un message et des réponses qui y ont été apportées. En regroupant les messages de la sorte, Collabra simplifie le suivi des discussions.

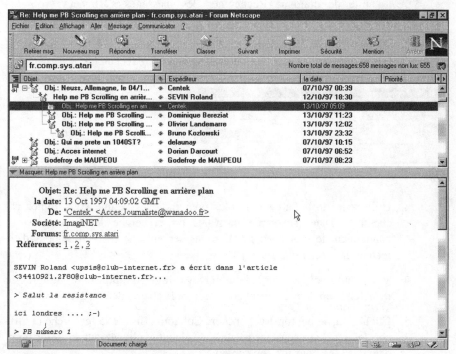

Figure 6.3 : *Collabra regroupe les messages avec leurs réponses.*

Trier et rechercher les messages

Si vous vous connectez à un forum qui contient des centaines de messages, la lecture de la liste à la recherche d'une information peut être longue. Pour l'éviter, triez les messages. Il suffit de cliquer sur l'en-tête de colonne qui contient le critère en fonction duquel vous effectuez un tri. Par exemple, pour trier par nom, cliquez sur Expéditeur. Pour trier les messages en fonction de leur description, cliquez sur Objet. Vous pouvez changer l'ordre de tri (as-

471

cendant ou descendant). Pour inverser l'ordre de tri, cliquez de nouveau sur l'en-tête.

Si vous recherchez des messages et connaissez le nom de l'expéditeur ou le contenu du message, vous pouvez utiliser l'outil de recherche de Collabra :

1. Ouvrez le menu **Edition** et sélectionnez **Rechercher dans les messages**. La boîte de dialogue Rechercher des messages s'affichera (voir Figure 6.4).

2. Ouvrez la liste déroulante Rechercher les éléments et sélectionnez le forum dans lequel vous souhaitez effectuer votre recherche.

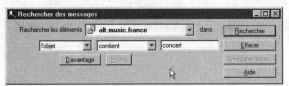

Figure 6.4 : *Collabra permet d'effectuer des recherches par expéditeur ou par sujet.*

3. Utilisez les trois autres contrôles pour indiquer ce que vous voulez rechercher. Dans l'exemple ci-avant, on recherche les messages qui contiennent le mot concert. (Certains serveurs ne permettront pas d'effectuer une recherche par sujet.)

4. Vous pouvez cliquer sur le bouton **Davantage** pour utiliser des critères de recherche supplémentaire et ainsi réduire le champ de votre recherche.

5. Cliquez sur le bouton **Rechercher**. Collabra effectue la recherche et affiche les résultats sous forme de liste. Double-cliquez sur la description d'un message pour lire son contenu.

Astuce

Autres options de gestion des forums
La fenêtre Message de Netscape propose plusieurs options pour trier et afficher les messages. Reportez-vous au Chapitre 10 de cette partie pour en savoir plus sur le sujet.

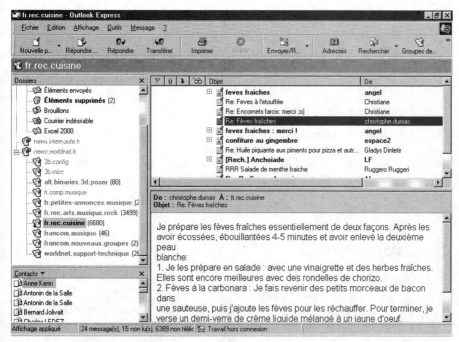

Figure 6.5 : Outlook Express affiche une fenêtre à trois panneaux. Elle montre la liste des messages et le contenu du message sélectionné.

Lecture de messages dans Outlook Express

Une fois que vous êtes abonné à quelques groupes de discussion dans Outlook Express, vous pouvez commencer à lire les messages qui vous intéressent. Suivez ces étapes :

1. Lancez Outlook Express.

2. Dans la liste des dossiers (à gauche), cliquez sur le bouton qui représente votre nouveau serveur. La liste des groupes de discussion auxquels vous êtes abonné s'affichera.

3. Cliquez sur le nom du groupe où se trouvent les messages que vous voulez lire.

4. Pour voir un message, cliquez sur sa description. Le contenu du message est affiché dans le panneau inférieur.

5. Double-cliquez sur un message pour afficher son contenu dans une fenêtre séparée.

Suivre une discussion

Lorsqu'un message inspire des réponses aux utilisateurs, Outlook Express essaye de garder le message d'origine et les réponses au même endroit pour que la discussion soit plus facile à suivre. A gauche du message d'origine, il y a un signe plus. Cliquez pour afficher les réponses à un message.

Lorsque vous cliquez sur un signe plus, il se transforme en signe moins et la liste des réponses disparaît.

Astuce

Nombre d'en-têtes à télécharger
Outlook Express est configuré pour télécharger 300 en-têtes au maximum pour chaque groupe. Si le groupe que vous consultez contient plus de 300 messages, vous pouvez afficher les autres en choisissant Outils, Obtenir les 300 en-têtes suivants. Pour qu'Outlook Express soit configuré pour télécharger un nombre d'en-têtes différents, ouvrez le menu Outils, choisissez Options et cliquez sur l'onglet Lecture. Entrez la quantité d'en-têtes que vous souhaitez télécharger chaque fois que vous ouvrez un groupe de discussion dans le champ Télécharger X en-têtes chaque fois.

Rechercher et trier les messages

Il existe un outil de recherche qui permet de trouver un message parmi plusieurs centaines d'autres dans les forums. Suivez ces étapes :

1. Ouvrez le menu **Edition** et choisissez **Rechercher un message** (ou **Edition**, **Rechercher**, **Messages**). La boîte de dialogue du même nom s'affiche (voir Figure 6.6).

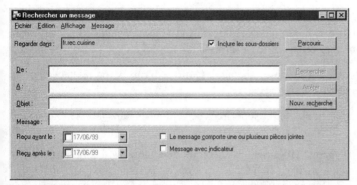

Figure 6.6 : *Outlook Express permet de rechercher des messages en fonction de l'expéditeur ou du contenu.*

2. Suivez une de ces étapes :

   – Pour rechercher un message envoyé par une personne précise, entrez le nom de la personne dans le champ De.

   – Pour rechercher des messages sur un sujet donné, cliquez dans la zone de texte Objet et entrez un ou deux termes qui détermineront ce que vous cherchez.

3. (Optionnel). Utilisez les champs Après et Avant (ou Reçu avant le et Reçu après le) pour rechercher des messages qui ont été envoyés à une période précise. Dans la version 5, vous avez également la possibilité de chercher en fonction de mots clés contenus dans les messages.

4. Cliquez sur le bouton **Rechercher**. Outlook effectue la recherche et met en surbrillance la description du premier message qui correspond aux critères définis.

5. Pour trouver un autre message qui correspond à ces critères, ouvrez le menu **Edition** et choisissez **Rechercher suivant** ou appuyez sur F3.

Outlook Express trie les messages en fonction de leur date d'expédition. Les messages les plus récents figurent en dernier dans la liste. Cependant, il est possible d'utiliser d'autres critères de tri : par ordre croissant ou décroissant selon les besoins. Bien que le menu Affichage/Trier par contienne toutes les options nécessaires et soit facile à utiliser, il existe un moyen beaucoup plus simple de parvenir au même résultat. Suivez ces étapes :

475

1. Faites un clic droit sur l'en-tête de la colonne avec laquelle vous effectuez votre tri. Un menu contextuel apparaît et vous demande dans quel ordre vous souhaiter effectuer le tri (croissant/décroissant).

2. Sélectionnez l'ordre de tri souhaité. Outlook Express trie les messages en fonction de vos préférences.

Vous pouvez aussi ajouter et supprimer des colonnes dans la liste. Suivez ces étapes :

1. Ouvrez le menu **Affichage** et sélectionnez **Colonnes**. La boîte de dialogue du même nom s'affiche, elle contient deux panneaux : Colonnes disponibles et Colonnes affichées. Dans la version 5, elle est composée de cases à cocher que l'on active ou désactive.

2. Pour ajouter une colonne, cliquez sur son nom dans la fenêtre de gauche et cliquez sur le bouton **Ajouter** (ou **Afficher**).

3. Pour supprimer une colonne, cliquez sur son nom dans le panneau de droite et cliquez sur le bouton **Supprimer**.

4. Cliquez sur **OK**.

Astuce

Déplacer les colonnes

Vous pouvez modifier l'ordre d'affichage des colonnes dans la boîte de dialogue Colonnes en utilisant les boutons Monter et Descendre. Plus simplement, vous pouvez les faire glisser en cliquant sur leur en-tête.

Chapitre 7

Envoi d'un message ou d'une réponse

Dans ce chapitre, vous allez voir comment poster une réponse à un message que vous venez de lire et comment démarrer une discussion.

Réponse à un message de groupe de discussion

Avant de poster un message dans un forum, familiarisez-vous avec son contenu. Parcourez les messages pour avoir une idée précise du centre d'intérêt de ce groupe, du ton de la discussion et des informations qui y ont déjà été échangées. Cette étape préalable permet de répondre intelligemment aux messages et d'éviter les répétitions.

Vous pouvez répondre à un message en postant votre réponse dans le groupe de news, en envoyant une réponse privée par e-mail ou en faisant les deux simultanément.

Poster une réponse publique

Lorsque vous postez une réponse dans un groupe, votre message apparaît dans la liste des messages et peut être lu par tout le monde. La personne à qui vous avez répondu devra consulter le groupe de discussion pour voir votre message. Pour poster une réponse publiquement, suivez ces étapes :

1. Sélectionnez le message auquel vous voulez répondre.

2. Cliquez sur le bouton **Répondre** ou Répondre au forum (dans Collabra). Dans Outlook Express, cliquez sur le bouton **Répondre au groupe**.

3. Tapez votre message.

4. Cliquez sur le bouton **Envoyer** ou **Poster**.

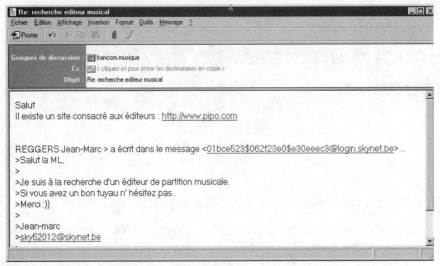

Figure 7.1 : *Vous pouvez poster votre réponse de façon publique.*

Astuce

Etiquette pour les groupes de discussion
Voici quelques règles à suivre dans les messages. N'insultez pas les gens et ne soyez pas agressif, même si vous n'êtes pas d'accord avec eux. Postez uniquement des messages qui ont trait au sujet dont il est question dans ce forum. Ne mettez pas d'annonces publicitaires dans un forum à moins qu'il n'ait été créé dans cette optique. S'il y a des questions souvent posées (FAQ), lisez-les, elles donneront des explications sur le fonctionnement du forum. Enfin, n'utilisez pas de mots en majuscules, les utilisateurs pourraient croire que vous criez.

Répondre de façon privée par e-mail

De nombreux utilisateurs demanderont à ce que les réponses leurs soient envoyées directement. Cela évite de parcourir une longue liste de messages à la recherche d'une réponse. De plus, en utilisant ce procédé, la réponse reste confidentielle. Si vous répondez par e-mail, seule la personne qui a posté le message pourra lire la réponse. Pour répondre par e-mail à quelqu'un, suivez ces étapes :

1. Sélectionnez le message auquel vous voulez répondre.

2. Cliquez sur le bouton **Répondre** (dans Collabra) et choisissez Répondre à l'expéditeur. Dans Outlook Express, cliquez sur le bouton **Répondre à l'auteur** (ou **à l'expéditeur**). Tapez votre message dans la fenêtre qui apparaît. L'adresse du destinataire et l'objet du message apparaîtront automatiquement (voir Figure 7.2).

3. Tapez votre message.

4. Cliquez sur le bouton **Envoyer**.

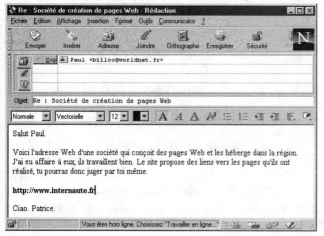

Figure 7.2 : *Vous pouvez envoyer une réponse privée en utilisant un message électronique.*

Démarrage d'une nouvelle discussion

Si vous ne trouvez aucun message qui correspond au sujet qui vous intéresse, vous devrez démarrer votre propre discussion. Pour démarrer une discussion, suivez ces étapes :

1. Sélectionnez le forum dans lequel vous voulez poster votre message. Une liste des messages qu'il contient s'affiche.

2. Cliquez sur le bouton **Nouveau msg**, **Composer un message**, **Nouveau message** ou **Nouvelle publication**. La fenêtre qui apparaît est semblable à celle que vous avez utilisée pour poster une réponse, sauf que la zone Objet est vierge.

3. Cliquez dans le champ Objet et entrez une description de votre message.

4. Saisissez le texte de votre message.

5. Cliquez sur le bouton **Envoyer** ou **Poster**. Votre message est envoyé au groupe de discussion. Vous pouvez maintenant consulter ce forum régulièrement pour voir s'il y a des réponses à votre message. Les réponses vous seront peut-être envoyées par e-mail.

Astuce

Orthographe
La plupart des lecteurs de news possèdent des fonctions de correction orthographique. Pensez donc à les utiliser avant d'envoyer vos messages.

Mise en forme de vos messages avec le HTML

Quatre-vingt-dix pour cent des messages que vous trouvez dans les forums ne contiennent que du texte. Cependant, ils ont tendance à ressembler de plus en plus à des pages Web. Ils peuvent désormais contenir des liens, des images et d'autres objets. Si votre lecteur de news est récent, il y a de grandes chances pour qu'il supporte l'utilisation du HTML.

Attention

Des messages accessibles à tous
Faites attention lorsque vous postez des messages mis en forme avec le HTML. Votre lecteur de news supporte peut-être ce format, mais ce n'est pas le cas pour tous les utilisateurs.

Netscape Collabra et Outlook Express permettent tous deux d'utiliser le HTML pour mettre en forme vos messages. Lorsque vous utiliserez ces programmes, vous verrez une barre d'outil de mise en forme dans la fenêtre de composition du message (voir Figure 7.3). Vous pouvez l'utiliser pour insérer des liens, des images ou des listes à puces, exactement comme dans un traitement de texte. Vous pourrez aussi utiliser le menu Format pour accéder à des fonctions supplémentaires.

Figure 7.3 : *Vous pouvez poster des messages qui ressemblent à des pages Web.*

Ces outils sont particulièrement utiles pour améliorer la mise en forme des messages, mais ils peuvent aussi être cause de problèmes pour les utilisateurs de forums qui n'emploient pas un lecteur de news récent. Pour que les messages soient accessibles à tous, vous pouvez désactiver la mise en forme HTML. Suivez alors ces instructions :

■ Dans Outlook Express, vous pouvez désactiver le codage HTML au cas par cas. Dans la fenêtre du message, ouvrez le menu **Format** et sélectionnez **Texte brut**. Une boîte de dialogue s'affichera pour vous demander confirmation. Cliquez sur **Oui**.

■ Dans Outlook Express, vous pouvez choisir d'utiliser le codage HTML ou du texte brut par défaut pour tous vos messages. Dans la fenêtre principale, ouvrez le menu Outils et sélectionnez Options. Cliquez sur l'onglet

481

Envoyer et choisissez HTML ou Texte brut dans la section **Format d'envoi des news**.

▪ Dans Netscape Collabra, vous pouvez désactiver le codage HTML pour les nouveaux messages. Ouvrez le menu **Edition** et choisissez **Préférences**. Dans la catégorie Courrier et forums, sélectionnez Messages. Cliquez sur Par défaut, envoyer des messages HTML.

Chapitre 8

Les fichiers joints

Dans ce chapitre, vous verrez comment enregistrer et ouvrir les fichiers joints aux messages qui proviennent des forums. Vous apprendrez aussi à joindre des fichiers aux messages que vous postez.

Dans certains forums, l'échange de fichiers est une pratique courante. C'est le cas, par exemple, des forums sur la photographie, où il est courant de trouver des images et des forums sur les jeux où l'on trouve souvent des logiciels shareware, des fichiers de sauvegarde, etc.

Autrefois, la récupération de fichiers dans les forums était assez compliquée. Il fallait télécharger des fichiers codés divisés en plusieurs messages, assembler les messages et les décoder. Avec les derniers lecteurs de news, le processus s'est énormément simplifié. Les sections qui suivent montrent comme récupérer des fichiers joints dans Outlook Express, Netscape Collabra et avec AOL.

Téléchargement de fichiers joints dans Netscape Collabra

Collabra est capable d'afficher des images en ligne (au format GIF ou JPEG), des fichiers texte et des documents codés en HTML. Si un message contient une image incorporée, Collabra l'affiche dans la zone d'affichage du message (voir Figure 8.1).

Si le programme ne peut pas afficher le fichier, il fait apparaître un lien vers ce fichier, exactement comme dans une page Web. Il suffit alors de cliquer sur le lien pour faire apparaître la boîte de dialogue Enregistrer sous et enregistrer le fichier sur votre disque dur.

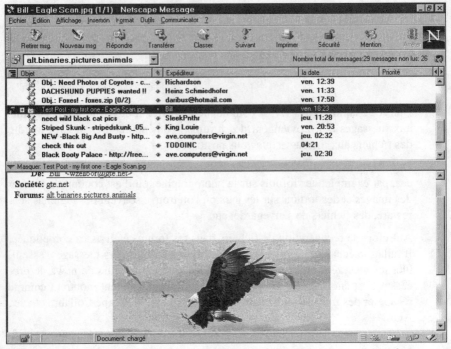

Figure 8.1 : Dans Collabra, les messages des forums peuvent ressembler à des pages Web.

Vous pouvez changer la façon dont Collabra affiche les fichiers joints. Ouvrez le menu Affichage, sélectionnez Fichiers joints et choisissez Incorporés pour afficher les fichiers dans les messages ou Comme liens pour afficher des liens vers les fichiers. Si vous choisissez d'afficher les fichiers joints sous forme de liens, vous pouvez y accéder en utilisant une des techniques suivantes :

■ Cliquez sur le lien, comme vous le feriez dans Netscape Navigator. Collabra ouvre le programme associé à ce type de fichier. S'il n'y a pas d'association de fichiers pour ce type de fichier, Collabra vous demandera de l'enregistrer.

■ Faites un clic droit sur le lien et choisissez la commande Enregistrer. Vous pourrez ouvrir le fichier plus tard.

Téléchargement des fichiers joints dans Outlook Express

Si vous cliquez sur le titre d'un message qui contient un fichier joint, vous verrez un trombone s'afficher au-dessus de la zone de prévisualisation du message (voir Figure 8.2). Si ce type de fichier est associé à une application, Outlook Express la lancera et ouvrira le fichier. Etant donné qu'Internet Explorer peut ouvrir la plupart des fichiers médias, Outlook Express utilisera souvent le navigateur ou un de ses modules pour ouvrir le fichier.

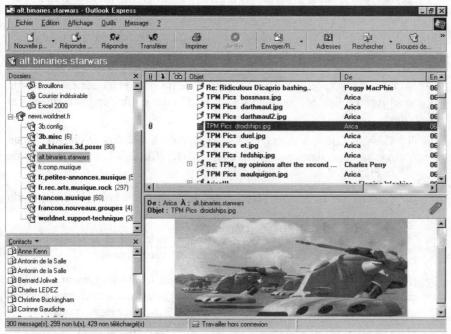

Figure 8.2 : *Vous pouvez ouvrir un fichier joint dans Outlook Express.*

Vous pouvez associer des types de fichiers aux applications installées sur votre système, mais vous ne pouvez pas le faire à partir d'Outlook Express. L'association de fichier doit être créée dans le Poste de travail ou dans l'Explorateur Windows. Pour configurer une association de fichier, reportez-vous au Chapitre 7, Partie III.

Décodage des messages

Certains utilisateurs posteront des fichiers constitués de plusieurs messages. A côté de chaque message, vous verrez 1/3, 2/3, 3/3 pour indiquer de quelle partie du fichier il s'agit. Pour voir un fichier de ce type, vous devez le décoder. Sélectionnez tous les messages qui composent le fichier à l'aide de la touche Ctrl et par un simple clic. Ensuite, ouvrez le menu Outils (ou Messages) et sélectionnez Combiner et décoder. Faites glisser les messages de manière qu'ils soient dans le bon ordre et cliquez sur OK.

Téléchargement des fichiers joints dans AOL

AOL contient un programme qui permet de décoder pratiquement n'importe quel type de fichier. Pour télécharger et décoder un fichier joint, suivez ces étapes :

1. Dans la liste des messages d'un groupe de news, double-cliquez sur un message qui contient un fichier joint. AOL affiche la boîte de dialogue de la Figure 8.3.

2. Cliquez sur le bouton **Télécharger le fichier**. La boîte de dialogue du Gestionnaire de téléchargement apparaît.

3. Utilisez le gestionnaire pour sélectionner le lecteur et le répertoire dans lequel vous voulez enregistrer le fichier et enregistrez-le.

Si un message s'affiche pour vous indiquer que le téléchargement a été bloqué par le système de contrôle parental, vous pouvez désactiver cette fonction à partir du menu de configuration du compte. Suivez ces instructions :

1. Ouvrez le menu **Membre** et sélectionnez **Contrôle parental**.

2. Cliquez sur le bouton **L'accès aux newsgroups**.

3. Cliquez sur Contrôle des newsgroups.

4. Dans la fenêtre Newsgroups Usenet, cliquez sur le bouton **Contrôle parental**.

5. Dans la fenêtre qui suit, sélectionnez votre pseudonyme et cliquez sur **Modifier**.

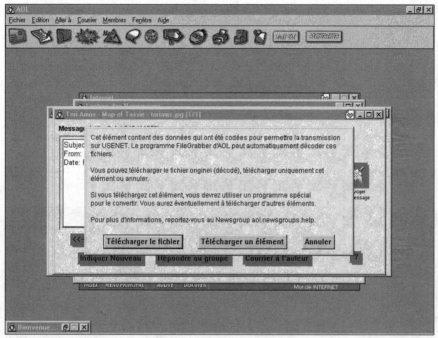

Figure 8.3 : *Lorsque vous choisissez de lire un message qui contient un fichier joint, AOL vous demande d'enregistrer le fichier.*

6. Supprimez la coche dans la case Bloquer le téléchargement des fichiers binaires.

7. Cliquez sur **OK** pour enregistrer la modification.

Attacher des fichiers à vos messages

Bien que la plupart des forums ne contiennent que des messages texte, vous pouvez joindre des fichiers aux messages que vous postez. Ainsi pourrez-vous partager des images que vous avez réalisées, des fichiers sons ou des documents divers.

Attacher des fichiers par glisser-déposer

La technique la plus simple pour joindre un fichier à un message dans Outlook Express consiste à créer le message, puis à faire glisser l'icône du fichier dans la zone de composition du message. Vous pouvez faire glisser le fichier à partir du Poste de travail, de l'Explorateur Windows ou du Gestionnaire de fichier. Une icône représentant le fichier sera placée dans le bas de la fenêtre ou dans le champ Joindre.

Netscape Collabra permet aussi d'utiliser cette technique, mais vous ne pouvez pas faire glisser l'icône dans la zone de composition du message. Cliquez sur l'onglet Joindre des fichiers et documents (voir Figure 8.4). Ensuite seulement, faites glisser l'icône du fichier dans cet onglet.

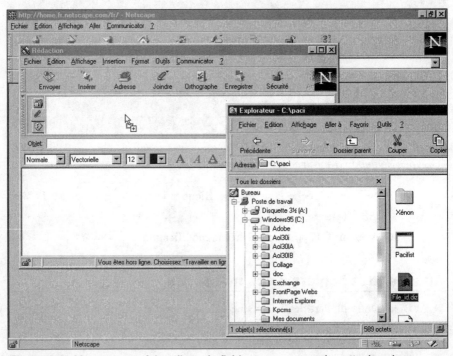

Figure 8.4 : Vous pouvez faire glisser le fichier que vous voulez attacher dans l'onglet Joindre des fichiers et documents

Utiliser les boutons de barre d'outils et les menus

Voici comment attacher un fichier à un message dans Outlook Express et dans Netscape Collabra :

■ Dans Outlook Express, cliquez sur le bouton **Insérer fichier** (ou **Joindre**)dans la barre d'outils de la fenêtre Message. Utilisez la boîte de dialogue Insérer une pièce jointe pour sélectionner le fichier que vous souhaitez attacher. Lorsque vous avez sélectionné le fichier, cliquez sur Joindre.

■ Dans Netscape Collabra, cliquez sur le bouton **Joindre** et sélectionnez Fichier. Utilisez la boîte de dialogue Entrer le fichier à joindre pour sélectionner le fichier que vous souhaitez attacher. Lorsque vous avez sélectionné le fichier, cliquez sur **Ouvrir**.

Attacher des fichiers dans AOL

Bien qu'AOL suive de près l'évolution d'Internet, il reste encore des lacunes en matière de rattachement de fichier. Dans AOL, il faut attacher le fichier selon la vieille méthode en codant le fichier avec un logiciel spécial.

Pour commencer, il faut se procurer le programme qui permettra de Uuencoder les fichiers. Un des meilleurs logiciels du genre pour Windows est Win-Code ; vous pourrez le trouver à l'adresse

http://www.members.global2000.net/snappy/wincode.html

Si vous ne le trouvez pas ou si vous utilisez un système d'exploitation autre que Windows, vous pouvez chercher un programme de type Uuencode dans les sites suivants :

■ **www.stroud.com**

■ **www.tucows.com**

■ **www.shareware.com**

■ **www.windows95.com**

Astuce

Recherche rapide
Vous pouvez rechercher un programme Uuencode sur AOL. Entrez le mot clé Quickfind et utilisez QuickFinder pour rechercher cet utilitaire.

Une fois que vous avez récupéré ce programme, installez-le et utilisez-le pour coder vos fichiers. Les étapes qui suivent décrivent le codage de fichiers à l'aide de WinCode, mais le processus ne sera pas tellement différent avec un autre programme :

1. Lancez WinCode.

2. Cliquez sur le bouton Encode a data file à gauche dans la barre d'outils. La boîte de dialogue File to Encode s'affiche et vous demande de sélectionner le fichier à coder.

3. Sélectionnez le fichier et cliquez sur le bouton. La version codée du fichier sera placée dans le Presse-papiers de Windows. Cela vous évitera d'avoir à le copier.

Une fois que le fichier est codé, copiez-le dans votre message. Créez le message en suivant les instructions du Chapitre 4 de cette partie. Pour copier le message, faites un clic droit dans la zone de composition du message et sélectionnez la commande Coller. Ensuite, envoyez le message comme d'habitude.

Chapitre 9

Lecture hors ligne des messages de forums

Dans ce chapitre, vous verrez comment télécharger les messages des forums pour pouvoir les lire hors ligne et réduire ainsi votre temps de connexion.

Lecture des messages hors connexion

Si vous prenez l'habitude de parcourir les forums, vous vous rendrez vite compte que cela peut devenir onéreux. Pour rester connecté moins longtemps, vous pouvez télécharger les messages des forums pour les lire hors ligne. Dans ce chapitre, vous verrez comment télécharger les messages pour les lire plus tard dans Outlook Express et Netscape Collabra. Si vous accédez aux groupes de news avec AOL, reportez-vous au Chapitre 4 pour savoir comment travailler hors connexion en utilisant les sessions Express.

Lecture des messages hors connexion avec Outlook Express

Par défaut, Outlook Express charge uniquement les en-têtes de message (le titre de chaque message). Il ne charge pas le contenu du message, sauf lorsque vous cliquez sur son en-tête. Pour qu'Outlook Express télécharge tous les messages d'un forum, suivez ces étapes :

1. Sélectionnez le groupe de news qui contient les messages que vous voulez lire hors ligne.

2. Ouvrez le menu **Outils**, sélectionnez **Marquer pour extraction** et **Tous les messages** (pour télécharger tous les messages du forum). Dans la version 5, vous choisirez **Outils, Marquer pour traitement hors ligne** et **Télécharger tous les messages plus tard**. Outlook Express place des icônes à côté des messages pour indiquer qu'ils ont été sélectionnés pour une extraction (voir Figure 9.1).

3. Ouvrez le menu Outils et sélectionnez une des options suivantes :

- Télécharger «X». Télécharge tous les messages dans tous les groupes sélectionnés pour une extraction. Si vous avez configuré plus d'un compte (plus d'un nouveau serveur), Outlook Express téléchargera uniquement les messages des forums des comptes sélectionnés.

- **Télécharger ce groupe de discussion.** Télécharge tous les messages du forum sélectionné.

- **Télécharger tout.** Télécharge tous les messages dans tous les forums marqués pour une extraction. Si vous avez configuré deux serveurs de news ou plus, Outlook Express récupère les messages sur tous les serveurs.

- Dans la version 5, il n'y a que deux options, **Synchroniser tout** et **Synchroniser les groupes de discussions** qui permet de télécharger les messages marqués pour extraction et de paramétrer ce téléchargement.

Astuce

Téléchargement d'un compte

Si vous n'avez souscrit qu'à quelques forums, vous souhaiterez peut-être télécharger tous les messages dans tous les forums auxquels vous avez souscrit sur le serveur sélectionné. Pour cela, ouvrez le menu Outils et choisissez Télécharger «X». Si vous avez plusieurs serveurs de news, téléchargez tous les messages sur tous les serveurs en utilisant Télécharger tout.

4. La boîte de dialogue Télécharger des groupes de discussion apparaît. Assurez-vous que la case Obtenir les messages marqués est bien cochée et cliquez sur **OK**.

5. Attendez que tous les messages soient chargés et cliquez sur le bouton **Raccrocher** dans la barre d'outils pour vous déconnecter. Maintenant, vous pouvez lire les messages hors connexion. Les sections qui suivent présentent certaines fonctions avancées de lecture hors ligne de Outlook Express.

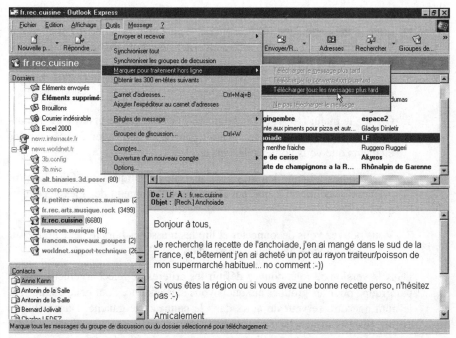

Figure 9.1 : *Vous pouvez télécharger le contenu de tous les messages pour les lire hors connexion.*

Télécharger les messages sélectionnés

Vous devinez souvent si un message est susceptible de vous intéresser en lisant son en-tête. Vous conviendrez qu'il est absurde de télécharger un message sans intérêt. C'est pourquoi Outlook Express permet de ne télécharger que les messages que vous avez l'intention de lire. Pour marquer et télécharger certains messages uniquement, suivez ces étapes :

1. Cliquez sur le nom d'un groupe de discussion. Outlook Express affiche la liste des en-têtes de messages de ce forum.

2. Cliquez sur le bouton **Raccrocher** dans la barre d'outils. Vous serez déconnecté.

3. Cliquez sur l'en-tête du message que vous voulez lire et utilisez **Ctrl** tout en cliquant pour sélectionner des en-têtes supplémentaires.

493

4. Ouvrez le menu **Outils**, choisissez **Marquer pour extraction**, puis **Marquer le message**. Une flèche apparaît à gauche de chaque message sélectionné. (Si vous êtes connecté à Internet, Outlook Express récupère immédiatement le contenu des messages sélectionnés). Dans la version 5, il faut choisir **Outils, Marquer pour traitement hors ligne** et **Télécharger tous les messages plus tard**.

5. Ouvrez le menu **Outils** et sélectionnez **Télécharger ce groupe de discussion**. Une boîte de dialogue apparaît pour vous demander de spécifier les éléments que vous voulez télécharger.

6. Sélectionnez Obtenir les messages marqués et cliquez sur **OK**. Le programme se connecte à Internet et récupère le contenu des messages marqués.

7. Vous pouvez vous déconnecter et lire les messages hors ligne. Cliquez sur le bouton **Raccrocher** dans la barre d'outils.

Dans la version 5, vous pouvez définir les critères de téléchargement groupe par groupe pour les groupes auxquels vous êtes abonné. Pour cela, cliquez sur le nom de votre serveur de news dans le panneau de gauche. Dans celui de droite, placez une coche en face des groupes que vous souhaitez mettre à jour. Spécifiez ensuite pour chaque groupe la méthode de mise à jour à adopter en cliquant sur le bouton Paramètres. Pour finir, cliquez sur Synchroniser le compte.

Autres options de lecture hors connexion

Vous venez de voir comment télécharger tous les messages d'un groupe et comment récupérer uniquement certains messages. Mais comment faire pour télécharger un fil de discussion spécifique ou uniquement les nouveaux messages d'un groupe ? Outlook Express propose plusieurs options qui permettent de répondre à ces attentes :

■ Vous pouvez marquer tous les messages pour l'extraction. Sélectionnez le groupe qui vous intéresse, ouvrez le menu **Outils**, sélectionnez **Marquer pour extraction** et choisissez Marquer tous les messages. Dans la version 5, choisissez **Outils, Marquer pour traitement hors ligne**, **Télécharger tous les messages plus tard**.

■ Pour supprimer la marque d'un message, cliquez sur son en-tête et utilisez **Ctrl-clic** pour sélectionner des messages supplémentaires. Ouvrez le menu **Outils**, sélectionnez **Marquer pour extraction** et choisissez Annuler les marques. Dans la version 5, après avoir fait votre sélection, choisissez **Outils, Marquer pour traitement hors ligne, Ne pas télécharger le message**.

■ Pour récupérer une discussion entière (message d'origine et réponses), cliquez sur le message d'origine. Ouvrez le menu **Outils**, sélectionnez **Marquer pour extraction** et choisissez Marquer le thème. Dans la version 5, choisissez **Outils, Marquer pour traitement hors ligne, Télécharger la conversation plus tard** (voir Figure 9.2).

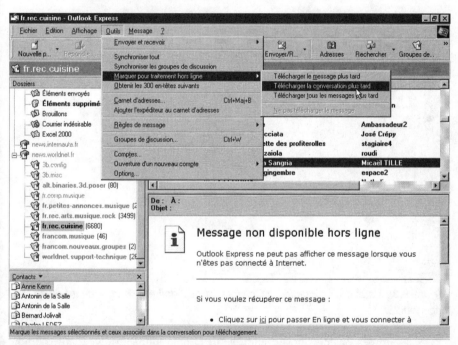

Figure 9.2 : *Le sous-menu Marquer pour traitement hors ligne propose plusieurs options qui permettent de définir très facilement les messages que l'on souhaite récupérer.*

Travail hors connexion avec Netscape Collabra

Comme Outlook Express, Collabra permet de télécharger les messages contenus dans des forums afin de les lire hors connexion. Voici comment procéder :

1. Dans le Centre de messages, ouvrez le menu **Fichier** et choisissez **Travail hors ligne**. La boîte de dialogue Télécharger apparaît.

2. Cliquez sur le bouton **Sélectionner des éléments à télécharger**. Une liste des forums auxquels vous êtes abonnés s'affiche (voir Figure 9.3).

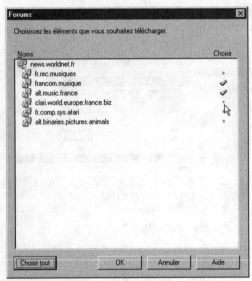

Figure 9.3 : *Vous devez indiquer à Collabra ce qu'il doit télécharger avant de se déconnecter.*

3. En dessous de Choisir, cliquez sur le point qui se trouve à côté du nom des forums que vous voulez télécharger. Le point se change en coche, cliquez sur **OK**.

4. Assurez-vous que Télécharger les forums est sélectionné. Vous pouvez aussi télécharger les messages et envoyer votre courrier en attente par la même occasion.

5. Cliquez sur **Travailler hors ligne**. Une boîte de dialogue s'affiche pour montrer la progression du téléchargement.

6. Le téléchargement est terminé, vous pouvez vous déconnecter et lire vos messages hors connexion. Pour vous reconnecter, faites **Fichier, Travailler en ligne**.

Chapitre 10

Gestion des groupes de discussion et des messages

Dans ce chapitre, vous allez apprendre à organiser les messages des groupes de discussion, à supprimer des groupes de discussion et à effacer les vieux messages de votre système.

Organisation de la fenêtre des groupes de discussion

Les messages électroniques et les messages de groupes de discussion sont des outils de communication très pratiques. Ils présentent plus d'avantages que d'inconvénients. Cependant vous risquez de prendre goût à ce nouveau type d'échanges et il se peut que votre disque dur soit rapidement saturé de messages. Dans ce chapitre, vous allez voir comment utiliser les outils de votre lecteur de news pour supprimer des messages sur votre disque, pour réorganiser vos dossiers et pour supprimer certains forums dont vous n'avez plus besoin.

Résiliation d'un abonnement

Avant d'organiser vos forums, la première étape consiste à supprimer ceux dont vous ne voulez plus. Dans Outlook Express, vous pouvez supprimer un groupe de discussion avec une des méthodes suivantes :

- Cliquez sur le dossier du serveur de news qui vous intéresse dans la liste des dossiers. Faites un clic droit sur son nom et choisissez **Annuler l'abonnement (à ce groupe de discussion)**.

- Cliquez sur le bouton **Groupe de discussion** dans la barre d'outils et cliquez sur l'onglet **Abonnement** (voir Figure 10.1). Cliquez sur le groupe que vous voulez supprimer et appuyez sur le bouton **Annuler l'abonnement**. Lorsque vous avez fini, cliquez sur **OK**.

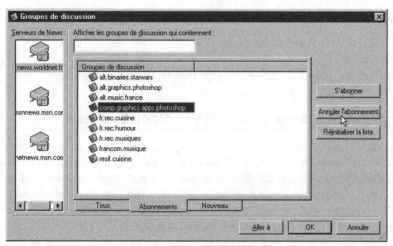

Figure 10.1 : *On utilise la même boîte de dialogue pour effectuer un abonnement ou pour le résilier.*

Dans Netscape Collabra, vous pouvez supprimer un forum de la liste des abonnements en suivant ces étapes :

1. Ouvrez le Centre de messages. Vous pouvez y accéder à partir de n'importe quelle application Netscape en ouvrant le menu Communicator et en choisissant Centre de messages.

2. Cliquez sur le signe plus à côté du nom de votre serveur pour afficher la liste des groupes auxquels vous êtes abonné.

3. Cliquez sur le nom du forum que vous voulez supprimer (pour en sélectionner plusieurs, utilisez **Ctrl-clic**).

4. Ouvrez le menu **Edition** et choisissez **Supprimer un forum**. Collabra affiche une boîte de dialogue pour vous demander confirmation de la suppression.

5. Cliquez sur **OK** pour supprimer le groupe. Répétez cette étape si vous avez sélectionné plus d'un forum à l'étape 3.

499

Astuce

Suppression par le menu contextuel
Pour supprimer rapidement un forum, faites un clic droit sur son nom et sélectionnez Supprimer un forum. Cliquez sur OK pour confirmer.

Organisation des messages dans Outlook Express

Outlook Express utilise quelques dossiers pour gérer l'ensemble des messages avec lesquels vous travaillez. Tous les messages de type e-mail que vous recevez sont placés dans la Boîte de réception. Les messages que vous souhaitez envoyer sont stockés dans la Boîte d'envoi jusqu'à ce que vous cliquiez sur le bouton Envoyer et recevoir. Enfin, Outlook crée un dossier séparé pour chaque forum dont vous téléchargez les messages.

A la longue, vous aurez sans doute besoin de supprimer des messages ou d'en déplacer et même de créer de nouveaux dossiers. Les sections qui suivent expliquent comment effectuer ces tâches de maintenance.

Pour gérer les dossiers et les messages, vous devez afficher la liste des dossiers. Sélectionnez Affichage, Disposition et activez Liste des dossiers si cette dernière n'est pas affichée. Cliquez sur OK.

Créer un nouveau dossier

Outlook Express permet de créer vos propres dossiers pour regrouper vos messages comme bon vous semble. Pour créer un dossier, suivez ces étapes :

1. Faites un clic droit sur le dossier sous lequel vous souhaitez placer le nouveau dossier et choisissez **Nouveau dossier**. La boîte de dialogue Créer un dossier s'affiche (voir Figure 10.2).

Figure 10.2 : Dans Outlook Express, vous pouvez créer vos propres dossiers.

2. Dans le champ Nom du dossier, entrez un nom. A ce stade, vous pouvez encore choisir de modifier la position du dossier.

3. Cliquez sur OK. Le nouveau dossier est créé.

Attention

Dossiers imbriqués

Si vous créez un sous-dossier (par exemple, un dossier dans le dossier Boîte de réception), Outlook Express ne l'affichera peut-être pas immédiatement. Cliquez sur le signe plus à côté du dossier principal pour afficher la liste de ses sous-dossiers.

Suppression et déplacement d'un dossier et de son contenu

Si vous n'utilisez plus un dossier que vous avez créé, supprimez-le. La manipulation est simple, alors attention de ne pas la faire par inadvertance. Cliquez sur le dossier et appuyez sur la touche **Suppr** ou utilisez le bouton **Supprimer** dans la barre d'outils. Cliquez sur **Oui** dans la boîte de dialogue suivante pour confirmer la suppression.

Vous ne pouvez supprimer ni déplacer un des dossiers d'origine (Boîte de réception, Boîte d'envoi, Eléments envoyés, etc.). En revanche, vous pouvez déplacer un dossier que vous avez créé. Il suffit de cliquer et de le faire glisser.

501

Astuce

Renommer les dossiers

Vous pouvez changer le nom d'un dossier. Double-cliquez sur le nom du dossier. Il s'affiche en surbrillance. Tapez le nouveau nom. Vous ne pouvez pas renommer les fichiers d'origine.

Sélectionner, déplacer, copier et supprimer des messages

Avant de manipuler un message, vous devez le sélectionner. Voici les différentes méthodes de sélection disponibles :

■ Pour sélectionner un seul message, cliquez dessus.

■ Pour sélectionner plusieurs messages non contigus, cliquez sur le premier message à sélectionner, appuyez sur **Ctrl** tout en cliquant sur les autres messages.

■ Pour sélectionner des messages contigus, cliquez sur le premier message, appuyez sur **Maj** et cliquez sur le dernier message.

■ Pour sélectionner tous les messages, appuyez sur **Ctrl-A** ou choisissez la commande **Sélectionner tout** dans le menu **Edition**.

Une fois que vous avez sélectionné les messages, vous pouvez les copier, les déplacer ou les supprimer en suivant ces instructions :

■ Pour supprimer des messages, appuyez sur le bouton **Supprimer** dans la barre d'outils. Les messages ne seront pas supprimés, mais simplement déplacés dans le dossier Eléments supprimés. Vous pouvez donc récupérer un message quand bon vous semble en le faisant glisser hors de ce dossier vers un autre. Pour effacer définitivement un message, supprimez-le dans le dossier Eléments supprimés.

■ Pour copier des messages, ouvrez le menu **Edition** et sélectionnez la commande **Copier vers (ou dans) un dossier**. Une boîte de dialogue s'affiche, elle montre le nom de tous les dossiers (voir Figure 10.3). Cliquez sur le nom du dossier dans lequel vous voulez copier les messages et cliquez sur **OK**.

■ Pour déplacer des messages, ouvrez le menu **Edition** et choisissez **Déplacer vers un dossier**. Une boîte de dialogue s'affiche, elle montre le nom de tous les dossiers. Cliquez sur le nom du dossier dans lequel vous voulez déplacer les messages et cliquez sur **OK**.

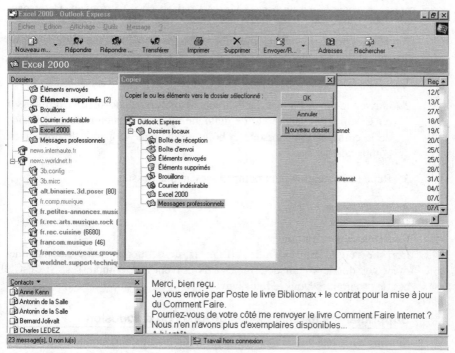

Figure 10.3 : *Choisissez le dossier dans lequel vous voulez copier les fichiers sélectionnés.*

Astuce

Dossier Eléments supprimés

Vous pouvez demander à Outlook Express de supprimer automatiquement les messages qui se trouvent dans le dossier Eléments supprimés lorsque vous quittez le programme. Ouvrez le menu Outils, sélectionnez Options et cliquez sur l'onglet Général. Cochez la case en face de l'option Vider le dossier Eléments supprimés en quittant. Cliquez sur OK. Dans la version 5, cette option se trouve sur l'onglet Maintenance.

Compacter les dossiers pour économiser de l'espace disque

Lorsque vous supprimez un message d'un dossier, Outlook Express retire le message, mais laisse un espace vide à l'endroit où il se trouvait. Cet espace vide occupe de l'espace disque. Pour retirer ces «trous», vous devez *compresser* vos dossiers après avoir supprimé plusieurs dossiers. Pour compresser un dossier, suivez ces étapes :

1. Cliquez sur le dossier que vous voulez compresser.

2. Ouvrez le menu **Fichier**, sélectionnez **Dossiers** et choisissez **Compresser** ou **Compacter**. Une boîte de dialogue apparaît et montre la progression de la compression. Lorsque la boîte de dialogue disparaît, le dossier est compacté.

3. Répétez l'opération pour compresser d'autres dossiers.

Astuce

Compression automatisée
Lorsque vous démarrez Outlook Express, ce dernier examine automatiquement vos dossiers pour déterminer s'ils doivent être compressés. Si c'est le cas, le programme vous le fait savoir.

Supprimer les messages des groupes de discussion

Si vous avez téléchargé des messages pour les lire hors connexion, ils sont probablement encore sur votre disque dur. Vous pouvez les supprimer comme nous l'avons indiqué précédemment, mais cela risque de prendre du temps. Il y a un moyen plus efficace de procéder :

1. Dans Outlook Express 4, cliquez sur le nom d'un de vos serveurs de news (la plupart des utilisateurs n'ont qu'un serveur).

2. Ouvrez le menu **Fichier** et choisissez **Nettoyer les fichiers**. La boîte de dialogue Nettoyer le fichier local apparaît.

3. Ouvrez la liste déroulante Fichier(s) local(aux) et sélectionnez le serveur de news dont vous voulez nettoyer les fichiers ou sélectionnez Tous les serveurs.

4. Cliquez sur un des boutons suivants :

- **Compacter.** Pour supprimer les espaces vides, mais laisser les messages (en-tête et contenu) intacts.

- **Supprimer les messages.** Pour supprimer le contenu des messages en ne laissant que les en-têtes. Vous pouvez alors récupérer un message en vous connectant au serveur et en cliquant sur sa description.

- **Supprimer.** Pour effacer tous les messages (en-tête et contenu).

5. Une boîte de dialogue apparaît et montre le travail en cours. Lorsque celui-ci est terminé, la boîte de dialogue Nettoyer le fichier local s'affiche de nouveau. Cliquez sur **Fermer**.

Dans Outlook 5, vous devrez afficher la boîte de dialogue Options, cliquer sur l'onglet Maintenance, puis sur le bouton Nettoyer maintenant pour accéder à la boîte de dialogue Nettoyer le fichier local.

Organisation des messages dans Netscape Collabra

Pour organiser vos forums, vous avez besoin de deux fenêtres, la fenêtre Forum (pour traiter les messages individuellement) et la fenêtre Centre de messages (pour travailler avec les forums). Le Centre de messages propose les meilleurs outils pour la création et la gestion des dossiers dans lesquels Messenger stocke les messages. Les sections qui suivent montrent comment utiliser les outils de ces deux fenêtres pour gérer les forums et les messages.

Vous pouvez vous rendre au Centre de message en cliquant sur le bouton Forums dans le coin inférieur droit de la fenêtre de n'importe quelle application Netscape. Vous pouvez aussi sélectionner Centre de messages dans le menu Communicator ou encore presser **Ctrl-Maj-1**. Pour afficher une fenêtre Forum, double-cliquez sur le nom d'un forum dans le Centre de messages.

Organiser les messages dans des dossiers

La première étape pour organiser vos messages consiste à créer un dossier. Chaque forum possède un dossier séparé, mais vous souhaiterez peut-être créer un nouveau dossier pour stocker les messages importants. Pour créer un dossier, suivez ces étapes :

1. Affichez le Centre de messages.

2. Cliquez sur le dossier en dessous duquel vous souhaitez créer votre nouveau dossier. Pour placer le dossier au même niveau hiérarchique que le dossier Inbox, cliquez sur Courrier local en tête de liste.

3. Ouvrez le menu **Fichier** et sélectionnez **Nouveau dossier**. Dans la boîte de dialogue qui apparaît, donnez un nom au dossier et cliquez sur **OK**. Vous pouvez maintenant copier ou déplacer des messages dans le dossier.

Sélectionner des messages

Avant de travailler avec un message, vous devez le sélectionner. Reportez-vous à la section « Sélectionner, déplacer, copier et supprimer des messages» ci-avant, si vous avez besoin de vous remémorer les différentes méthodes de sélection. La commande Sélectionner un message du menu Edition propose plusieurs types de sélection :

■ **Fil de discussion.** Sélectionne tous les messages qui ont le même titre.

■ **Marqué.** Sélectionne tous les messages qui ont été marqués. Pour marquer un message, sélectionnez-le, ouvrez le menu Message et sélectionnez Marquer.

■ **Tous.** Sélectionne tous les messages dans le dossier qui est ouvert.

Déplacer des messages

Une fois que vous avez sélectionné un message, vous pouvez le déplacer rapidement. Suivez ces étapes :

1. Faites un clic droit sur le message à déplacer pour afficher son menu contextuel.

2. Sélectionnez Classer le message et choisissez le dossier dans lequel le placer. Le programme placera immédiatement le message dans le dossier sélectionné.

Vous pouvez aussi déplacer un message en utilisant le bouton **Classer** de la barre d'outils et en choisissant un dossier (voir Figure 10.4).

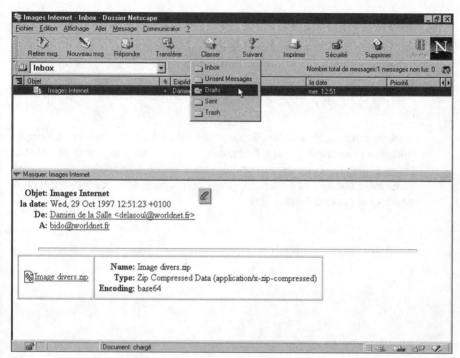

Figure 10.4 : *Le déplacement des messages est très simple avec Netscape Collabra.*

Supprimer les messages

Pour supprimer un message, sélectionnez-le et appuyez sur **Suppr** (ou le bouton **Supprimer** de la barre d'outils). Le message supprimé sera envoyé dans le dossier Trash. Si vous avez supprimé un message par erreur, il suffit de le sélectionner dans le dossier Trash et de le déplacer vers un autre dossier. Pour supprimer un fichier de façon définitive, effacez-le dans le dossier Trash.

Astuce

Vider la corbeille

Vous pouvez rapidement supprimer tous les fichiers contenus dans le dossier Trash. Utilisez la commande Vider la corbeille du menu Fichier.

Astuce

Supprimer définitivement un fichier en une seule étape
Si vous souhaitez supprimer un fichier sans avoir à le supprimer à nouveau dans le dossier Trash pour le faire disparaître définitivement, sélectionnez-le et appuyez sur Maj-Suppr. Faites attention car cette manœuvre est irréversible.

Lorsque vous supprimez des fichiers, des espaces vides subsistent à l'emplacement où ils étaient stockés. Ces zones, bien que vides, occupent pourtant de l'espace disque. Pour les supprimer, vous devez compresser vos dossiers après avoir fait un peu de ménage. Pour cela, ouvrez le menu **Fichier** et choisissez.**Compresser les dossiers**.

Partie VI

Création de pages Web

Chapitre 1

Aperçu du HTML

Dans ce chapitre, vous apprendrez ce que vous pouvez et ne pouvez pas faire avec le HTML.

Définition du HTML

Le HTML (*HyperText Markup Language*) est le langage du World Wide Web. Chaque fois que vous accédez à un document Web, celui-ci a été écrit en HTML. Toutes les mises en forme des documents Web sont faites avec le HTML ainsi que les hyperliens que vous suivez si facilement tout en cliquant et ces images colorées, formulaires et menus déroulants que vous voyez sur le Web. Le HTML est facile à apprendre et, à la fin de cette partie, vous saurez créer des documents HTML de qualité professionnelle.

La Figure 1.1 montre une page de HTML typique. Comme vous pouvez le voir, ce document n'est pas très agréable à regarder. Il s'agit du texte de la page Web avec des balises qui définissent l'affichage de ce texte, des liens et des graphiques. La Figure 1.2 montre la même page affichée dans Internet Explorer.

Voici une courte liste des principales possibilités du HTML :

- La mise en forme des documents utilise plusieurs styles, des niveaux de titres et, dernièrement, les cadres (*frames*).

- La possibilité d'inclure des hyperliens qui permettent d'accéder à d'autres documents Web ou à des fichiers multimédias ou encore à des services sur des systèmes informatiques partout sur tout l'Internet.

- Un grand nombre de types de listes.

- La possibilité de créer des tableaux et des textes préformatés.

- La possibilité d'insérer des images directement dans un document HTML et de les lier avec d'autres documents.

Figure 1.1 : *Les codes HTML d'une page Web.*

■ Créer des images réactives avec des zones qui conduisent à différents documents en fonction de l'endroit de l'image sur lequel vous cliquez.

■ Insertion de zones interactives telles que les formulaires et autres programmes qui impliquent l'utilisateur.

Vous avez probablement déjà rencontré tout cela sur le Web. Dans cette partie, vous apprendrez à créer vos propres documents HTML, qui inclueront ces possibilités.

Les limites du HTML

Avant d'aborder le HTML plus en détails, il est nécessaire de connaître les limites de ce langage. Il ne s'agit pas de vous décourager de l'apprendre et de l'utiliser, mais de vous donner un aperçu de ce que vous pouvez en attendre.

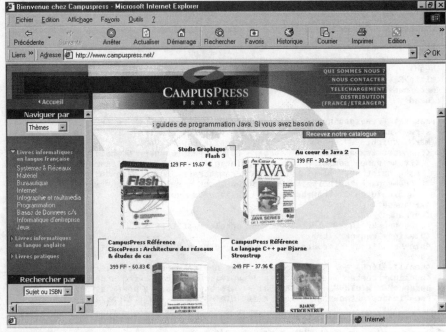

Figure 1.2 : La même page affichée dans Internet Explorer.

En dépit des récents changements du langage HTML, qui permettent de contrôler la justification des lignes, la taille de la police, l'emplacement des images et la répartition du texte autour des images, le HTML n'est pas encore un langage qui donne des résultats universellement identiques. L'aspect de vos documents HTML, du point de vue d'autres personnes, échappe encore à votre contrôle. Vous pouvez mener un utilisateur à une image, mais il ne la regardera pas forcément. Beaucoup d'utilisateurs avec des modems lents désactivent l'affichage des images pour accélérer le chargement.

Les différences de matériel

Il existe une grande variété de systèmes informatiques, avec une multitude de capacités différentes. Chacun de ces systèmes affectera votre document HTML de manière différente.

Les différences de matériel sont la limite la plus importante du HTML. Votre PC peut avoir un bel écran couleur de 15 pouces, mais les ingénieurs de votre entreprise ont probablement des écrans de 20 pouces avec une meilleure résolution, les concepteurs graphiques ont sans doute les derniers Macintosh, et d'autres utilisent des PC avec des écrans monochromes ou de simples terminaux. Tous n'ont pas les mêmes possibilités, et pourtant tous peuvent accéder au World Wide Web et visualiser vos documents écrits en HTML.

Le mot juste

Simple terminal
Des écrans d'ordinateur avec un minimum de capacité. Ils n'affichent pas de couleurs ni même de graphiques, mais seulement des lettres et d'autres caractères.

Un écran monochrome ne pourra pas afficher de couleurs, les écrans basse résolution rendront mal les images et les simples terminaux peuvent seulement afficher un texte dans une seule police. La couleur et le type de police diffèrent aussi. Ces différences physiques impliquent un rendu différent de vos documents HTML. Par exemple, si la charte graphique du logo de votre entreprise précise le pourcentage de rouge, d'orange et de rose, de même que les niveaux de gris dans le cas où celui-ci serait en noir et blanc ; sur un simple terminal votre logo ne serait même pas affiché.

Définir ses préférences

Si vous avez beaucoup navigué sur le Web, vous avez probablement remarqué que votre navigateur a des *commandes configurables par l'utilisateur*. Par exemple, vous pouvez choisir un ensemble de styles et de tailles de polices disponibles sur votre système en fonction de votre goût personnel. Vous pouvez aussi demander à votre navigateur d'annuler le chargement et l'affichage des images dans un document HTML. Dans ce cas, les images seront remplacées par des cadres génériques sur lesquels vous devrez cliquer pour révéler l'image originale. (Cette commande est conçue pour minimiser le temps de chargement et d'affichage d'un document, ce qui concerne surtout les utilisateurs qui ont des connexions lentes.) De plus, vous pouvez redimensionner l'affichage de votre navigateur, et le document que vous visionnez s'adaptera à la nouvelle taille d'affichage en remettant son texte en page.

Visualiser des documents HTML sur différents navigateurs

Visualiser vos documents HTML sur différents navigateurs permettra de mieux comprendre les différences. Les Figures 1.3 et 1.4 montrent comment le même document HTML peut être rendu différemment, avec le même matériel, mais avec des navigateurs différents. La Figure 1.3 montre la même page que celle de la Figure 1.2, mais affichée avec NCSA Mosaic. La Figure 1.4 montre cette même page affichée avec un navigateur non-graphique.

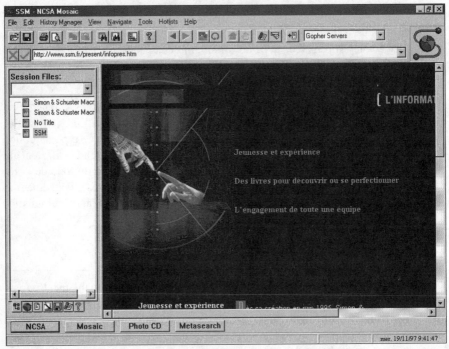

Figure 1.3 : *Dans Mosaic, la page n'apparaît pas comme dans Netscape Navigator.*

Les changements récents du HTML et les différentes manières de l'interpréter ont fait disparaître beaucoup de ces limites, mais, comme vous pouvez le constater, certaines demeurent. Ces limites doivent-elles vous faire renoncer à apprendre le HTML ? Avant de répondre à cette question, rappelez-vous combien vous avez été impressionné et surpris de tout ce que vous avez vu. En dépit de ces limites, le HTML a un très fort potentiel, et il est facile de préférer sa puissance à ces limites. Vous allez apprendre à tirer le meilleur parti de ce langage. Le meilleur moyen de travailler avec les limites du HTML, c'est de penser à votre document, non pas en termes physiques tels que les passages à la ligne ou les polices à utiliser, mais globalement.

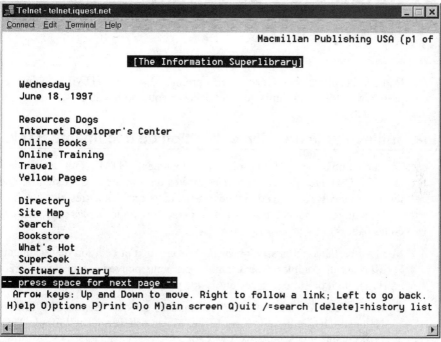

Figure 1.4 : Une affichée avec un navigateur non-graphique appelé Telnet.

Chapitre 2

Création d'un document HTML simple

Dans ce chapitre, vous créerez votre premier document HTML et vous apprendrez à utiliser les outils qui sont déjà sur votre ordinateur.

Les outils pour la création et l'édition de documents HTML

De quels outils avez-vous besoin ? Les documents HTML sont des fichiers texte (ASCII) avec des codes balises insérés dans le texte. Cela signifie que les documents HTML ne contiennent rien d'autre que des lettres, des nombres et des signes de ponctuation et autres caractères imprimables ; en plus des codes balises.

Même si certains outils spécialisés pour la création et l'édition de documents HTML sont disponibles (voir Chapitre 11), vous pouvez commencer à créer en HTML tout de suite avec les outils que vous avez déjà. Ce sont :

- Les éditeurs de texte de votre ordinateur, tel que Microsoft Windows Notepad, DOS edit, Windows Write, Macintosh TeachText/Simple Text, UNIX vi ou emacs ou VAX/VMS edt.

- Votre traitement de texte préféré, tel que Microsoft Word, WordPerfect ou n'importe quel autre programme du genre. (Si vous avez la dernière version de Word ou de WordPerfect, vous avez un éditeur HTML sur votre système.)

En fait, vous pouvez utiliser n'importe quel outil avec lequel vous êtes à l'aise pour créer des documents, pour vous consacrer plus pleinement à l'apprentissage du langage HTML. Choisissez l'éditeur avec lequel vous allez créer vos documents HTML. Les exemples de ce livre sont faits avec l'éditeur Windows Notepad, mais vous pouvez utiliser n'importe quel autre éditeur qui crée des fichiers texte ASCII. Si vous utilisez un traitement de texte classique, tel que Microsoft Word, WordPerfect ou Write, pensez bien à utiliser la commande Enregistrer Sous pour sauvegarder les documents en texte ASCII.

Utilisez l'extension
C'est bien d'utiliser l'extension de nom de fichier «.html» (ou «.htm» sur les PC) lors de la sauvegarde des documents. Plus tard, vous serez capable d'identifier ces documents. Plus important, les navigateurs Web pourront les reconnaître et les ouvrir comme des pages Web, et non pas comme des fichiers texte.

Ouvrez maintenant un nouveau document dans l'éditeur de votre choix.

A quoi ressemble le HTML ?

Ce qui distingue les fichiers HTML de n'importe quel autre fichier texte, ce sont les codes appelés balises HTML. Ces codes sont directement écrits dans le document. Ils contrôlent la mise en forme et la mise en page de votre document fini, définissent les hyperliens vers d'autres document, et d'autres éléments que nous aborderons plus tard.

Ces codes HTML sont encadrés par des marqueurs spéciaux afin de les distinguer du reste du texte. Il suffit de les saisir pour y insérer une instruction. Ces symboles sont les signes *inférieur à* et *supérieur à*, < et >.

Il est important de remarquer que les codes HTML ne sont pas sensibles à la casse, <body> est pareil que <bOdY> ou que <boDy> ou encore <BodY>. Cependant la plupart des utilisateurs utilisent les majuscules en permanence afin de mieux faire ressortir les balises du reste du texte.

Le mot juste

Codes et balises
Les codes HTML sont généralement appelés balises : deux noms différents pour signifier la même chose.

Quelles balises HTML sont requises dans les documents ?

Avant de commencer, sachez que quelques balises HTML de base doivent apparaître dans tous les documents HTML. Notamment, une déclaration indiquant que votre document est un document HTML, un titre et d'autres balises qui divisent votre document en plusieurs parties logiques.

517

Les parties logiques

Différents navigateurs Web afficheront vos documents HTML de différentes manières, couleur, police, taille, etc. Cela signifie que vous devez penser à vos documents en tant qu'entités logiques, et non pas physiques, car l'aspect physique change d'un navigateur à l'autre, et d'un ordinateur à l'autre. Les balises HTML de base que vous allez découvrir maintenant divisent les documents en parties logiques ou sections.

La balise <HTML>

Tous les documents HTML doivent commencer et finir par la balise <HTML> pour indiquer que le document est un document HTML. Peu importe ce que votre document HTML contient d'autre, il faut ces deux balises :

```
<HTML>
Mon premier document HTML
</HTML>
```

Entourez toujours vos documents HTML avec ces deux balises <HTML>, une d'ouverture et une de fermeture (balises conteneur). Si vous oubliez la balise de fin, la balise de début affectera tout le texte.

L'antislash

Souvenez-vous que la balise de fermeture nécessite un antislash.

Les balises <HEAD> et <BODY>

Tous les documents HTML sont divisés en deux parties logiques, la tête (*head*) et le corps (*body*). Les navigateurs doivent distinguer les deux pour interpréter vos documents correctement. En général, la tête d'un document HTML contient des *informations générales sur le document*, tandis que le corps est son contenu. Voici donc une extension de l'exemple précédent en incluant les balises <HEAD> de début et de fin :

```
<HTML><HEAD>
...créé la section de tête
</HEAD>
Mon premier document HTML </HTML>
```

Comme vous pouvez le voir, les balises peuvent être écrites sur la même ligne.

Ajoutons maintenant les balises <BODY> pour compléter la division logique de votre document HTML, car tous les documents HTML doivent avoir une section <HEAD> et une section <BODY> :

```
<HTML><HEAD>
...créé la section de tête
</HEAD><BODY>
Mon premier document HTML
</BODY></HTML>
```

Votre document est compris entre les balises <HTML> de début et de fin, et est ensuite divisé en deux parties définies par les balises conteneur <HEAD> et <BODY>, qui sont elles-mêmes comprises entre les deux balises <HTML>. Toutes ces balises vont par paires : <HTML> et </HTML> ; <HEAD> et </HEAD> ; et <BODY> et </BODY>. (Il y a très peu de balises dépareillées.)

La balise <TITLE>

Il reste une dernière balise HTML nécessaire, la balise <TITLE>. Comme vous avez pu le remarquer en naviguant sur le Web, la barre de titre de votre navigateur affiche un titre pour chaque document qu'il ouvre. Le titre affiché provient du contenu de la balise <TITLE> dans le document HTML original. Si vous n'insérez pas de titre, ce n'est pas grave, mais la barre de titre affichera l'URL de la page au lieu d'un titre.

En étant *dans la section <HEAD>* de votre document HTML, les balises <TITLE> fonctionnent aussi par paires, elles encadrent le texte que vous avez saisi comme titre de votre document. Appliquons un dernier changement à l'exemple précédent en y ajoutant ces balises :

```
<HTML><HEAD><TITLE>Le titre du document</TITLE>
</HEAD><BODY>
Mon premier document HTML
</BODY></HTML>
```

Ce petit document HTML est maintenant complet et contient toutes les balises qu'un document HTML doit avoir. C'est un document HTML valable et vous pouvez d'ores et déjà l'afficher dans votre navigateur.

519

Il s'agit vraiment d'un document de base, mais c'est votre premier.

Vous avez travaillé avec votre propre éditeur, maintenant il est temps de sauvegarder votre document comme vous le feriez pour beaucoup d'autres. Les balises que vous avez insérées dans votre document en font un document HTML. Si vous utilisez un traitement de texte classique, n'oubliez pas de le sauvegarder, en texte seulement. Comme nom de fichier, utilisez, par exemple, «premier.html» (ou «premier.htm si vous êtes sur un PC). Vous pouvez maintenant visualiser le document en utilisant un navigateur.

Attention

Les titres de page Web

Dans le Chapitre 16, vous apprendrez à installer votre page sur le Web. Si vous connaissez le service que vous utilisez comme hôte pour votre page, demandez si vous devez utiliser un nom de fichier particulier. Dans la plupart des cas, il vous sera demandé d'appeler ce document index.html ou home.html. Ceux-ci sont les noms utilisés par défaut par la plupart des serveurs. Lorsqu'un utilisateur accède au répertoire dans lequel cette page est stockée, la recherche se fera sur un de ces noms, porté sur un fichier.

Affichez et prévisualisez votre document HTML

Vous savez que vous pouvez utiliser votre navigateur Web pour visualiser des documents qui sont sur le World Wide Web, mais vous ne savez peut-être pas que vous pouvez aussi utiliser votre navigateur pour visualiser des documents qui sont sur votre ordinateur. C'est un point essentiel dans votre travail de création de documents HTML, car cela permet de prévisualiser et de corriger vos documents avant de laisser quelqu'un les voir.

Pour visualiser un document HTML local avec votre navigateur Web :

1. Faîtes apparaître le menu **Fichier** et sélectionnez **Ouvrir**. Une boîte de dialogue apparaît, vous proposant un nom de fichier. La Figure 2.1 montre la boîte de dialogue qu'utilise Netscape Navigator.

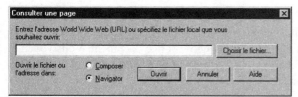

Figure 2.1 : *Vous pouvez utiliser la commande Fichier, Ouvrir pour ouvrir une page Web de votre disque dur.*

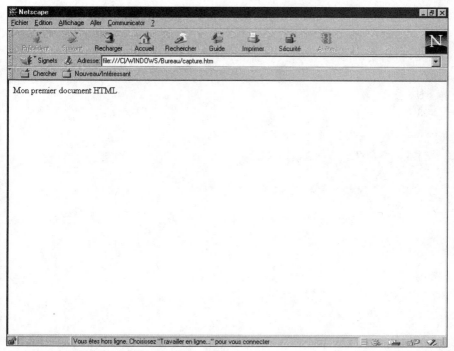

Figure 2.2 : *Votre premier document HTML.*

2. Tapez le nom du document HTML que vous avez sauvegardé ou utilisez la commande Parcourir pour localiser et ouvrir le document.

3. Cliquez sur le bouton **OK** ou **Consulter une page** (Ouvrir). Votre navigateur affichera votre document HTML.

521

Si vous avez ouvert le document HTML sur lequel nous avons travaillé précédemment, votre navigateur Web affichera à peu près la même chose que la Figure 2.2. Bien sûr, il n'y a pas grand-chose sur ce document. Vous voyez le titre du document affiché dans la barre de titre du navigateur et la ligne de texte que vous avez entrée.

Chapitre 3

Insertion et mise en forme des titres et du texte

Dans ce chapitre, vous apprendrez à créer des titres, à mettre en forme des caractères et à insérer des balises de paragraphe dans vos documents HTML, ainsi qu'à utiliser des couleurs de texte.

Créer des titres

Vous pouvez créer des titres de tailles différentes dans vos documents HTML en utilisant les balises de titres. Le HTML comprend six niveaux de titres : il utilise les balises <H1> à <H6>. Un titre HTML est très simple :

```
<H1>Cela est un titre de niveau 1</H1>
```

Il suffit d'encadrer le texte du titre par une balise de début et une balise de fin.

Pour des titres plus petits, utilisez un chiffre plus élevé. (Par exemple <H2> ou <H5>).Les titres créent automatiquement un passage à la ligne dans votre document (voir plus loin les passages à la ligne) et sautent plusieurs lignes. Remarquez que les niveaux de titres les plus petits, généralement de <H3> à <H6> apparaissent plus petits que le texte normal sur la plupart des navigateurs. Voir la Figure 3.1 pour un exemple de titres de <H1> à <H6>.

Les récents changements des standards du HTML ont apporté la possibilité de centrer vos titres en utilisant une balise HTML supplémentaire, appelée «attribut» (vous utiliserez les attributs dans les prochains chapitres). Pour centrer votre titre, utilisez cette balise :

```
<H1 ALIGN="CENTER">Cela est un titre de niveau 1 </H1>
```

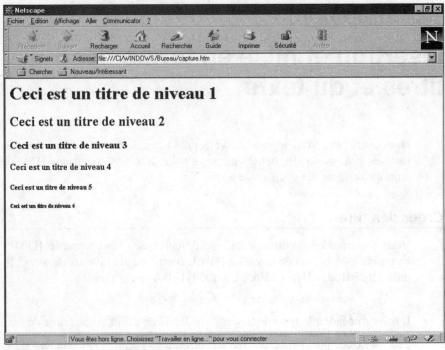

Figure 3.1 : *Les titres HTML.*

Astuce

La balise <CENTER> de Netscape

Netscape a sa propre méthode pour centrer du texte, y compris les titres. Pour centrer un titre avec Netscape utilisez cette construction :

```
<CENTER><H1>Cela est un titre de niveau 1</H1></CENTER>
```

La balise <CENTER> fonctionne pour Netscape Navigator et Internet Explorer.

Contrôler le style et la mise en forme des caractères

Vous avez beaucoup de possibilités de contrôle sur le style et la mise en forme des caractères, en gras ou en italique et, dans Navigator, sur la taille de la police. Plus tard, dans ce chapitre, vous apprendrez aussi à contrôler la couleur du texte. Il faut penser à la mise en forme *logique* et *physique* du texte.

Le mot juste

Physique ou logique ?
Un traitement de texte est prévu pour exploiter les possibilités de votre imprimante, et vos documents accèdent aux capacités physiques de cette dernière. Mais comme vous ne pouvez pas connaître les capacités du Navigateur utilisé par chacun des lecteurs de votre document, le langage HTML vous donne un contrôle logique de la mise en forme du texte. Les balises qui correspondent à cette mise en forme sont lues par le navigateur et interprétées en fonction des capacités de ce dernier.

Le Tableau 3.1 montre quelques-unes de ces balises. Utilisez les balises logiques dans tous les cas. Généralement toutes les balises requièrent une balise de fermeture à la fin du texte affecté (<STRONG> nécessite </STRONG>, et ainsi de suite).

Tableau 3.1 : *Les balises logiques et physiques de mise en forme du texte*

Signification	Balise logique	Balise physique
Gras	<STRONG>	<B>
Italique	<EM>	<I>
Télétype	<CODE>	<TT>

Netscape Navigator et Internet Explorer utilisent une extension du HTML pour changer la taille de la police d'une partie d'un document. Une utilisation judicieuse des changements de police peut améliorer vos documents HTML. Le résultat de cette ligne en HTML est représenté sur la Figure 3.2.

```
Voyez comment <font size=2>les polices<font size=3>peuvent
<font size=4> changer<font size=5> dans Netscape Navigator.
```

525

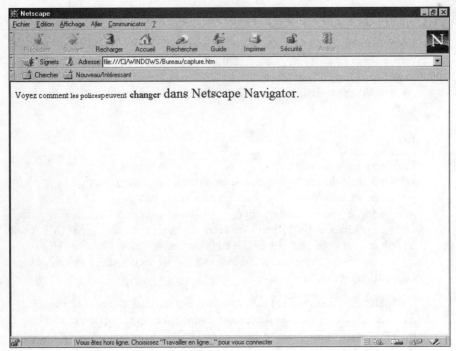

Figure 3.2 : Les changements de taille de police de Netscape.

La mise en forme des paragraphes

Faire des paragraphes dans un document HTML demande une certaine habitude. Comme nous l'avons déjà expliqué, les différents navigateurs Web, fonctionnant sur différents ordinateurs avec des capacités diverses affichent les documents différemment. Chacun décide de la manière dont il va disposer les lignes de texte dans un document HTML de sorte que le passage à la ligne que vous aurez pu mettre en appuyant sur la touche Entrée sera purement et simplement ignoré. De même, si vous sautez une ligne dans votre document HTML, dans l'intention de marquer un paragraphe, le navigateur de l'utilisateur n'en tiendra pas compte. Vous devez marquer explicitement un paragraphe.

La balise paragraphe en HTML est <P>, et elle se place au début d'un nouveau paragraphe, sauf s'il y a d'autres passages à la ligne. (Plusieurs balises

<P> sont ignorées, vous ne pouvez donc pas les utiliser pour ajouter des lignes blanches supplémentaires.) Voici un morceau de HTML utilisant une balise paragraphe :

```
<HTML><HEAD><TITLE>Faire des paragraphes </TITLE></HEAD>
<BODY>Voici du texte.
<P>Et voici un nouveau paragraphe</P></BODY></HTML>
```

Astuce

La balise de fermeture </P>

La balise de fermeture </P> est facultative, car une balise d'ouverture de paragraphe correspond forcément à la fin du précédent. C'est une des rares balises qui ne nécessite pas d'être utilisée par paire.

Toutes les balises qui créent des sauts à la ligne, tel un titre, impliquent que le texte qui suit soit un nouveau paragraphe. La balise <P> n'est donc pas souvent utilisée.

Les autres passages à la ligne

Comme la balise paragraphe crée un saut de ligne qui s'affiche sur les navigateurs, vous devez aussi apprendre à passer à la ligne sans sauter de ligne. C'est ce que la balise
 (passage à la ligne) permet de faire. Voici un morceau de HTML qui montre l'utilisation de cette balise, ainsi que sa différence avec la balise <P> :

```
Pour plus d'information contactez :
<P>John Doe<BR>
123 grand-rue<BR>
75000 Htmlville, FRANCE
<P>Suite du document...
```

Ce texte s'affiche avec une ligne vierge avant «John Doe», mais seulement des passages à la ligne (sans ligne vierge) entre les lignes de l'adresse et un nouveau paragraphe (avec une ligne vierge) après le code postal (voir Figure 3.3). Vous pouvez utiliser plusieurs balises <BR> pour obtenir plusieurs lignes vierges dans votre document.

527

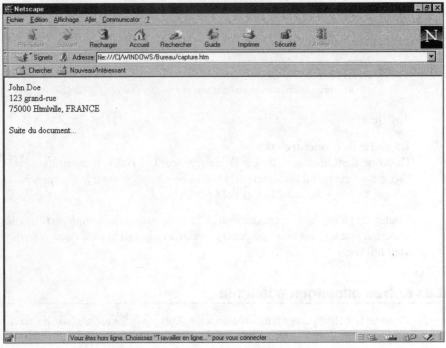

Figure 3.3 : *Les paragraphes et les passages à la ligne.*

N'oubliez pas que plusieurs autres balises HTML créent des passages à la ligne. Comme cela a été dit précédemment, les titres en provoquent toujours un, ainsi que les balises paragraphes bien sûr. De même, les listes (voir Chapitre 6), le texte préformaté (voir Chapitre 7) et certaines balises de mise en forme logique créent des passages à la ligne. Dans ce cas, vous n'avez pas à ajouter une balise de passage à la ligne (<BR>) ou de paragraphe (<P>). Cependant, le texte préformaté ne reconnaît pas le retour chariot comme un passage à la ligne.

Astuce

La balise <NOBR>
Netscape reconnaît aussi la balise <NOBR>, qui supprime tous les passages à la ligne que le navigateur pourrait inclure pour afficher le document. Tandis que la balise <WBR>, qui est une extension de Netscape, est une balise qui

suggère un passage à la ligne exécuté seulement en cas de nécessité. <NOBR> est utile pour les cas où un passage à la ligne pourrait créer la confusion, comme un listing de programme.

Les couleurs du texte

Vous pouvez définir la couleur du texte dans vos documents HTML. Ce mécanisme repose sur la notation des couleurs en système hexadécimal RVB (Rouge, Vert, Bleu). Les couleurs individuelles sont définies en utilisant trois nombres séparés (trois différents pour rouge, vert et bleu), chacun allant de 0 à 255. Par exemple, le noir pur (qui correspond à l'absence totale de rouge, de vert et de bleu), est exprimé par trois zéros, ou «0 0 0», tandis que le blanc est exprimé par «255 255 255», car le blanc est créé par la saturation des trois couleurs primaires. Entre les deux, les couleurs sont créées en définissant chacune des trois couleurs primaires avec une valeur comprise entre 0 et 255. Le bleu roi, par exemple, s'écrit «65 105 225».

Pour définir les couleurs du texte en HTML, prenez votre calculatrice et convertissez ces trois nombres décimaux en valeurs hexadécimales. Vous pouvez aussi utiliser le programme Windows 95 Paint pour choisir des couleurs et afficher leur équivalent hexadécimal. Voici un fragment de HTML qui définit la couleur du texte en bleu roi, illustrant ainsi la conversion des trois nombres 65, 105 et 225 :

```
<BODY TEXT="4169E1">
```

Comme vous pouvez le voir, cette balise HTML est à l'intérieur de la section <BODY> de vos documents HTML. Ainsi, elle contrôle la couleur pour tout le texte de la page. Pour changer la couleur d'une partie de texte, utilisez les balises <FONTCOLOR=></FONTCOLOR>. L'exemple utilise les équivalents hexadécimaux des trois nombres 65 (41), 105 (69) et 225 (E1) pour exprimer le bleu roi.

Avec le même procédé, vous pouvez définir différentes couleurs pour le texte de base de vos documents et pour le texte de vos hyperliens (voir Chapitre 5) dans vos documents HTML.

Attention

Couleurs, couleurs, toujours plus de couleurs
Arithmétiquement il existe une grande quantité de combinaisons pour définir des couleurs. Il est beaucoup plus facile de choisir une couleur si vous pouvez la voir. Pour ce faire, il existe quelques sites Web. Tout d'abord consultez
http://www.onr.com/user/lights/colclick.html
Ensuite essayez
http://www.reednews.co.uk/colours.html ou
http://alberti.crs4.it/colori/f108.html
Les systèmes UNIX ont aussi une liste de couleurs et de leur nombre hexadécimal équivalent dans le fichier /usr/lib/X11/rgb.txt (:usr/openwin/lib/rgb.txt sur Sun systems). C'est un fichier texte que vous pouvez consulter.

Chapitre 4

Création des documents avec des URL

Dans ce chapitre, vous apprendrez ce que sont les URL (*Uniform Resource Locators*), les pointeurs dans les documents HTML qui permettent d'accéder à différents services du Web.

Définition d'un URL

Un URL, ou *Uniform Resource Locators*, est une clé pour localiser et interpréter les informations sur Internet. Les URL sont une manière standard de décrire à la fois l'emplacement d'une ressource Web et son contenu. Les URL dans les documents HTML vous aident à localiser les ressources Web, qu'il s'agisse d'un document situé sur votre disque dur ou à l'autre bout de la terre. Pour créer des documents HTML avec des hyperliens, vous devez comprendre les URL.

Le mot juste

Les hyperliens ou liens hypertexte
Ce sont les mots et les phrases de couleur que vous avez pu voir sur le Web. Cliquer sur un hyperlien permet d'accéder à l'emplacement décrit par celui-ci. Certains hyperliens n'apparaissent pas comme du texte coloré. Ils peuvent être sous la forme de texte souligné ou d'image.

Le HTML utilise une syntaxe standard pour exprimer un URL. Elle ressemble à ceci :

protocole://nom de domaine/chemin

Comme vous pouvez le voir, il y a trois parties dans cette syntaxe :

- **Protocole** est suivi par deux points et deux antislash (il y a quelques exceptions qui ne nécessitent pas les slashs, comme vous le verrez plus tard).

■ **Nom de domaine** est l'endroit où le service est localisé, suivi d'un anti-slash.

■ **Chemin** est généralement un document ou un fichier sur l'ordinateur, mais ce peut être aussi d'autres types de ressources.

Voici un exemple d'URL : **http://www.votresite.fr/home.html**

Le mot juste

Les connexions
Internet utilise des câbles imaginaires pour connecter les services entre deux ports imaginaires sur deux ordinateurs. Ces connexions virtuelles sont gérées par un logiciel réseau qui utilise une abstraction appelée numéro de port. Sauf lorsque vous devez en inclure un dans un URL, vous n'avez généralement pas à vous préoccuper de ce facteur.

Création d'un URL

Pour créer un URL, vous tapez ses différentes composantes comme si vous saisissiez une phrase sans espace. Voici comment procéder :

1. Identifiez le nom du service que vous allez inclure dans votre URL. Le plus utilisé est le HTTP.

Le mot juste

HyperText Transfer Protocol (HTTP)
Le moyen par lequel les serveurs et les clients communiquent sur le réseau.

2. Identifiez l'adresse Internet de la ressource. C'est un nom d'hôte Internet, tel que **www.votresite.fr**.

3. Identifiez le nom de la ressource, un nom de document, un nom de fichier ou d'autres ressources. Ce peut être par exemple **home.html**.

En utilisant ces exemples, vous pouvez construire un URL qui pourrait correspondre à la page d'accueil de votre site

http://www.votresite.fr/home.html

Exemples de différents URL

Cette partie présente des exemples d'URL qui correspondent aux principaux types d'URL. Chaque exemple est une ressource du World Wide Web à laquelle vous pouvez accéder avec votre navigateur. Ce n'est pas une liste exhaustive de tous les types d'URL.

L'URL HTTP

L'URL http représente un document disponible sur un serveur du World Wide Web. Voici l'exemple de la page de chargement de Netscape :

http://www.netscape.com/download/index.html

Attention

Qu'est-ce qu'un antislash ?
Tous les URL utilisent l'antislash pour définir les documents. Même si vous installez votre serveur Web sur un PC, utilisez l'antislash dans vos URL, et non pas le slash (\), pour définir le chemin à un fichier ou à un document.

La Figure 4.1 montre un exemple d'utilisation de ce type d'URL. Remarquez que l'URL apparaît dans une boîte de texte, en haut de l'écran.

L'URL FTP

Le FTP correspond au protocole *File Transfert Protocol*. En voici un exemple : **ftp://gatekeeper.dec.com/pub/**.

Remarquez que, dans ce cas, ce n'est pas un nom de fichier qui a été défini, mais plutôt un nom de répertoire (pub/). Les URL FTP peuvent aussi définir des noms de fichiers. Cette URL est une archive d'un logiciel développé par Digital Equipment Corporation. Il est accessible gratuitement.

L'URL telnet

Telnet permet de vous connecter à distance sur un système informatique et d'utiliser votre écran et votre clavier local comme terminal. En voici un exemple :

telnet://madlab.sprl.umich.edu:3000

L'URL Telnet est une exception, car il n'est pas en trois parties. Il n'y a que le service et le nom.

Figure 4.1 : *L'URL HTTP.*

Cet URL a quelque chose en plus. Il s'agit de la précision du «numéro de port», dans ce cas «:3000» (remarquez le deux-points). Pour les services telnet normaux, vous n'avez pas à préciser le numéro de port (pas plus que dans les autres URL). Cet URL correspond à un service connu sous le nom de «Weather Underground».

Les adresses des forums de discussion

Le service s'appelle UseNet. Il s'agit de forums, ou BBS *(Bulletin Board Service),* qui regroupent des milliers de discussions. En voici des exemples :

news:comp.infosystems.www.authoring.html.

La Figure 4.2 présente une liste d'exemples. Il s'agit d'un groupe de news consacré à la discussion sur le HTML. Comme vous pourrez le remarquer, chaque ligne apparaît comme un hyperlien, que vous pouvez sélectionner et utiliser.

Attention

Où sont les antislashs ?

Les adresses de forums de discussion sont une exception à la règle des deux antislashs présents dans la première partie de l'adresse. Seuls le deux-points et le nom sont nécessaires.

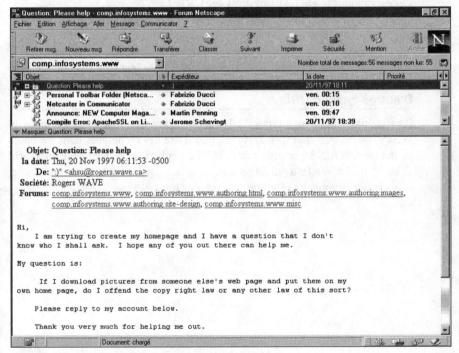

Figure 4.2 : *L'adresse des forums de discussion.*

L'adresse e-mail

Il s'agit maintenant du service de courrier électronique. La plupart des navigateurs comprennent l'adresse e-mail. Utilisez une adresse e-mail dans vos documents HTML pour que les lecteurs puissent vous envoyer un courrier en cliquant simplement sur l'hyperlien.

Voici un exemple : **mailto:webmaster@www.votresite.com**.

Le fichier URL

Cela correspond à un fichier sur votre propre ordinateur. En voici un exemple : **file://winword6/html/monfichier.htm**.

Attention

Qu'est devenu le «l» de html dans cet URL ?

Le DOS n'autorise que des extensions de nom de fichier limitées à trois lettres, tandis que d'autres systèmes en autorisent plus. Cet URL fait référence à un fichier sur un PC. Si vous avez Windows 95, MacOS, ou Windows NT, vous pouvez utiliser l'extension .html en entier pour nommer vos documents.

D'autres types d'URL

Il existe plusieurs autres types d'URL moins souvent utilisés. Par exemple, le WAIS (*Wide Area Indexing Servers*), pour faire des recherches dans les bases de données WAIS à partir de mots clés. Le gopher, le prédécesseur du World Wide Web. Le WAIS a été largement remplacé par les moteurs de recherche, et les services gopher se font de plus en plus rares.

Chapitre 5

Utilisation des ancres et des liens

Dans ce chapitre, vous apprendrez à utiliser les balises et les URL pour créer des hyperliens vers des documents et services locaux ou, à distance, sur le Web.

Définition d'un hyperlien

Vous avez déjà probablement utilisé un hyperlien lorsque vous avez navigué sur le Web dans la Partie 2. Votre connaissance des balises HTML et des URL, à laquelle va s'ajouter la nouvelle balise ancre, permettra d'ajouter des hyperliens dans vos documents HTML.

Le mot juste

Cliquez et accédez
Les hyperliens ou liens hypertexte sont des mots ou des phrases soulignés, surlignés ou colorés qui se trouvent dans les documents HTML. Lorsque vous cliquez sur eux, vous accédez à d'autres documents du serveur Web local ou à d'autres services, n'importe où sur Internet.

La balise ancre

Les hyperliens reposent sur la balise *ancre*. Comme toutes les balises HTML, la balise ancre s'ouvre avec le signe < et se ferme avec le signe >. Voici sa syntaxe habituelle :

```
<A ATTRIBUT="cible">Texte surligné</A>
```

Observons cette ligne morceau par morceau. D'abord la première partie **<A ATTRIBUT="cible">** :

■ Il y a deux parties que sépare le signe =. La partie de droite est écrite entre guillemets (ce n'est pas strictement nécessaire dans tous les cas, mais c'est une bonne règle à suivre).

■ Sur la gauche, il faut remplacer ATTRIBUT par **HREF** ou **NAME**. HREF signifie qu'il s'agit d'un hyperlien, tandis que NAME désigne un endroit marqué dans le document (nous nous intéresserons d'abord à HREF).

■ La commande HREF, dans la balise ancre, annonce que le texte sur la droite du signe = est la **cible** de l'hyperlien. Donc, une balise ancre ressemble généralement à ceci :

```
<A HREF="cible">Texte surligné</A>
```

Occupons-nous maintenant de la partie appelée «Texte surligné </A>» dans notre exemple.

■ Pour sélectionner un hyperlien dans un document Web, vous devez apercevoir du texte surligné qui est d'une manière ou d'une autre connecté à l'hyperlien. C'est cette partie de la balise ancre qui définit le mot ou la phrase qui apparaîtra en surligné dans le document HTML. Ainsi :

```
<A HREF="cible">Texte qui apparaîtra en surligné</A>
```

■ Remarquez la balise de fermeture **</A>** dans l'exemple. Lorsque le document HTML est affiché, le texte écrit entre guillemets comme étant le texte surligné apparaît effectivement surligné et est un hyperlien effectif.

Liaison à des documents locaux

L'hyperlien le plus simple est celui qui permet d'accéder à un autre document sur le même ordinateur. Supposons que vous ayez deux documents HTML dans le même répertoire, qui s'appellent doc1.htm et doc2.htm. Pour permettre à l'utilisateur de sauter du premier au second document, vous ajoutez une balise ancre dans le doc1.htm ainsi :

```
<A HREF="doc2.htm">Texte qui apparaîtra en surligné</A>
```

Il s'agit d'une balise ancre très simple qui permet d'accéder à un autre document local.

Ce lien fonctionnera aussi si vous placez les deux documents dans le même répertoire sur votre serveur Web.

```
<HTML><HEAD>
<TITLE>Un document HTML simple avec des liens
locaux</TITLE>
```

```
</HEAD><BODY>
<H1>Un document HTML avec un hyperlien vers un fichier
local</H1>
Bienvenue sur mon document HTML.
<P>Vous pouvez essayer <A HREF="doc2.htm">mon hyperlien</A>
en cliquant ici.
</BODY></HTML>
```

Attention

Où est le lien ?

Si vous avez saisi cet exemple de document et que vous l'ayez essayé, vous avez probablement obtenu un message d'erreur. C'est parce que le document cible doc2.htm n'a pas encore été créé.

La Figure 5.1 montre à quoi ressemble ce document sur votre navigateur. Cliquer sur l'hyperlien (la phrase «mon hyperlien») ouvre le nouveau document (à condition que ce dernier existe et qu'il soit dans le même répertoire que la page qui contient le lien).

Attention

Que se passe-t-il si le document cible est dans un autre répertoire ?

L'exemple ne fonctionne que si les deux documents sont dans le même répertoire. Si vous faites référence à un document qui est dans un répertoire différent, changez simplement la partie cible de la balise ancre pour y entrer le chemin du répertoire. Par exemple, si doc2.htm est dans le sous-répertoire subdir1, votre balise s'écrira :

```
<A HREF="subdir1/doc2.htm">
```

Remarquez l'utilisation de l'antislash, et non pas du slash. Vous pouvez bien sûr utiliser le chemin complet, tel que :

http://www.monsite.fr/mesfichiers/subdir1/doc2.htm

ou un chemin relatif, tel que **./subdir1/doc2.htm**, en fonction de la manière dont vous avez organisé vos répertoires et sous-répertoires.

Liaison à des zones spécifiques dans un document

Maintenant que vous savez lier un document à un autre, vous voulez sans doute savoir comment faire accéder votre hyperlien à un endroit précis dans le document cible, plutôt qu'au document lui-même. Heureusement, c'est facile avec le HTML. Comme il en était question précédemment, il y a deux commandes possibles pour la balise ancre. Or, pour un tel résultat, vous devez utiliser la commande NAME. La syntaxe est simple :

```
<A NAME="emplacement">
```

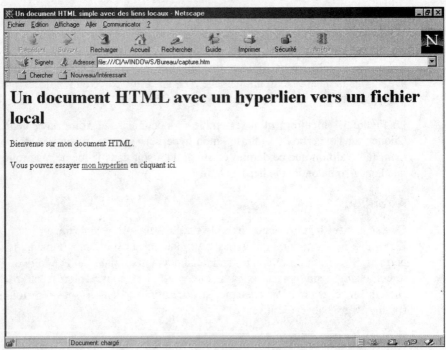

Figure 5.1 *: Un document HTML simple avec un lien vers un fichier local.*

Cette ancre représente un marqueur dans votre document cible à l'endroit où vous souhaitez que mène le lien dans le premier document. Par exemple, voici un fragment de HTML pour un document cible avec un emplacement marqué :

```
<A NAME="xmarque">X marque l'endroit</A>
```

En revenant à votre premier document, vous pouvez utiliser l'ancre pour créer un hyperlien vers cet emplacement dans votre document cible.

```
Plus <A HREF="doc2.htm#xmarque">d'informations</A> sur la
création de lien vers des zones spécifiques d'une page Web.
```

Comme vous pouvez le voir, c'est un hyperlien normal vers un document local, mais avec une différence : l'ajout de «#xmarque» pour faire référence à l'emplacement que vous avez marqué dans le document cible. En cliquant sur l'hyperlien dans le premier document, non seulement vous accédez au document cible, mais vous arrivez directement sur l'emplacement marqué. Vous pouvez améliorer vos documents HTML en permettant aux utilisateurs d'accéder à des emplacements précis.

Eventuellement, vous pouvez utiliser la commande d'accès à un emplacement dans un seul et même document. Entrez juste le marqueur d'emplacement (<A NAME="emplacement">), et créez ensuite votre hyperlien dans le même document, ainsi :

```
<A HREF="#emplacement">
```

Voici un morceau de HTML montrant cette commande dans le même document.

```
Cette page donne accès à un assortiment d'outils et
d'informations pour les WebMasters (les personnes qui
créent des documents en HTML pour les serveurs WWW).
<P>Depuis cette page vous pouvez
[texte supprimé]
<LI> Apprendre le <A HREF="#htmlrefs">HyperText Markup
Language</A></LI>
[texte supprimé]
<A NAME="htmlrefs"><H2>HyperText Markup Language (HTML)
</H2> </A>
```

La Figure 5.2 montre la page d'où proviennent ces lignes de HTML. Comme vous pouvez le voir, il y a une liste d'hyperliens ; l'exemple est le cinquième sur la liste.

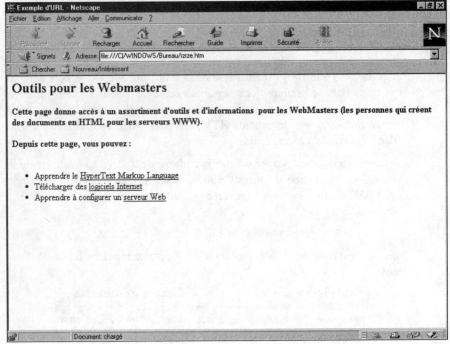

Figure 5.2 : Un document HTML avec des liens d'accès à des emplacements.

Il s'agit là d'un hyperlien complet, avec «#htmlrefs» comme cible du lien. La dernière ligne du fragment de HTML est la cible de cet hyperlien. Vous remarquerez l'utilisation du «<A NAME= "htmlrefs">». Sélectionner l'hyperlien vous fera accéder à la destination, au sein du même document (voir Figure 5.3).

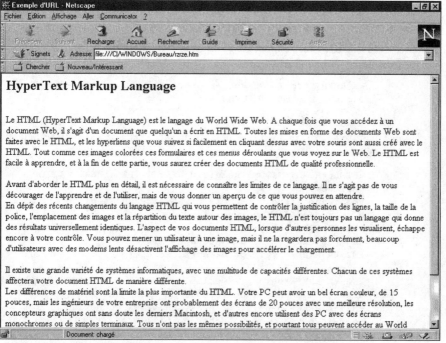

Figure 5.3 : Document de destination.

Liaison des URL

Nous pouvons maintenant passer aux liens qui permettent d'accéder à des documents ou à d'autres ressources sur des systèmes à distance. Pour cela, il faut utiliser un URL qui représente un document à distance. Revenons sur le premier exemple du Chapitre 4 :

http://www.netscape.com/download/index.html

La création d'un hyperlien qui contient cet URL est relativement simple, en utilisant ce que vous avez appris sur les ancres :

```
<A HREF=" http://www.netscape.com/download/ index.html">
Page de chargement de Netscape</A>
```

Il a suffit de mettre l'URL complet à la place de la cible dans la balise ancre.

La phrase «Page de chargement de Netscape» est surlignée et vous pouvez alors accéder à la page de Netscape par un simple clic.

Tous les URL fonctionnent de cette manière. Voici un second exemple, le serveur ftp anonyme de DEC :

```
<A HREF="ftp://gatekeeper.dec.com/pub/">Serveur ftp de
Digital Equipment Corp</A>
```

Voici un document HTML qui contient tous les liens avec les URL cités dans le Chapitre 4. Un rendu de ce document sur Netscape est montré à la Figure 5.4.

```
<HTML><HEAD><TITLE>Exemple d'URL</TITLE></HEAD><BODY>
<H1>Exemples d'URL</H1>
Voici une liste d'exemple d'URL cité en Chapitre 4. Chacun
d'entre eux est un hyperlien.
<H2><A HREF="http://www.netscape.com/download/index.html">
Page de chargement de Netscape</A></H2>
<H2><A HREF="ftp://gatekeeper.dec.com/pub/">Serveur FTP
anonyme de DEC</A></H2>
<H2><A HREF="telnet://wudlab.sprl.umich.edu:3000">Weather
Underground</A>à l'Université du Michigan</H2>
<H2><A HREF="news:comp.infosystems.www.authoring.html">
comp.infosystems.www.authoring.html </A></H2>
<H2><A HREF="mailto:webmaster@www.youcompany.com">Envoyez
un e-mail à votre Webmaster</A></H2>
<H2><A HREF="file://winword6/html/mylife.htm">fichier local
sur mon ordinateur</A></H2>
</BODY></HTML>
```

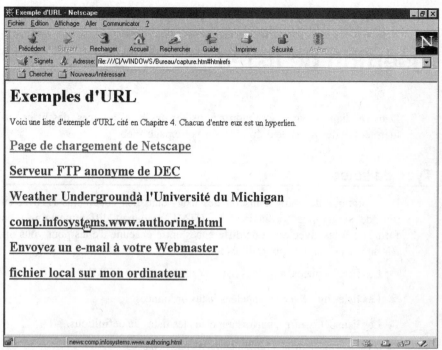

Figure 5.4 : Exemples d'URL dans des hyperliens.

Le mot juste

Les URL relatifs et absolus

Jusqu'à maintenant, vous avez constaté que les hyperliens vers les documents locaux sont en fait de petits URL, mais sans le nom du service et sans le nom d'hôte nécessaire. Lorsque vous faites référence à des documents qui utilisent le même nom de service et le même nom d'hôte que le document parent, vous pouvez utiliser des URL relatifs. Utiliser des URL relatifs permet de déplacer toute l'arborescence d'un document HTML d'un endroit vers un autre ou d'un ordinateur vers un autre, sans avoir à remonter tous les documents et à en changer les URL absolus.

Chapitre 6

Insertion de listes

Dans ce chapitre, vous apprendrez à insérer des listes à puces, des listes numérotées et des listes de définition sur votre page Web.

Type de listes

Il est pratique de pouvoir insérer des listes dans des documents HTML, en plus de paragraphes ordinaires. Le HTML reconnaît différentes mises en forme de listes, avec assez de différences entre chacune d'elles pour vous offrir un grand panel de possibilités :

■ Les listes à puces, appelées listes désordonnées en HTML.

■ Les listes numérotées, appelées listes ordonnées.

■ Les listes glossaires, parfois appelées les listes de définitions.

Le HTML a des balises pour chacune de ces listes.

Les mises en forme de puces (listes désordonnées)

Les listes à puces font ressortir chaque sujet d'une liste en ajoutant des puces ou autres marqueurs. En HTML, vous créez des puces en utilisant la balise de liste désordonnée <UL>, avec la balise <LI> (cette dernière est utilisée pour tous les types de listes de HTML). Voici un fragment de HTML qui contient une liste désordonnée :

```
<UL><LI>Premier item de la liste</LI>
<LI> Deuxième item de la liste</LI>
<LI>Dernier item de la liste</LI></UL>
```

Maintenant, vous vous êtes suffisamment familiarisé avec la syntaxe du HTML pour reconnaître les balises de début et de fin </UL> pour la totalité de la liste, ainsi que les balises <LI> pour chaque item.

Même si la balise de fermeture </UL> est toujours requise, les standards HTML existants ne réclament pas la présence de la balise de fermeture </LI>

et la plupart des navigateurs s'en passe très bien. Toutefois, plutôt que d'apprendre les exceptions aux règles générales du HTML, il est préférable de maintenir cette balise de fermeture. De futurs changements dans le standard HTML peuvent la rendre nécessaire.

La Figure 6.1 présente une liste désordonnée, ainsi qu'une liste ordonnée. Comme vous pouvez le voir, les items peuvent être plus longs qu'une simple ligne. Grâce au retrait, vous pouvez les faire tenir sur plusieurs lignes. De plus, vous pouvez utiliser la balise paragraphe <P> et </P> pour créer des listes à puces de plusieurs paragraphes.

Attention

Mélanger les balises

Faites attention lorsque vous incluez d'autres balises au sein de vos listes. Notamment, pensez que les balises de passage à la ligne, telle que la balise <BR> ou la balise de titre, peuvent avoir des effets indésirables sur vos listes.

Le mot juste

Les retraits

Les listes à puces créent un retrait. En d'autres mots, le paragraphe commence par une puce et chaque ligne du paragraphe est décalée par rapport à la marge de gauche. Tout le paragraphe «dépend» alors de la puce.

Si, dans la liste désordonnée, les puces par défaut ne vous plaisent pas, vous avez deux autres choix. En utilisant un *attribut* HTML de liste désordonnée, vous pouvez choisir un ou deux autres types de puces, les *carrées* ou les *ovales*. Voici un extrait de HTML montrant l'utilisation de puces carrées :

```
<UL TYPE=SQUARE>
<LI>Premier item</LI>
...
</UL>
```

Comme vous pouvez le constater, l'attribut «TYPE=SQUARE» apparaît dans la balise d'ouverture. Pour obtenir les puces ovales, utilisez «TYPE=CIRCLE». Les puces par défaut pour une liste désordonnée sont «TYPE=DISC», et il n'est pas nécessaire de l'écrire.

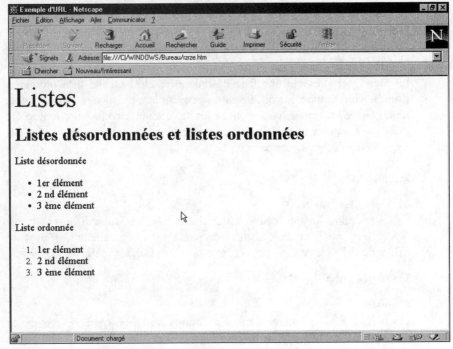

Figure 6.1 : *Une liste désordonnée et une liste ordonnée.*

Le mot juste

Les attributs

Les attributs HTML définissent des caractéristiques qui s'appliquent aux balises HTML. Ainsi, l'attribut TYPE pour les listes désordonnées définit le type de puce à utiliser dans la liste. Vous apprendrez davantage d'attributs au fur et à mesure.

Les listes numérotées (ordonnées)

A la place des puces, vous pouvez utiliser une *numérotation*. La balise HTML de liste ordonnée <OL> permet de le faire, de plus, elle numérote automatiquement vos items. En voici un exemple :

```
<OL><LI>Premier item numéroté</LI>
```

```
<LI>Deuxième item numéroté</LI>
<LI>Troisième item numéroté</LI></OL>
```

Remarquez l'utilisation des balises standards <LI> et </LI> pour chaque item. De plus, votre liste ordonnée est automatiquement numérotée lorsqu'elle est interprétée et affichée par votre navigateur, vous n'avez donc pas besoin de saisir un seul chiffre dans votre document HTML. Votre liste sera automatiquement renumérotée si vous la changez plus tard ou si vous y ajoutez ou y enlevez des items. La Figure 6.1 montre deux listes, une ordonnée et une désordonnée telles qu'elles sont interprétées et affichées dans Netscape Navigator.

Les derniers standards HTML ont ajouté deux attributs très pratiques pour les listes ordonnées. Tout d'abord, il y a l'attribut TYPE, qui permet de choisir le type de numérotation que vous souhaitez utiliser. Vous pouvez choisir une numérotation en chiffres arabes, en chiffres romains (majuscule ou minuscule) ou en lettres. Utilisez l'attribut TYPE comme cela est montré sur le Tableau 6.1.

Tableau 6.1 : *Attributs des listes numérotées*

Code	Attribut
<OL TYPE=1>	Chiffres arabes (par défaut, non requis)
<OL TYPE=a>	Lettres minuscules
<OL TYPE=A>	Lettres majuscules
<OL TYPE=i>	Chiffres romains minuscules
<OL TYPE=I>	Chiffres romains majuscules

Attention

Vérifier la taille des polices
Dans ce livre, l'utilisation des majuscules a été recommandée pour vos balises HTML. Cependant, faites attention, car les balises pour les types de listes ordonnées sont sensibles à la taille des polices.

Dans certains cas, vous pouvez avoir besoin de contrôler le numéro de départ de la liste ordonnée. Le nouvel attribut START le fait. En voici un exemple.

Vous souhaitez faire une liste numérotée avec des chiffres romains en majuscules qui démarre à VII :

```
<OL TYPE="I" START="7">
...
</OL>
```

Attention

Utilisez les chiffres arabes dans l'attribut
Vous devez utiliser un chiffre arabe (1, 2, 3 etc.) pour définir un nombre de départ différent dans une liste, même si vous avez demandé une numérotation en chiffres romains ou en lettres.

Créer des listes glossaires

Une liste glossaire permet d'inclure une description de chaque item listé. La balise HTML <DL> génère une telle liste, mais utilise d'autres balises pour ce type de liste en forme. Ces autres balises sont <DT>, *définition du terme*, et <DD>, *définition de la donnée*. En voici un exemple :

```
<H1>La liste des éléments HTML</H1>
<DL><DT>La balise UL</DT>
<DD>Crée une liste à puces ou ordonnée</DD>
<DT>La balise OL</DT>
<DD>Crée une liste ordonnée ou numérotée</DD>
<DT>La balise LI</DT>
<DD>Utilisée dans les listes à puces ou ordonnées pour
séparer chaque item</DD>
<DT>La balise DL</DT>
<DD>Crée une liste glossaire</DD>
<DT>La balise DT</DT>
<DD>Fait ressortir un terme dans une liste glossaire</DD>
<DT>La balise DD</DT>
<DD>Une définition dans une liste glossaire</DD></DL>
```

La Figure 6.2 montre cet exemple, qui affiche un bref résumé des balises de listes HTML.

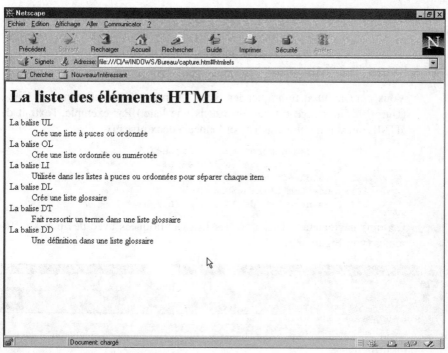

Figure 6.2 : Une liste glossaire.

Les nouvelles commandes de liste en HTML

Deux nouvelles commandes ont été ajoutées dans le dernier standard du HTML. Ce sont des commandes générales, et elles s'appliquent à toutes sortes de listes :

- La balise <LH> fournit un titre de liste automatique, en imprimant un titre pour votre liste.

- L'attribut COMPACT permet à votre liste de s'afficher dans une police plus petite.

Voici un petit extrait de HTML qui illustre deux de ces nouvelles commandes :

```
<UL COMPACT>
<LH>Les nouvelles balises HTML</LH>
```

```
<LI>Le titre de liste</LI>
<LI>L'espacement compact</LI></UL>
```

Les listes imbriquées

Vous pouvez aussi imbriquer les listes, et même différents types de listes. (Une liste imbriquée est une liste dans une liste.) Par exemple, l'extrait de HTML qui suit montre une liste ordonnée à deux niveaux.

```
<UL><LI>Item numéro 1 de la liste</LI>
<LI>Item numéro 2 de la liste</LI>
<UL><LI>Sous-item A</LI>
<LI>Sous-item B</LI></UL>
<LI>Item numéro 3 de la liste</LI>
```

Certains navigateurs afficheront les listes imbriquées avec des puces différentes (voir Figure 6.3).

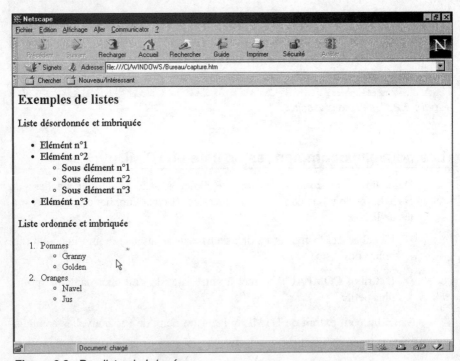

Figure 6.3 : Des listes imbriquées.

Cette figure montre aussi une liste imbriquée qui mélange les balises de listes ordonnées et désordonnées.

Ainsi :

```
<OL><LI>Pommes</LI>
<UL><LI>Granny</LI>
<LI>Golden</LI></UL>
<LI>Oranges</LI>
<UL><LI>Navel</LI>
<LI>Jus</LI></UL></OL>
```

Attention

Comptez vos balises

Pensez à compter vos balises quand vous les imbriquez. Si votre liste ne s'affiche pas comme vous le souhaitez, vous avez probablement oublié une ou plusieurs balises.

De plus, lorsque vous imbriquez des listes (ou d'autres balises HTML), assurez-vous qu'une balise n'annule pas l'effet d'une autre. En cas de doute, utilisez votre navigateur pour prévisualiser votre document HTML avant de le mettre sur le Web.

Chapitre 7

Insertion de tableaux

Dans ce chapitre, vous allez apprendre à utiliser les balises HTML pour créer des tableaux. Les tableaux ne sont pas seulement utilisés pour mettre les données en lignes, mais aussi pour placer des images et pour aligner du texte.

Pourquoi utiliser des tableaux ?

Même si les titres, les paragraphes et les listes permettent de gérer la plupart des textes, vous pouvez avoir besoin de mieux contrôler la disposition du texte ou des graphiques. Les tableaux vous offrent ce contrôle. Ils permettent de disposer le texte et les nombres en lignes et en colonnes et aussi de positionner précisément un graphique sur une page. De plus, les tableaux obligent les navigateurs à afficher le texte dans la mise en forme que vous avez souhaitée.

Le mot juste

Un tableau
Un Tableau HTML, comme n'importe quel autre tableau imprimable, est fait de lignes et de colonnes d'information.

Les bases des tableaux

Il est préférable de penser aux tableaux HTML comme à des *feuilles de calcul* de Lotus 1-2-3 ou Excel. Les feuilles de calcul sont des *lignes* horizontales et des *colonnes* verticales d'informations, qui sont mises en forme selon vos besoins. L'intersection d'une ligne et d'une colonne est appelée une cellule. La balise de Tableau HTML peut être utilisée pour toutes les informations classables.

Utiliser les balises de titres, de lignes et de données

Le HTML utilise la balise <TABLE> pour générer un tableau. Un tableau HTML a trois balises principales : <TH> pour le titre du tableau, <TR> pour les lignes du tableau et <TD> pour les données du tableau (c'est-à-dire les informations qui sont dans la cellule), ainsi que de nombreux attributs d'alignement dans la cellule. Voici un exemple HTML de tableau très simple :

```
<TABLE>
<TR><TD>Ligne 1, Colonne 1</TD>
<TD>Ligne 1, Colonne 2</TD></TR>
<TR><TD>Ligne 2, Colonne 1</TD>
<TD>Ligne 2, Colonne 2</TD></TR></TABLE>
```

C'est un tableau avec deux lignes et deux colonnes.

Le mot juste

Les titres horizontaux et verticaux
Les titres de tableaux s'appliquent aussi bien aux têtes de colonnes qu'aux têtes de lignes.

Modifions l'exemple précédent pour y ajouter une vraie information.

```
<H1>Résultats comptables de la société HTML Consultant</H1>
<H2>Pertes et profits 1997 (actuels et prévision)</H2>
<TABLE><TR><TH>Premier Trimestre</TH><TH>Deuxième
Trimestre</TH>
<TH>Troisième Trimestre</TH><TH>Quatrième
Trimestre</TH></TR>
<TR><TD>12 % de profits (actuel)</TD>
<TD>2 % de pertes (actuel)</TD>
<TD>5 % de pertes (actuel)</TD>
<TD>8 % de profits (actuel)</TD></TR>
<TR><TD>11 % de profits (prévision)</TD>
<TD>2 % de profits (prévision)</TD>
<TD>3 % de pertes (prévision)</TD>
<TD>5 % de profits (prévision)</TD></TR></TABLE>
```

Ici, nous avons ajouté quatre titres pour notre rapport trimestriel des pertes et profits et nous avons ajouté deux lignes de données. La Figure 7.1 montre ce tableau.

555

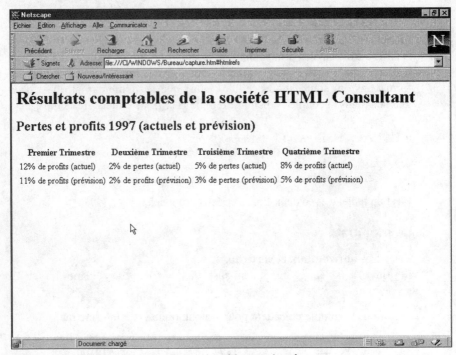

Figure 7.1 : *Tableau avec des titres de tableaux ajoutés.*

Améliorer l'alignement

Ce que vous remarquez tout d'abord sur ce tableau (à part la mise en gras automatique pour les titres), c'est la mise en page des cellules. Le contenu de chaque cellule est centré, ce qui correspond à l'alignement par défaut des titres de tableaux. Les balises <TH> et <TD> comprennent l'attribut ALIGN, qui permet de contrôler la justification du contenu des cellules. Insérez simplement l'attribut dans la balise. Par exemple, pour utiliser l'alignement à gauche, écrivez <TH ALIGN="LEFT">, et pour une justification à droite, <TD ALIGN="RIGHT">. Comme pour les autres attributs, vous devez mettre des guillemets autour de la valeur.

Contrôler les lignes et les colonnes

Il existe deux attributs supplémentaires qui sont compris par les balises <TD> et <TH>. Vous pouvez contrôler la largeur et la hauteur des colonnes et des lignes en utilisant les attributs *COLSPAN* et *ROWSPAN*. Par exemple, <TH ROWSPAN=3> crée un tableau de trois lignes de haut, tandis que <TD COLSPAN=2> crée une cellule large de deux colonnes. Une utilisation astucieuse des attributs COLSPAN et ROWSPAN permet de créer des tableaux vraiment complexes.

Créer un tableau compartimenté complexe

La Figure 7.2 montre un tableau complexe qui utilise les attributs COLSPAN et ROWSPAN. Vous remarquez que ce tableau est compartimenté. C'est très facile à réaliser avec l'attribut BORDER de la balise <TABLE>. Pour compartimenter votre tableau, commencez par <TABLE BORDER>. <CAPTION> est une balise HTML que vous utilisez pour ajouter un titre à vos tableaux. Comme <TD> et <TR>, la balise <CAPTION> n'est valable qu'au sein d'une balise <TABLE>. Elle définit votre titre ainsi :

```
<CAPTION>Titre du tableau</CAPTION>
```

La Figure 7.3 montre le code qui crée le tableau de la Figure 7.2. Le tableau dans la Figure 7.2 est seulement un exemple. Les balises <TABLE>, <TR>, <TH>, et <TD> ont beaucoup plus d'attributs que ceux indiqués dans cet exemple.

Attention

Largeur de la bordure

Vous pouvez contrôler la largeur de la bordure pour Netscape Navigator ou Internet Explorer avec l'attribut WIDTH. Par exemple, pour obtenir une largeur de 3 pixels (1 pixel par défaut), écrivez <TABLE BORDER WIDTH=3>.

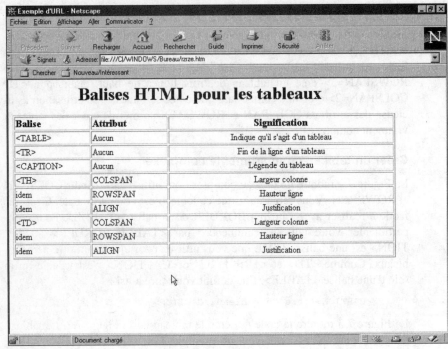

Figure 7.2 : Tableau complexe et compartimenté.

La largeur et l'alignement du tableau

Les standards HTML actuels permettent de bien contrôler la largeur et l'alignement des tableaux, même s'il existe quelques petites différences entre les standards et la manière dont Netscape Navigator les interprète.

La largeur d'un tableau

L'attribut WIDTH, avec l'attribut facultatif UNITS, permet de contrôler la largeur du tableau. Vous pouvez exprimer la largeur des tableaux en utilisant l'attribut UNITS, soit avec PIXEL (pixels d'écran), soit avec RELATIVE (un pourcentage de la largeur de la page). Pour créer un tableau qui occupe la moitié de la largeur de la page, tapez :

```
<TABLE WIDTH="50%" UNITS="RELATIVE">
```

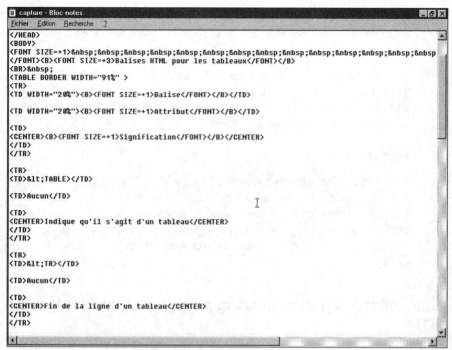

Figure 7.3 : *Le HTML d'un tableau complexe.*

Vous avez déjà pris connaissance des attributs COLSPAN et ROWSPAN, qui permettent de définir la taille des cellules à l'intérieur des tableaux. Utilisez aussi le nouvel attribut WIDTH à l'intérieur de chaque cellule pour définir l'épaisseur de celles-ci. Voici un exemple :

```
<TD WIDTH="50%">Saisie cellule</TD>
```

Dans cet exemple, la cellule occupera 50 % de la largeur du tableau. Si l'utilisateur redimensionne la fenêtre du navigateur, la largeur de la cellule changera en fonction de celle du tableau.

L'alignement du tableau

L'alignement du tableau est une des commandes du standard HTML 3.2, et certains de ses paramètres ne sont pas encore intégrés par tous les navigateurs. Vous devez donc l'expérimenter pour voir comment les différents navigateurs réagissent.

559

Les alignements de tableaux se font grâce à l'attribut ALIGN. Par exemple, pour centrer un tableau au centre de la page de votre visualiseur, tapez :

```
<TABLE ALIGN="CENTER">
```

Les autres valeurs pour l'alignement d'un tableau sont LEFT, RIGHT et JUSTIFY (qui le fait correspondre à la taille de la page), et BLEEDLEFT et BLEEDRIGHT. Les deux derniers sont utilisés lorsqu'il y a du texte autour du tableau. (Vous apprendrez la répartition du texte dans le Chapitre 9.)

Attention

La compatibilité des navigateurs

Tous les navigateurs ne comprennent pas les attributs d'alignements de tableau du HTML 3.2.Vous devez donc expérimenter un ou deux navigateurs pour voir ce qu'il en est. Remarquez cependant que la balise <CENTER> de Netscape peut être utilisée pour centrer tous les textes, y compris les tableaux.

Une utilisation plus créative et plus pointue des tableaux HTML

Utiliser le HTML pour faire des tableaux avec des lignes et des colonnes de chiffres peut paraître un peu limité. Après tout, vous n'avez pas besoin de tableaux dans tous vos documents HTML. En fait, plusieurs auteurs de HTML plus expérimentés utilisent les tableaux pour pallier les faiblesses du HTML dans la mise en page. L'idée principale est qu'une cellule peut contenir n'importe quoi, y compris des images, des hyperliens.

En fait, l'utilisation des tableaux HTML a permis de créer de nombreuses pages Web que vous avez déjà vues. La Figure 7.4 montre la page d'accueil de Microsoft Internet Explorer (IE) (**http://www.microsoft.com/ie/**). Si vous observez la source HTML de cette page, vous constaterez qu'elle est entièrement réalisée avec des tableaux dont certains sont imbriqués dans d'autres. Utilisez la possibilité d'affichage du code source proposée par votre navigateur pour étudier ce code.

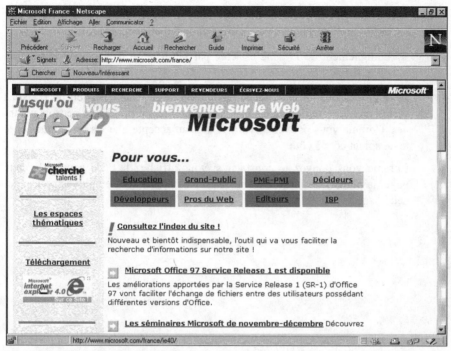

***Figure 7.4 :** La page d'accueil de Microsoft Internet Explorer utilise des tableaux.*

La première chose que vous remarquez sur la page d'accueil IE est la barre de navigation noire en haut, que leurs auteurs ont créée comme un tableau. Le tableau a deux balises <TD>, une pour chaque côté, droit et gauche, des boutons de la barre, qui sont placées sur un fond noir (vous apprendrez les couleurs de fond dans le prochain chapitre). La balise de gauche <TD>, par exemple, contient les six boutons cliquables, appelés «Microsoft», «Products», «Search», «Support», «Shop», et «Write Us», ainsi que deux autres fichiers d'images GIF transparentes.

Regardez en détails la source HTML pour ce tableau. Vous y verrez plusieurs possibilités importantes :

■ L'inclusion des images montre que les images peuvent être placées au sein des cellules du tableau, avec un contrôle total de la hauteur, de la largeur et de l'alignement, en utilisant les attributs de <IMG>.

■ Les images et les autres données dans les cellules du tableau peuvent être des hyperliens cliquables, en utilisant la balise ancre HTML.

■ L'alignement de la table est créé par l'utilisation d'un nouvel attribut de <TABLE>, *CELLPADDING*.

Juste en dessous de la barre de navigation de la page d'accueil de IE, vous verrez que le reste de la page est un tableau un peu plus large de trois colonnes. Comme vous pouvez le voir, le tableau accepte que les graphiques et le texte soient côte à côte.

Comme vous pouvez le constater si vous affichez le code source de cette page, la plupart des attributs que vous avez appris sont employés pour créer cette page.

Chapitre 8

Texte préformaté

Dans ce chapitre, vous apprendrez à utiliser le HTML pour mettre en forme du matériel avec des tabulations sans utiliser les tableaux.

Pourquoi utiliser du texte préformaté ?

Dans le chapitre précédent, vous avez appris à utiliser les tableaux HTML pour créer du matériel avec des tabulations et en affiner la mise en page. Toutefois, des navigateurs Web plus anciens ne comprennent pas les tableaux, ou ils ne les comprennent que partiellement ou les affichent différemment. Il en existe d'autres (NCSA X Mosaic pour UNIX) qui permettent d'activer ou de désactiver l'affichage des tableaux, tandis que certains (NCSA WinMosaic) permettent à l'utilisateur de définir les préférences d'affichage, ce qui peut donner des résultats différents de ceux que vous escomptiez. Si les utilisateurs qui lisent vos pages Web ont de vieux navigateurs, vous devrez penser à un autre moyen que les tableaux pour préserver la mise en page. La suite de ce chapitre vous propose des solutions alternatives.

Contrôlez la mise en page du tableau avec la balise <PRE>

Avant le développement des standards de tableaux HTML, le moyen le plus sûr de conserver la mise en forme de vos tableaux était d'utiliser le *texte préformaté*. Si les lecteurs de vos documents HTML ont des navigateurs qui ne comprennent pas les tableaux, tel que Lynx ou NCSA Mosaic, il faut savoir comment installer du texte préformaté.

En général, le HTML ignore les espaces blancs supplémentaires que vous utilisez pour créer des lignes et des colonnes dans un tableau. La balise <PRE> empêche cela. Et c'est entre la balise <PRE> et la balise </PRE> que s'écrit le texte avec les tabulations pour que soient créées des lignes et des colonnes.

Voici un extrait de HTML utilisant la balise <PRE> pour créer un petit tableau :

```
<PRE>Ligne 1    Colonne 1    Colonne 2    Ligne 2    Colonne 1
Colonne 2</PRE>
```

Comme vous pouvez le voir, il s'agit d'un listing simple avec deux lignes et deux colonnes. Sans les deux balises, ce texte s'afficherait sur une seule ligne, sans espaces blancs, ainsi :

```
Ligne 1 Colonne 1 Colonne 2 Ligne 2 Colonne 1 Colonne 2
```

La balise <PRE> permet d'afficher le texte avec la mise en forme que vous avez faite avec les tabulations.

Attention

Les colonnes ne s'alignent pas

Lorsque vous travaillez avec du texte préformaté, ce n'est pas une bonne idée d'utiliser les tabulations pour créer des espaces blancs. Les navigateurs n'interprètent pas toutes les tabulations de la même manière, il est donc préférable d'utiliser la barre d'espace pour être sûr que les colonnes soient bien alignées. Malheureusement, c'est plus laborieux.

Recréons le tableau du résultat comptable de la société HTML Consultant du chapitre précédent.

```
<HTML><HEAD><TITLE>Résultat comptable de la société HTML
Consultant</TITLE></HEAD><BODY>
<H1> Résultat comptable de la société HTML Consultant</H1>
<H2>Profits et pertes 1997 (Actuels et prévisions)</H2>
<PRE>
Premier trimestre         Deuxième trimestre        Troisième
trimestre        Quatrième trimestre
12% Profits (actuel)      2% Pertes (actuel)        5% Pertes
(actuel)      8% Profits (actuel)
11% Profits (prévision)  2% Profits (prévision)  3% Pertes
(prévision) 5% Profits (prévision)
</PRE></BODY></HTML>
```

Ici, ce sont les balises de titre HTML qui sont utilisées pour ce rapport trimestriel. Le texte préformaté a été utilisé pour les titres de chaque colonne ainsi que pour la disposition des données. La Figure 8.1 montre ce tableau. Comme vous pouvez le constater, vous pouvez réaliser des tableaux qui ressemblent à ceux que vous avez construits dans le chapitre précédent. Toutefois, les tableaux créés avec le texte préformaté ne peuvent pas avoir de bordures.

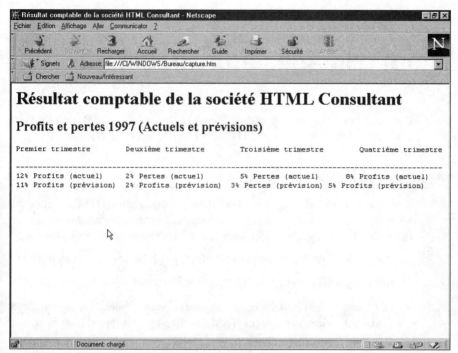

Figure 8.1 : *Tableau créé avec du texte préformaté.*

Astuce

Convertir des documents existants avec des tables

Dans le Chapitre 15, vous apprendrez à convertir les documents existants que vous avez enregistrés en RTF (Rich Text Format) en HTML grâce au logiciel rtftohtml. Si de tels documents ont des tabulations, ils seront convertis en texte préformaté pour maintenir les espaces.

Chapitre 9

Ajout d'images aux documents

Dans ce chapitre vous apprendrez à inclure des images, tel le logo de votre entreprise, dans vos documents HTML, et à en faire des hyperliens.

Ajout d'une image en ligne

Il y a deux sortes d'images utilisées dans les documents HTML. Celles qui apparaissent directement dans votre document sont appelées des *images en ligne*. D'autres images appelées *images externes* seront présentées plus tard.

La plupart des navigateurs ne peuvent gérer que quelques images en lignes :

- Les images **GIF (Graphic Interchange Format)**.

- Les images **X Windows** (que l'on trouve normalement sur les systèmes UNIX), appelées des images **XBM (X-Bitmap)**, un type d'images en noir et blanc.

- Les images couleur **XPM (X-Pixelmap)**, un autre type d'images X Windows.

- Les images de type JPEG **(Joint Photographic Expert Group)**.

D'autres types d'images qui ne sont pas directement compris par un navigateur sont traités comme des images affichables avec un module – un logiciel externe dont il a été question dans la Partie III, aux Chapitres 5 et 7.

Pour insérer des images, vous utilisez une balise. La plus petite balise d'insertion d'image possible est :

```
<IMG SRC="filename">
```

Comme vous le voyez, l'insertion d'image requiert l'attribut SRC, qui définit votre image. De plus, à droite du signe égale, vous trouvez le nom de fichier de l'image. Si vous visez une image stockée sur un serveur à distance, il faut inclure le nom du serveur et le chemin du fichier graphique, par exemple :

http://www.mcp.com/public/graphics/picture.gif

La balise **<IMG>** a plusieurs attributs facultatifs. Voici une courte liste des principaux :

■ **ALT.** Définit un texte alternatif lors du chargement de l'image, lorsqu'elle est partiellement chargée ou lorsqu'elle ne peut être vue.

■ **ALIGN.** Permet d'aligner physiquement l'image dans la page.

■ **HEIGHT** et **WIDTH.** Définissent la taille de l'image.

■ **ISMAP.** Définit l'image comme une image réactive.

Attention

Microsoft Internet Explorer
Microsoft Internet a ajouté l'attribut DYNSRC à la balise <IMG>. Cela permet d'ajouter des vidéos en temps réel sur une page Web.

Fournir un texte ALT

Souvent, les utilisateurs qui ont des connexions lentes à Internet désactivent le chargement automatique des images. Certains utilisent des navigateurs texte seulement, tels que Lynx, qui n'ont pas de possibilité graphique. L'attribut *ALT* permet de définir une ligne de texte qui apparaîtra à la place de l'image pour ces utilisateurs, afin de rendre les pages compréhensibles en toutes circonstances. Par exemple, si vous avez inséré le logo de votre entreprise, proposez un autre texte pour les utilisateurs de navigateurs non-graphiques, ainsi :

```
<IMG ALT="[logo de l'entreprise]" SRC="entreprise.gif">
```

Les pages Web qui ne contiennent que des images réactives sont complètement inutilisables pour les navigateurs non graphiques, il est donc préférable d'utiliser l'attribut ALT dans toutes les balises **<IMG>**.

Utiliser ALIGN

Même si vous savez que vous avez un contrôle limité sur le rendu de vos documents en HTML, vous pouvez contrôler l'alignement de vos images en ligne avec l'attribut ALIGN, qui ne peut avoir que cinq valeurs. Voici un exemple :

```
<IMG ALT="[Logo]" ALIGN="middle" SRC="entreprise.gif">
```

Les autres valeurs de ALIGN sont top, bottom, left et right. Vous pouvez combiner un alignement vertical et un alignement gauche/droite avec un deuxième attribut ALIGN. Il n'y a pas beaucoup de différences entre top, middle et bottom, car le point de référence est la ligne de texte sur laquelle la balise <IMG> est placée. Utiliser ALIGN="middle" signifie que le milieu de l'image correspondra au milieu de la ligne de texte.

Les alignements gauche et droit sont plus radicaux, et ils permettent au texte de se couler autour de vos images.

La Figure 9.1 montre une image alignée avec chacun des attributs ALIGN.

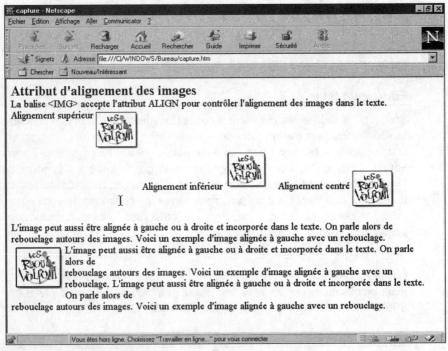

Figure 9.1 : *Les attributs d'alignement d'image.*

Utiliser HEIGHT et WIDTH

Généralement, les navigateurs Web doivent télécharger les images avant d'arriver à identifier leur taille sur l'écran. Cela implique des délais dans l'affichage de vos documents HTML, car le navigateur de l'utilisateur attend de connaître la taille de l'image avant d'afficher le texte du document. Vous pouvez réserver l'espace pour vos images en ligne en utilisant les attributs HEIGHT et WIDTH, ce qui provoque un téléchargement plus rapide de vos documents HTML, car le navigateur sait quel espace les images occupent et il charge alors le texte en même temps que les images.

Attention

Height et Width

N'essayez pas d'utiliser Height ou Width pour redimensionner vos images. Ces attributs ne font que réserver un espace sur l'écran pour votre image. Définir une hauteur et une largeur qui seraient 30 % plus grandes ou plus petites que l'image peut créer une distorsion. Si vous devez changer la taille de vos images de plus de 30 %, utilisez un logiciel graphique.

HEIGHT et WIDTH sont définis en pixels d'écran et doivent être de la même taille que l'image. Par exemple, les images de la Figure 9.1 sont en 64 × 64 pixels. Voici un extrait de HTML qui utilise HEIGHT et WIDTH :

```
<IMG ALIGN="LEFT" HEIGHT="64" WIDTH="64" SRC="ssm.gif">
```

ISMAP

Le dernier attribut de la balise <IMG> est *ISMAP*. Nous aborderons cette commande dans le chapitre suivant. Pour l'heure, notez qu'elle permet d'insérer des images réactives, c'est-à-dire des images qui ont des zones correspondant à des hyperliens. En cliquant sur les différentes zones, on accède à différents liens.

Création d'un hyperlien à partir d'une image en ligne

Dans le Chapitre 5, vous avez appris à utiliser la balise ancre <A> pour créer des hyperliens surlignés qui permettent d'accéder à d'autres documents ou d'autres URL représentant des services quelque part sur Internet. Les auteurs HTML chevronnés utilisent souvent les images elles-mêmes comme hyperliens en insérant une balise <IMG> au sein de l'ancre. En voici un exemple :

```
<A HREF="http://sales.mycompany.com/"><IMG ALT=[Logo
Département Vente]" ALIGN="LEFT" HEIGHT="32" WIDTH="32"
SRC="ventes.gif">Département Ventes</A>
```

Dans cet exemple, nous avons inclus un hyperlien à un URL qui accède au serveur Web des Ventes. Le texte «Département Ventes» est l'hyperlien. Remarquez, cependant, que nous avons inséré la balise <IMG> intégralement, avec plusieurs attributs, *entre* l'URL et le texte en surbrillance. Lorsque vous visualisez ce code sur le navigateur, non seulement vous voyez le texte cliquable normal, mais aussi l'image cliquable. Cela signifie que vous pouvez cliquer directement sur l'image pour accéder à l'hyperlien.

Les images icônes liens vers des images externes

Au-delà de l'utilisation évidente des images comme hyperliens, vous pouvez aussi lier une petite image, parfois appelée *image icône*, avec une version externe de la même image plus grande. Cela économise de la bande passante. Si le lecteur le désire, il peut cliquer sur l'icône pour voir l'image en plus grand. En voici un exemple :

```
<A HREF="bigimage.gif"><IMG ALT=[logo]"
SRC="icône.gif">Voir l'image en grand (150 Kb)</A>
```

Comme vous pouvez le voir, l'icône est liée directement à la grande image. En ajoutant la taille de la grande image, vous donnez à l'utilisateur une idée de son temps de chargement.

Les images de fond

Beaucoup d'auteurs créent leurs pages Web avec des images de fond. C'est facile et cela peut améliorer vos documents sans utiliser trop de bande passante. Pour ajouter une image de fond, utilisez l'attribut BACKGROUND ainsi :

```
<BODY BACKGROUND="mybg.jpeg">*
```

Comme vous pouvez le voir, BACKGROUND est un attribut de la balise **<BODY>**. L'intérêt des images de fond, c'est qu'elles peuvent être répétées afin de créer une mosaïque.

Que se passe-t-il lorsqu'un utilisateur ne peut pas voir des images ?

Nous avons déjà abordé l'utilisation de l'attribut ALT, qui affiche du texte à la place de l'image pour les navigateurs non graphiques. Non seulement il est préférable de toujours utiliser l'attribut ALT, mais vous devriez toujours mettre du texte hyperlien en plus de l'image pour les mêmes raisons. Présenter une page Web uniquement avec des liens images n'est pas convivial pour ceux qui n'ont pas la possibilité de lire les images. Et comme nous le verrons dans le chapitre suivant, il y a d'autres raisons pour lesquelles vous devez fournir une alternative texte aux images.

Autres considérations relatives aux images

Beaucoup de gens accèdent au World Wide Web avec des connexions rapides, mais beaucoup d'autres passent par des connexions téléphoniques plus lentes. Même avec les énormes progrès qui ont été faits dans la technologie des modems durant ces dernières années, les modems les plus rapides sont encore très lents, comparés aux LAN (réseaux locaux) et aux lignes digitales. Les images peuvent être très lourdes. Cela prend du temps de les transférer du serveur où elles résident vers l'utilisateur. Plus il y aura de grandes images, plus le chargement sera long. Ce qui ne dure que quelques secondes sur votre LAN, peut durer bien plus longtemps avec un modem. Les experts ne sont pas d'accord sur la taille d'image idéale ou sur la taille souhaitable pour une page avec plusieurs images. Toujours est-il que le long chargement des pages Web fera partir les utilisateurs impatients.

La capacité de certains navigateurs Web à commencer à afficher le texte de documents HTML pendant le chargement des images a été un grand progrès, en particulier pour les utilisateurs qui ont des connexions lentes. Toutefois, en tant qu'auteur HTML, vous devez être conscient des inconvénients que représente l'insertion d'images dans vos documents HTML.

Pensez à toujours offrir une alternative texte à vos images (ou utilisez l'attribut ALT). Pour les images réactives, utilisez toujours une alternative texte, et placez-la en haut de la page pour un accès facile. Assurez-vous de l'aspect fonctionnel de vos documents en texte seulement ; et lorsque les images ne sont pas disponibles, tous les liens doivent fonctionner. L'hyperlien du département Ventes de l'entreprise dans le paragraphe précédent est un bon

exemple : il contient à la fois du texte et une image, et chacun peut être sélectionné pour suivre l'hyperlien. Ainsi, il fonctionnera toujours, qu'il soit affiché dans un navigateur graphique ou non.

Il reste une chose importante à propos des images dans vos documents
HTML. Même si tous les utilisateurs ont des connexions rapides, il peut y
avoir des problèmes de qualité. L'insertion d'un trop grand nombre d'images
peut se révéler rebutant pour le visiteur.

Obtenir des images à utiliser dans vos pages

Vous vous demandez peut-être où trouver des images à mettre dans vos pages
Web. Vous pouvez prendre des images sur le Web lui-même en utilisant la
commande Enregistrer Sous ou Enregistrer l'image sous de votre navigateur.
Dans la plupart des cas, il suffit de faire un clic droit et de sauvegarder. Cependant, si l'image est protégée, vous devez d'abord obtenir la permission de
l'utiliser sur votre page.

Vous pouvez aussi créer des images originales en utilisant 3 D, Paint, et des
logiciels de manipulation de l'image, tel que Paint Shop Pro, ImageMagick,
Photoshop, et bien d'autres. Vous pouvez aussi utiliser un scanner et un logiciel de scanner pour prendre des images à l'extérieur. Souvenez-vous que vos
images doivent être dans un format standard pour être utilisables comme
images en ligne.

Attention

Pensez au copyright
Si vous prenez des images de l'extérieur ou sur le Web, assurez-vous de respecter la loi sur les droits de l'image.

Chapitre 10

Création d'images réactives

Dans ce chapitre, vous apprendrez à utiliser une des commandes les plus intéressantes du HTML : les images réactives.

Comprendre les images réactives

Vous avez sans doute déjà vu des images *cliquables* sur le Web. Ce sont des images à l'intérieur desquelles sont construits des hyperliens, si bien que, lorsque vous cliquez sur l'image, vous accédez à un autre document HTML. Encore plus intéressant, en fonction de l'endroit où vous cliquez dans l'image, vous accédez à un URL différent. Un exemple pourrait être un dessin d'immeuble, dans lequel le fait de cliquer sur un étage en générerait un plan détaillé.

Il y a deux manières d'utiliser les images réactives, et l'une d'elles est incluse dans les standards du HTML 3.2. Premièrement, il y a les images réactives *côté-serveur*, qui sont contrôlées par le serveur Web dont elles viennent. Deuxièmement, les images *côté-client* sont activées par votre propre navigateur Web grâce à une balise HTML dans le document qui contient l'image. Les images réactives côté-client présentent beaucoup d'avantages, mais ne sont comprises que par les dernières versions de Netscape et d'Explorer.

La mise en page des images réactives

Les deux méthodes reposent sur une mesure préliminaire et une mise en page des zones de l'image. Les zones des images réactives sont réparties en utilisant les coordonnées des pixels de l'écran sur les axes verticaux et horizontaux. Si vous souhaitez définir une zone cliquable rectangulaire dans l'image, vous devez avoir les coordonnées des deux angles opposés du rectangle et les enregistrer. Mais comme il s'agit là d'un processus laborieux, il existe quelques logiciels pour le faciliter, *Mapedit,* pour les systèmes PC et UNIX, disponible à

http://www.boutell.com/mapedit/

LiveImage, disponible à

http://www.mediatec.com/

et Map THIS !

http://galadriel.ecaetc.ohio-state.edu/tc/mt/

Ces logiciels emploient des interfaces graphiques dans lesquels vous utilisez votre souris pour définir les zones directement sur votre image. Ils automatisent le processus de définition des images graphiques. La Figure 10.1 montre une session de *Mapedit* ; remarquez la barre d'outils en haut de l'image, avec des boutons pour dessiner des rectangles, des polygones et des cercles.

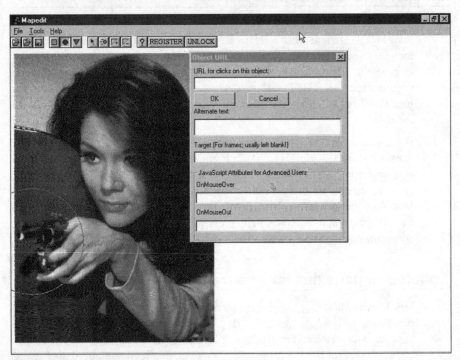

Figure 10.1 : Mapedit.

Taille des images
Comme pour les autres images dans les pages Web, faites attention à la taille des images réactives pour que les utilisateurs ne perdent pas patience lors de longs chargements. Proposez aussi une alternative texte à vos images réactives pour que tout le monde puisse les utiliser.

Une fois que vous avez vos coordonnées, créez un fichier d'images réactives qui les contiennent et les URL qui correspondent. En voici un exemple :

```
rect http://www.company.com/bk1.html 150,337 177,346rect
http://www.company.com/bk2.html 184,286 220,314rect
http://www.company.com/bk3.html 330,102 350,150default
http://www.company.com/bookhelp.html
```

Comme vous pouvez le voir, chaque saisie contient un mot clé pour la forme de la zone (dans cet exemple *rect*). Vous aurez reconnu au passage les URL. Pour finir, le fichier contient les coordonnées des zones, avec les coordonnées x et y des angles en haut à gauche et en bas à droite. (Les polygones requièrent quatre coordonnées ou plus, tandis que, pour les cercles, il suffit d'avoir les coordonnées du centre et du rayon.) Pensez à ajouter un URL par défaut, auquel l'utilisateur accédera s'il clique en dehors des zones.

Astuce

Automatique
Mapedit, Map This!, et LiveImage créent le fichier d'images réactives automatiquement en fonction des zones que vous avez sélectionnées.

Définir des images réactives côté-serveur sur votre serveur Web

Si vous utilisez des images réactives côté-serveur, il faut impliquer votre fournisseur d'accès. Chaque image réactive disponible sur votre serveur Web doit être inscrite dans le serveur avant de pouvoir être activée. Pour le faire sur NCSA, Apache, et d'autres serveurs basés NCSA, ajoutez l'image à un fichier appelé imagemap.conf, stocké dans le sous-répertoire conf. (Consultez la documentation de votre serveur pour les détails, ou pour les instructions concernant l'installation d'images réactives sur un autre logiciel serveur Web.) Voici une saisie simple :

```
bookshelf :/Web-docs/bookshelf.map
```

Ce fichier est très simple. A gauche des deux points, il y a le *nom* par lequel vous voulez que l'image soit connue par le serveur. Vous utilisez le nom dans votre code HTML. Sur la droite des deux points est le chemin du répertoire sur votre serveur pour trouver le fichier d'image que vous avez créé précédemment à la main ou avec Mapedit ou WebMap.

Les codes HTML pour les images réactives

Le moyen le plus simple d'installer votre image réactive consiste à utiliser les balises de votre document HTML. Les codes HTML pour les images côté-serveur et côté-client diffèrent, même si vous pouvez utiliser les deux. Les paragraphes suivants abordent les deux méthodes.

L'écriture HTML pour les images réactives du côté-serveur

Observons une écriture HTML pour une image réactive côté-serveur. Voici un extrait HTML définissant une image réactive que nous avons appelée bookshelf :

```
<A HREF="http://www.yourcompany.com/cgi-
bin/imagemap/bookshelf"> <IMG ALT="[Bookshelf Image]"
SRC="bookshelf.gif" ISMAP></A>
```

Attention

Une ancre simple

Il est important de savoir que cet extrait HTML est une ancre simple (hyperlien), commençant par <A> et finissant par </A>. La référence de l'image et toutes les autres balises sont comprises dans cette ancre.

L'URL dans cet extrait est un peu étrange. En plus du nom de service habituel de l'URL, nous avons rajouté **cgi-bin/imagemap/bookshelf**. Le répertoire cgi-bin sur votre serveur Web contient un programme appelé *imagemap*. Vous en apprendrez plus sur le cgi-bin et sur ce qu'il contient dans le Chapitre 12. Ici, nous avons appelé le programme d'images réactives avec le nom *bookshelf*.

Ensuite, nous avons ajouté l'attribut ISMAP pour montrer qu'il s'agissait d'une image réactive. Les navigateurs Web reconnaissent l'attribut ISMAP. Lorsque l'utilisateur clique sur une image réactive, les coordonnées du clic sont envoyées au serveur Web et le programme de l'image réactive est lancé, renvoyant l'URL associé à la zone.

L'écriture HTML pour les images réactives côté-client

Alors que les images réactives côté-serveur stockent les coordonnées de zones de votre image sur le serveur Web, les images côté-client les stockent directement dans le document HTML. Voici un exemple que nous détaillerons par la suite :

```
<MAP NAME="bookshelf"><AREA SHAPE="RECT"
COORDS="150,337,177,346"
HREF="http://www.yourcompany.com/bk1.html"><AREA
SHAPE="RECT"
COORDS="184,286,220,314" HREF="http://www.company.com/bk2
.html"></MAP>
```

D'abord, remarquez la nouvelle balise **<MAP>** et ses attributs *NAME* pour lesquels nous avons utilisé le nom *bookshelf*. <AREA> (deux d'entre elles sont montrées) est aussi une nouvelle balise, elle utilise les attributs SHAPE et COORDS. AREA indique une zone d'image réactive, tandis que SHAPE et COORDS la définissent.

Attention

Une légère différence

Remarquez que la syntaxe des coordonnées numériques est légèrement différente de celle du fichier de l'image réactive montrée précédemment. Des virgules séparent les coordonnées par paires, et non des espaces.

Il faut ajouter cette ligne de HTML pour associer votre image morcelée avec l'image elle-même.

```
<IMG ALT=[Bookshelf Image] SRC="bookshelf.gif"
USEMAP=#bookshelf>
```

La nouveauté pour vous, c'est l'attribut *USEMAP* (HTML 3.2). Presque comme ISMAP, que vous avez utilisé plus tôt dans votre image côté-serveur, USEMAP indique à votre navigateur Web qu'il doit utiliser une image réactive appelée *bookshelf*. Le navigateur localisera votre balise <MAP> et le nom *bookshelf*. Lorsque l'utilisateur clique sur une zone de l'image, le navigateur trouve l'URL associé aux coordonnées de la zone.

Utiliser à la fois les images réactives côté-serveur et côté-client

Si une partie de votre public de lecteurs utilise des navigateurs Web qui ne comprennent pas les images réactives côté-client, vous pouvez utiliser les deux méthodes pour que chacun puisse profiter de vos images réactives, quel que soit le navigateur. En voici un exemple :

```
<A HREF="http://www.yourcompany.com/cgi-
bin/imagemap/bookshelf">
<IMG ALT= "[Bookshelf Image]" SRC="bookshelf.gif" ISMAP
USEMAP
="#bookshelf"></A>
```

Les deux types de balises d'images réactives figurent dans ce code. Les navigateurs les plus anciens qui ne comprennent pas les images réactives côté-client ignoreront simplement la balise inconnue (y compris la balise **<MAP>**) et appliqueront ce qu'ils connaissent, <ISMAP> et les codes HTML de l'image réactive côté-serveur. Les nouveaux navigateurs sont assez malins pour choisir la méthode côté-client lorsque les deux sont présentées.

Attention

Restez cohérent

Assurez-vous que votre fichier d'images réactives côté-serveur est cohérent avec le code HTML des images réactives côté-client. Si les coordonnées ou les images changent, par exemple, ces changements doivent être effectués dans les deux.

Faut-il utiliser les images réactives côté-serveur ou côté-client ?

Comme vous l'avez constaté, le navigateur Web qu'utilisent vos lecteurs peut vous obliger à utiliser les deux méthodes.

Les images réactives côté-client ont de nombreux avantages, et vous devriez les utiliser autant que possible. En effet, dans ce cas, le navigateur n'envoie pas les coordonnées du clic de la souris au serveur Web pour qu'il interprète le programme cgi-bin d'images réactives. Mais l'URL est associé aux coordonnées directement dans le HTML, tout le travail sur les coordonnées est donc fait par le navigateur qui retrouve l'URL directement. Dans les images réactives côté-client, le navigateur envoie les coordonnées au serveur, qui les cherche dans le fichier d'images réactives et ensuite renvoie l'URL qui leur est associé. Un serveur à distance très occupé peut différer la réponse assez largement.

Chapitre 11

Applications externes et modules pour le multimédia

Dans ce chapitre, vous allez apprendre comment les applications externes et les modules permettent d'incorporer du multimédia (audio et vidéo) dans vos documents HTML.

Les applications externes et les modules

Vous avez appris à utiliser les applications externes et les modules avec votre navigateur dans la Partie II. La plupart des navigateurs Web comprennent les documents HTML, le texte plein et les images en ligne, mais ils requièrent d'autres programmes pour le multimédia, tels que le son, la vidéo et d'autres types de données.

Le mot juste

Les applications externes
Les applications externes prennent les données que les navigateurs Web ne peuvent pas interpréter et les traitent. Elles affichent les images qui ne sont pas comprises ou les sons et les vidéos dans une nouvelle fenêtre.

Le mot juste

Les modules
Les modules font presque la même chose que les applications externes. Mais, au lieu d'ouvrir une nouvelle fenêtre pour les données multimédias, ils s'affichent directement dans la fenêtre du navigateur.

Les balises HTML du multimédia

Vous savez déjà assez de choses pour inclure des données multimédias dans vos documents HTML. Vous savez comment utiliser les hyperliens dans vos documents pour accéder aux autres documents et services. La création d'un hyperlien vers un fichier multimédia (audio, vidéo ou autre) fonctionne de façon classique.

En voici un exemple (vidéo et audio) :

```
<HTML><HEAD><TITLE>Audio et Vidéo</TITLE></HEAD>
<BODY><H1>Audio et Vidéo</H1>
Vous pouvez voir un clip vidéo de <A HREF=
"http://www.hawaii-50.com/hawaii.mpg">hawaii</A>
ou <A HREF="http://www.hawaii-50.com/ocean.au"> écouter les
vagues de Hawaii.</A>
```

Comme vous pouvez le voir, cet exemple utilise les hyperliens pour accéder à ces fichiers multimédias ; ces liens sont les mêmes que n'importe quels autres hyperliens. Il n'y a pas de balises HTML particulières pour se lier à n'importe quel fichier multimédia. Il vous suffit de créer le lien. Les utilisateurs qui possèdent des ordinateurs correctement équipés (vous avez besoin d'une carte son et d'enceintes pour écouter les clips audio) pourront voir et écouter ces liens multimédias, grâce à des applications externes ou à des modules.

Attention

Les problèmes de taille
Même les très petits clips vidéo peuvent être très lourds, peser plusieurs méga-octets. Les séquences vidéo sont beaucoup plus lourdes que la plupart des images que vous ajouterez à vos documents HTML.

Les navigateurs, les applications externes, les modules et MIME

Les serveurs sont configurés pour reconnaître une série de *types de fichiers* communs (dont la plupart sont des fichiers multimédias) en utilisant un processus appelé MIME ou *Multipurpose Internet Mail Extensions*. Lorsqu'un serveur Web envoie des données vers un navigateur, il consulte la liste des types de fichiers MIME et indique au client quel type de données il va recevoir.

Le mot juste

MIME

Vous avez peut être utilisé MIME dans le contexte du courrier électronique, où il est fréquent de permettre l'attachement de fichiers à des messages pour les transmettre par Internet. Eudora est une application utilisant MIME.

Le navigateur Web lit l'information sur le type de fichier et essaye de le lancer. Si le type de données n'est pas directement compris par le navigateur, celui-ci consulte sa liste d'applications externes et de modules pour voir si l'un d'eux comprend le type de données envoyé. En d'autres termes, si un navigateur Web Macintosh est configuré pour utiliser le visualiseur de vidéo QuickTime, le navigateur reconnaît les données qui arrivent comme un film QuickTime et appelle le visualiseur QuickTime pour afficher le clip.

Attention

Problème de lecture pour certains types de fichiers

Vous pouvez cliquer sur un lien multimédia, attendre plusieurs minutes pour qu'un fichier audio ou vidéo se charge, et n'obtenir finalement qu'un message d'erreur. Cela indique généralement que le format multimédia n'est pas compris par votre ordinateur, que le navigateur ne peut pas le traiter, ou que l'application externe ou le module nécessaire à la lecture de ce type de fichier n'ont pas été installés. Certains navigateurs récents vous demanderont que faire de ces données et, dans certains cas, vous serez invité à télécharger le module.

Heureusement, la plupart des navigateurs Web ont une liste de fichiers MIME prédéfinis et une liste des types de fichiers associés avec des applications externes. Les utilisateurs peuvent toujours allonger cette liste, mais il faut savoir bien choisir.

Applications externes ou modules ?

Vous pouvez vous demander pourquoi il faut connaître à la fois le fonctionnement des applications externes et des modules. En effet, pourquoi ne pas simplement se contenter des tous derniers modules. Pour le multimédia, les modules offrent le meilleur mécanisme, mais seulement si les lecteurs utilisent un navigateur Web qui comprend les modules. Les utilisateurs qui ont des navigateurs plus anciens doivent toujours utiliser des applications externes pour afficher du multimédia.

Cependant, les applications externes ont un avantage sur le module dans un autre domaine. Les applications externes sont généralement plus flexibles et plus adaptables à une grande variété de logiciels. Construire un module demande un gros travail de programmation, tandis que configurer un attachement de fichier pour une application externe n'est l'affaire que de quelques clics. Les applications externes sont particulièrement intéressantes sur un Intranet institutionnel, car elles permettent de créer des bibliothèques de documents partagés, une galerie de feuilles de calcul et la mise en place d'autres ressources.

Le mot juste

Intranet

Le terme intranet est utilisé pour faire référence à l'utilisation du World Wide Web et de la technique des réseaux au sein même d'une organisation pour créer des réseaux institutionnels internes pour les besoins d'une société. Il n'est pas nécessaire d'être connecté à l'Internet pour avoir un intranet.

Les nouvelles commandes multimédias d'Internet Explorer

Même si Internet Explorer comprend à la fois les applications externes et les modules, il comprend aussi une autre manière de visualiser le multimédia. Les nouvelles balises HTML, comprises par Explorer seulement, permettent d'ajouter des bandes-son et des films en ligne sur une page Web. En utilisant la balise <BGSOUND>, vous pouvez ajouter un fichier audio qui sera lancé dès que vous accédez au document HTML qui le contient. Le nouvel attribut DYNSRC de la balise <IMG> fait référence à un film en ligne. Ni <BGSOUND>, ni DYNSRC ne nécessitent une application externe ou un module. Explorer lui-même lance la bande-son ou le film sur la fenêtre principale d'Explorer.

Votre balise HTML pour les bandes-son et les films s'utilise ainsi :

```
<BGSOUND="http://www.bluehawaii.com/ocean.wav">
<IMG DYNSRC="http://www.bluehawaii.com/hawaii.avi">
```

Explorer affichera la vidéo en ligne, et jouera la bande-vidéo.

Attention

Les travaux continuent

<BGSOUND> et DYNSRC sont inscrits dans les standards HTML 3.2, mais Microsoft continue à travailler sur de nouvelles commandes dans Internet Explorer. Votre version d'Explorer a probablement déjà de nouvelles capacités au moment où vous lisez ce livre.

Chapitre 12

Formulaires et scripts CGI

Dans ce chapitre, vous allez apprendre à créer des formulaires qui réunissent les données saisies par des utilisateurs et utilisent les scripts CGI pour les gérer.

Récupération de données auprès des utilisateurs à l'aide de formulaires

En plus d'insérer des hyperliens et des images à vos documents HTML, vous avez la possibilité de créer des formulaires pour récupérer des informations auprès des utilisateurs. Ce procédé permet de prendre des commandes ou de mettre à jour une base de données, par exemple.

Des formulaires simples créés automatiquement

Même s'il existe des balises HTML pour créer des formulaires, parmi eux, le plus simple est créé automatiquement par un navigateur Web lorsqu'il rencontre la balise **<ISINDEX>**. Elle collecte les données de l'utilisateur pour qu'un programme les gère ensuite. Voici un document HTML complet qui illustre l'utilisation de **<ISINDEX>** :

```
<HTML><HEAD><TITLE>Carnet d'adresses</TITLE>
<ISINDEX></HEAD><BODY>
<H1>Carnet d'adresses</H1>
Saisissez un nom ou une partie de nom dans la zone de texte
au-dessus pour chercher l'adresse dans la base de données
carnet d'adresses.
Appuyez sur la touche Entrée une fois que vous avez saisi
le nom pour lancer la recherche.
</BODY></HTML>
```

La Figure 12.1 montre le document dans un navigateur. Comme vous pouvez le voir, le formulaire lui-même et le texte commencent avec «This is a searchable index.», ce qui n'est pas notre document HTML. C'est en fait inséré automatiquement par votre navigateur Web lorsqu'il rencontre la balise

<ISINDEX>. Nous n'avons inséré aucune référence d'accès à un programme de recherche dans la base de données du carnet d'adresses. Vous apprendrez à le faire plus tard dans ce chapitre.

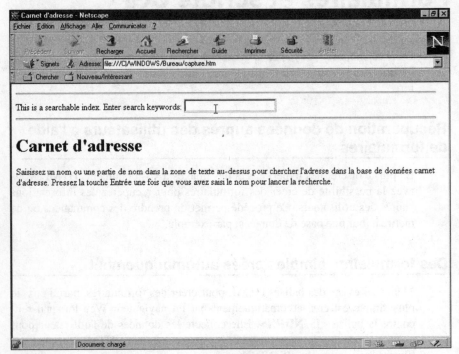

Figure 12.1 : *Formulaire simple créé avec la balise <ISINDEX>.*

Création de formulaires HTML plus complexes

La plupart des formulaires HTML complexes doivent être annoncés par une balise <FORM>.

Le mot juste

La balise <FORM>
L'utilisation de la balise <HTML> annonce que le document a un contenu HTML. Ici, nous utilisons <FORM> pour annoncer que le document HTML est aussi un formulaire.

```
<FORM ACTION="URL">Contenu du formulaire</FORM>
```

Nous vous avons montré la balise <FORM> avec son *attribut* ACTION. Nous aborderons l'attribut ACTION plus tard, mais souvenez-vous qu'un attribut HTML collecte les informations des utilisateurs. L'attribut ACTION définit ce qu'il faut faire avec cette information.

Dans un formulaire HTML, vous insérez des balises pour créer le formulaire qui va collecter les données des utilisateurs. Cela se fait avec une nouvelle balise HTML et deux nouveaux attributs :

- **La balise <INPUT>.** Collecte et sauvegarde les données pour l'utilisateur.

- **L'attribut NAME.** Attache une étiquette identifiante à l'information, pour être utilisée par un mécanisme CGI.

- **L'attribut TYPE.** Indique le type d'action qui doit être effectué avec les données.

De plus, dès que vous voulez faire passer l'information collectée vers un autre programme, vous devez trouver un moyen par lequel l'utilisateur indiquera qu'il a fini de remplir le formulaire. Il existe une balise simple <INPUT> qui s'ajoute à l'extrait précédent ainsi :

```
<FORM ACTION="URL"><INPUT NAME="datalabel1">reste du
formulaire<INPUT TYPE="submit"></FORM>
```

Dans cet extrait, nous avons ajouté les attributs NAME et TYPE aux deux balises <INPUT>.

Il existe plusieurs manières de collecter des informations auprès d'un utilisateur : les zones de texte, les cases à cocher, les boutons radio et les menus déroulants. Nous les détaillerons tour à tour.

Le mot juste

Les boutons radio

Les boutons sur la plupart des autoradios peuvent sélectionner différentes stations. Appuyer sur l'un d'entre eux sélectionne la station que vous voulez, mais désélectionne tous les autres. Les boutons radio (aussi appelés les boutons d'option) dans les formulaires HTML fonctionnent de la même manière.

Utiliser les zones de texte

Faire remplir des zones de texte à un utilisateur est la manière la plus simple d'obtenir des informations. L'attribut TEXT s'écrit ainsi :

```
<FORM ACTION="URL">
Merci entrez votre nom :
<INPUT TYPE="texte" SIZE=20 NAME="votrenom">
<INPUT TYPE="submit"></FORM>
```

Ici, nous avons créé une zone de texte simple, large de 20 caractères, et demandé à l'utilisateur d'y saisir les informations requises. De plus, nous fournissons un simple bouton pour valider l'information. Voici comment s'affiche le formulaire dans la Figure 12.2.

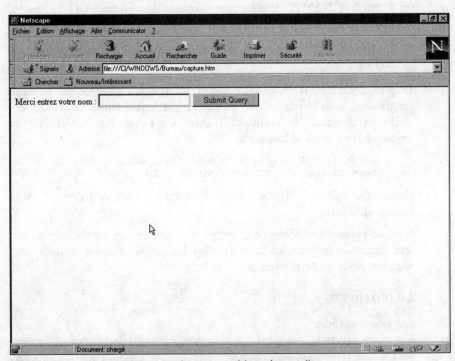

Figure 12.2 : *Un formulaire simple avec un blanc à remplir.*

Utiliser les cases à cocher et les boutons radio

En plus d'une simple zone de texte, il est pratique de présenter aux utilisateurs un ensemble de *choix prédéfinis*. Les formulaires HTML proposent plusieurs outils pour cela. L'attribut *CHECKBOX* permet à l'utilisateur de sélectionner un ou plusieurs choix, tandis que l'attribut *RADIO* ne permet qu'un choix parmi plusieurs. Comme l'attribut *TEXT*, tous deux requièrent l'attribut supplémentaire *NAME* et permettent de définir des sélections par défaut pour l'utilisateur. Voici un extrait de HTML qui contient les deux types de contrôles :

```
<H1>Faites votre glace vous-même</H1>
<FORM ACTION="URL">
<P>Choisissez votre parfum de glace favori :
<INPUT TYPE="CHECKBOX" NAME="choix" VALUE="chocolat"
CHECKED>Chocolat
<INPUT TYPE="CHECKBOX" NAME="choix" VALUE="vanille"
CHECKED>Vanille
<INPUT TYPE="CHECKBOX" NAME="choix" VALUE="fraise"
CHECKED>Fraise</P>
<P>Choisissez un ingrédient (un seul, s'il vous
plaît) :</P>
<P><INPUT TYPE="RADIO" NAME="ingrédient" VALUE="chocolat
fondu">Chocolat fondu<BR>
<INPUT TYPE="RADIO" NAME="ingrédient"
VALUE="chamallow">Chamallow<BR>
<INPUT TYPE="RADIO" NAME="ingrédient"
VALUE="noisettes">Noisettes<BR>
<INPUT TYPE="RADIO" NAME="ingrédient"
VALUE="ananas">Ananas</P>
<P><INPUT TYPE="submit" VALUE="Commander la glace">
<INPUT TYPE="reset"></P></FORM>
```

C'est un listing assez long, pour bien le comprendre, comparons-le avec la Figure 12.3. Comme vous pouvez le voir, il y a deux zones principales de sélection, chacune présente plusieurs choix. Dans la première, l'utilisateur peut choisir une des trois cases, le chocolat étant le choix par défaut (grâce à l'utilisation de l'attribut CHECKED). Vous remarquez que, dans la Figure 12.3, le bouton chocolat est déjà sélectionné. Dans la seconde sélection, avec l'utilisation des boutons d'option (ou boutons radio), l'utilisateur ne peut faire qu'un choix ; choisir une option désactive l'autre. Il y a une sélection par défaut ici aussi.

589

Nous avons ajouté une nouvelle boîte cliquable appelée «Reset» en bas de ce formulaire, à côté du bouton «Commander la glace». *Reset* fait revenir le formulaire à son état initial. De plus, nous avons remplacé le bouton de validation générique par un texte personnalisé «Commander la glace» en utilisant l'attribut VALUE. Vous avez aussi remarqué que nous avons disposé les choix horizontalement et verticalement, en utilisant les balises <P> et <BR>.

Occupons-nous pour un temps des autres attributs VALUE du formulaire précédent. Lorsque l'utilisateur a rempli et validé le formulaire, ces valeurs sont passées au programme CGI.

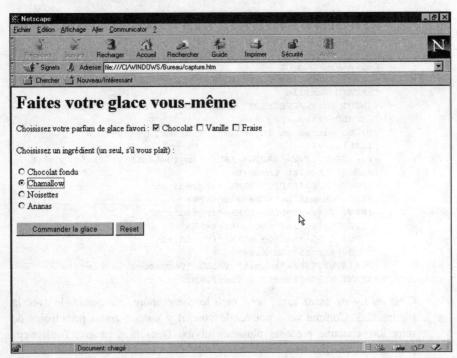

La Figure 12.3 : L'utilisateur peut choisir autant de cases à cocher qu'il veut, mais seulement un bouton radio.

Les menus déroulants et les zones de défilement

Si les cases à cocher et les boutons radio ne sont pas satisfaisants, il existe d'autres moyens de proposer des choix en utilisant la balise <SELECT> et <OPTION>. Vous pouvez fournir aux utilisateurs des menus déroulants et des zones de défilement avec plusieurs choix. Retravaillons l'exemple de la glace en utilisant ces balises, pour voir la différence.

```
<H1>Faîtes votre glace vous-même</H1>
<FORM ACTION="URL">
Choisissez votre parfum préféré.
Faites Ctrl-Clic pour plusieurs parfums :
<SELECT NAME="choices" MULTIPLE>
<OPTION SELECTED>Chocolat
<OPTION>Vanille
<OPTION>Fraise
<OPTION>Gateau de carottes</SELECT>
<P>Choisissez un ingrédient (un seul)
<SELECT NAME="ingrédient">
<OPION SELECTED>Chamallow
<OPTION>Chocolat chaud
<OPTION>Chamallow
<OPTION>Noisettes
<OPTION>Ananas</SELECT><P>
<INPUT TYPE="submit" VALUE="Commander la glace">
<INPUT TYPE="reset">
```

La Figure 12.4 montre le formulaire révisé. Remarquez que la première sélection montre les quatre choix dans une boîte. L'utilisateur peut y sélectionner un ou plusieurs items. (S'il y avait eu plus de quatre choix, nous aurions pu utiliser une liste déroulante.) Dans la seconde partie, le menu déroulant apparaît si vous cliquez sur la flèche à côté du mot Ananas. Comme précédemment, les choix par défaut sont déjà établis.

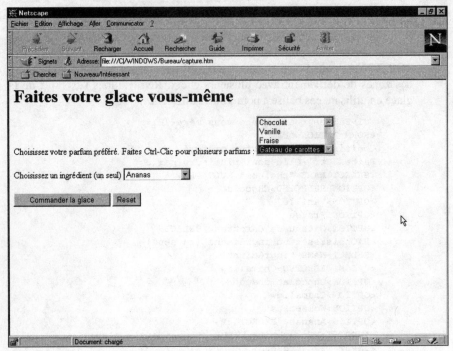

Figure 12.4 : *Notre formulaire a pris une forme différente.*

Collecter de longues saisies de l'utilisateur

Il y a un dernier élément très pratique pour collecter les saisies des utilisateurs. Nous avons déjà vu l'attribut *TEXT*, qui fournit une seule boîte de ligne de texte. Toutefois, il se peut que vous vouliez plus d'une ligne, car vous ne pouvez pas prédire la quantité d'informations que l'utilisateur entrera. *TEXTAREA* permet d'afficher une boîte de texte multiligne dans laquelle les utilisateurs peuvent saisir tout ce qu'ils veulent.

TEXTAREA nécessite l'attribut *NAME* pour définir la taille, à la fois en largeur (COLS) et en hauteur (ROWS). Voici un extrait de HTML qui l'illustre :

```
<H1>Boîte de suggestion</H1>
<P>Merci d'entrer votre commentaire dans la boîte en
dessous, en appuyant sur RETOUR à la fin de chaque ligne.
Lorsque vous avez fini, cliquez sur <EM>Validez les
```

```
suggestions</EM>. Cliquez sur <EM> reste</EM> pour effacer
votre saisie et recommencer.</P>
<TEXTAREA NAME="comments" COLS=40 ROWS=8></TEXTAREA>
<P><INPUT TYPE="submit" VALUE="Valider les suggestions">
<INPUT TYPE="reset"></P>
```

L'élément TEXTAREA est montré sur la Figure 12.5. Ici, il s'agit d'une boîte de 8 lignes et 40 colonnes.

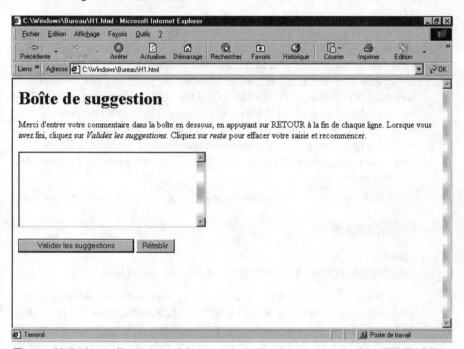

Figure 12.5 : *Les utilisateurs saisissent autant de texte que voulu avec TEXTAREA.*

Les autres formulaires

Il y a encore beaucoup à faire avec les formulaires HTML :

- Inviter l'utilisateur à entrer un nom et un mot de passe, avant de permettre aux données du formulaire d'être validées.

- Insérer quelques informations cachées (ni entrées, ni vues par l'utilisateur) pour suivre des sessions.

593

■ Insérer des images cliquables dans le formulaire.

■ Utiliser les paragraphes et autres mises en forme HTML, telles les listes pour afficher les formulaires.

Utiliser Common Gateway Interface (CGI)

Maintenant que vous savez comment récolter des informations avec des formulaires HTML, nous allons voir comment les traiter. Comme nous l'avons mentionné précédemment, le concept de base consiste à prendre l'information saisie sur le formulaire et à la transmettre au serveur Web. La *Common Gateway Interface* (CGI) est le moyen standard de procéder. Nos exemples de formulaires contenaient un attribut ACTION="URL" encore inexpliqué. Pour les formulaires basés CGI, l'URL est toujours le nom d'un programme CGI sur le serveur Web, généralement situé sur le répertoire cgi-bin. (Vous vous souvenez que nous avons mentionné le répertoire cgi-bin dans le Chapitre 6 à propos des programmes d'images réactives.) Un autre exemple d'attribut ACTION peut être :

```
ACTION="http://www.yourcompany.com/cgi-bin/ get_sundae.exe"
```

Le mot juste

cgi-bin

cgi-bin est le diminutif de programme binaire Common Gateway Interface.

Vous pouvez écrire les programmes CGI dans n'importe quel langage de programmation, y compris les scripts UNIX, les fichiers batch DOS, Visual BASIC, AppleScript, le langage C, etc. Quel que soit le langage que vous utilisiez, un script CGI doit accepter les informations que l'utilisateur a entrées dans le formulaire, et doit ensuite le gérer. Le programme peut envoyer l'information sous la forme d'un courrier électronique pour faire entrer la donnée dans une base de données ou pour générer une commande. Voici un script shell UNIX simple. Il affiche un calendrier pour le mois et l'année choisis dans la fenêtre du navigateur Web de l'utilisateur.

```
#!/bin/sh
CAL=/bin/cal
echo Content type : text/html
echo
if [ -x $CAL ]; then
if [ $# = 0 ];then
```

```
cat << EOM
<HTML><HEAD><TITLE>Calendrier</TITLE>
</HEAD><BODY>
<H1>Calendrier</H1>
<ISINDEX>
Pour regarder le mois du calendrier, saisissez le mois
suivi d'un espace puis de l'année. Exemple :
<code>3 1993</code> vous donnera un calendrier pour Mars
1993.
EOM
else echo \<PRE\>
$CAL $*
echo\<PRE\>
fi
else echo Ne peut pas trouver cal sur ce système.
fi
cat << EOM
</BODY></HTML>
EOM
```

La programmation shell UNIX n'est pas le sujet de ce livre. Le plus intéressant à propos de ce programme est qu'il crée des *codes* HTML *au vol*. Remarquez l'utilisation de la commande cat UNIX pour écrire le code HTML contenu dans le script. La plupart des scripts cgi-bin, quel que soit le langage de programmation dans lequel ils sont écrits, créent le sentiment d'un HTML dynamique.

Le mot juste

Perl
Diminutif de Practical Extraction and Report Langage de Larry Wall. Perl est le langage le plus largement utilisé. Il est fourni gratuitement pour la plupart des systèmes, y compris les PC et les Mac.

Un type de processus CGI spécial et largement utilisé implique la gestion de l'information, puis le renvoi des résultats dans le formulaire HTML pour que l'utilisateur puisse les voir. (Généralement l'utilisateur doit répéter l'information pour vérification avant qu'elle ne soit envoyée.) Pour ce faire, votre script CGI doit non seulement prendre l'information de l'utilisateur pour la gérer, mais aussi mettre en forme les résultats en HTML, avec toutes les balises nécessaires, comme le script de calendrier précédent l'a montré. Le navigateur Web de l'utilisateur reçoit l'information au format HTML et la rend dynamiquement pour l'afficher. Vous pouvez consulter votre sous-répertoire sur votre serveur Web pour des exemples de scripts CGI et des programmes.

Le mot juste

Les risques de sécurité

Les scripts CGI représentent un risque de sécurité potentiel. Il faut penser à utiliser l'attribut TYPE password sur vos formulaires pour vous assurer que seuls les utilisateurs autorisés peuvent entrer des informations. Votre fournisseur doit aussi s'assurer que les scripts CGI eux-mêmes ne peuvent être à la portée de personnes peu scrupuleuses qui pourraient abîmer votre serveur Web. Pensez à lire la documentation CGI en ligne à **http://hoohoo.ncsa.uiuc.edu/cgi/overview.html**.

Chapitre 13

Création de cadres

Dans ce chapitre, vous apprendrez à utiliser des cadres pour diviser la fenêtre du navigateur en plusieurs sections.

Les cadres

Lorsque Netscape Communication a lancé la version 2 de Navigator au début de 1996, les navigateurs Web ont connu une réelle amélioration. Les cadres Netscape figuraient parmi les nouvelles commandes qui attirèrent tout de suite l'attention. Des pages utilisant les cadres apparurent très rapidement un peu partout sur Internet. Microsoft a pris le train en marche et a ajouté des cadres pour Internet Explorer, rendant ainsi ces deux navigateurs presque identiques.

Définition

Les cadres Netscape sont comme les séparations d'écrans que l'on peut voir à la télévision, lorsque le générique défile sur une partie de l'écran et que, sur l'autre partie, un commentateur vous parle pour que vous ne changiez pas de chaîne. Les cadres Netscape permettent à toutes les portions de l'écran d'être indépendantes les unes des autres et, bien sûr, interactives.

Les cadres sont faits en HTML ordinaire, ils peuvent contenir des barres de défilement et même des images réactives. Pendant que vous interagissez avec un cadre, le contenu des autres cadres ne change pas et reste à l'écran. La Figure 13.1 montre une page avec des cadres typiques.

Utiliser des balises HTML pour faire des cadres

Pour faire des cadres, vous devez utiliser une nouvelle balise, <FRAMESET>. L'utilisation de la balise <FRAMESET> dans un document HTML ordinaire implique la nécessité de définir un cadre dans ce document. Observons les étapes nécessaires pour la création d'un document HTML avec des cadres.

Figure 13.1 : *Les cadres divisent la fenêtre du navigateur en plusieurs sections.*

D'abord, vous devez définir le nombre, l'orientation et la taille de chaque cadre qui doit être créé. Faites-le avec un des deux attributs de <FRAMESET>, *COLS* (pour la division verticale) et *ROWS* (pour la division horizontale). Voici un exemple qui crée deux cadres, orientés verticalement, chacun utilisant la moitié de la fenêtre.

```
<FRAMESET COLS="50% ,50%">
```

Vous pouvez aussi définir des valeurs absolues en pixels pour *COLS* et *ROWS*, plutôt que des pourcentages de la fenêtre comme nous l'avons fait pour l'exemple. Pour ce faire, il suffit d'enlever le signe «%» qui se trouve derrière chaque valeur. Le nombre de valeur que vous entrerez correspondra au nombre de division des cadres.

Ensuite, vous devez spécifier les URL pour les documents qui sont affichés dans chacun de vos cadres. Ajoutons deux URL à l'extrait précédent, et complétons-le pour en faire un document complet :

```
<HTML><HEAD><TITLE>Premier document avec des
cadres</TITLE></HEAD>
<FRAMESET COLS="50 %, 50 %">
<FRAME SRC="cadre1.htm">
<FRAME SRC="cadre2.htm">
</FRAMESET></HTML>
```

Ici, vous avez défini deux documents locaux, *cadre1.htm* et *cadre2.htm*, comme la source de ce qui doit apparaître dans nos cadres. Vous pouvez aussi utiliser un URL complet, si vos documents se trouvent ailleurs. Remarquez aussi la balise de fermeture de </FRAMESET>.

Avant que votre document avec des cadres soit affiché, vous devez créer les deux autres documents qui seront appelés. Voici *cadre1.htm* :

```
<HTML><HEAD><TITLE>Cadre de gauche</TITLE>
</HEAD><BODY><H1>Cela est le cadre de gauche</H1>
Cliquez dans ce cadre pour le rendre actif.
</BODY></HTML>
```

Il s'agit d'un code HTML simple. Voici *cadre2.htm* qui est un tout petit peu plus complexe, mais qui ne contient rien que vous ne connaissiez déjà :

```
<HTML><HEAD><TITLE>Cadre de droite</TITLE>
</HEAD><BODY><H1>Cela est le cadre de droite</H1>
<IMG ALIGN="LEFT" SRC="test.gif">Les documents cadres sont
des documents HTML classiques, et ils peuvent contenir tout
ce qu'un document HTML peut contenir, y compris les images.
<A HREF="foo.htm">les hyperliens</A></BODY></HTML>
```

La Figure 13.2 montre ce premier document HTML avec des cadres. Remarquez que les deux fichiers appelés sont affichés dans des panneaux séparés de la fenêtre du navigateur.

Attention

<BODY>

Remarquez qu'il n'y a pas de balise <BODY> dans l'exemple de document. C'est normal, car la balise <FRAMESET> remplace la balise <BODY>.

Cadres plus complexes

Comme vous pouvez le voir sur la Figure 13.1, vous pouvez diviser votre fenêtre en plus de deux cadres. Vous pouvez créer plusieurs cadres en imbriquant un ensemble de balises <FRAMESET> dans un autre. Voici un court exemple qui présente ce que vous pouvez faire avec des balises <FRAME-SET> imbriquées :

```
<HTML><HEAD><TITLE>Home</TITLE></HEAD>
<FRAMESET COLS="30%, 70%">
<FRAMESET ROWS="80%, 20%">
<FRAME SRC="framelinks.html">
<FRAME SRC="framenav.html">
</FRAMESET>
<FRAME SRC="http://home.netscape.com" NAME="main">
</FRAMESET></HTML>
```

Il est plus facile d'interpréter ce listing si vous regardez la Figure 13.3. Vous remarquerez d'abord un grand cadre sur la droite, et deux plus petits sur la gauche, divisés horizontalement avec l'attribut ROWS.

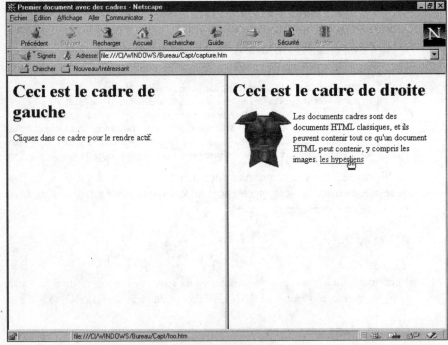

Figure 13.2 : Un document simple avec des cadres.

La deuxième balise <FRAMESET> divise le cadre de gauche en deux, avec une répartition 80/20. Chaque balise <FRAME> a un document HTML comme source. Cet exemple, qui fait appel à deux fichiers locaux et un URL, montre comment vous pouvez créer des pages personnalisées en incorporant des sites éloignés. Remarquez que sur la zone d'adresse en haut de l'écran, nom écrit correspond au fichier local, et non pas à la page d'accueil de Netscape que nous avons chargée dans le cadre de droite.

Avec les cadres, vous avez la possibilité de charger un hyperlien dans un autre cadre. Vous avez sans doute remarqué le code NAME="main" dans l'avant-dernière ligne de notre exemple. Nous allons l'utiliser maintenant. Voici deux lignes du document HTML qui créent le cadre en haut à gauche, framelinks.html :

```
<H1>Liens rapides</H1>
<UL>
<LI><A HREF="http://home.netscape.com/home/whats-new.html"
TARGET="main">What's New</A></LI>
</UL>
```

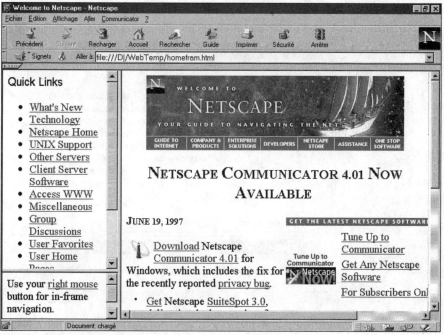

Figure 13.3 : *Cadres imbriqués.*

Comme vous pouvez le voir, cette ligne contient aussi le mot «main». La re-
lation entre ce mot dans les deux documents HTML permet de charger un
lien sur lequel on a cliqué dans la fenêtre supérieure gauche dans autre fenêtre (voir Figure 13.4). Les deux cadres de gauche sont restés en place, tandis
que sur le nouveau document, la page des nouveautés Netscape a été chargée
dans la fenêtre de droite.

Attention

A propos du mot «main»

Vous pouvez utiliser n'importe quel autre mot. C'est seulement une façon de
nommer les cadres pour que les documents HTML puissent lier un cadre à un
autre lors du chargement des documents.

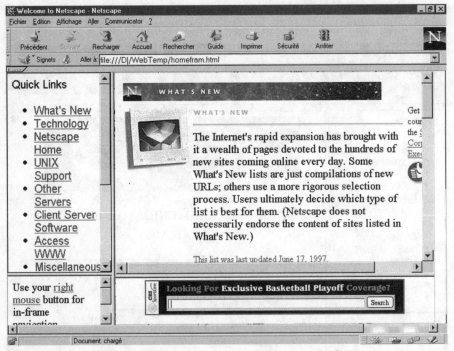

Figure 13.4 : *Affichage de l'hyperlien choisi dans une autre fenêtre.*

Avenir des cadres

Même si le bouton droit de la souris est un bon moyen de se promener dans les cadres, les utilisateurs sont souvent déconcertés par les cadres et ont du mal à s'y repérer. Netscape n'a pas vraiment trouvé de remède à cela, probablement parce que ce n'est pas aussi intuitif que le bouton Précédent. Résultat, beaucoup d'utilisateurs ont des problèmes de navigation dans les cadres et beaucoup de webmasters abandonnent cette commande prometteuse. Comme si cela ne suffisait pas, Microsoft a introduit des incompatibilités en ajoutant des cadres à Internet Explorer. Le coup de grâce semble être donné par Netscape lui-même qui a enlevé ses balises de cadres de sa propre page d'accueil.

Les statuts des cadres dans les standards du HTML 3.2

Les balises HTML concernant les cadres ne sont pas dans les standards du HTML 3.2. Depuis la création du World Wide Web Consortium, fondé par les grandes sociétés informatiques, y compris Netscape et Microsoft, le comité des standards a été incapable de résoudre les différends entre ces deux sociétés sur les cadres. Mais ce n'est pas un cas unique.

Chapitre 14

Bannières, textes défilants et couleur dans vos documents HTML

Dans ce chapitre, vous allez découvrir de nouvelles commandes intéressantes qui vont faire vivre vos documents, elles permettent d'insérer des textes défilants et de définir la couleur pour le fond et le texte.

Introduction

Compte tenu de la compétition acharnée entre Netscape et Microsoft dans l'élaboration des nouveaux standards HTML, beaucoup de nouvelles commandes intéressantes sont apparues. Nous allons en exposer deux, même si le HTML continue à se développer, même si des commandes peuvent changer, apparaître, ou même disparaître au moment où vous lisez ces lignes. Pire, ces commandes représentent un des axes autour duquel se déroule la guerre entre Microsoft et Netscape. Vous devez donc faire un choix entre ces commandes en fonction du public de vos documents HTML et de leurs navigateurs.

Les textes défilants

Une innovation Microsoft, les textes défilants, permettent de placer un texte défilant sur une page Web. Lorsque l'utilisateur ouvre votre page, le texte commence à défiler de gauche à droite ou de droite à gauche à travers l'écran.

L'écriture HTML pour les textes défilants

La balise <MARQUEE> est utilisée pour les textes défilants, avec plusieurs attributs, dont les plus importants sont :

- **Align.** Contrôle le placement du texte défilant sur l'écran.

- **Behavior.** Contrôle le type de texte défilant affiché.

▨ **Direction.** Contrôle la direction du défilement du texte.

D'autres attributs Marquee gèrent la couleur, la hauteur et la largeur, le nombre de fois que le texte se répète, etc. Pour obtenir une liste détaillée, consultez l'atelier Microsoft à

http://www.microsoft.com/workshop/author/newhtml/.

Voici un exemple de code HTML pour un texte défilant :

```
<MARQUEE ALIGN="TOP" BEHAVIOR="SLIDE" DIRECTION="RIGHT">On
vit l'amour fou, depuis qu'on s'est rencontré</MARQUEE>
```

Ici, le texte défilant apparaît en haut de la fenêtre Explorer et le texte passe de droite à gauche. Comme les textes défilants sont en mouvement, il n'est pas possible de vous montrer le résultat avec une capture d'écran dans ce livre.

Attention

Trop, c'est trop

Les textes défilants d'Internet Explorer, tout comme la commande <BLINK> de Netscape et les nouvelles images animées comprises par Netscape et Explorer, peuvent faire fuir les utilisateurs. Un texte qui défile ou qui clignote continuellement et des images animées risquent de distraire l'utilisateur et de le détourner du reste de la page.

Les textes défilants dans les standards HTML 3.2

Comme pour les cadres, les standards du HTML 3.2 ne mentionnent pas les textes défilants, sans doute pour les mêmes raisons que les cadres.

Il est toujours préférable de vérifier l'état des standards. Pour cela, il faut aller sur le site Web du World Wide Web Consortium :

http://www.w3.org/

Vous pouvez aussi visiter l'atelier de Microsoft mentionné précédemment, ainsi que le site de Netscape

http://developer.netscape.com/library/documentation/ htmlguid/index.htm.

Vous trouverez une source sur les standards HTML à

http://www.etsimo.uniovi.es/html_3.2/

Vous y trouverez une liste complète des standards HTML 3.2, ainsi qu'une base de données sur les éléments et les attributs HTML. Vous ferez des recherches sur les standards passés et actuels, y compris sur les suppléments propres à Netscape ou à Internet Explorer. C'est un bon endroit pour découvrir comment les différents navigateurs comprennent les nouveaux éléments.

La couleur sur les pages Web

Initiées par Netscape, les couleurs (le texte et le fond) font maintenant partie des standards HTML. Comme pour la couleur du texte, les couleurs de fond sont définies par un attribut de la balise <BODY>, nommé BGCOLOR. Les standards du HTML 3.2 demandent l'utilisation de trois nombres hexadécimaux pour exprimer la couleur (voir Chapitre 3). Pour créer un document HTML avec un fond tout noir, procédez ainsi :

```
<BODY BGCOLOR="FFFFFF">
```

Si vous souhaitez quelque chose de plus clair, essayez ce fond vert :

```
<BODY BGCOLOR="EEFFFA">
```

Attention

La couleur est particulièrement sensible aux cartes vidéo et aux écrans de l'utilisateur. Les cartes et les moniteurs de basse résolution ne vous rendront pas la couleur réelle, et, bien sûr, les écrans monochromes ne vous donneront pas de couleur du tout. Testez vos documents HTML pour avoir une idée de ce que rendent les couleurs que vous utilisez.

Les couleurs de texte

En plus des couleurs de fond et des couleurs de texte de base, vous pouvez aussi contrôler certaines parties du texte d'une autre manière dans vos documents. Par exemple, vous pouvez utiliser les couleurs de texte pour varier celles des hyperliens dans vos documents.

L'utilisation des navigateurs Web vous l'a appris, les hyperliens dans les pages Web apparaissent dans une couleur différente de celle du reste du texte et en changent généralement une fois que vous leur avez rendu visite. Les standards HTML 3.2 permettent de contrôler chacune de ces couleurs. Vous pouvez définir la couleur d'un texte qui représente un hyperlien ordinaire : elle représente les hyperliens visités et c'est la couleur que le texte affiche lorsque l'utilisateur clique dessus pour la première fois. Comme pour la sélection de la couleur du texte et du fond, ces trois couleurs sont contrôlées par les nouveaux attributs de la balise <BODY>. En voici la liste :

▓ **Link.** Fait référence à un hyperlien non visité.

▓ **Vlink.** Fait référence à un hyperlien visité.

▓ **Alink.** Fait référence à un hyperlien activé.

Attention

Changement rapide

Le dernier, ALINK, est un peu difficile à comprendre. Il change la couleur du texte représentant un hyperlien au moment où l'utilisateur clique dessus. Toutefois, en fonction de la rapidité avec laquelle le lien se charge, l'utilisateur peut n'apercevoir ce changement de couleur que durant une fraction de seconde.

Voici un exemple qui utilise les trois attributs, ainsi que les spécifications de couleur pour le fond et le texte ordinaire :

```
<BODY BGCOLOR="EEFFFA" LINK="CC0000" VLINK="000055"
ALINK="FF3300" TEXT="000000">
```

Ici, les attributs ALINK et VLINK sont respectivement définis en rouge pâle et en bleu sombre. Généralement, les liens non visités sont définis en rouge brillant. De plus, la page affiche un texte noir sur un fond vert.

Attention

Les combinaisons de couleurs

Faites attention aux combinaisons de couleurs de votre texte et de votre fond. En dehors des fautes de goût, vous risquez de combiner deux couleurs qui font disparaître le texte dans la couleur de fond parce qu'il n'y a pas assez de contraste entre les deux couleurs.

Trouver des couleurs

Vous avez appris à utiliser votre calculatrice ou le programme Windows 95 Paint pour convertir les couleurs en nombres hexadécimaux. Vous pouvez aussi trouver une palette de couleurs (voir Figure 14.1) à

http://www.hidaho.com/colorcenter/cc.html

Le fait de cliquer sur une couleur fait apparaître son équivalent hexadécimal.
De plus, vous voyez votre texte et votre fond changer pendant vos tests de
couleurs.

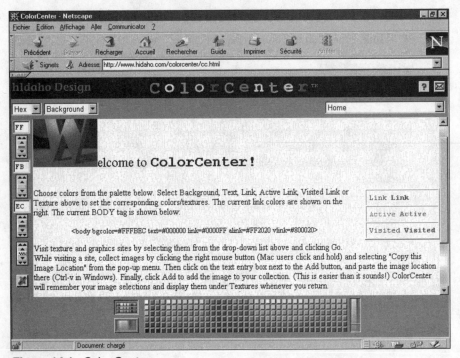

Figure 14.1 : Color Center.

Astuce

Pour les utilisateurs d'UNIX seulement

Les utilisateurs d'UNIX peuvent utiliser l'utilitaire de ligne de commande **bc** pour faire des conversions hexadécimales rapides. En voici un exemple :

```
$ bc
ibase=10
obase=16
158*1
9E
...
<CTRL-D>
$
```

Comme vous pouvez le voir, les commandes ibase et obase dans bc définissent les bases d'entrée et de sortie (respectivement décimale et hexadécimale dans cet exemple). Vous multipliez ensuite n'importe quel nombre décimal par 1 pour obtenir son équivalent hexadécimal. Comme pour tous les utilitaires UNIX, appuyez sur Ctrl-D pour sortir de bc.

Chapitre 15

Simplifiez-vous la vie avec les éditeurs HTML

Dans ce chapitre, vous découvrirez plusieurs éditeurs HTML et d'autres outils de création de documents HTML.

Créer des pages Web facilement

Dans les chapitres précédents, vous avez appris comment créer des pages Web selon l'ancienne méthode, en tapant les codes HTML dans un éditeur de texte. Il est important d'apprendre les balises. Si vous ouvrez une page et que vous trouviez des passages à la ligne fantaisistes, des liens manquants et des graphiques de travers, vous devez être capable de réparer tous ces problèmes.

Cependant, il existe plusieurs outils disponibles pour vous aider à coder vos documents. Les traitements de texte, y compris Microsoft Word, ont des outils qui permettent de convertir les documents Word en pages Web HTML, d'insérer des graphiques et des liens, d'ajouter des couleurs de fond et d'autres objets sur le Web. De plus, Internet Explorer et Netscape Communicator 4 sont fournis avec des outils pointus pour créer, éditer et publier vos pages.

Avec ces outils, au lieu de saisir vos codes HTML, vous tapez simplement votre texte et insérez les graphiques, comme vous le feriez dans n'importe quel traitement de texte. Ces applications de *publication sur le Web* disposent de commandes d'insertion pour les graphiques, les liens, les ancres, les titres et autres objets. Elles permettent de mettre rapidement en forme du texte en sélectionnant une option de format sur une barre d'outils ou un menu. Vous insérez les objets, mettez en forme le texte, et l'application générera automatiquement les codes pour vous. La plupart des éditeurs HTML sont WYSIWYG et vous donnent la possibilité de voir l'aspect définitif de votre page lors de la création.

Le mot juste

WYSIWYG

WYSIWYG sont les initiales de «What You See Is What You Get», ce qui veut dire «ce que vous voyez est ce que vous obtenez». Autrement dit, votre page apparaît à l'écran comme elle apparaîtra à l'impression ou à l'affichage dans un navigateur.

Il y a trois types d'outils d'édition HTML :

- les astuces et les ajouts à votre propre traitement de texte pour l'édition HTML ;

- les outils pour convertir en HTML les documents existants ;

- les éditeurs WYSIWYG HTML à part entière.

Les astuces, les ajouts et les convertisseurs

Vous pouvez utiliser votre traitement de texte pour faire du HTML et ainsi vous faciliter le travail.

Les astuces et les ajouts des traitements de texte

Si vous utilisez un traitement de texte pour créer des documents HTML, vous avez déjà la possibilité de créer des outils pour rendre l'édition HTML plus facile. Vous y avez déjà probablement pensé, mais mentionnons-les tout de même. Tous les traitements de texte modernes ont des commandes pour créer et réutiliser les procédures souvent usitées. Elles sont généralement appelées des *macros*. Il est très facile de créer des macros pour chacune des principales balises HTML et de les sauvegarder pour les utiliser ultérieurement. Chaque fois que vous voulez ajouter un code HTML à votre document, déroulez votre menu de macros ou appuyez sur n'importe quel raccourci clavier de votre traitement de texte et insérez la balise requise.

Si vous avez Word, vous pouvez aussi stocker les balises HTML sous forme d'insertions automatiques. Cette commande permet d'utiliser des raccourcis clavier pour les saisies. Par exemple, vous pouvez créer une insertion automatique pour la séquence suivante, qui crée une liste à puces :

```
<UL>
<LI></LI>
<LI></LI>
<LI></LI>
<LI></LI>
<LI></LI>
</UL>
```

Vous pouvez ensuite attribuer le raccourci *ul* pour déclencher l'insertion automatique. Pour insérer cette série de codes, il suffit de taper *ul* et de presser la touche F3. Il vous reste alors à saisir votre liste entre chaque paire de <LI></LI> et effacer les paires dont vous n'avez pas besoin.

Le mot juste

Les macros

Les traitements de texte permettent d'enregistrer et de sauvegarder une série d'opérations et de les répéter ensuite, afin d'automatiser les tâches répétitives.

Vous pouvez aussi créer (ou obtenir sur Internet) des *modèles/feuilles de styles* pour les codes HTML. Même les commandes *rechercher* et *remplacer* des traitements de texte les plus simples peuvent vous aider à accélérer la création de documents HTML.

Les Assistants Internet de Microsoft

Microsoft propose un complément gratuit, *l'Assistant Page Web*, pour son logiciel Word 6.0 pour Windows, PC et Macintosh (Word 7.0 pour Windows 95 contient déjà un Assistant Internet.) L'Assistant Internet permet une création WYSIWYG et la visualisation de documents HTML, ainsi que le support, pour les graphiques et les hyperliens, qui permettent d'accéder à d'autres services Web. Il permet aussi la conversion des documents Web standards en des documents HTML. C'est un éditeur HTML qui ressemble à Word et se comporte comme lui. L'Assistant Page Web contient aussi un navigateur : Explorer.

Microsoft a ajouté de nouvelles commandes à Internet Explorer pour qu'il comprenne les mises en forme particulières de Word (telles que la répartition du texte autour d'images) qui ne sont pas comprises par les autres navigateurs. Cette société propose aussi, gratuitement, une visionneuse pour les documents Word. *Word Viewer* peut être utilisé comme une application externe avec d'autres navigateurs comme Mosaic ou Netscape Navigator. Vous pouvez récupérer l'Assistant Page Web et la visionneuse Microsoft Word

http://www.microsoft.com/office97/default.htm

à

http://www.microsoft.com/msword/internet/ia

Astuce

Autre cadeau
Microsoft a aussi ajouté un Assistant Internet et une visionneuse pour PowerPoint, Excel, et Access. Ils sont disponibles sur le site de Microsoft. Les toutes dernières versions de ces produits, y compris Microsoft Office 97, contiennent des aides à la création et à l'édition de pages Web.

Les convertisseurs de documents

Vous avez sans doute déjà des documents que vous aimeriez rendre disponibles sur votre serveur Web. Convertir un document Word en HTML est un processus simple qui comprend deux étapes.

D'abord, la plupart des traitements de texte ont une commande Enregistrer sous pour sauvegarder les documents sous différents formats. Un de ces formats est appelé *Rich Text Format* ou *RTF*. RTF rend les documents transportables, en préservant leur mise en forme. Même si RTF a été développé par Microsoft, il est largement compatible, et convertir en RTF n'importe quel format est assez simple. Vous l'avez peut être utilisé pour convertir un fichier de traitement de texte ou un document Word en document WordPerfect. Un logiciel shareware appelé RTFTOHTML (pour les systèmes UNIX, les PC, et les Macintosh) est disponible pour convertir les documents RTF en HTML. La conversion n'est pas tout à fait parfaite, surtout si vous avez des graphiques dans vos documents originaux. Néanmoins, le principal travail de conversion des documents HTML est bien fait. Vous trouverez ces logiciels à

http://www.sunpack.com/RTF/latest/

Le principal avantage du processus de conversion RTF en deux temps est que vous pouvez convertir vos documents existants en HTML rapidement et facilement. L'inconvénient, comme pour les macros Word, est que vous ne travaillez pas dans un environnement WYSIWYG. De plus, vous risquez d'avoir à effectuer des corrections sur les documents HTML résultants de la conversion.

En plus de la méthode de conversion RTFTOHTML, il existe plusieurs autres convertisseurs de documents. Les plus intéressants sont ceux qui convertissent les fichiers FrameMaker, un logiciel d'édition largement utilisé, en HTML (W*ebWorks Publisher* de Quadralay et d'autres logiciels gratuits comme *Frame2htmL* et *WEBMAKER*). La version 5 de FrameMaker contient un support HTML intégré et propose une copie de WebWorks Publisher Lite, une version limitée du produit de Quadralay, qui permet de convertir les documents Frame plus anciens. Il y a aussi *Cyberleaf* de Interleaf Inc, qui convertit n'importe quel format de fichier de traitement de texte en HTML.

Pour finir, il y a une grande variété d'autres programmes qui convertissent un format de texte en un autre ou en HTML, y compris ceux qui convertissent le langage TeX en langage LaTeX – tous deux beaucoup utilisés par les scientifiques et les mathématiciens – et en d'autres formats moins connus.

Les éditeurs HTML à part entière

Si vous êtes prêts à abandonner votre éditeur ou votre traitement de texte, vous pouvez utiliser un des nombreux éditeurs HTML. Ils opèrent dans un environnement plus ou moins WYSIWYG, ce qui permet de voir à quoi ressemblera votre document sur le Web. Il en existe beaucoup ; passons rapidement en revue les principaux éditeurs.

Netscape Composer

Netscape Composer est l'éditeur HTML de Netscape Communicator. Anciennement disponible sur Netscape Gold, Composer joue un rôle essentiel dans ce logiciel, en permettant d'ouvrir et d'éditer des pages sur le Web, mais aussi de publier vos pages et d'ajouter des balises HTML au courrier électronique et aux messages des groupes de discussion. Composer permet de créer rapidement des pages Web en lançant un modèle existant ou en utilisant son assistant de page.

Pour lancer Composer, il y a plusieurs méthodes possibles :

■ Sélectionnez Netscape Composer dans le menu Démarrer, Programmes, Netscape Communicator ou dans un groupe de programmes.

- Ouvrez le menu Communicator dans n'importe quel autre composant de Communicator (Messenger ou Collabra, par exemple) et sélectionnez l'option Composer.

- Pour éditer une page existante, vous pouvez l'ouvrir directement dans Composer. Dans Navigator, choisissez Fichier, Consulter une page. Saisissez l'URL de la page que vous voulez ouvrir et assurez-vous que Composer est sélectionné. Cliquez sur le bouton Ouvrir.

La Figure 15.1 montre Composer en action. Comme vous pouvez le voir, Composer permet de visualiser la page pendant que vous la créez. Composer propose une barre d'outils qui réunit toutes les commandes et qui propose des options de mise en forme rapide, ainsi que des boutons pour insérer les liens, les images et les tableaux. Il y a même un bouton pour publier votre page sur le Web.

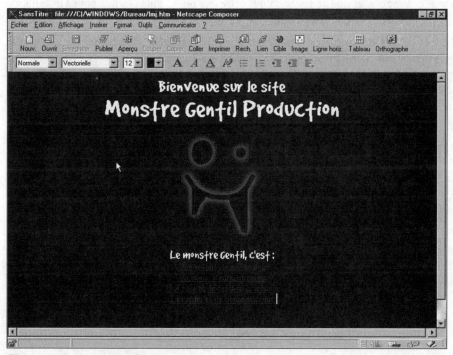

Figure 15.1 : *Netscape Composer fournit tous les outils dont vous avez besoin pour la construction et la publication des pages Web.*

Astuce

L'édition par Glisser-déposer

Un des meilleurs atouts de Composer est qu'il permet de faire de l'édition en utilisant la technique du Glisser-déposer. Vous pouvez faire glisser les fichiers à partir de la fenêtre du gestionnaire de fichiers dans la fenêtre de Composer pour insérer des fichiers. Vous pouvez aussi faire glisser du texte, des images et des liens à partir des pages existantes (affichées dans Navigator) sur vos pages Web (affichées dans Composer).

Microsoft FrontPage Express et FrontPage

Pour ne pas être hors course, Microsoft a inclus son propre outil de création de page Web, appelé FrontPage Express, dans sa nouvelle suite Internet Explorer 4.0. FrontPage Express est une version moins lourde de Microsoft FrontPage, une application qui offre des outils plus pointus pour l'installation et la gestion de sites Web.

Comme Composer, FrontPage Express comprend des barres d'outils et des menus déroulants pour les tâches habituelles d'édition HTML (voir Figure 15.2). Bien sûr, FrontPage comprend toutes les extensions HTML d'Internet Explorer. Pour lancer FrontPage Express, choisissez **FrontPage Express** dans le menu **Démarrer**, **Programmes**, **Internet Explorer** de Windows 95/98 ou à partir d'un groupe de programmes.

Comme vous pouvez le voir sur la Figure 15.2, FrontPage Express offre une barre d'outils de mise en page qui permet de modifier la mise en forme du texte rapidement, ainsi qu'une barre d'outils standard qui contient des boutons pour insérer des liens, des images, des textes défilants, des vidéos clips et d'autres objets. Un menu Format propose des options supplémentaires pour la mise en forme de textes et de liens.

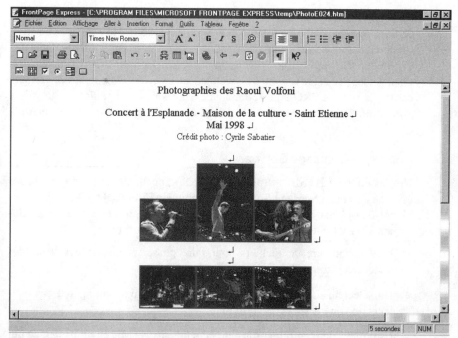

Figure 15.2 : *Microsoft FrontPage Express est une application de publication pour le Web.*

Astuce

Evoluez vers FrontPage

Si vos besoins en ce qui concerne votre page Web sont modestes, FrontPage Express devrait suffire. Cependant, pour devenir le responsable du Web dans votre entreprise, il vous faudra évoluer vers Microsoft FrontPage. Si vous êtes habitué à FrontPage Express, il sera facile d'évoluer vers FrontPage. Ce dernier offre tous les outils qu'il y a dans FrontPage Express, mais en contient d'autres pour la création et la gestion d'un site Web.

SoftQuad HoTMetaL

SoftQuad HoTMetaL est à la fois disponible en version gratuite (**http://www.sq.com**) et payante, cette dernière s'appelant HoTMetaL PRO. HoTMetaL PRO Version 4 est disponible pour Windows 95 et Windows 3.1.

La version gratuite est aussi disponible pour ces plates-formes, ainsi que pour certains systèmes UNIX (comme la version 3 de PRO). HoTMetaL a un environnement proche de celui de Windows, avec des menus déroulants, une grande barre d'outils et une zone de texte avec des barres de défilement. De plus, les codes HTML sont très visibles et les hyperliens sont entièrement écrits. La version PRO a une commande d'édition Netscape Frame et offre la possibilité d'importer des fichiers de traitement de texte dans leur format natif.

HotDog de Sausage Software

Un des éditeurs HTML les plus populaires s'appelle *HotDog*, d'après la société australienne Sausage Software. Comme HoTMetaL, HotDog utilise des menus déroulants et une grande barre d'outils pour rendre la création de documents HTML plus facile. HotDog propose notamment :

■ Un Gestionnaire de Fichiers pour faire glisser et insérer des liens, des images et d'autres documents.

■ Un sélecteur de couleurs de texte qui permet d'avoir un aperçu des couleurs de votre texte et de votre fond.

■ La possibilité de grouper plusieurs documents HTML en un *projet*, ce qui autorise la manipulation de groupes de fichiers.

Sausage Software s'est baptisé «la Suisse du Web». La société indique ainsi qu'elle a adopté une position neutre dans la guerre des standards HTML. Toutes les commandes du standard HTML 3.2 sont comprises, ainsi que les extensions de Netscape et de Microsoft. Pour vous aider à vous y retrouver, le code HTML affiche les balises non standards dans une couleur différente, avec des couleurs séparées pour les balises Netscape et les balises Explorer. La Figure 15.3 montre HotDog. HotDog contient aussi un logiciel de traitement des images réactives qui s'appelle *MapTHIS!* Vous pouvez télécharger des versions d'essai de HotDog à

http://www.sausage.com/.

Adobe PageMill pour Macintosh et Windows 95

PageMill est de loin l'éditeur HTML Macintosh le plus apprécié. La version de PageMill (Version 2.0) propose beaucoup d'améliorations, notamment pour la gestion des cadres, des tableaux et des images animées. Comme petit bonus, PageMill est fourni avec une collection de cliparts, de sons, de modèles de pages et d'animations qui aident à créer rapidement des pages d'aspect professionnel.

Le logiciel comprend aussi une fonction d'édition WYSIWYG. Il est compatible avec les modules Netscape, ce qui permet la visualisation dynamique des fichiers multimédias directement dans l'éditeur. PageMill contient un vérificateur d'orthographe, un lecteur d'images intégré et un support pour Java. Les images réactives côté-client sont compatibles. Une commande appelée *PlaceHolders* permet de faire glisser et d'insérer des éléments dynamiques du Web, comme les scripts CGI, directement dans les documents HTML ouverts.

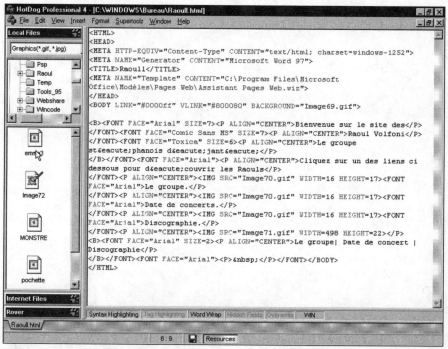

Figure 15.3 : *HotDog avec le Gestionnaire de Fichiers pour faire glisser et insérer.*

En revanche, PageMill n'a pas toutes les commandes de publications Web des autres éditeurs (Netscape Composer, FrontPage ou d'autres). Ces logiciels permettent de charger directement des documents sur les serveurs Web à partir de l'éditeur HTML via des menus déroulants. Avec PageMill, vous devez toujours déplacer manuellement vos fichiers, une fois finis, sur votre serveur Web. Pour plus d'informations sur PageMill, consultez le site d'Adobe, à **http://www.adobe.com/**.

Chapitre 16

Test et publication de pages Web

Dans ce chapitre, vous apprendrez comment vérifier votre page Web pour éviter les fautes d'orthographes, de typographie, les erreurs de codes et vous verrez comment placer votre page sur le Web.

Vérifiez et testez votre page Web

Avant de placer votre page sur le Web et que des millions de personnes y aient accès, il faut la vérifier, comme n'importe quel document que vous souhaitez rendre public. D'abord, vérifiez la page dans votre traitement de texte ou dans votre éditeur HTML pour les problèmes d'orthographe ou de typographie. La plupart des nouveaux éditeurs HTML ont leur propre vérificateur d'orthographe. Dans Netscape Composer ou dans FrontPage, vous pouvez lancer le correcteur d'orthographe en cliquant simplement sur le bouton Orthographe sur la barre d'outils. Utilisez la boîte de dialogue qui apparaît alors pour corriger les erreurs d'orthographe et de typographie.

Il vous faudra aussi ouvrir votre page dans le navigateur Web et vous assurer que tout va bien. Vérifiez l'apparence et la position des images, assurez-vous que votre texte contraste bien avec les couleurs de fond que vous avez utilisées, et cliquez sur tous les liens pour être sûr qu'ils font apparaître la bonne page (voir Figure 16.1). Comme la plupart des balises HTML vont par paires, une des erreurs les plus fréquentes est d'oublier la balise de fermeture. Si vous avez des problèmes, vérifiez vos balises.

Si vous utilisez un éditeur HTML, tel que FrontPage ou Netscape Composer, Cliquez sur le bouton Aperçu pour voir une page dans votre navigateur. Assurez-vous que la page a bien été sauvegardée une dernière fois avant de l'ouvrir.

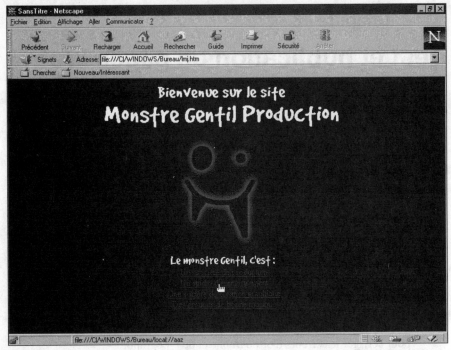

Figure 16.1 : *Vous devez vérifier votre page avant de la mettre sur le Web.*

Attention

Vérifiez après publication

Vous devez vérifier votre page avant de la mettre sur le Web. Si vous avez des liens et des codes qui permettent d'accéder à des fichiers locaux, ceux-ci peuvent se retrouver mal placés lorsque vous chargez votre page et d'autres fichiers sur le Web. En vérifiant la page lorsqu'elle est sur le Web, vous vous assurez qu'elle fonctionne pour les visiteurs.

Trouver un espace pour votre page

Avant de publier votre page, vous devez trouver où la placer. Pour commencer, appelez votre fournisseur d'accès Internet. La plupart des fournisseurs gardent de la place pour permettre aux abonnés de stocker leurs pages Web personnelles. Appelez votre fournisseur d'accès et posez-lui les questions suivantes :

■ Est-ce que votre fournisseur d'accès garde un espace disponible pour ses abonnés ? Sinon, vous devriez peut-être changer de fournisseur.

■ De combien d'espace disque disposez-vous, et combien coûte tout espace supplémentaire ? Certains fournisseurs proposent une quantité limitée d'espace disque, généralement suffisante pour une ou deux pages Web.

■ Quel est l'URL du serveur auquel vous devez vous connecter pour charger votre fichier ? (Vous utilisez en général le même nom et le même mot de passe que pour établir la connexion Internet.)

■ Dans quel répertoire devez-vous placer vos fichiers ?

■ Quel nom devez-vous donner à votre page Web ? Dans bien des cas, le service vous demande de nommer votre page d'accueil **index.html**, **defaut.html**, **home.html** ou quelque chose de similaire. Cela indique au navigateur que, lorsqu'il accède à votre répertoire sur le serveur, il doit ouvrir cette page par défaut.

■ N'y-a-t-il aucune autre instruction spécifique que vous devriez suivre pour poster votre page Web ?

■ Après avoir posté votre page, quelle sera son adresse ? Vous voudrez sûrement l'ouvrir avec votre Navigateur le plus vite possible.

Maintenant, si votre fournisseur d'accès ne vous propose pas de stocker vos pages Web, lancez votre navigateur, connectez-vous à votre moteur de recherches favori, et cherchez les endroits qui permettent de poster votre page Web gratuitement. Ces services varient. Certains services vous demandent de remplir un formulaire, et ensuite le service crée une page Web générique pour vous (vous ne pouvez pas utiliser la page que vous avez créée avec Composer). D'autres services vous donnent la possibilité de copier un document HTML (en WordPad ou Notepad) et de le coller sur une zone de texte du site. D'autres encore vous laisseront envoyer votre fichier HTML et les fichiers associés. La Figure 16.2 montre un formulaire typique que vous pourriez remplir pour placer votre page sur le Web.

Astuce

Publier sur GéoCités

GéoCités (**http://www.geocities.com**) est un lieu connu pour publier ces pages Web. Dans GeoCités, vous rejoignez une communauté avec laquelle vous aurez plus ou moins d'affinités. Vous pouvez alors télécharger votre page Web et les fichiers sur le site de GeoCities en utilisant le FTP. Le chargement de pages en utilisant le FTP est expliqué plus loin dans ce chapitre.

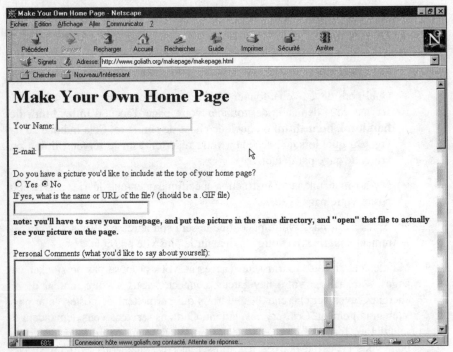

Figure 16.2 : Certains sites permettent de placer une page très simple sur le Web en remplissant un formulaire.

Publier votre page Web avec Netscape Composer

Pour publier votre page, Composer doit connaître votre nom d'utilisateur, votre mot de passe et l'adresse de votre site Web. Lorsque vous avez ces informations, suivez ces étapes pour configurer la publication :

1. Ouvrez le menu **Edition** de Composer et choisissez **Préférences**. La boîte de dialogue Préférences apparaît.

2. Cliquez sur le signe plus (+) dans la boîte à côté de Composer pour agrandir la liste et cliquez ensuite sur l'item Publication. Le formulaire affiché en Figure 16.3 apparaît.

3. L'option Maintenir les liens et l'option Conserver les images avec la page sont toutes les deux activées par défaut. Laissez-les ainsi pour vous assurer que les liens de votre page vont fonctionner et qu'aucun fichier image associé ne sera perdu.

4. Dans la zone de texte Entrez une adresse de site FTP ou HTTP pour effectuer des publications, saisissez l'adresse du site FTP ou HTTP sur lequel vous voulez charger vos fichiers. L'adresse est constituée de l'URL du serveur et du chemin au répertoire. Voici un exemple :

   ftp://ftp.internet.com/pub/users/webpages/

5. Si vous chargez votre page sur un serveur FTP, cliquez sur la deuxième zone de texte dans la zone Adresses de publication par défaut et tapez ensuite l'URL que vous devez utiliser pour ouvrir la page dans un navigateur Web.

6. Cliquez sur **OK** pour sauvegarder vos paramètres.

Vous pouvez utiliser Composer pour publier toutes les pages que vous avez, qu'elles aient été construites avec l'éditeur de page Web ou n'importe quel autre outil. Vous pouvez même mélanger des pages de différentes sources. Assurez-vous seulement que toutes les pages que vous voulez publier sont dans le même répertoire de votre disque dur avant de commencer. Pour publier vos pages, suivez ces étapes :

1. Etablissez votre connexion Internet, lancez Composer et ouvrez la page que vous voulez placer sur le Web.

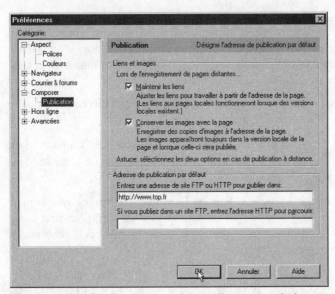

Figure 16.3 : *Indiquez l'adresse à laquelle vous souhaitez envoyer la page.*

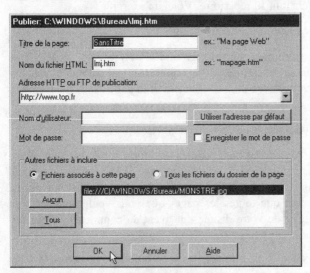

Figure 16.4 : *La boîte de dialogue Publier.*

2. Cliquez sur le bouton **Publier**. La boîte de dialogue Publier apparaît (voir Figure 16.4).

3. Si le champ Adresse FTP ou HTTP de publication est vide, ouvrez la liste déroulante et sélectionnez l'endroit désiré ou cliquez sur le bouton **Utiliser l'adresse par défaut** pour insérer l'adresse que vous avez entrée sous Préférences.

4. Si c'est la première fois que vous publiez une page, entrez votre nom d'utilisateur et votre mot de passe dans les zones de texte appropriées. Pour que Composer sauvegarde cette information (pour la prochaine page que vous publierez), cliquez sur **Enregistrer le mot de passe**.

5. Pour publier uniquement la page ouverte, cliquez sur le bouton d'option **Fichiers associés à cette page**. Cela chargera le fichier HTML de cette page, tous les fichiers du dossier de la page, tous les fichiers images qui y sont associés. Pour publier toutes les pages dans le répertoire courant, cliquez sur le bouton d'option **Tous les fichiers du dossier de la page**.

6. Cliquez sur **OK** pour démarrer le processus de publication. Composer se connecte à Internet (si vous n'êtes pas déjà connecté). Une boîte de dialogue apparaît, qui répertorie les noms de tous les fichiers lors de leur chargement et montre le nombre de fichiers qui ont déjà été chargés par rapport au nombre de fichiers restant à charger. Lorsque tous les fichiers ont été chargés, cette boîte disparaît. Félicitations, votre travail est maintenant sur le Web.

Utiliser l'assistant Microsoft de publication de sites Web

Si vous avez créé votre page Web avec FrontPage ou n'importe quelle autre application de la suite Microsoft Office 97, vous pouvez utiliser l'assistant de publication de sites Web de Microsoft pour placer votre page sur le Web. L'assistant de publication Web est inclus dans le CD Microsoft Office 97. Vous pouvez récupérer la dernière version sur le Web, à l'adresse suivante :

http://www.microsoft.com/windows/software/webpost/

Après avoir téléchargé le fichier, vous pouvez cliquer dessus pour lancer le programme d'installation. Lancez ensuite l'assistant et utilisez-le pour publier votre page sur le Web. Suivez ces étapes :

1. Lancez l'assistant de publication sur le Web. Dans Windows 95, cliquez sur Démarrer, Programmes, Internet Explorer, Assistant publication de site Web. Cliquez sur **Suivant**. Vous êtes invité à choisir le classeur dans lequel se trouvent les fichiers Web à publier.

Attention

Placez tous les fichiers dans un seul classeur

L'Assistant publication de site Web placera votre page Web et tous les fichiers relatifs (y compris les images) sur le Web. Assurez-vous que votre page Web et ses images sont dans le même classeur et sont séparées des autres fichiers.

2. Choisissez l'une des étapes suivantes :

   – Cliquez sur **Parcourir les dossiers** si votre fournisseur permet de placer un classeur entier sur son serveur Web. (Certains fournisseurs ne permettent de placer qu'une seule page.) Utilisez la boîte de dialogue résultante pour choisir le classeur dans lequel vos fichiers sont stockés.

   – Cliquez sur **Parcourir les fichiers** si votre fournisseur ne permet de placer qu'un seul fichier sur le serveur Web. Utilisez la boîte de dialogue résultante pour choisir le fichier de votre page Web.

3. Cliquez sur **Suivant**. L'assistant vous demande de saisir un nom pour le serveur Web.

4. Tapez un nom pour décrire le serveur, et cliquez sur **Suivant**. La boîte de dialogue suivante vous demande de préciser l'URL et le répertoire dans lequel vous voulez placer votre page. (Vous avez dû obtenir ces informations auprès de votre fournisseur).

5. Entrez l'URL du serveur FTP ou HTTP sur lequel vous voulez publier. N'oubliez pas le chemin vers le répertoire dans lequel les fichiers sont placés (voir Figure 16.5). Cliquez sur **Suivant**. La boîte de dialogue Entrée du mot de passe réseau apparaît.

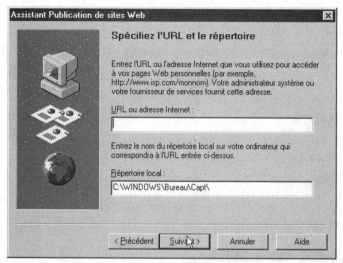

Figure 16.5 : L'assistant a besoin de savoir où placer les fichiers

6. Tapez votre nom d'utilisateur, passez ensuite à la zone de texte Mot de passe et saisissez votre mot de passe. Cliquez sur **OK**. L'assistant commence à transférer vos fichiers et affiche une boîte de dialogue pour indiquer le moment où le processus est achevé.

Astuce

Sélectionnez les fichiers d'abord
Il existe un autre moyen de lancer l'assistant dans Windows 95. Lancez le Poste de travail ou l'Explorateur Windows et sélectionnez les fichiers que vous voulez placer sur le serveur. Faites un clic droit sur l'un des fichiers sélectionnés, pointez sur Envoyer vers et cliquez sur Assistant publication de site Web.

Charger les fichiers avec FTP

Si votre fournisseur d'accès vous indique que vous devez charger votre page Web et les fichiers qui s'y rattachent sur un serveur FTP, vous pouvez utiliser un programme FTP pour accomplir le transfert. Les étapes suivantes montrent comment utiliser WS_FTP pour charger des fichiers. Vous pouvez obtenir une copie de WS_FTP à

http://www.ipswitch.com/Products/WS-FTP/index.html

Une fois que vous avez installé le programme, suivez ces étapes :

1. Connectez-vous à Internet et double-cliquez sur l'icône WS_FTP pour lancer le programme.

2. La boîte de dialogue Session Profile, montrée sur la Figure 16.6, apparaît. Si cette boîte de dialogue n'apparaît pas, cliquez sur le bouton **Connect**.

3. Cliquez sur **New**.

4. Dans la zone de texte Profile Name, tapez une description du serveur FTP (vous pouvez taper n'importe quoi ici).

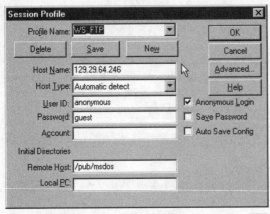

Figure 16.6 : *Instaurez une connexion au site FTP.*

5. Dans la zone de texte Host Name, tapez l'adresse du serveur FTP (par exemple, ftp.internet.com).

6. Désactivez la case Anonymous login, tapez votre nom d'utilisateur dans la zone de texte User ID et tapez votre mot de passe dans la zone Password.

7. Cliquez sur **Save** et cliquez sur **OK**. WS_FTP vous connecte au serveur FTP et vous place dans le répertoire par défaut.

8. Une fois connecté au site FTP, changez le répertoire pour afficher celui que votre fournisseur vous a demandé d'utiliser pour le fichier de votre page Web. (Double-cliquez seulement sur un nom de répertoire pour le changer ; les répertoires sur le site FTP sont affichés à droite de la fenêtre de WS_FTP.)

9. Dans la fenêtre Local System (affiché à gauche de la fenêtre du WS_FTP), affichez le répertoire qui contient votre page Web et tous les fichiers qui s'y rapportent, comme dans la Figure 16.7.

10. Dans la liste des fichiers de votre page Web, cliquez sur le fichier que vous voulez charger (ou utilisez **Ctrl-clic** pour sélectionner plusieurs fichiers). Cliquez sur le bouton dont la flèche est orientée vers la droite pour commencer le chargement des fichiers sélectionnés.

11. Une fois que les fichiers sont complètement chargés (cela peut prendre du temps en fonction de la vitesse de votre modem, de votre connexion réseau et du trafic sur le site FTP), cliquez sur **Cancel** pour annuler la connexion. Ensuite cliquez sur **Exit** pour sortir de WS_FTP. Pour finir, déconnectez-vous d'Internet.

Placer votre page sur America Online

America Online a son propre éditeur de pages Web que vous pouvez utiliser pour créer et publier votre page sur le Web. Lancez Personal Publisher, puis utilisez-le pour choisir un modèle ou remplir un formulaire. Suivez ces étapes pour créer et publier une page Web avec Personal Publisher :

1. Appuyez sur **Ctrl-M**, et entrez le mot clé Personal Publisher. La fenêtre de Personal Publisher apparaît.

2. Cliquez sur l'icône **Create a Page**. La fenêtre des modèles vous invite à choisir un modèle.

3. Cliquez sur l'icône du modèle souhaité. Personal Publisher affiche un formulaire, vous demandant d'entrer un titre et un en-tête (voir Figure 16.8).

4. Entrez les informations requises, et cliquez sur **Next**.

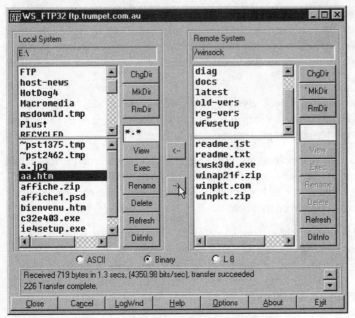

Figure 16.7 : *Installez vos répertoires pour le chargement*

5. Continuez d'entrer les informations et de cliquer sur **Next** jusqu'à ce que vous ayez rempli votre page. Lorsque la page est achevée, vous verrez un bouton View en bas de la fenêtre.

6. Cliquez sur **View** pour prévisualiser votre page. Vous pouvez ensuite cliquer sur **Edit Page** pour ajouter ou enlever quelque chose de votre page. Ou cliquez sur Publish pour placer votre page sur le Web.

Figure 16.8 : *Avec Personal Publisher, vous pouvez créer une page simple en remplissant des formulaires.*

Chapitre 17

Annonce de la publication d'une page Web

Dans ce chapitre, vous allez voir comment faire connaître votre site aux utilisateurs du Web.

Les moyens d'information

Maintenant que votre site est opérationnel, il faut le faire savoir si vous voulez que des utilisateurs viennent le consulter. Heureusement, il y a plusieurs outils qui vous permettront de véhiculer cette information. La plupart d'entre eux sont des moteurs de recherche. Nous allons voir dans un premier temps comment les utiliser pour informer les internautes de la création de votre site, ensuite nous verrons quels sont les autres moyens disponibles pour parfaire votre annonce.

Les moteurs de recherche et vos pages Web

Nous avons vu dans la première partie de ce livre comment fonctionnent les moteurs de recherche. Entre-temps, vous avez sûrement dû apprécier l'aide qu'ils offrent au cours de vos navigations sur le Web. La Figure 17.1 montre le résultat d'une recherche avec Excite pour le mot cigare.

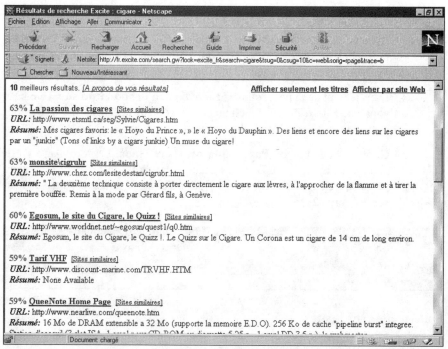

Figure 17.1 : *Le moteur de recherche Excite.*

Le meilleur moyen pour que des utilisateurs trouvent votre site, c'est de le faire figurer dans les index des moteurs de recherche. Nous allons voir comment procéder pour ajouter votre site à un moteur de recherche.

Ajout de pages Web aux moteurs de recherche

La plupart des moteurs de recherche permettent aux utilisateurs d'ajouter un URL pour leur site, généralement par le biais d'un formulaire. C'est un moyen simple et efficace de faire connaître l'existence de votre site. Il existe de nombreux moteurs de recherche, mais la procédure à suivre est souvent la même.

Nous allons voir comment procéder avec Yahoo! :

1. Connectez-vous à Internet et lancez votre navigateur.

2. Ouvrez la page Yahoo! France (**http://www.yahoo.fr**).

3. Lorsque l'écran principal de Yahoo! s'affiche, examinez les catégories proposées et sélectionnez celle qui correspond au sujet de votre page Web. Affinez au maximum le choix de la catégorie qui vous convient.

4. Dans le haut de la page, cliquez sur le bouton **Proposer un site**. Une page apparaît. Elle décrit le fonctionnement général de l'inscription. Si vous avez besoin de précisions, cliquez sur un des liens.

5. Cliquez sur le bouton **Passez à la première étape**. Un formulaire s'affiche (voir Figure 17.2). Dans les champs proposés, entrez le titre de votre page, son URL et une brève description du site. Cliquez ensuite sur **Passer à l'étape 2**.

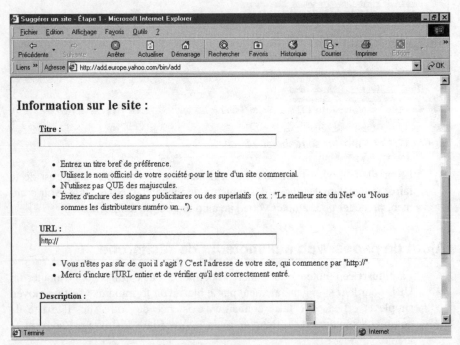

Figure 17.2 : *Formulaire d'inscription des sites Web dans la base de données du moteur de recherche Yahoo!*

6. A l'étape suivante, le programme vous demande si votre site doit aussi être référencé dans une autre catégorie ou si vous pensez qu'il faut créer une catégorie spéciale pour votre site. Si vous voulez compléter ces champs, faites-le en suivant les instructions. Ensuite, cliquez sur **Passer à l'étape 3**.

7. A la page suivante, Yahoo! vous demande de saisir des informations sur le contact. Vous empêchez ainsi quelqu'un d'autre de changer le mode d'indexation de votre site sur Yahoo!. Eventuellement, vous pouvez indiquer la situation géographique du site, ce qui permettra de le trouver en fonction de son emplacement géographique. Une fois que vous avez complété les champs qui vous intéressent, cliquez sur le bouton **Passer à l'étape 4**.

8. Si le site est un site événementiel, indiquez combien de temps il figurera sur le site.

9. Pour finir, cliquez sur **Envoyer**.

Votre site est maintenant référencé dans le moteur de recherche Yahoo!. Ce dernier déterminera les mots clés qui permettront de trouver votre site. Par la suite, si votre site est modifié ou s'il change d'URL, vous avez la possibilité de changer les informations d'indexation sur Yahoo!. Pour cela, cliquez sur le lien Formulaire de modification dans l'étape 4 du processus d'enregistrement. Pour avoir plus d'informations sur le fonctionnement de l'enregistrement des sites sur Yahoo!, cliquez sur le lien Comment proposer un site en bas de la page d'accueil du moteur de recherche.

Il existe d'autres moteurs de recherche où enregistrer votre site, par exemple, Ecila. Pour cela, affichez la page d'accueil d'Ecila (**http://www.ecila.fr**) et cliquez sur le bouton Ajouter. Un formulaire d'inscription s'affiche. Remplissez les différents champs en suivant les instructions affichées à l'écran pour vous inscrire.

Il ne s'agit là que de quelques exemples car il existe beaucoup d'autres moteurs de recherche, mais le processus d'inscription est souvent le même. Par ailleurs, certains moteurs possèdent des connexions avec les bases de données d'autres moteurs, il n'est donc pas utile de vous inscrire sur tous les moteurs existants.

Annonce de la création d'un site dans les groupes de discussion

Les groupes de discussion permettent d'informer rapidement de nombreuses personnes de la création d'un site. Deux techniques possibles : poster un message au groupe qui référence les nouveaux sites ou poster des messages dans les forums dont le sujet recoupe celui de votre site.

Pour annoncer la création de votre site dans le forum qui référence les nouveaux sites, envoyez un message au groupe de discussion **comp.infosystems.www.announce**. Ce groupe est géré par un administrateur : cela signifie que votre annonce ne sera pas directement transmise au groupe, mais qu'elle sera envoyée à l'administrateur qui s'assurera que votre annonce correspond à la charte du forum. Si elle est conforme aux critères définis dans le groupe, l'administrateur la placera dans le forum.

Ce forum contient une liste des questions fréquemment posées, consultez-la pour en savoir plus sur le mode de fonctionnement de ce forum. Un autre groupe est consacré à l'annonce de créations de site, **comp.internet.net-happenings**, qui fonctionne sans administrateur.

L'autre moyen d'informer les utilisateurs du réseau de la création de votre site est de l'annoncer dans les forums dont le sujet correspond à celui de votre page Web. Par exemple, si votre site traite de la musique, vous pouvez envoyer un message pour signaler sa création dans un forum tel que **alt.music.France**. Cependant, faites attention de ne pas enfreindre l'étiquette Internet relative au fonctionnement des forums, sans quoi, vous risqueriez de recevoir des messages assez désagréables. N'allez pas, par exemple, annoncer la création de votre site sur la musique dans un forum sur la politique. Evitez également de saturer un forum en y envoyant plusieurs fois le même message, un seul suffit. Enfin, restez modeste, évitez d'annoncer qu'il s'agit du site le plus génial du Web. Si vous faites preuve d'un peu de bon sens, vous ne devriez pas avoir de problèmes.

Autres techniques pour annoncer la création d'une page

Les messages électroniques sont un excellent moyen de faire savoir qu'un nouveau site existe. Il ne s'agit pas cependant d'envoyer des messages à tous vos contacts pour leur faire part de l'heureux événement. Le moyen le plus économique et le plus simple pour faire savoir à vos correspondants que vous possédez un site Web consiste à inclure son adresse dans le fichier de signature qui est joint à votre message.

A mesure que vous enverrez vos messages, tous vos correspondants recevront l'URL de votre site. Ce procédé est également valable pour les messages que vous enverrez dans les forums.

En naviguant sur le Web, vous trouverez sûrement des sites dont l'objet est identique au thème développé dans vos pages. Si des adresses de messagerie y figurent, vous pouvez toujours envoyer des messages à leur créateur en leur proposant de venir consulter votre site. Si ce dernier leur a plu, ils l'ajouteront peut-être à leurs propres pages pour permettre d'y accéder.

Enfin, certains moyens sont plus classiques, mais ce n'est pas une raison pour les ignorer. Si vous possédez des cartes de visite, pensez à y faire figurer votre adresse e-mail et l'adresse de votre site Web.

Par ailleurs, si le site que vous avez créé est un site commercial et que la société pour laquelle vous travaillez fasse de la publicité sur différents supports, n'oubliez pas de faire figurer l'adresse Web de votre site sur vos annonces.